现代世界的思想者
齐美尔研究辑选

任强　汲喆　主编

社会理论辑刊
齐美尔专号

商务印书馆
The Commercial Press

图书在版编目（CIP）数据

现代世界的思想者：齐美尔研究辑选 / 任强，（法）汲喆主编 . — 北京：商务印书馆，2021
ISBN 978-7-100-19998-8

Ⅰ . ①现… Ⅱ . ①任… ②汲… Ⅲ . ①齐美尔（Simmel, Georg 1858–1918）—社会学—研究 Ⅳ . ① B516.59 ② C91–095.16

中国版本图书馆 CIP 数据核字（2021）第 104175 号

权利保留，侵权必究。

现代世界的思想者
齐美尔研究辑选
任强 汲喆 主编

商 务 印 书 馆 出 版
（北京王府井大街36号 邮政编码100710）
商 务 印 书 馆 发 行
南京新洲印务有限公司印刷
ISBN 978-7-100-19998-8

2021年12月第1版　　开本 880×1240　1/32
2021年12月第1次印刷　印张 14⅝

定价：68.00元

前　　言

格奥尔格·齐美尔是一位影响深远但难以把握的社会学家，其学术研究的广度和深度令人惊叹。他强调社会学的"综合性"特征，将哲学、美学、心理学、人类学和历史学融为一体，既能宏观地把握社会行动的抽象形式，又能精到地剖析日常生活的经验细节。从时尚到贫困，从贸易展到招魂术，他的作品总能在出人意料之处敏锐地直击现代性的症候。他对"相互性"的诠释明确了社会学的基本主题，而其"陌生人"的描述则为现代人绘制了最为传神的社会学肖像。对于人文与社会科学的诸多分支而言——无论是经济社会学、冲突社会学、微观社会学，还是都市研究、女性研究、后现代理论——齐美尔都是当之无愧的奠基人之一。

齐美尔著述丰厚，生前曾发表10余部专著和200多篇文章及评论，还留有大量书信、未刊稿和学生的课堂笔记。后人对其贡献的解读也是一个持续发展的过程。在20世纪七八十年代，欧美学界曾惊叹于他对现代世界的社会化形式和文化精神所做的先知般的诊断。进入21世纪以后，他与韦伯、涂尔干、莫斯等其他经典作者的联系又得到了进一步发掘。经过多位学者20多年的努力，他的24卷本德文全集也终于在2015年全部付梓。就汉语学界而言，近百年前齐美尔便已是第一代中国社会学家们关注的对象。20世纪90年代以后，对齐美尔的翻译和研究日渐积累,如今已蔚为大观。不过,有关齐美尔的综合性研究仍不多见。有鉴于此,2018年10月24—26日,浙江大学社会学系与北京大学人文社会科学高等研究院邀请中欧学者,在浙江大学联合举办了"现代世界的思想者——齐美尔逝世100周年纪念研讨会",旨在促进中欧之间的学术对话,并从齐美尔出发,尝试拓宽当代社会研究的理论视野。本书主体部分即是在这次研讨会论文的基础上辑选而成的。编者感谢所有与会学者的贡献,感谢商务印书馆的热情支持,同时也要感谢王为欣、杨震和 Antoine Cid 在会务和编辑等方面做出的工作。

编者
2021年夏

目　录

导言：齐美尔的学术遗产 ……………… 帕特里克·沃蒂尔　1

形　式

Simmel and Philosophy ……………… Yves Charles Zarka　11
社会学的理论危机与齐美尔形式社会学的方法论基础
　……………………………………………………… 王　赟　27
齐美尔的社会突现论思想 ……………………… 郑作彧　55
齐美尔的社会学美学 …………………………… 黄圣哲　85
现代生命的"社会化"图景 ……………………… 吉砚茹　105

体　验

生命与伦理
　——齐美尔生命哲学基础上的个体法则 ……… 潘利侠　147
齐美尔论个性 ………………………… 王利平　陈嘉涛　199
齐美尔的性别论 ………………………………… 陈戎女　247
Trust According to Georg Simmel ……… Patrick Watier　279

货币之桥上的迷失者
　　——齐美尔论货币与现代性体验 ················ 李凌静　303

分　异

Mauss vs. Durkheim vs. Simmel: A Controversy Revisited
　　·· Erwan Dianteill　361
滕尼斯与齐美尔
　　——社会伦理同文化伦理的分流 ················ 张巍卓　379

现　实

From Simmel's Stranger to Today's Refugees ······ Horst J. Helle　421
从陌生人的社会到陌生人的教会 ······················· 汲　喆　441

导言:齐美尔的学术遗产[*]

帕特里克·沃蒂尔[**]

(法国斯特拉斯堡大学)

在社会学的学科奠基人当中,格奥尔格·齐美尔(Georg Simmel,1858—1918)始终占据独特的地位:根据刘易斯·科塞(Lewis Coser)的说法,他是学术界的局外人与陌生人。但是,只有当我们单纯考虑齐美尔融入学术界的情况,而不顾及他在智识领域中的杰出地位以及他为社会学研究的制度化所做的各种贡献之时,科塞的表述才是合适的。事实上,齐美尔职业生涯中的种种麻烦并未妨碍他很早便与涂尔干学派有了特殊的接触,《社会学年鉴》的第1卷就发表了他的作品。[①]他与沃尔姆斯(René Worms)和国际社会学研究所以及稍后成立的德国社会学协会都有联系。[②] 诚然,这些联系并不长久,但对社会学感兴趣的人却无法对齐美尔置之不理,他自19世纪90年代起(此时他发表

---

[*] 庞亮译,汲喆校。

[**] 帕特里克·沃蒂尔(Patrick Watier),法国斯特拉斯堡大学社会学教授,《齐美尔全集》的编撰者之一。

[①] 1898年出版的《社会学年鉴(1896—1897)》第1卷的第2篇文章为齐美尔的《社会形式如何维系自身》(Comment les formes sociales se maintiennent)。

[②] 德国社会学协会(Deutsche Gesellschaft für Soziologie)于1909年在柏林创立,齐美尔是创立者之一。

了第一部作品《论社会分化》）便加入了有关社会学对象的争论。齐美尔的地位颇为模糊，就学界的承认而言他处在边缘，但在智识世界中他又位于核心。无疑，有诸多因素造成了这种状况并影响了人们对其著作的接受，其中一个原因是他的作品太过多样化，既涉及历史认识论、哲学与社会学，也涉及美学。尽管齐美尔的著述很早便被译为法、英、意、俄等语言，但在一战后，有很长一段时间他在社会学界影响无多。

齐美尔的《社会学》一书长达700多页，但他从未按照孔德的模式将社会学视为诸学科中的女王，也从不认为社会学能够为科学建设加冕。悖论的是，那些导致齐美尔在一定程度上不为学界所承认的因素，譬如他在社会学与哲学之间的往复，他的美学以及他对文化的反思等等，却保证了他在20世纪初观念史中的核心地位。他与一些同事——如埃德蒙德·胡塞尔（Edmund Husserl）、海因里希·李凯尔特（Heinrich Rickert）、亨利·柏格森（Henri Bergson）等——有书信往来，与马克斯·韦伯（Max Weber）、玛丽安妮·韦伯（Marianne Weber）以及马丁·布伯（Martin Buber）保持着友好的关系。另外，他也同一些作家和艺术家有联系，例如奥托·克伦佩勒（Otto Klemperer，在斯特拉斯堡歌剧院任职）和施特凡·格奥尔格（Stefan George）。莱纳·玛利亚·里尔克（Rainer Maria Rilke）曾在柏林听过他的课，并与之探讨奥古斯特·罗丹（Auguste Rodin）的雕塑中自然与艺术的关系（齐美尔曾拜访过罗丹并为其撰文）。另外还有露·安德烈亚斯-莎乐美（Lou Andréas-Salomé），在其日记中，莎乐美将齐美尔形容为一位哲学家：

> 年复一年，他推演、筹备着一切可能性、一切变化与发展，并对它们保持着开放的态度。他能够如此，是因为他的理智主义绝不会让任何事物成为唯一至高无上的存在问题。我们很清楚地感受

到这一点:如同有处轻微的遗漏,而人们就想在这里以最确定的方式在思考中把握思考者。然而,另一方面,这样的好处是,我们更加自由,远离一切想要辩驳的欲望,因无挂念而无偏见,而在其他哲学家那里,观点上的些许分歧便会使你被疏远,令你心寒。[1]

一个全新学科的建立需要筹划研究领域,对观察现实的方式提出种种假设,将注意力引向某些事实。在这些方面,齐美尔都做出了指引,提出了若干方法,并给出了操作的范例。我们可以在其著作内部分辨出诸多层面的论证与研究路径。第一层面是认识论的,它探询知识的模式,首先是历史知识的模式;第二层面关乎特定科学的研究活动,在此也就是社会学的活动;第三层面有赖于前两个层面,但不受制于它们的约束——人们对历史发展提出种种阐释,而这也是对社会生活的主张与评判。对现代性趋势的描述便是这类反思的一个很好的例子,齐美尔认为它们更不受其拘束,这些描述是对当下的试验与诊断。物品、艺术作品、诸如世界博览会般的盛大活动、公共交通中的互动模式,这些都为阐释社会经验提供了参照。一件罗丹的雕塑、一幅勃克林(Arnold Böcklin)的风景画允许发展新的美学价值,与那些超越了美学领域的社会表象和情感相呼应。齐美尔也发展了艺术哲学,其成就体现在有关伦勃朗(Rembrandt)的研究中。齐美尔亦发展出互动的一般化的相对主义概念,于是,他便可以主张在生活的每一处细节中觉察它的总体意义。

需要注意的是,若说齐美尔的学术生涯遭遇巨大阻力的一个因素

---

[1] Rainer Maria Rilke, Lou Andréas-Salomé, *Correspondance*, Paris: Gallimard, 1985, p.475.

是反犹主义,那么也存在其他的"理由",因为一些人认为,他的教学会给学生带来毁灭性的后果:齐美尔建立在互动模式上的社会学和社会的概念破坏并颠覆了本应赋予国家、教会与家庭的权威。

若仅将齐美尔视为社会学家,那就过于简单化了。考虑一下其著作与他所处理的广泛议题,便可发现他涉及的不只是社会学领域。另需补充的是,齐美尔首先将自己视作哲学家,尽管直至今日,终究还是社会学家们更加认可他。

齐美尔最后的作品《生命直观》(*Lebensanschauung*)是他的哲学遗产,它引入了个人法则的基本观念,我们可以将之视为其作品的主要线索。根据阿多诺(Theodor Adorno)的洞见,齐美尔的尝试意在"从19世纪支配性的自然主义中解放出来,用主体性、质性差异的决断、个体等范畴来全盘对抗物质、量、普遍法则等范畴"[1]。齐美尔的智识成果包含博学多识的讨论,它们涉及价值、货币、文化、个体、艺术人格、时尚,并分析了大城市对个体生命的影响——它加剧了神经的活动,并激升了存在的节拍速度。齐美尔也探讨与现代结合形式相联系的新的性关系,还出版了关于康德、歌德、叔本华与尼采的哲学论著。通过不断的尝试与探索,齐美尔处理了社会与文化问题,他试图捕捉与聆听时代的风气,并描绘灵魂在现代社会中的转化。他对女性问题与女性运动非常敏感,因此,他去探询一种特有的女性文化的可能,讨论女性诉求与工人抗争之间的联系,考察女性活动在其家务解放中扮演的角色,以及当时各种婚姻形式的承续关系。在1902年的《女性文化》(*Weibliche Kultur*)一文中,齐美尔指出,我们的文化"除却在极少的省

---

[1] Theodor W. Adorno, "Sur le problème de la causalité individuelle chez Simmel", *in Le conflit des sociologies*, Paris: Payot, 2016, p.83.

份外,都完全是男性的",而女性运动带来的问题"对人类未来的影响远比工人问题本身更为深远"。在社会学的奠基人中,他是唯一提出了文化的性别特征问题的人,也是唯一未将"男人"与"人"相混同的人。目睹了这个世界的可计算性及理智化的确立与实施,齐美尔将之与现代人的生活风格相联系,并思考在客体文化与主体文化之间能够建立起什么样的新联系。他生活在作为世界中心之一的柏林,这毫无疑问会使其对一些新的关系产生兴趣,即个体主要与外人、陌生人打交道时所实践的关系。这里的陌生人是广义上的,指那些不属于自己熟识圈子的人,那些今天到来明天还要停留的人。齐美尔所分析的陌生人已成为社会研究与城市研究的经典形象,而人们也在最近重新发现,齐美尔的穷人概念为我们提供了线索,来评判与分析穷人所受的专门待遇:穷人是通过他们所受的救济而被建构出的范畴,这一范畴混合了排斥与包容,因为"穷人得到共同体的救助,由此又受到特有的排斥,这是穷人作为一个社会中具有特殊地位的成员所实现的社会功能的独特之处"。

齐美尔初创了一门有关感觉、视觉和听觉的社会学,分析它们在现代世界发挥作用的方式,并尤为强调社会心理的范畴和情感的范畴,以及忠贞、信任、感激、怜悯等"心理状态"——正是这些心理状态进入社会化过程,充当其质料或内容,甚至支撑起这一过程。齐美尔极力强调信任对社会凝聚而言多么根本,社会之形成有赖于信用,其意义要比单纯的经济意义大出很多。齐美尔试图描述个体在社会化形式中创建的联结,并强调时尚所占据的日益扩张的地位。时尚反映了存在的更为变动不居的特性,这一方面是社会哲学—心理学的,另一方面又是社会学的;一切区隔同时亦是凝聚,确切地说,是所有那些采用相同记号来显得与众不同的人们的聚合。同时也应该注意到,从1890年到

1918年，齐美尔尝试既能看到个体自由与解放的可能，又能发现个体性发展中的新局限，这些局限部分地是由于技术日渐增长的地位，以及目的不再清晰且又层出不穷的手段。个体同社会的联结模式、主体文化与客体文化之间的关系，这些对齐美尔而言愈发成为社会发展的核心问题，他试图通过文化的悲剧表达来捕捉它们的关系；生命想要显现自身，但一切创造只能在某些特定形式中完成，相较生命之源而言，这些形式是自主的。在这个意义上，我们可以说，齐美尔将马克思针对资本主义体系中的商品所说的拜物教扩大至全部的文化生活。更确切地讲，齐美尔认为，马克思将拜物的价值赋予了商品生产时代的经济对象，但这只是个例。

齐美尔所做研究的广泛性与多样性，绝不意味着他是个题材杂糅却浅尝辄止的写手，或是个不合逻辑的随笔作家。要理解齐美尔的作品，前提是要认同齐美尔的看法：可以从不同的视角来思考社会世界与现实，后者可有多种形式，对其基本论识论加以详述的《货币哲学》(*Philosophie des Geldes*)所强调的正是这一点。齐美尔展示了艺术、宗教与科学的世界如何建构了诸般形式，而世界通过这些形式得以品阅、理解与阐释。主体活力与一般人类倾向的形成，还有使社会或自然世界的要素得以建构的形式统一性，标记了文化的不同领域。艺术家只是以一种彻底的方式完成我们在日常实践中虽会去做，但是做得没么彻底的东西：我们也会把各种自然的因素纳入风景的范畴看待，而非只是看到诸如草场、云朵等互不协调的内容。

齐美尔某些作品的散文风格与零碎面向，他那些总是假设性的、微妙深邃的断言，他的相对主义的概念，他对那些看上去微不足道的现象的兴趣，这一切都不难得到解释——只要我们牢记多元形式这一核心观念以及他所抱有的诊断当下的旨趣。他所提倡的概念的相对主义基于一种截取多个"横截面"的理念,即要在远近变化中以诸多方式了解对象。齐美尔总是对我们有所教益,即使我们不赞同他的观点。

形　式

Simmel and Philosophy

Yves Charles Zarka

(University of Paris)

My interest in Georg Simmel's thinking stems from the relationship it establishes between philosophy and sociology. Whilst his thinking is philosophical right from the start — philosophy runs through the whole of his work, particularly with decisive readings first of Kant, then of Schopenhauer and Nietzsche, and finally of Bergson — it in no way seeks to challenge the proper domain of historical and social sciences, particularly sociology. On the contrary: Simmel seeks to show *philosophically* what is the proper object of sociology, as well as its legitimacy. This legitimacy proceeds from its scientific character. For him, then, the task is to show by what methodologies and procedures this scientific character is ensured. A scientific character which has nothing to envy in the sciences of nature. On one hand as on the other, what is sought by knowledge is the *real*. But obviously the real does not have the same status. However, this difference in status does not affect the scientific validity, nor the degree of certitude, to which social sciences can attain. This validity and this certitude are not inferior to those achieved by the sciences of nature. On the one hand as on the other, knowledge of the real is achieved by knowledge of causes, whether natural or psychosocial. However, the specificity of social sciences derives from a fundamental feature: the known object is not external to the knowing subject. The latter does not remain external to that which it knows, in a relationship of pure observation. The known-being is itself the knowing being. This involves a very different subject-object relationship from that which prevails in the sciences of nature.

In this sense, Simmel thinks of sociology according to a very different register from that of French sociology from Auguste Comte onwards. Whatever the criticisms leveled at him by sociologists, Comte has made a profound mark on them, through and beyond Durkheim.[①] At least two of Comte's positions are determinative in this respect. First, the idea that sociology becomes scientific by emancipating itself from philosophy, which is considered as deriving from speculation of a metaphysical order touching on knowledge of the *why*—that is, causes—whereas scientific sociology concerns itself with the *how*—that is, the laws which govern social phenomena. Then there is the exclusion of the psychic and the psychological from the social sciences. Simmel opposes both these positions. For him sociology draws its legitimacy, as has been said, from the specificity of its object, the mutual relationships of human beings which constitute the fibre of social relationships, and its properly scientific character—its capacity, that is, to reach the social *real*. In this sense sociology is not philosophy,

---

[①] There are exceptions of course, such as "methodological individualism", of which Raymond Boudon is a major representative. Cf. introduction by Raymond Boudon to *Les problèmes de la philosophie de l'histoire*, Paris: PUF, 1984, pp. 7-52.

which is situated in a conceptual, abstract dimension which, without being absent from sociology, is of a different order. But both the proper object and the specific methods of sociology suppose an epistemological reflection which is philosophical in nature, whether that epistemology is undertaken by a sociologist (in the institutional sense of the term) or by a philosopher (also in the institutional sense). Besides, it would be an illusion to think that human (i.e. historical) phenomena can be completely known by scientific procedures. There is necessarily a behind and a beyond in sociology-as there is in economics, demography, history and elsewhere-in the knowledge of human phenomena. These disciplines remain necessarily bound to presuppositions, and only provide partial knowledge of human reality. Indeed that is the condition of their scientific character. This behind and beyond, in these sciences, derive from a discourse which is other than purely scientific: that of philosophy. Philosophy seeks to question all presuppositions, and above all aims to think through the unity of multiple forms of knowledge, considered as distinct approaches to the same phenomenon, as in *Philosophie des Geldes / Philosophy of Money* (1900)[1], or by drawing them into a more fundamental dimension, that of forms of life. Philosophy cannot of course claim a scientific character, but that does not mean it can allow any speculation whatsoever. At the philosophical level there is the possibility of distinguishing a valid or credible interpretation from another which is neither valid nor credible, according to the capacity of the

---

[1] Georg Simmel, *Philosophie des Geldes* (1900), French translation *Philosophie de l'argent*, Paris: PUF, 1999. All quotations are from the French editions.

theory to give an account of all the phenomena it studies. The notion of life which arises throughout the oeuvre, in distinct modalities such as social life, psychic life, aesthetic or religious life, is found, as we know, at the heart of his posthumous *Lebensanschauung* (1918)[1] which, as Vladimir Jankélévitch[2] noted, is a metaphysics of life.

This status of philosophy in its relationship with historical and social sciences is what I wish to examine, in three points: 1) the philosophical epistemology of sociology, 2) philosophy behind and beyond historical or social sciences, 3) from the epistemology of *a priori* forms to the metaphysics of life.

1. The Philosophical Epistemology of Sociology

Speaking of the philosophical-and necessarily philosophical-epistemology of sociology does not mean that sociology is incapable of forming its own epistemology—that is, to provide a foundation for the legitimacy or the scientific character of the knowledge it produces. It merely means that the epistemology of sociology does not arise from sociological knowledge. By working on the epistemology of the discipline, the sociologist (unwittingly or not) changes to a different register of discourse, doing philosophy inasmuch as it involves questioning the principles, postulates and axioms of the sociological approach. These principles, postulates and axioms are presup-

---

[1] This book was recently translated into French under the title *Intuition de la vie*, Paris: Payot, 2017.

[2] V. Jankélévitch, "Simmel, philosophe de la vie", in *Georg Simmel, La tragédie de la culture*, Paris: Payot et Rivages, 1988, pp. 11-85.

posed by sociology, just as the object it seeks to know is itself presupposed by the sociological knowledge it gives. Every particular science contains such presuppositions. Just as the epistemology of physics does not arise *from* physics, the epistemology of sociology does not arise from sociology. Here there is a change of register in the discourse, which can be practiced by a sociologist (in the institutional sense) as well as by a philosopher (also in the institutional sense). This changes nothing: the register of the epistemological discourse is philosophical.

This is the sense in which Simmel's text entitled "Das Problem des Soziologie"[1]("The problem of sociology") is to be understood. The problem in question is that of determining the proper object of sociology, in its difference from ethics, politics, history and other things. To do this involves leaving behind the illusion that all human activities which develop and unfold in society are a matter for sociology:

As we had realized that all human activity takes place within society and that none can escape its influence, whatever was not science of nature had to be science of society.[2]

According to Simmel, the equation between the notion of human sci-

---

[1] Georg Simmel, "Das Problem des Soziologie" (1894), French translation "Le problème de la sociologie", in *Sociologie: Etudes sur les forms de la socialization*, Paris: PUF, 2010, pp. 39-79.

[2] Georg Simmel, *Sociologie: Etudes sur les forms de la socialization*, Paris: PUF, 2010, p. 40.

ences and that of social sciences "only means that we put together, in one sack, all the historical, psychological, normative sciences, that we shake it all up and stick the label 'sociology' on it"[1].

To provide a foundation for the legitimacy of sociology we have to determine which, among all human activities, is its proper object. Without that, sociology would be reduced to merely a method for approaching all the activities which take place in society; it would be just "a simple research auxiliary"[2]. Hence Simmel's question, "so what could be the new proper object whose study makes sociology an autonomous, clearly delineated science?"[3] This proper object is not an unknown reality which sociology might discover; it is a certain aspect under which human activities are considered. The aspect in question is determined by an abstraction which defines the perimeters of the object: "Every science is based on an abstraction, because it considers in one of its aspects, from the point of view of one concept at a time, the totality of something which no science enables us to grasp as a unity"[4].

Sociology, then, can only be founded as a particular science on condition that it forms a concept of society which subjects socio-historical data to an

---

[1] Georg Simmel, *Sociologie: Etudes sur les forms de la socialization*, Paris: PUF, 2010, p. 40.
[2] Georg Simmel, *Sociologie: Etudes sur les forms de la socialization*, Paris: PUF, 2010, p. 41.
[3] Georg Simmel, *Sociologie: Etudes sur les forms de la socialization*, Paris: PUF, 2010, p. 42.
[4] Georg Simmel, *Sociologie: Etudes sur les forms de la socialization*, Paris: PUF, 2010, p. 42.

abstraction which delineates its proper object. Whilst there is society only where there are reciprocal actions by human beings, those actions can be studied by a multiplicity of disciplines: psychology, ethics, politics, history, etc. What characterizes sociology in particular is the way the reciprocal actions of human beings give rise to diverse forms of collectivities, groups or communities, i. e. to the forms of socialization. The object of sociology, in sum, is the way the simple spatial coexistence of human beings or their chronological succession becomes a society:

So if we want there to be a science whose object is society and nothing else, it will seek to study nothing other than these reciprocal actions, the modes and forms of socialization. ①

These forms of socialization, which are in reality necessarily bound up with psychological, ethical, political, religious and other content, are—by abstraction—considered in themselves. This approach can only be legitimized in the structure of objectivity if the forms of socialization can be applied to different contents—and, inversely, if the same contents can take on different forms as the vector of their realization. These two conditions are in fact achieved. This is how the forms of socialization—domination, competition, imitation, division of labor, solidarity, conflict, etc.—can also be found in a religious community, economic groups, an artistic

---

① Georg Simmel, *Sociologie: Etudes sur les forms de la socialization*, Paris: PUF, 2010, p. 44.

school, etc.

Thus determined, the proper object of sociology leads us to philosophy according to two dimensions. The first is epistemological; it concerns the fundamental concepts and the principles which are the foundation of the discipline. The second, according to Simmel, is metaphysical; its goal is to overcome the fragmentary character of particular knowledge produced by particular sciences. Here philosophy seeks to overcome the heterogeneity of fragmentary knowledge so as to obtain a global vision or a coordinated knowledge. Better, metaphysical reflection needs to question the meaning, finality and value of human phenomena. Thus the object of philosophy is to answer questions such as: "Is society the finality of human existence, or a means for the individual? ... Does its value reside in its functional life, or in the ethical qualities it brings to life in the individual?"[①]

These questions and many others, if they take society as their object, do so in order to consider society from a more general, broader, but also more fundamental point of view.

We can therefore see what is the foundation of sociology's legitimacy as a science, and also what are its limits. Those limits are not a deficiency; on the contrary, they are the condition of its scientific character.

2. Philosophy Behind and Beyond Historical or Social Sciences

In the preface to *Philosophy of Money*, Simmel writes:

[①] Georg Simmel, *Sociologie: Etudes sur les forms de la socialization*, Paris: PUF, 2010, p. 61.

From this assignation of philosophy in general flow the rights it possesses over isolated objects. If there is a philosophy of money, it will be behind and beyond an economic science of money. ①

Philosophy is located behind and beyond social, historical or other sciences (in this case, economics). These two dimensions are linked to questions which, while they concern social sciences, are not strictly speaking part of them.

To begin with "behind". This consists in considering the conditions for the possibility of sciences, whether those of nature, of society or of history. This question is obviously inherited from Kant, who as we know influenced Simmel from his doctoral thesis onwards. To the Kantian question "On what conditions is nature possible?", Simmel says that Kant replies "what we call nature is a particular mode according to which our intellect assembles, orders, and forms sensory perceptions"②. For Kant the diversity of the sensory is objectivised when we apply the forms or the categories and syntheses of understanding to it. Seeking the conditions of possibility thus means here looking for the forms which "constitute the essence of our intellect and which thus produce nature as such"③. These forms are *a priori*—that is, they do not result from experience, but constitute it as such.

---

① Georg Simmel, *Philosophie des Geldes* (1900), French translation *Philosophie de l'argent*, in *Sociologie: Etudes sur les forms de la socialization*, Paris: PUF, 2010, p. 14.
② Georg Simmel, "Das Problem des Soziologie", "Le problème de la sociologie", in *Sociologie: Etudes sur les forms de la socialization*, Paris: PUF, 2010, p. 63
③ Georg Simmel, *Sociologie: Etudes sur les forms de la socialization*, Paris: PUF, 2010, p. 64.

It is the same question which Simmel intends to ask of the knowledge of society, by considering its *a priori* conditions. But there is a decisive difference between nature and society. For society, unity is not external to the objects which compose it. It is not imposed by a transcendental subject which brings about the synthesis of scattered elements, but is accomplished in the contents themselves, the individuals who compose society. Unity is thus immanent to what is given. The *a priori* conditions have to be contained in the relations between the elements of society itself: autonomous beings, psychical centres, etc. For sociology the question thus becomes: "what, then, is the quite general, *a priori* foundation, what are the conditions which will allow isolated concrete facts to become truly processes of socialization in the individual awareness?"[1] The *a priori* conditions must make it possible to account for the production of a social unity on the basis of scattered individuals.

What are these *a priori* forms of socialization? Simmel distinguishes three, saying that it is difficult to express each of them by a single term like Kantian categories, but I shall attempt to do so in his place. They are recognition, synthesis and belonging.

Recognition first. "To recognize a man, we see him not in terms of his pure individuality, but borne, raised or abased by the general type to which we suppose he belongs."[2] The form of recognition of the other con-

---

[1] Georg Simmel, *Sociologie: Etudes sur les forms de la socialization*, Paris: PUF, 2010, p. 67.

[2] Georg Simmel, *Sociologie: Etudes sur les forms de la socialization*, Paris: PUF, 2010, p. 68.

stitutes here the *a priori*. It takes place according to a modality which Simmel calls generalization: we recognize a man, not in his individual singularity, but in terms of a general type to which we suppose him to belong, and on the basis of which our behavior towards him is formed. This principle acts within society as the *a priori* of reciprocal actions between individuals.

Now for synthesis. This is the synthesis of the in-self and the for-self. The condition of socialization is that the individual finds himself in a double condition: being at once part of an ensemble and having his own proper individuality. He is therefore a member of an organism which exceeds him and, at the same time, he is external to it inasmuch as he has an individual existence. He is a being for an ensemble (in-self) and a being for-himself.

But the without and the within, the exterior and the interior, are not simply juxtaposed: "the essential, and the meaning, of the particular sociological *a priori* [...] is this: between the individual and society, the within and the without are not juxtaposed determinations [...] but they define the quite unitary position of the human being living in society"[1]. The condition of socialization here is the synthesis of the two determinations which consist in being a member of an organism and a being for-self. In sum, being the product of society and being involved in it.

Finally, belonging. This belonging supposes that each individual, by virtue of his proper qualities, finds a determined place within his social mi-

---

[1] Georg Simmel, *Sociologie: Etudes sur les forms de la socialization*, Paris: PUF, 2010, p. 75.

lieu. As long as the individual does not realize this *a priori* of social existence, i. e. the permanent correlation of his individual being with the circles which surround him, he is not socialized. As an example of this belonging, Simmel takes the profession, in the sense that it involves society providing a place within itself and that the individual can grasp it by virtue of a quite personal quality, an "inner vocation".

If the "behind" of social sciences opens reflection on the *a priori* conditions of socialization, their "beyond" leads philosophy towards questions of meaning and value by reference to individual and collective existence. Here it means giving an account of "psychic causalities definitively destined to be the object of hypothetical interpretations"[①]. That supposes establishing a relation between partial knowledge deriving from psychology, sociology, history and aesthetics with reality in its totality. Thus, as far as money is concerned, we need to "shed light on the essence of money on the basis of conditions and relations of life in general and [...] on the other hand, the essence of life in general and its modeling on the basis of the influence of money"[②]. By its very abstraction, philosophy distances particular phenomena to lead to questions about their value and their ultimate meaning for human existence: "The attachment of superficial details of life to its deepest, most essential movements, as well as their understanding accord-

---

[①] Georg Simmel, *Sociologie: Etudes sur les forms de la socialization*, Paris: PUF, 2010, p. 15.

[②] Georg Simmel, *Sociologie: Etudes sur les forms de la socialization*, Paris: PUF, 2010, p. 15.

ing to its overall meaning"①.

Just as he tackled the question of the *a priori* of socialization, Simmel examines the *a priori* of historical knowledge, in his book on *The problems of the Philosophy of History*②, shifting the Kantian question onto history. Here it involves combating historical realism, historicism—the belief that historical knowledge is a reproduction of the past as it was in reality. In addition, against the idea of laws of history which would constitute supra—individual forces that submerge individuals, it is important to stress the fact that "the mental reality we call history is the result of individual activity"③.

3. From the Epistemology of A Priori Forms to the Metaphysics of Life

In a text initially published in 1899, *Kant and Goethe: On the History of the Modern Vision of the World*④, Simmel opposed these two major figures in modern thought. One, Kant, gives a constitutive role to the subject in its relation to the world, while the other, Goethe, upheld on the contrary the undifferentiated flux of life, the ego appearing as a product, a

---

① Georg Simmel, *Sociologie: Etudes sur les forms de la socialization*, Paris: PUF, 2010, p. 17.

② Georg Simmel, *Die Probleme der Geschichtsphilosophie* (1907)/ *Les problème de la philosophie de l'histoire*, Paris: PUF, 1984.

③ Georg Simmel, *Die Probleme der Geschichtsphilosophie* (1907)/ *Les problème de la philosophie de l'histoire*, Paris: PUF, 1984, p. 54.

④ Georg Simmel, *Kant und Goethe: Zur Geschichte der modernen Weltanschauung* (1906)/ *Kant et Goethe: Sur l'histoire de la vision moderne du monde*, Paris: Le promeneur, 2005.

figure composed by forces in the same way that they constitute the form of a plant or a cloud. These two visions of the world are both tragic, though in very different senses.

It is this duality which Simmel seeks to overcome in his posthumous book *Lebensanschauung*. This book on life doubtless concerns, for Simmel, the most profound dimension of existence in general and human existence in particular. Here philosophy becomes clearly metaphysical.

What is constitutive for life is the transcendence of the self. Life is confined to certain forms, specific organisms and beings, yet at the same time life goes beyond those forms: "life is manifested as a perpetual process of elevation-of-self-above-oneself."[①] It is this movement of transcendence which is found in knowledge, will, consciousness and history, inasmuch as they are living things. Life consists in posing limits and going beyond those limits. There is a flux of life, but that flux is borne along by diverse individualities in which it is fixed and which it exceeds. Man is thus a being-of-limits with no limits.[②] What is at play in this transcendence of self which is immanent to life is a reformulation of the question of form and content, which is found at all levels in Simmel's work. But here the Kantian forms are historicized or, better, vitalized. Like life itself, the subject is not what it is once and for all, it transcends itself.

This metaphysics of life, which refers back to Schopenhauer and Nie-

---

① Georg Simmel, "*Lebensanschauung*" (1918) / "*Intuition de la vie*", in *Kant et Goethe: Sur l'histoire de la vision moderne du monde*, Paris: Le promeneur, 2005, p.45.

② Georg Simmel, *Kant et Goethe: Sur l'histoire de la vision moderne du monde*, Paris: Le promeneur, 2005, p.35.

tzsche as well as Bergson (even though Bergson is not cited), gathers together all the references to life which are found throughout Simmel's work. It is as if the transcendence of life was the most profound dimension of history and also of human societies which are themselves drawn along (inasmuch as they are living things) into self-transformation and transcendence of self.

4. A Word in Conclusion

At the moment, a reading or re-reading of Simmel seems to me indispensable for a great many sociologists, or at least those who call themselves sociologists, in order to understand the positivity and meaning, as well as the limits, of sociology.

社会学的理论危机与齐美尔形式社会学的方法论基础[*]

王赟

（苏州大学社会学院）

摘　要：社会学理论危机的重要根源在于对象上的混杂。这种混杂是在学科建立过程中对必要的方法论讨论的忽视造成的。一方面，社会学不必要地排斥了心理因素对学科的构建；另一方面，社会学对非心理的实践内容和现象缺乏厘清。齐美尔的形式社会学通过对形式的探讨，强调了对象、方式以及心理机制对社会学的重要性，因此是对应上述理论危机的有力工具。通过对"方式—对象"的联系和对心理机制的强调，齐美尔既强调了经验对知识的重要作用，又强调了基于心理但在人际层面完成的主观性和客观性的联系。齐美尔的认识论基础因此成为我们反思社会学诸理论的必要途径。

关键词：方法论　对象　方式　心理机制　社会化过程之形式

---

[*] 本文首发于《广东社会科学》2020年第2期，并被《社会科学文摘》2020年第4期转载及《人大复印资料·社会学》2020年第6期全文转载。有改动。

一、引言：对象差异和社会学的理论危机

自然科学自17世纪开始的先行对包括社会学在内的社会科学产生了多种正面或负面的影响。在这些影响中，虽非最显著，但却很关键的一个，就是如下事实：科学图景（schema）自身的划分，或者说学科化，往往依赖于研究对象所具有的"本质"。比如，以机械体为对象的研究成了物理学，以有机体为对象的研究成了生物学。与此类似，交叉学科也必须建立在对象的交叉属性上，如生物化学。我们仅通过观察就可发现，社会科学诸学科也习惯性地因循这条来自自然科学的规则：以经济活动为对象的是经济学，以政治活动为对象的是政治科学，宗教活动对应于宗教学，等等。其背后，则是冯·赖特所称的"实证主义主旨"预设[1]：（1）不同学科在方法论上是统一的；（2）自然科学尤其是数理物理学向包括人文科学在内的科学提供标准；（3）因果性就意味着对普遍法则的寻求。

必须看到，这种学科划分明显影响了社会学，但大多数时候表现为代价而非成就。其结果是，在社会学内部出现两种具有明显问题的研究倾向。第一种倾向过于自负。它首先将社会看作对我们所处世界的抽象观念，进而成为社会学这门新兴科学的研究对象。经济、政治、法律等诸范畴自然地成为这个整体社会观念的一部分。在这种情况下，社会学事实上取得了社会科学之总和的地位，其他社会科学分支学科只是社会学的子学科。而一切对人及其环境设置的思考，都成为社会学思考。

---

[1] 冯·赖特：《解释与理解》，张留华译，浙江大学出版社2016年版，第3页。

第二种倾向则过于谦卑。考虑到社会学本身的复杂性，这种倾向首先将其他较易确定的对象——或许是因为那些对象在范畴上的单一性和同质性——交给诸如经济学、法学等学科，然后将"剩下的"称为社会学。在这个意义上，对社会的定义实际上依附于英美社会科学传统将社会与国家对立之后形成的市民社会（civil society）的定义："社会学很大程度上忽视了国家的存在……这部分是因为社会科学中存在的极端扭曲的分工观念。它认为，社会学所要研究的是'社会'，即19世纪思想家所说的'市民社会'……对国家的研究被看作'政治学'或'政治科学'的专属范围。"[1]换句话说，社会成了现代人之规范化生存诸范畴的剩余，而社会学则成了现代人对其规范化生存诸范畴之剩余的认识。

如果说自然科学中，由于主体直接作用于它的对象，因此按照对象进行学科划分的原则是有效的；那么在社会科学中，由于对象和主体之间关系复杂且相互交织，对同样原则的照搬就导致了上述两种错误倾向的出现。[2]

从作为学科的社会学出现开始，研究对象问题就一再引起争论，其背后则是更为关键的"社会学应当如何展开"的方法论差异。比如，在今天看来非常"社会学"的狄尔泰，就因反对孔德的实证主义方法论而拒斥前者发明的Sociologie一词。从仅仅通过描述各自方法论的方式悬置争议的涂尔干和韦伯[3]，到试图调和对立观点却使自己处于尴尬

---

[1] 吉登斯:《社会学:批判的导论》，郭忠华译，上海译文出版社2013年版，第54页。
[2] 吉登斯的双重阐释理论无疑是对社会科学中主客体"主体—主体"关系的最好阐释，参见 A. Giddens, *La Constitution de la Société*, Paris: PUF, 1987, p.414。
[3] 分别代表了两种伟大社会学传统的涂尔干和韦伯清晰地表达了各自对社会的定义，却同时回避了对方的观点和相关的探讨。E. Durkheim, *Les Règles de la Méthode Sociologique*, Paris: PUF, 1937; M. Weber, *Economie et Société I, les Catégories de la Sociologie*, Paris: Plon, 1971; M. Weber, *Essais sur la Théorie de la Science*, Paris: Plon, 1965.

境地的帕森斯①,对象差异成为方法论差异的表现,并导致了如卢曼所说的"社会学的理论危机"②。

齐美尔对这个话题的思考非常珍贵,但却长期被学界忽视:限定了社会学的,并不是对象,而是对象和方法的联系。那么,由对象问题所带来的,则是对齐美尔独特的方法论进行全面把握的必要。本文试图从研究对象出发,通过对象、方式和心理设置三个方面及其相互联系,来分析齐美尔社会学方法论的基本设置。正是通过这三个因素及其相互间的联系,齐美尔将"社会化过程之形式"确定为社会学的独特对象,形式则同时意味着经验的重要性和人际交往的必要性。反过来,社会学也因此同时得以确立它的科学性和学科边界,来走出自身的理论危机。

二、对象、方法和心理因素

首先,社会学的独特性不建立在它所考察内容的特殊性上。齐美尔在《社会如何可能》中通过关于画的例子很清晰地揭示了学科和对象间的不对等。从史学或美学目的出发,我们可以研究一幅画的价值。在此情况下,作品独特的史学或美学的价值是我们的研究对象。而观察者和其他个体的心理因素在与作品的联系中——因而也是与创

---

① 帕森斯的行动-系统理论试图调和包括对象在内的微观和宏观之争,却首先隔断了微观和宏观的本体联系,进而将社会设置在两个断裂的阶段之上:人先从工具角度创造社会,又反过来成为社会结构维持的工具。A. Giddens, *La Constitution de la Société*, Paris: PUF, 1987.

② N. Luhmann, *Systèmes Sociaux*, Laval: PUL, 2010, p. 27.

作者借由作品的联系中——起到某种重要的作用。一幅画的意义首先是自我和他人通过这幅画共享某种感受。其次，从这个共享的感受出发，我们可以建立作品和它体现的史学或美学事实间的逻辑联系。但是，自然科学家同样可以以不一样的科学目的研究这幅画。从一开始他就不会对对象的心理事实感兴趣，而是注意更接近被界定为真实（verity）的那个现实（reality）。即，通过这个对象我们可以建立什么关于真的认识，如画的颜色会具有什么独特化学构成等。

因此，从对象角度出发，社会学不具备对对象的专属占有。这个问题在社会科学内部更为严重。由于根本不存在不涉及经济、法律、宗教、历史等因素的社会，社会学所考察的现象或现实，同时就是经济学、法学、宗教学或历史学所考察的那些现象和现实：

（如果说社会学）很大程度上建立在人必须被理解成社会存在这个事实上，且社会是所有历史事件的向量，那么它并不包括任何已有学科尚未研究的对象，它只是再现了对这些学科而言的新途径，和一种新的科学方法，正由于这种方法对所有问题都适当，所以社会学并不是一个自为的科学。[1]

而在方法论角度上，齐美尔宣称，无论针对物质的还是心理的方面，无论是涂尔干式的整体论意义的社会，还是个体的散状分布之和，社会学都不以自成的社会为对象。整体论范式下的社会，无法在功能主义意图之外提供社会存在的意义。而在方法论缺陷之外，整体论式

---

[1] G. Simmel, *Sociologie: Etudes sur les Formes de la Socialisation*, Paris: PUF, 1999, p.42.

的社会观念首先由于无法真正联系具体的社会现实而是根本错误的：社会无法成为真正外在于人及其行动的整体，任何被整体论评价为"社会"的因素同时必然也是关于个体人的因素。这意味着，社会不是如涂尔干认为的物（chose）、一种内在的力（force）或一个外在的社会事实（fait social）[①]，而只是我们的观念图景。我们通过认识对现象中的人和自然的某些方面进行把握，并按照某种类型学划分将其中一部分因素之和称为社会。整体论只是人为地将现象实在的某些方面进行类似自然科学实验的"提纯"或限定，却同时无视这种"提纯"过程中，主体和对象相较于自然科学都要复杂得多。其结果是，对象这个课题成了社会学的问题。

因此，要确定独特和专门的社会学，我们必须描述对象和方式间的逻辑联系。对象和方法的有机联系才能确定一个自成的社会学。它使我们可以将社会观念与个体或自然相区分，并在科学分类中给出社会学真正的角色。

社会学所观察之物因此处在两个层次上。首先，必须承认，相较于其他科学，社会学拥有日常的那些对象，这个领域的研究不致力于研究特例或被人为发明的因素，比如某种超级"社会力"观念。相反，它建立在对社会生活的日常和内生的那些因素的把握之上。其次，必须有一种适当的方法，使日常之物成为社会学的内容。换句话说，社会学的建立，在于用独特的方法论，使学科在认识层面与日常生活中的知识或其他社会科学的知识做出区别。个体或社会，各种商业、宗教或生产行为等具体现象，以及经济学、政治科学、史学等科学共享的那些内容，都只是社会学的"未加工"对象。这些内容需要一个方法来联

[①] E. Durkheim, *Les Règles de la Méthode Sociologique*, Paris: PUF, 1937, p.15.

结,以使社会学相较于这些未加工对象,可以确定一个"纯粹"对象。而方法论的缺失会导致割裂,因而错误地理解群体性的实践生活中存在的那些内容。因此,"齐美尔的所处位置是明确的:纯粹社会学是一种思考'什么是社会的'的方式,是限定一种探讨领域,是一种视角。它指明了对建立于一种社会生活的形式,和同样这些社会存在的内容之间差别的构建"①。

对象问题的核心因此实际上就是方法论问题。必须建立一种合适的视角来思考具有如下特征的社会:首先,社会不能真正与组成它的个体相割裂;其次,社会也不是散状分布的若干单位或个体的简单数量之和。齐美尔对社会的定义直接表明了这一点:

> 在社会中存有复数意义上个体间的相互行动。这些相互行动是从一些本着特定目的的特定驱动而来。欲望、宗教或仅仅是舒适性的驱动,维护或攻击这样的驱动的目的,游戏或财产、帮助、教育的获得,以及无尽的其他,使人进入与他人联系之下的生活,为了、与或反对他人的行动,在与他人相关的情形中,这就是说,他创造了基于他人的影响并受其影响。这些相互行动意味着个人的这些驱动和这些根本目的的向量构建出一个单位,或者说一个"社会"。②

构建了完整社会单位的,是处于相互和有机过程中的个体、他们的冲动和目标。齐美尔眼中的社会从经验意义出发,其中"完整单位"的

---

① P. Watier, *Georg Simmel Sociologue*, Belval: Circé, 2003, p. 19.
② G. Simmel, *Sociologie: Etudes sur les Formes de la Socialisation*, Paris: PUF, 1999, p. 43.

提法已经潜在指向了"交互"（réciproque）意涵，因为如果不是一种交互性联系使各个组成部分彼此连接，所谓"完整单位"就会分离为数个机械部分而不再有机"完整"。社会的完整单位潜在意味着组成部分间的交互性（réciprocité）。

人的心理来源、冲动、旨趣和其他心理活动在齐美尔笔下是最根本的行动来源。一方面，它们是社会生活中人之存在的最根本单位；另一方面，它们并不是通过对其存在状态的原因研究来解释，而是通过对这些存在的表现进行观察而进入社会学。这些实践中可被观察的心理因素构成了社会和社会学最基本的内容。通过社会化过程，这些内容构建了社会。因此，直接与涂尔干相反，齐美尔将个体心理机制看作社会学对象上不可或缺的组成部分。

我们必须同时强调，构成社会的这些心理因素也还并不是社会学直接和立刻的对象。这些心理因素仅在同时整合/对立的相互联系上才进入社会学研究。心理因素如果要构成我们通过经验可感知和观察的社会，就必须通过一个必不可少的过程：社会化过程。

三、作为形式社会学对象的社会化过程之形式

社会化过程指：原本孤立的个体以多种方式通过它建立了相互间的联系。这些联系既可能是基于合作的，也可能是基于冲突的。在时空网络中，自然在其自生性中向人提供了生存和与他人交往的能力。这一事实也同时提供了人们相互之间建立彼此关系的能力。同时，既出于个人本能，也出于社会需求，人具有与他人交往的意愿。人的理性和意愿符合了自然提供的交往可能性，并因此在社群和社会生活

中,向个体提供了无尽的共同生活的能力和可能:

> (社会化过程因此)有无限和多样实现方式的形式,在其中,个体构成了旨趣的单位——基于意识的或物质的、瞬间的或持续的、有意识的或无意识的,这些旨趣作为动机理由或目的期许——在其中,这些旨趣也得到实现。①

齐美尔将社会化过程之形式(以下简称"形式")看成个体和社会整体之间的媒介。同样,形式还是某项具体实践和关于它的抽象认识之间的媒介。形式内生于社会和人之存在,因此是社会的现象本体(ontology)。

属于广义上的新康德主义西南学派的齐美尔基于当时的知识传统习惯性地使用"形式"一词,却与康德"形式必须在与具体生活和实践相分离时才有可能"的形式观念相对立。齐美尔的形式描述了一个人的独特范畴或者关于这个独特范畴的观念:通过形式,不同的个体在社会现象中相互-行动。一方面,个体并非某个整体社会的功能组成部分,因此相互-行动区别于相互行动,前者更为强调个体以各自意愿为出发点,并在"对于自我"和"对于他人"两个层次提供行动效果。另一方面,相互-行动强调了动态的社会化过程。人通过行动和互动不停地对其所联系的社会关系进行调节,形成了永恒的动态社会。其结果是,形式因此要么是社会联系本身,要么是个体处于其中的社会联系发生的场域(champ)。归功于这些联系和场域,个体性同时意味着互助

---

① G. Simmel, *Sociologie: Etudes sur les Formes de la Socialisation*, Paris: PUF, 1999, p.44.

性，而不是个体的孤立状态。形式因此必须与经验相联系而非隔绝。同样，对形式的研究也并不违背对客观性和群体性目标的追寻。由于形式既是本体性的社会机制，又是认识对其的正确表现，因此，它提供了克服纯粹主体性而通向"相对客观的"和"相对群体的"的可能性。

我们认为，齐美尔的形式观念因此指出了其方法论首要原则：人之经验是社会和社会学的来源。但经验并不意味着纯粹个体维度的体验，而是指向人的社会本能：基于对所经历的事物的认识进行行动选择并在下一次与他者的交往中评价行动效果，人以共情（empathy）或说共同经历（live together）的方式来理解他人。经验因此首先指向个体的内部与外部之间通过时空网络的无限往来。在实践中，个体那种并列摆放（juxtapositionné）的潜在状态就通过形式被转化成相互关系上的量。行动者之间因此总存在状态上的共生性（mutualité）和机制上的心理与行动的交互性：

> 交互性假设每个行动者认为，他人认为如果在此时此地交换相互位置，每个人都以同类型的方式看待世界；一致性使得无论什么特定的生物设置，互动者以同样的经验性方式进行对所处情势条件的选取，换句话说，行动者对发生了什么是一致的，或认同对情形的定义。[1]

基于经验的形式使复数意义的个体得以结成互动联系，社会从中生成。社会学因此通过对形式的研究来建立对社会现象和人的理解。

---

[1] P. Watier, "La Compréhension dans les Sociologies de G. Simmel et M. Weber", in J-M. Baldner, L. Gillard (dir.), *Simmel et les Normes Sociales*, Paris: L'Harmattan, 1996, p. 224.

在这种情况下，基于人与社会经验维度的社会学与纯粹的形而上学相区别。但同时，社会学式的经验科学不意味着它必须——或说只能——将注意力放在世界中个体的孤立的经验行为之上。相反，由于形式通过旨趣等心理因素，对行动中的个体和他们的共同活动进行了重组和联系，社会学避免陷入"局限于对心理因素进行主观描述"的心理主义和唯名论式的虚无主义。这就是说，形式实质上是现象本体在认识中的科学反映，而非纯粹的主观认识。通过形式，社会学完成的是从主体认识达到客观性的过程。一方面，这否定了将社会当作纯粹主体认识产物的唯名论；另一方面，这也否定了将社会当作不涉及精神（即自由的人）的外在机械实体论。

社会化首先是社会的现实过程，它的运行机制包括每个社会现象的维持、发展和消亡。此外，对于作为科学门类的社会学，必须通过对这个现实过程的研究来把握社会的本质。相比之下，涂尔干也试图通过功能研究来研究社会化过程的角色。但对涂尔干来说，诸如职业分工等社会化过程只是某外在实体（社会自然）的功能。职业分工使人相互区别并获得其独特的社会角色，进而推动社会向更复杂更进步演化。但分工首先是一个社会自然的工具，社会则是更为根本的一些力或规律——比如人在自然中的历史进化——的产品。[①]

齐美尔则认为，作为使一定数目的个体相互联系和重组的线索，社会化过程是自生和自为的（en soi et pour soi）。对社会化过程的功能研究有助于理解其在社会中的运行机制，但并不能简化如下事实：社会化过程在个体及他们之间是自生的。对社会化过程的功能研究有助于理解社会化内部的形式和关系，然而，它并不是功能主义式的。功能

[①] E. Durkheim, *De la Division du Travail*, Paris: PUF, 1930.

主义即便不是彻底不当的,也是有问题的。它只是将社会化这个自生和自为的角色变成了一个纯粹的认识工具,用来满足某个外在于人本身而更深层次的原因,这样的原因根本就不存在。

我们现在可以明确地得出齐美尔社会学的独特对象了,这就是形式本身。形式意味着实践和研究的联系,以及由实践中的形式所凝聚的内容和社会表现的整体模态和趋势之间的联系:

> 在所有已存的社会现象中,内容和社会形式构建了完整的具体现实;社会形式不能不与联系到所有内容的存在发生关系,就像空间形式不能不与以它作为形式的质料发生联系。相反,如下才是所有社会事实和存在的因素,与现实不可分割:一边是旨趣、目的或动机,另一边是形式、个体间相互行动的模式,通过它或以它为形式,内容成了社会现实。①

形式与普遍法则不具可比性。法则意味着公式或模式与由它所揭示的事实间的普遍、外在、排他的关系;形式则并不是无视时空网络而超验永恒和普遍有效的。在这个意义上,齐美尔断言,没有哪个形式可以覆盖所有的社会现象。形式并不是某种力或某种实存,而更多的是一种有效联系了人的知识的关系和方式。不对行动者之间的关系、环境和他们之间的联系网络进行把握,我们就不能把握形式。此外,将形式当作一个社会联系或智识方式,又暗指一种独特的社会学方法。形式与法则不具备可比性这个事实因此反对社会学上法则式的解释。

---

① G. Simmel, *Sociologie: Etudes sur les Formes de la Socialisation*, Paris: PUF, 1999.

以按若干给定的形式而完美分工的社会并不存在。那么，不同形式间的因素就不是严格划分和清晰互斥的。现实生活中，个体或某个社会单位同时是若干形式的组成部分：一个人在参与商业交流时自动进入经济货币形式中，同一个人的宗教行动又使他进入宗教的形式。在实践中，一个形式与其他形式并不是平行的而是相互交织的。形式的这种实践中的交织模态否定了对给定社会通过形式进行完美划分的可能。形式研究的系统化并不意味着在格式化和结构化之上的系统性和作为其结果的公式化研究，而是意味着完备的情境研究。

此外，齐美尔的形式观念对实证主义的反对，还在于后者与功能主义思想的联系。我们做如下对比：公司包含若干部门，每个部门有给定的成员并以功能划分区别于其他部门，功能又成为每个员工或雇主的行动目的。对社会来说，情况则根本不同。区别于蜜蜂或蚂蚁的"社会"，人类社会中的个体以某种方式组织起来，这确实作为效果产生了某些功能，比如面对自然时的生存或社会维持等。但首先，个体行动的目的是每个个体自身的生活，而并非明显的生存或社会维持。这意味着，社会的创造并非依据某特定外在目标，而就是个体间的相互关系及其效果。每个个体只间接地向社会提供其行动和与他人互动的影响，功能则只是他的行动和互动在后验（a posteriori）意义上的函数。我们当然可以考察社会中个体的功能，但对于其自身的存在，这个功能只具有后果意义而非原因意义：

> 必须针对群组的划分、限定、阶级构成、社圈、次级群体，以社会互动嵌入对象自然的、个人的、意识的独特整体的方式，并基于分类、发展和等级角色，以个体"表征了"全体，比如为了群组的内部相参性而强调共有敌意的重要性的方式，对构成社会的所有主

要关系和互动开展工作。①

对于齐美尔,社会学因这个本质而区别于其他关于人和社会的科学。社会学作为专门学科的独特性存在于对象到方法的联结上。虽然与其他科学门类共享来自日常的直接内容,社会学的对象只能是社会化过程之形式,因为对象意味着直接内容和社会学独特的形式方法之间的内部联系。社会学最大的特征因此在于其与其他社会科学门类相比明显具有差异的对待直接内容的方法。当社会学家致力于关于社会的科学时,并不能将社会仅仅当作一个总体对象,或者"致力于研究什么'在社会中'或'与社会一起'发生"②,相反,研究必须注目于社会化的形式和模式以及个体在其中的交互关系:

> 对于狭义,或说一种独特问题意识的社会学来说,就不能将抽象的形式当作社会化过程的原因,而应将其当作社会化过程本身;社会,在社会学可以使用的意义上,就因此要么是形式,是以形式为模式的类型化,是抽象普遍观念,要么是这些行动的形式的附加。③

对于社会学来说,社会因此不再是简单的个体数量之和,而是严格意义(sensu strictissimo)的社会——力、关系、联系和形式,通过这些,人

---

① G. Simmel, *Sociologie: Etudes sur les Formes de la Socialisation*, Paris: PUF, 1999, p.50.
② G. Simmel, *Sociologie: Etudes sur les Formes de la Socialisation*, Paris: PUF, 1999, p.47.
③ G. Simmel, *Sociologie: Etudes sur les Formes de la Socialisation*, Paris: PUF, 1999, p.48.

进行社会化。

社会学因此像是以一种"社会科学的几何学"的方式运行的。它不提供对新对象的研究，而是以一种新的方式看待已有之物。社会学对应社会，几何学对应自然，这两门科学都对原初和经验质料进行抽象的形式研究，并通过抽象过程提供形式上的理解和阐释。正是通过相对简单的形式构建，我们才能理解复杂多样的具体社会内容。社会学和形式并不致力于普遍意义上的法则，形式本身就是一个正在演进的社会中的过程。社会学致力于理解这个过程及其形式过程中因素的运作。至于个体，由于他直接关涉生活中的多种形式，他本人也通过对这些形式的研究来揭示。一个小商人的商业交流从经济形式层面提供对他的理解、宗教交流对应宗教层面等等。总之，社会中对个体的理解只能通过形式研究来完成，形式联系了外部世界和个体所具有的社会关系。如此研究的重点在于最细致的和最根本的心理因素，因为正是这些因素在互动过程中形成了个体的行动和他与他人间的有机联系。

四、作为形式驱动者的心理机制

由于形式在实践中并不直接可见，且形式反对对社会的机械划分和普遍法则，我们必须追问："对形式进行把握的标准是什么？"齐美尔认为，每一个形式背后都有一个支撑它的心理机制，一个处在更深层次的旨趣、动机、理由等。把握一个形式因此意味着同时在作为行动内部冲动的心理机制上，和作为行动效果的人际互动上，把握个体的心理机制。

所以，不考虑个体或个体间的心理机制就无法研究形式：从某个角度上说，形式就是目的、动机、个体旨趣，它深入地植根于阐释了个体"沟通和交往"的个体精神上；形式又是个体间沟通和相遇的表现。个体同时具有独立和交往的二重状态，这构成了个体和他者间的关系，社会也得以可能。齐美尔根本性地反对将社会当作超级存在或外在于个体的存在。从柏拉图到康德，一再出现的提线木偶戏类比着在不考虑个体心理因素和心理机制的状况下的社会观念。在这样的社会中，由于只能服从外部存在的制约，人成了真正的玩偶。[①] 社会学必须避免这种看法，所以，必须避免将社会的构建建立在对个体心理机制的排斥之上。

齐美尔认为，社会完全可以成为建立在客观性和主观性之间的桥梁，因为个体们在其行动中，首先带有相互联系，这些联系既保留了每个个体心理因素的重要性，又将这些个体当作创造了外在于他们的社会的主体。社会或社会化首先意味着主体和对象间的联系。如果主观性意味着个体在其行动中的特殊性，那么社会化及其形式则是客观性的保证：社会的运行并非主体的直接产物，而是"伴随主体"的过程。

齐美尔在方法论中非常强调他者的角色。社会联系不仅是自我与其所参与的世界相遇而发生的结果，而首先是自我与他者之间的互助联系本身，通过这些联系我们才有了世界。同样，自我与他者之间的联系并不处于个体这个维度，而是处于人际这个维度，它使得客观性

[①] 瓦蒂尔详细分析过玩偶戏这个众多思想家借用过的比喻。从接受到拒斥，柏拉图、康德、齐美尔、韦伯、于连·弗洛恩德(J. Freund)和布格雷(C. Bouglé)等人都参与到这个讨论中。其中持接受态度的是康德，拒斥的则是布格雷。而除了理解完全错误的，大多数人都试图从自己的理论出发进行修正。关于齐美尔本人对玩偶戏的表述参见 G. Simmel, *Sociologie: Etudes sur les Formes de la Socialisation*, Paris: PUF, 1999, p.57。

可以基于纯粹的主观性而得出。

社会和历史因此就是社会化过程本身,通过这些过程,且归功于相互联系,个体成为个体"们"。社会化在这个情况下既不是致力于囊括所有社会因素的结构,也不是外部现象在个体上的结果,而是一个自成的过程:

> (它是)以不可计数的不同方式实现的形式,在其中,旨趣——感知的或思维的、暂时的或持久的、有意识的或没有意识的、由因果推动的或目的论的——使个体成为一个单位,在它内部这些旨趣得以实现。①

重提齐美尔在《社会如何可能》中指出的社会化过程的三大先天形式因此显得非常必要。这些形式是社会化得以运行的先决条件,也同时是社会这个本体的来源。首先,人通过类型化的方式来了解其他个体。人不能了解关于对象的所有碎片化细节,而只能预先通过时空中的经验,以类型化的方式形成预置模型,并在遇到新的对象时,由其表现的相似性而将其纳入相应的类型。

"类型化"是人之认识过程的普遍实践逻辑(而非实证逻辑):在个体行动或互动中,行动的主体永远是自成、自为的人。我们是关于我们自己的碎片之和,而并不是一个标准化的逻辑机器或社会机器的产物。个体性和特殊性导致我们的多样性。在这个意义上,个体性指向的是多样性和多元性。我们无法从个体众多的碎片中自动导出对个体

---

① G. Simmel, "Problème de la Sociologie", in O. Rammstedt, P. Watier (dir.), *G. Simmel et les Sciences Humaines*, Paris: Klincksieck, 1992, pp. 20-21.

作为康德意义的物自体的"本真"。但是,现实存在一个媒介性的认识层次,这个层次可以在具体的碎片和普遍认识之间建立联系,这就是类型化过程的功能。通过类型化,人借用经验建立认识,并以此为参考对他者进行把握,而不致陷入关于他者的无尽细节。这种方式不可能在每一次都完美地将个体内化,但在实践中,没有其他可行的建立认识的方式,而类型化至少向我们提供了理解对象的可能性。在时空网络中,根据对象个体的类型建立的认识和知识可以完成主体的经验传承,进而塑成抽象的关于人的知识。知识传承的并不是关于对象个体的知识碎片,而是对象所属于的、再现了他的特征之和的类型。

认识的本体构建方式意味着与经验相关的双重运动。一方面,经验是人得以建立知识的唯一可能。从这个角度出发,无论面对的是社会还是自然,所有科学都是经验科学(sciences empiriques)。另一方面,类型化并不是方法论意义上的实验(experimental)或实证(positive)。它内在地要求类型、概念和通过共同点而将一定数量的个体联系在一起的形式:这就是社会学。

其次,人的生命同时具有私密和公共意义。个体既非社会的产物也非社会的主宰。通过人类无尽的创造过程,个体和社会同时成为可能:个体意味着社会性,就像社会同时意味着个体性一样。社会作为个体和剩余生活世界之间的桥梁,因此对个体和外部世界同时具有历史或社会意义:

> 在一个单独的生命中我们活在两个方面上:首先是内部,从主体这个基础(terminus a quo)出发,但也如同完全不可代替地导向被爱者一样,在他被完全吸收(terminus ad quem)的那个目的的范

畴上。①

我们认为,对应于目的(terminus ad quem)的对象性(objectivité)[②]和对应于基础(terminus a quo)的主体性(subjectivité)正是通过社会化及其形式而得以联系。社会中的生命同时具备个体的意义和社会的意义。个体意义指向意志或个人兴趣,而社会意义指向复数意义上个体的共同价值。社会生活因此就是意志/责任、个性/规则、经验构建/形式验证之间的共时(synchronic)往复。社会则既不是原初心理因素在数理意义上的汇总,也不是处于外部的、以总括的方式制造了某些因素或逻辑的、我们在其中找不到个体来源的抽象精神的极权统治。

人通过在社会中接受知识和形成认识而是其所是。传统、习俗和信仰标志了一个人的特征,我们因此无法否认社会对其创造物的影响。但同时,人在"此刻"(le préshent)的社会生活又通过对行为及其中的心理因素的接收反过来生产着新的知识和认识。这一过程又是对自我和社会同步完成的重构过程。由于个体同时具有的个体意义和公共意义,我们实现了过去和现在的衔接、偶然性和普遍性的衔接。社会同时有制造者(面向过去)和产物(面向现在)这两个角色,社会因此也需要在它本身和个体的生命之间出现一个媒介。形式就处在社会整体和个体之间,而生命同时包括基础和目的的意义;形式对社会和个体的生命来说都是基础和不可消减的,它也同时表征了社会和生命的既

---

① G. Simmel, *Sociologie: Etudes sur les Formes de la Socialisation*, Paris: PUF, 1999, p.71.

② 值得注意的是,objectivity 既是客观性,也是对象性。考虑到自笛卡尔以来哲学建立在主体和对象分离这一基本预设上,这种重叠并非偶然。至少对于前维特根斯坦哲学来说,世界就是对象,客观也只有在与主观相分离之后才有可能。

相对独立又相互联系的特征。

最后，社会生活现象学地展开。只要个体在其互动中生成社会，社会就向组成它的个体提供社会角色来占据。就是说："每个个体的质提供了他所处的社会情境中一个给定的位置：这个位置对他自己来说是心理学的，但同时对整个社会来说也是现实性的。"[①]社会生活因此以认知的方式建立在个体层面和社会层面的融合上。或者说，个体的社会性标记了社会生活，这种标记又是现象学地展开的。我们对日常的观察使我们感受到，每个个体看起来都完美地整合到某个社会位置上，但这种完美并不是某个法则给出的。我们必须意识到，完美整合只是我们对独特的社会性现象在观察之后得出的图景。

至于齐美尔，则尤其反对通过某种结构或与自然科学类似的内部法则来解释社会。对他来说，想要正确研究社会，就必须要通过对直接对象即形式的研究。涂尔干的主要问题就在于他首先将作为对象的心理因素和作为方法的心理学方法论进行了绑定，却又无法彻底如他所愿地在社会学分析中袪除个体心理因素，这是由个体和他们所组成的社会之间的联系所决定的。齐美尔则认为，心理因素和精神冲动不仅仅是社会构建不可分离的因素，事实上，正是这些因素解释了个体的社会性来源。这些因素也并不仅仅是可被理解的，它们的运行是社会的必要条件。为了构建社会网络，人利用类型化能力，这种能力并不是外在给定的，而是由人在时空中的本质创造的。最终，在社会网络中，宏观视角看到了社会整体，微观视角看到了无尽的个体。齐美

---

① G. Simmel, *Sociologie: Etudes sur les Formes de la Socialisation*, Paris: PUF, 1999, p.77.

尔则认为,既非前者也非后者决定社会网络的联系,注意力必须被放在微观/宏观层次的永恒往复过程上。

五、作为方式的形式与作为对象的心理机制

三个先天形式正好描述了社会构建中这种既充分又必要的关系。社会学家的问题就不仅仅是知晓社会如何构建,还必须指出社会在面向什么时是必要的。瓦蒂尔提出,为了理解齐美尔,用知识(savoir)取代认识(connaissance)是紧迫而必要的。对于知识,我们将其理解为:个体在塑造其行动时将三个先验形式作为其根本条件所形成的实践中的参与能力。而认识则仅仅是:对他人的行动的工具性理解。这两个观念的差距指向实践意图。实践中,人不仅接受外部社会和他人传递的信息而首先期许着和他人沟通交流,用以形成和传播信息,进而维系相互间的交流,并在非直接的意义上构建了社会:

> 齐美尔解释说他更希望谈知识而不是认识,社会假设了至少是实践的知识,个体运用它来在相互间创造联系。所有对社会构建之条件的分析同时带着认识之模式和社会实现之模式两层意思。揭示的先验条件不光与认识社会的能力相关,它们从根本上触及的是社会本身的存在,更明确地说,社会联系的实现模式。为了可以存在,社会部分假设了构成它的那些因素,一方面是能力、感受、对互动关系的感受,总的来说是一种社会化过程的知识在场;另一方面是要充分意识到这些因素在社会化过程中所占独特

地位,就是说这些联系一边联系着个体,另一边从来没有完美或彻底地联系他们。①

因此,本体的社会化过程假设了形成于个体层面的心理知识。作为针对形式的学科,社会学则首先要研究这种心理知识在社会化过程之形式的构建过程中的状态,并将社会的构成本身——不是"作为对象的外部社会,而是一种内在知识"②——当作目标。

齐美尔因此并不是假设致力于形式研究的社会学要建立在心理学的基础上,而是指出,一方面,社会的构成处在个体、机构化和整体社会的相互行动过程之上;另一方面,这个过程如果没有作为催化剂的心理机制是不可能的。同样,社会学家对这个过程的理解如果不借用心理学开发出的理论工具,也是不可能实现的。"并不是要解释表现或动机是如何产生的,不是要揭示产生这些或将这些纳入关系的心理学或神经科学过程,而是要弄清一个行动或关系与和它有某种或然性或联系的动机的关系,并通过它来解释。"③

社会学因此自然地与心理学保持距离。在这里,发展两个相互间并不互斥的观点来理解齐美尔社会学对待心理机制的态度是有益的。(1) 在社会的构成中,群体心理机制同时占据"理由"和"关系"的中心地位;但(2) 社会学并不是要将自身限制在心理学层面,而是一方面需要顾及人、社会和自然之间的三角关系,另一方面采取一种动态视角。无论在这二者的哪个点上,都无法抹去心理因素(psychism)的重要性:

---

① P. Watier, *Georg Simmel Sociologue*, Belval: Circé, 2003, p. 34.
② P. Watier, *Georg Simmel Sociologue*, Belval: Circé, 2003, p. 40.
③ P. Watier, *Une Introduction à la Sociologie Compréhensive*, Belval: Circé, 2002, p. 58.

最具方法论重要性的地方,也就是几乎决定了普遍意义上人之科学的原则,就是科学地对待:心理事实并不一定是心理学;即便我们非间断地运用心理学的认识和规则时,当对每个孤立事实的揭示只能通过心理学的路径时——比如说这就是社会学领域的状况——方法论中的意图和目的也不一定是面向心理学的,即面向作为给定内容唯一向量的心理过程的法则,而是面向内容和设置的。①

齐美尔认为,心理因素对两个学科起到不同功能。心理学将眼光局限于个体层面,在个体心理运行机制中研究心理因素,致力于建立对心理状态的内生解释。社会学则通过对心理因素的研究,在人际因而是形式层面,研究作为对象的一部分内容的心理因素。如果个体的理由和意志使其可以面向一个心理目的,社会学上研究要面向的则或多或少是另一个明确区别于自我心理构建的目的:一个人际的心理目的。社会目的只能存在于社会化过程中,由于心理因素在社会内容中体现,且这些因素首先被当作"心理上的",我们才可以在其中提取出"社会学上"的目的。这个提取实际上造成了学科目的的改变,因此,社会学上群体性或"约定的"心理,与作为专门学科的心理学相区别。

因此,两个学科的区别既在功能上,又在方法论上。一方面,虽然研究的内容都包括心理因素,社会学在人际层面考虑这些因素,以至于作为社会学对象的个体心理机制被排除出心理构建过程。心理学相反则是围绕这个过程展开。如果心理学研究心理机制,社会学则利用

---

① G. Simmel, *Sociologie: Etudes sur les Formes de la Socialisation*, Paris: PUF, 1999, p.58.

这些心理机制建立社会学观点。另一方面,社会学的形式方法可使对心理和主观因素的相对客观的群体性理解得以实现,但这种理解面向的是社会性的意义或价值,而非返回到个体上去的病理学取向。

社会学与社会心理学也有差别。齐美尔在《社会学》第八章的副论里涉及社会群体之处谈到了这个问题。如果社会学和心理学——或者说个体心理学——的差异是比较清晰的,在社会学和社会心理学这一新兴学科之间则界限模糊。后者也致力于研究"心理的但同时也是社会的个体"在人际联系层面形成的心理建构。齐美尔认为,如果心理学致力于研究心理的构建和运行机制,社会或说人际层面是不可简化的必要领域,因为个体在现实中不可能与这个层面相割裂进而独自构建出他的心理状态。社会心理学因此是作为独立科学门类的心理学的分支学科:"作为后者(心理学)的分支,社会心理学总体上与研究心理过程与身体关系的体质心理学遵循同样的序列,社会心理学通过与其他心理系统的联系来研究心理过程。"[1]

那么,社会心理学在任何情形下都不产生或发明区别于个体精神的所谓的社会精神,它只是揭示了心理存在的人际影响。即便存在一个所谓社会精神,也不意味着它高于个体精神并决定个体行为,而只是服务于个体心理的知识构建类型。社会精神因此并不是自生的力或存在,而是认识上的个体心理机制之和:它作用于个体构建,这个过程就是社会心理学的研究对象;同时,它构建了社会化过程之形式,这又是社会学的研究对象。

此外,心理学和社会学仅在个体范畴也不具有完全对等的对象。

---

[1] G. Simmel, *Sociologie: Etudes sur les Formes de la Socialisation*, Paris: PUF, 1999, p.551.

那些无意识因素,虽然看上去在个体层面,却并不是心理学范畴。"齐美尔特别强调的,由行动者持续生产的(无意识的)对构成的影响,它不在其意向中,却——因此处于特别准确的意指上——被称为无意识。"①一个社会现象并不能被单纯理解为个体的心理机制及其结果,还同时是一些无意识因素的结果和影响。无意识尤其造成了在历史现象中的非预期效果,齐美尔在《历史哲学的问题》中特别对其展开了研究。无意识同样造成对当下社会的影响,因为社会学和史学并没有认识论上的差别。在无意识之外,客观的机构化影响——齐美尔将其称作客观精神——也影响到个体的心理机制。工作分工产生了每个社会阶级的精神,伴随着其艺术和价值,现代科层制即社会网络的发展,产生了面对个体时机构的无差别看待,等等。这些因素虽都以某种方式与心理机制相联系,但却是社会学而非心理学的研究对象。因此,齐美尔对社会联系的研究在任何状况下都既不意味着对个体心理机制的排斥,也不意味着纯粹的心理学取向。研究者必须意识到,研究不是要塑造一个外在的社会或一个精神的个体,而是(1)复数意义上的个体心理机制塑造了社会联系(social linkage);(2)社会联系联系了个体;以及(3)这两个层面间的永恒往复。

六、结论

继承德国知识传统的齐美尔方法论因为对心理因素的重视而被一

---

① R. Boudon, "Les Problèmes de la Philosophie de l'Histoire de Simmel: l'Explication dans les Sciences Sociales", in *Etudes des Sociologues Classiques*, Paris: PUF, 1998, p.184.

些社会学家称为心理主义者,其中最尖刻的评价是涂尔干对其"二流子(dilettante)社会学家、难称严肃的哲学家"的考语。但是,将心理因素等同于主观,进而等同于前科学或非科学因素的范式在今天越来越受到质疑。客观主义在忽视心理机制对科学认识和研究对象两方面的贡献时,却无法回答社会学在祛除方法后造成的对象混杂的局面和相应的理论危机。同时,齐美尔的方法论基础既强调方式到对象的联结,又强调对包括心理因素和心理机制在内的所有因素的广泛联系。"心理主义者"的评价是对他的社会学方法论的根本误读。对齐美尔来说,形式既是现象中个体间的中介,又是现象事实和现象学认识之间的媒介:人既是形式的主体,也是形式的对象。

作为一门学科,社会学对象的独特性必须建立在与方法的联结之上,背后则是必要的方法论探讨。社会学与其他社会科学分享来自实践的同样内容,却要求考虑人际层面的互动及其影响。换句话说,考虑这些内容在社会化过程中的形式。

作为一门科学,社会学强调人在个体和人际层面的行动、动机、效果,因而与经验质料、心理因素保持亲密联系,却由于"形式"这一内在要求同时区别于作为独立学科的心理学和作为自然科学在社会科学中的代言人的实证主义社会学范式和整体论社会学范式。

齐美尔独特的"形式"设置有助于我们思考社会设置及其运行中的那些最为本质、最为关键却往往被忽视的问题。同时,对方式和心理因素的强调和对定规法则的排斥直接联系到"理解"这一认识基础。形式社会学对从兰克开始,经过韦伯得以壮大的理解范式有直接的推动,相较之下,差异只是次要的。

对心理因素在主体和对象两个意义上的强调是齐美尔对社会学的直接贡献,却从一开始就被误读。如狄尔泰在其《人文科学研究导论》

中就谈道：

> 不正是我在《导论》中先于齐美尔宣布，社会的外部组织具有独特科学领域的特征，其中，以心理学视角，我们看到社群规则的联系、依赖和影响在运行？而我与齐美尔的区别在于首先我没将这些社会联系简化成心理机制的动机，还因为我同样重视自然和种族、来源，换句话说，家族和种族的自生性，如同共享的地理习惯。①

令人遗憾的是，这种"因涉及心理机制就是心理主义者"的类型构建只是基于对齐美尔方法论基础的片面强调，并反过来正好以一种讽刺的方式印证了齐美尔给出的作为形式研究之基础的三大社会生活先决条件：类型化是人对他者的认识基础，但它显然不是无错误的。

---

① W. Dilthey, *Introduction à l'Etude des Sciences Humaines*, Paris: PUF, 1942, pp. 515-516.

齐美尔的社会突现论思想

郑作彧

(南京大学社会学院)

摘　要:本文旨在厘清齐美尔的"形式"与"相互作用"这两个概念的内涵与关联。本文将指出:第一,"形式"与"相互作用"分别是齐美尔的社会学思想当中的本体论概念与认识论概念,两者相辅相成,不能单独分开提及。第二,如果将齐美尔的社会学思想放在今天的社会学语境当中,那么可以发现齐美尔的社会学思想有非常明显的突现论色彩。然而齐美尔的突现论又与今天主流的社会突现论相当不同,具有相当重要的独特性,可以修正或改善今天突现论当中许多充满争议的问题。

关键词:相互作用　形式　突现论

一、齐美尔社会学理论的特殊重要性

虽然齐美尔在哲学、历史学、宗教学、美学、文化科学等领域都进行了深入的工作并贡献了重要的建树,但可能只有对于社会学来说,齐美尔才具有无可替代的重要性;且对于齐美尔来说,社会学无疑是他花费了特殊心力的领域。在内容上,他不断论证社会学在研究对象与研究视角等各方面,有所有其他学科无法取代甚至碰触不到的特殊独立性。这种致力于学科专门化的工作,是齐美尔其他研究所没有的事。在制度上,齐美尔和韦伯、桑巴特等人于1909年在柏林成立了德国社会学会,建立起德国第一个有实质内涵的社会学专门学术机构。[①]没有齐美尔,作为有独自内涵与制度的社会学在德国就不会出现,也可能会晚好几年才会姗姗来迟。以此而言,我们应该把"齐美尔的社会学思想"当作一个重要而专门的范畴来探讨,才不会抹灭他刻意发展出完整的、系统性的特殊理论以将社会学与其他学科区隔开来的努力。[②]

[①] 当然,这并不是说德国社会学会是第一个德国社会学机构。早在德国社会学会成立前十年,德国文化部长贝克尔(Carl Heinrich Becker)就试图推动社会学的学科制度化。但一直到德国社会学会建立之前,不论是"社会学"这个概念,还是相关机构,都还没有实质的专门学科内涵。Claudius Härpfer, *Georg Simmel und die Entstehung der Soziologie in Deutschland: Eine netzwerksoziologische Studie*, Wiesbaden: Springer VS Verlag, 2012, p.14.

[②] 由于齐美尔的发表形式主要是主题各异且几近散文的小论文,因此早期将齐美尔的理论引介进英语学圈的重要学者之一的弗里斯比(David Frisby),将齐美尔称为"社会学的印象派",认为齐美尔的思想是没有一贯性的碎片。David Frisby, *Sociological Impressionism: A Reassessment of Georg Simmel's Sociology*, London: Routledge, 1992. 这种说法曾经很主流,但今天已被许多学者驳斥为一种误解与误导。有些学者认为,齐美尔晚期关于生命哲学的思考,是贯穿他所有作品的核心关怀。参见 Rudolph H. Weingartner, *Experience and Culture: The Philosophy of Georg Simmel*, Middleton, CT.: Wesleyan U. P., 1960. 虽然弗里斯比的印象派之说在今天已经不再为人所接受,然而将生命哲学视为贯穿齐美尔所有研究的主轴,或是把齐美尔的所有研究都视作一种哲学研究,也并不是没有问题的说法。因为齐美尔自己曾在1909年12月14日与里克特、15日与韦伯的通信当中明确表示过,哲学和社会学对他来说是两个具有差异性的主题和工作。George Simmel, *Briefe 1881–1911, Gesamtausgabe*, Bd.22, Frankfurt: Suhrkamp, 2005. 本文的立场是,当然不能无视齐美尔通过各研究的交错而形成的总体思想发展;但也的确不能把他的社会学理论与他其他工作理所当然地混为一谈。从社会学的角度视之,以社会学作为中心点来把握齐美尔在这方面的理论,并触及他的其他工作,也许是较为合适的做法。这也是本文的做法。

而在齐美尔的社会学工作当中,最基础同时也是最重要的部分,就是在探讨到底"社会"是什么,以及我们该如何以特殊的角度来认识社会,亦即处理社会本体论与社会学认识论的问题。在这方面,"形式"与"相互作用"无疑是两个最主要的关键词。然而一直以来,人们很少真正深入厘清这两个概念的内涵与两者之间的关联,甚至有时候是有所误解的。

在"形式"方面,虽然齐美尔的社会学常被称为"形式社会学"(甚至他自己有时候也如此自称),但为什么他如此强调"形式",却很少被深入讨论。一般讲到"形式",多半是相对于"实质内容"的"表面"之意。但齐美尔当然不是说社会学是一门关注表面现象的学科,并且他也强调,研究社会形式,是其他学科都没有的、专属于社会学的任务。但形式究竟是怎么出现、呈现在我们社会学家眼前的,还有为什么社会形式是非常独特,甚至独特到可以单独形成一个专门学科来进行研究的对象,却很少有人深入探究。

"相互作用"的命运则更为坎坷。齐美尔提出"相互作用"作为社会学核心概念时,身为齐美尔好友的韦伯就公开表示,这个概念过于抽象而令人难以接受。[1] 齐美尔同时代的奥地利社会学家许邦(Othmar Spann),在评论齐美尔的社会学理论时,也因为相互作用概念而对齐美尔整个社会学思想提出许多批评。[2] 除了不受同时代学者的青睐之

---

[1] Klaus Lichtblau, " 'Kausalität' oder 'Wechselwirkung': Simmel, Weber und die 'verstehende Soziologie'", in Klaus Lichtblau (ed.), *Die Eigenart der kultur-und sozialwissenschaftlichen Begriffsbildung*, Wiesbaden: VS Verlag, 2011, p.182.

[2] Othmar Spann, "Untersuchungen über den Gesellschaftsbegriff zur Einleitung in die Soziologie. Erster Teil: Zur Kritik des Gesellschaftsbegriffes der Modernen Soziologie. Dritter Artikel: Die realistische Lösung", *Zeitschrift für die Gesamte Staatswissenschaft*, Vol. 61 (1905).

外,这个概念也常受到后世的扭曲。齐美尔著作的英译本在二战后对美国乃至所有对齐美尔思想感兴趣的非德语系国家的读者来说有很大的影响力。齐美尔著作的重要英译者之一沃尔夫(Kurt H. Wolff)曾指出,"相互作用"在字面上英译成 reciprocal effect 会更为准确。但是,齐美尔著作的英译者,包括沃尔夫本身,多半都倾向更简洁地译为 interaction。[1] interaction 当然也有相互作用的意思,但是,interaction 这个词汇在今天的社会学中,尤其因为芝加哥学派象征互动论的成功,几乎使人们首先都只想到意指面对面沟通交流的"互动",而不完全是齐美尔原本的"相互作用"之意。[2] 更荒谬的是,相互作用英译后被扭曲或窄化的意涵,有时竟反过来影响德国社会学界对这个概念的理解。[3]

---

[1] Kurt H. Wolff, "Introduction", in Kurt H. Wolff (ed.), *The Sociology of Georg Simmel*, Illinois: The Free Press, 1950, p. xiv.

[2] 早期芝加哥学派在帕克(Robert E. Park)将齐美尔的理论引进美国时,其实正确注意到相互作用概念的原意并非面对面沟通的互动;但芝加哥学派后来却渐渐将齐美尔的理论转化成探讨微观人际互动的概念。虽然这样一方面走出了自成一格的象征互动论取径,建立了微观社会学的研究范式,但另一方面却因此离齐美尔的原意越来越远了。参见 Donald N. Levine, Ellwood B. Carter, Eleanor Miller Gorman, "Simmel's Influence on American Sociology. I.", *American Journal of Sociology*, Vol. 81, No. 4 (1976)。近年来已经有不少英文文献开始呼吁,不该用 interaction,而是应该用 reciprocal effect 来翻译"相互作用"。参见 Olli Pyyhtinen, *Simmel and "the Social"*, London: Palgrave Macmillan, 2010; Henry Schermer, David Jary, *Form and Dialectic in Georg Simmel's Sociology*, London: Palgrave Macmillan, 2013。但注意到这件事的多半限于有德语原典阅读能力的学者,整体来看,英语学圈在这方面的改正进度似乎仍稍嫌缓慢。

[3] Jörg Bergmann, "Von der Wechselwirkung zur Interaktion: Georg Simmel und die Mikrosoziologie heute", in *Georg Simmels große "Soziologie": Eine kritische Sichtung nach hundert Jahren*, Hartmann Tyrell, Otthein Rammstedt, Ingo Meyer (eds.), Bielefeld: transcript Verlag, 2011。这种情况不只发生在英语学圈和德语学圈。比方在法语学界,也有因为法文有争议的翻译方式,或受到英译影响,而扭曲了齐美尔的相互作用概念原意的问题,使得法语学界对齐美尔的相互作用概念的讨论,常也不免穿凿附会,脱离齐美尔的原意。参见 Christian Papilloud, "Georg Simmel: La dimension sociologique de la Wechselwirkung", *Revue européenne des sciences sociales*, No. 199 (2000)。

有鉴于此，本文的任务，即旨在厘清齐美尔的"形式"与"相互作用"这两个概念的内涵与关联。本文将指出：一，"形式"与"相互作用"分别是齐美尔的社会学思想当中的本体论概念与认识论概念，两者相辅相成，不能单独分开提及。二，如果将齐美尔的社会学思想放在今天的社会学语境当中，那么可以发现齐美尔的社会学思想有非常明显的突现论色彩。然而齐美尔的突现论又与今天主流的社会突现论相当不同，具有相当重要的独特性，可以修正或改善今天突现论当中许多充满争议的问题。

也就是说，一旦我们深入掌握齐美尔社会学思想的这两个重要概念，也许一方面可以将他自己也许没有说得够清楚的部分梳理得更加清晰，另一方面也可以将他的理论接合到当代社会学语境当中。那么，这不啻是让齐美尔的思想获得绵延不绝的生命力的一个值得进行的研究。

二、（相互作用→形式）←社会学研究

齐美尔对社会的定义与社会学研究任务的界定，首先来自他对他那个时代社会科学当中主流的个体主义的反思。[①] 个体主义认为社会本身只是一种抽象物，没有实存本体。社会的基本构成要素是人，也只有一个个的人才是真正实存的、能经验研究的。因此真正的社会科学若说要研究"社会"是没有意义的，只有作为社会基本构成层次的人

[①] Georg Simmel, *Grundfragen der Soziologie: Individuum und Gesellschaft*, Berlin/Leipzig: G. J. Göschen'sche Verlagshandlung, 1917, p.7.

类个体才可以是社会科学的研究对象。不过,这种观点对齐美尔来说是有问题的。齐美尔指出:第一,个体主义忽略了像是国家、教会、家庭等虽然是超越单一人类个体的整体概念,但人们却依然可以对它们进行经验观察,客观地加以研究分析。[1] 第二,不论是在日常生活中还是对社会科学研究者而言,人们对于"人类个体"的认识几乎从未真正熟知一个个不同的人,而是会将之赋予具有抽象普遍性的特质,比方"商人""军官""希腊人""中国人",甚或"人类个体",以此进行分类与理解。即便是个体主义,也总是以超个体的整体性概念来理解与研究所谓的人类个体。[2]

虽然齐美尔认为社会科学的个体主义取径站不住脚,但这并不意味着他就因此拥抱集体主义,忽略个体、讨论集体。首先,齐美尔指出,不是诸多人类单一整体集聚在一起就会构成社会。例如仅仅是一堆毫不相干的人各自发呆,或各做各事,这一群人是不会构成社会的。社会要能形成,必须要诸多人类单一整体彼此之间有着相互关系。[3] 然而,若说社会就是诸种稳定的相互关系,例如国家、教会、阶级等,这种说法虽没有错,但略嫌表面肤浅,不够深入。[4] 因为大概除了亲子之外,没有人可以什么都不做,就会与另一个人有着客观、静态不变的关

---

[1] Georg Simmel, *Grundfragen der Soziologie: Individuum und Gesellschaft*, Berlin/Leipzig: G. J. Göschen'sche Verlagshandlung, 1917, p.8.

[2] Georg Simmel, *Grundfragen der Soziologie: Individuum und Gesellschaft*, Berlin/Leipzig: G. J. Göschen'sche Verlagshandlung, 1917, p.7; Georg Simmel, *Soziologie: Untersuchungen über die Formen der Vergesellschaftung*, Berlin: Duncker & Humblot, 1908, p.26.

[3] Georg Simmel, "Zur Methodik der Sozialwissenschaft", *Jahrbuch für Gesetzgebung, Verwaltung und Volkswirtschaft im Deutschen Reich*, Vol.20 (1896).

[4] Georg Simmel, *Grundfragen der Soziologie: Individuum und Gesellschaft*, Berlin/Leipzig: G. J. Göschen'sche Verlagshandlung, 1917, p.12.

系。关系的形成,来自人类单一整体对其他人类单一整体(直接或间接地)做出有意义的实际行为,并且这意义行为对其他人类单一整体有实质影响;同时,其他人类单一整体也对彼此相应地做出有影响作用力的意义行为。诸人类单一整体互相做出具有实质影响作用力的意义行为,且互相会再以意义行为进行回应,不断持续下去,齐美尔即称之为"相互作用"。[①]

唯有动态的相互作用,才能让人们彼此之间产生关系。当相互作用以相同或类似的方式不断发生下去,关系就会持存下去,于是人们也可以透过概念来综合、命名、掌握这种关系,让诸多零碎的相互作用事件成为概念整体。不同的相互作用方式可以产生不同的概念整体形式,比如政治、宗教、市场。但如果更统括性地去看所有相互作用所构成的最大范围的概念整体,如今人们则主要以"社会"来指涉。齐美尔特别强调,社会绝非纯粹群聚的人类集体,也不是静态的关系,而是不断在相互作用下形成的概念整体。这种概念整体,就是"形式"。也就是说,"形式"是一种用以把握相互作用所形成的整体的概念。

因此,就像液体是在特定温度当中分子相互作用下"液化"的结果,或者恐龙化石是恐龙尸体被泥沙掩埋后与沉积物相互作用下"石化"的结果一样,社会是人与人之间相互作用下"社会化"(Vergesellschaftung)而成的形式。人们之所以能指称出一个叫"社会"的东西,是因为社会化过程形成了一个具有概念整体性的形式,而社会化就是相互

[①] Georg Simmel, *Grundfragen der Soziologie: Individuum und Gesellschaft*, Berlin/Leipzig: G. J. Göschen'sche Verlagshandlung, 1917, p. 7; Georg Simmel, *Soziologie: Untersuchungen über die Formen der Vergesellschaftung*, Berlin: Duncker & Humblot, 1908, p. 30.

作用：

> 在人类持续不断进行下去的生活当中，社会总是意味着诸多个体因为彼此影响与彼此确认而联系在一起。也就是说，社会根本上是某种在运作的东西，某种由个体做出来与承受着的东西。而且因为社会的这种基本特征，人们要谈的不应是社会，而是社会化。社会不过就是用以指涉由诸多个体所构成的范围的名称，这些个体透过持续作用的相互关系而彼此相联结，并让人们能将之指称为一个单一整体。①

> 社会不过就是一个用以指称相互作用的总和的名称。②

社会科学当中，有些学者将观察焦点放在社会当中个别的概念整体，比如政府、经济、宗教，聚焦在这之上的研究于是也成为政治学、经济学、宗教学。但如果人们关心的是更广泛的人类生活、更根本的社会本身，那么观察的焦点就要更深刻地去看各种相互作用的各种方式、规则、过程等等，是如何构成具有整体概念性质的形式；或是简而言之，社会学就是要去研究各种相互作用的形式。这种相互作用是无法透过对人类个体的情感、生理、观念而能得知的。因为相互作用不是单凭人类个体就能实现的，所以无法还原成心理学、物理学等等。也因为对相互作用的关心远远超出了政治法条、经济计算、神谕解经等个别学科的关怀，因此这门研究相互作用如何构成形式的学科，就

---

① Georg Simmel, *Grundfragen der Soziologie: Individuum und Gesellschaft*, Berlin/Leipzig: G. J. Göschen'sche Verlagshandlung, 1917, p.14.

② Georg Simmel, *Über sociale Differenzierung: Sociologische und psychologische Untersuchungen*, Leipzig: Duncker und Humblot, 1890, p.14.

只能赋予一个专门的名称,即"社会学"。社会学不是心理学、物理学,也不是政治学、经济学,社会学就是社会学,一门研究与分析人类相互作用如何构成什么形式的"纯粹的"社会学:

> 如果有一门科学的研究对象是社会而不是别的其他东西,那么这门科学所要研究的就只会是相互作用,就只会是社会化的类型与形式。①

这样一种对于社会与社会学的定义,让齐美尔特别强调,社会学不该去微观地讨论个体生理、情感状态,甚至不该去探讨个体之间的意识交流或沟通交流的举手投足,也不该去探讨政治法规等静态的宏观制度,而是应该要去分析动态发生的各种相互作用。② 由此便不难理解,为什么齐美尔常花费许多心力去分析很多一般人认为很琐碎的事。他不探讨食物的生产分配制度或背后的文化意涵,而是去探讨人们可以统称为"用餐"这个概念形式当中的行为如何相互影响③;他不去看斗争的制度与历史,而是去看"竞争"这个形式的进行过程④;他不去看城市发展与人口迁移,而是去描述"都市生活"这个形式当中,陌

---

① Georg Simmel, *Soziologie: Untersuchungen über die Formen der Vergesellschaftung*, Berlin: Duncker & Humblot, 1908, p. 6.
② Georg Simmel, *Soziologie: Untersuchungen über die Formen der Vergesellschaftung*, Berlin: Duncker & Humblot, 1908, p. 17; Georg Simmel, *Grundfragen der Soziologie: Individuum und Gesellschaft*, Berlin/Leipzig: G. J. Göschen'sche Verlagshandlung, 1917, p. 15.
③ Georg Simmel, "Soziologie der Mahlzeit", *Der Zeitgeist, Beiblatt zum Berliner Tageblatt*, Vol. 41, No. 10 (1910).
④ Georg Simmel, "Soziologie der Konkurrenz", *Neue Deutsche Rundschau (Freie Bühe)*, Vol. 14, No. 10 (1903).

生人与本地人的相互反应①。

本文至此描述了,齐美尔对于形式与相互作用如何定义与重视;不过这当然不是什么独到的诠释,甚至其实根本就是常识。复述一下齐美尔关于形式和相互作用的定义,然后根据自己的研究兴趣挑选一种形式,以齐美尔的分析作为基础然后接着进行理论诠释或经验研究,是今天学界关于齐美尔的研究的一种常见的做法。但如果细究从相互作用到形式的这段思路,就可以发现当中的环节其实并不清楚,甚至有点断裂。事实上,在当初齐美尔提出这套社会学理论时,就因为这个环节的缺失而遭受许多批评。

例如与齐美尔同时代的奥地利社会学家许邦指出,齐美尔强调所谓社会是诸多相互作用下,所构成的让人们能用概念加以整体掌握的综合范畴、形式。但是,要多少数量的相互作用参与者、多大规模的相互作用,才足以被视作一种社会形式?以及更重要的是,局部的相互作用为何、如何是一个概念整体,齐美尔没能给出具有说服力的交代。②就连齐美尔的好友韦伯也认为相互作用与形式的概念太过模糊,否定了相互作用概念的重要性,也不认可以形式作为研究对象,而是更倾向于采取方法论个体主义,将人类个体视为研究单位。③

---

① Georg Simmel, "Die Großstädte und das Geistesleben", in Theodore Petermann (ed.), *Die Großstadt. Vorträge und Aufsätze zur Städteausstellung*, Bd. 9, Dresden: v. Zahn und Jentsch, 1903.

② Othmar Spann, "Untersuchungen über den Gesellschaftsbegriff zur Einleitung in die Soziologie. Erster Teil: Zur Kritik des Gesellschaftsbegriffes der Modernen Soziologie. Dritter Artikel: Die realistische Lösung", *Zeitschrift für die Gesamte Staatswissenschaft*, Vol. 61 (1905).

③ Max Weber, "Über Einige Kategorien der verstehenden Soziologie", in Johannes Winckelmann (ed.), *Gesammelte Aufsätze zur Wissenschaftslehre*, Tübingen: J. C. B. Mohr, 1985, p. 439.

虽然遭遇了这些批评,然而值得注意的是,齐美尔从未放弃这两个概念。在他过世前一年出版的《小社会学》当中,他依然坚持社会学研究就是相互作用形式的研究。显然这个概念在齐美尔的社会学思想当中,有无可替代的重要性。在关于相互作用要到什么样的规模才能成为形式上,齐美尔自己也坦承当中并没有一个明确的界限;就像要多少军人才能被视作一支军队、多少麦粒才能被视作一个麦堆,是没有明确界线的。① 不过齐美尔认为缺乏一个标准界线不是问题。但相互作用如何可以成为单一整体的形式,齐美尔一直到最后都并没有回答如许邦和韦伯的批评。如此一来,值得继续追究的是:从相互作用到形式之间的机制究竟是什么,让齐美尔虽然没有说清楚,却显然认为这些批评并不是他的社会学理论当中真正具有的缺失?

由于"形式"是"相互作用"产生的,因此要回答上述问题,也许可以先从"相互作用"这个概念(在德语)的概念发展史来探见端倪。

三、相互作用的根本意涵

关于"相互作用"这个概念,德国学者克利斯帝安(Petra Christian)进行了颇具权威性的深入考察。②

"相互作用"是一个复合德文字,由 wechsel(相互的)和 Wirkung(作用)所组成。Wirkung 是一个自中古世纪以来就在日常生活当中很常

---

① Georg Simmel, *Soziologie: Untersuchungen über die Formen der Vergesellschaftung*, Berlin: Duncker & Humblot, 1908, p.74.
② Petra Christian, *Einheit und Zwiespalt: Zum hegelianisierenden Denken in der Philosophie und Soziologie Georg Simmels*, Berlin: Duncker and Humbolt, 1978.

用到的字,意指"影响""产生作用",其意涵一直没有太大变化。相比起来,wechsel 的变化较大。它最初在古德语当中是贸易术语(而且是德语中最古老的贸易词汇之一),意指商品交换。到了现在,这个字本身意指转变、更换。若作为复合字的前缀,则意指交互的、相互的。最早将"相互"与"作用"这两个字结合在一起,并进行学术探讨的人是康德。① 康德在《纯粹理性批判》当中,首次提出相互作用。康德提出相互作用时,将其意涵等同于另一个词汇,"协同性",然后将相互作用与协同性视为"同时性"的法则。② 康德要说的是,如果一些对象物,比方太阳与大地,是同时存在的,就意味着对于这些对象物的经验直观的知觉可以相互交替(原本视线看到的是天空,而低下头时视线便连续地从看着天空交替成看着大地,反之亦然)。太阳与大地因为处于直观知觉中相互作用或协同状态,而可以指称为同时的、不可拆分的并存。在康德那里,相互作用概念的最早用法与字面上的意思有点不太一样,不太指对象物彼此产生影响作用;但康德的一个做法却对后来的相互作用概念内涵非常重要,就是将之与协同性并立。"协同性"的原文是 Gemeinschaft,其字根为 gemein,原初的意思同时包含"交换、更替"和"协同、共有"。到了今天,gemein 较没有"交换、更替"之意,主要剩下"协同、共有",Gemeinschaft 也主要意指具有向心力而不可简单拆分为个体凝聚起来的"社群""共同体",也就是滕尼斯的名著《共同体与社会》(*Gemeinschaft und Gesellschaft*)中的那个"共同体"。虽然这些相关词汇的含义随着历史发展有些微的改变,但相互作用与蕴含着

---

① Petra Christian, *Einheit und Zwiespalt: Zum hegelianisierenden Denken in der Philosophie und Soziologie Georg Simmels*, Berlin: Duncker and Humbolt, 1978, p.111.

② 康德:《纯粹理性批判》,邓晓芒译,中国人民大学出版社 2004 年版,第 190 以下。

"不可拆分的整体"之意的协同性(共同体)一直都有一定程度上的并列关联。[1]

在康德之后,"相互作用"这个词汇开始被其他人援引。对这个词汇产生比较重要影响的,主要是席勒、歌德和施莱格尔。席勒在一篇题为《论人的美学教育》的书信体文章当中,以康德哲学为基础,将人的基本驱力区分为肉体方面的"事物驱力",以及让自身得以在时间当中随之(和谐地)变化以持存下来的"形式驱力"。席勒特别指出,人正是在这两个驱力的相互作用下,才构成了一个无法拆分而整全的主体。[2] 而歌德和施莱格尔的重要性则在于,在受到席勒的影响使用相互作用一词的情况下,他们二人在相互作用之前又加上了一些形容词。比如歌德在诗作当中称作"永恒的相互作用",施莱格尔则言必称"无尽的相互作用"。这都让相互作用一词又再具有了动态的、持续性的意涵。于是,从康德到施莱格尔这一段相互作用概念史发展的第一个阶段,让相互作用在德语当中逐渐被赋予了第一个重要的深层含义,那就是相互作用是一个持续的动态交织过程,并且相互作用的诸事物,会产生共同关联,构筑成一个不能拆分、还原成构成部分的整体。[3]

---

[1] 以此而言,滕尼斯虽然没有专门谈到相互作用概念,但他在《共同体与社会》开头提到人类意志处于多样的相互之间的作用(gegenseitige Wirkung),共同体形成自诸人类灵魂的无穷作用(unendliche Wirkungen),显然并不是随意、偶然为之,而是正因为共同体与相互作用之间具有深层的关联。Ferdinand Tönnies, *Gemeinschaft und Gesellschaft: Abhandlung des Communismus und des Socialismus als Empirischer Culturformen*, Leipzig: Fues, 1887, pp.1, 4.

[2] Friedrich Schiller, *Über die ästhetische Erziehung des Menschen: In einer Reihe von Briefen*, Leipzig: Reclam, 2000.

[3] Petra Christian, *Einheit und Zwiespalt: Zum hegelianisierenden Denken in der Philosophie und Soziologie Georg Simmels*, Berlin: Duncker and Humbolt, 1978, p.114.

从康德到施莱格尔,是相互作用概念发展的第一阶段,尤其是施莱格尔将"无尽的"这个形容词冠在"相互作用"之前,让相互作用具有一种动态持续性的内涵。但这个"无尽的"不仅意味着相互作用的持续是永无止境的,也是说产生相互作用的元素量是数不尽的。这个面向被施莱格尔同时代的另一个相互作用概念发扬者许莱尔马赫(Friedrich Schleiermacher)进一步深化。许莱尔马赫对相互作用概念的一个重大影响在于,他首次将之用于社会世界分析。[1] 许莱尔马赫认为,"社会"是社交参与者的社交活动的相互作用下所构成的动态交织过程。社会不是外在于人的某个巨大实体,而是形成自人与人的相互作用当中。这显然是齐美尔的社会本体论的思想源头之一。但除此之外,许莱尔马赫还为相互作用补充了一个含义。他指出,社交活动既然是无尽的相互作用,那么社交活动就不会具有单向的影响方向,而是多向的影响,且因此社会的动态交织过程没有单一个作用方向的源头,不具有单一因果关系。

这一点再经过另外一位深受许莱尔马赫的影响并深刻影响了齐美尔的学者的转化之后,成为齐美尔的相互作用概念的重要意涵之一,这个学者就是狄尔泰。狄尔泰首先提到相互作用的地方,是在他1875年出版的《人类、社会与国家的历史研究》。当中他承接了许莱尔马赫的观点,认为社会秩序是在人类个体或心理整体作为要素的相互作用下所形成的。但在之后,狄尔泰在尝试发展"精神科学"的理论当中,他又再进一步指出两件事。一,人类个体不只是社会的构成要素,而

---

[1] Friedrich Schleiermacher, *Schleiermachers Werke, Bd. 2, Entwürfe zu einem System der Sittenlehre*, Leipzig: Meiner, 1927, p. 10ff; Friedrich Schleiermacher, *Friedrich Daniel Ernst Schleiermacher. Schriften aus der Berliner Zeit 1976-1799*, Berlin/New York: Walter de Gruyter, 1984, p. Lff.

是人本身也是不同相互作用系统的交会点相互作用的结果。二,相互作用由于没有单一的作用方向,因此充满了偶然,无脉络可循,不能简单用探寻自然因果法则的方式来掌握。① 之后,狄尔泰在对历史科学进行反思时,更进一步将自然世界的"因果关联"(Kausalzusammenhang)与人类精神世界的"作用关联"(Wirkungszusammenhang)区分开来。② 狄尔泰区分这两者的用意在于,指出人类的生活运作与自然事物不同,不是一段机械性的因果过程,而是镶嵌在人类共同体当中,通过无止境的、不断的相互作用而产生价值、实现目的,以此所形成的生命整体。至此,相互作用的概念发展到了另一个阶段,在这个阶段当中,相互作用不只蕴含着元素相互交织成整体的概念,而是被赋予了第二个意涵:相互作用是一个对立于因果性的概念,强调不论是个体的人生还是集体的社会历史,都不是由机械性的、线性的因果关系,而是由具生命力的、非线性而复杂的多重作用所构成的。③

如果我们不是只从字面上去将相互作用单纯视作"人与人之间的彼此影响",而是深刻把握住这个概念在德语当中的发展脉络,并以此重新去看齐美尔使用相互作用概念的文本脉络,那么就可以发现,"相互作用"和"形式"之间其实是有个联结性的环节的,虽然齐美尔没有明说,但仍可以厘清出来。

---

① Petra Christian, *Einheit und Zwiespalt: Zum hegelianisierenden Denken in der Philosophie und Soziologie Georg Simmels*, Berlin: Duncker and Humbolt, 1978, p. 120; Wilhelm Dilthey, *Einleitung in die Geisteswissenschaften: Versuch einer Grundlegung für das Studium der Gesellschaft und der Geschichte*, Leipzig: B. G. Teubner, 1922.

② Wilhelm Dilthey, *Der Aufbau der Geschichtlichen Welt in den Gesiteswissenschaften*, Frankfurt: Suhrkamp, 1981.

③ Christian Papilloud, "Georg Simmel: La dimension sociologique de la Wechselwirkung", *Revue européenne des sciences sociales*, Vol. 38, No. 199 (2000).

四、相互作用——突现→形式

(一) 相互作用与形式的关系

齐美尔首次运用相互作用概念,是在他第一本社会学著作《论社会分化》(尤其是第一章"导论")中。[1] 在该著作当中,齐美尔还没有发展出社会化概念,也还没有进行相互作用的各种形式分析,而是在尝试建立一套特殊的认识论,以此探讨如何能认识与经验到"社会"这个对象。

在该著作当中,他首先指出一个前提:社会是一个人们已然体验到,可以用"社会"这个词汇指称,具有自身特性、单一整体性(Einheit)的对象。然而齐美尔接下来便提醒,人们应该区分两种具有单一整体性的对象。一种是具有客观物理实存的单一整体性,比如一盆水、一面墙。另一种是透过心灵精神对诸多复杂多样的异质事物进行综合性把握,以此形成的概念上的单一整体性,比如诸多文字综合而成的一篇文章,或诸多台词场次表演综合而成的一出戏。而"社会"的单一整体性属于后者。[2] 但是,将各构成部分加以综合而形成的单一整体,既然来自复杂多样的诸多异质事物,那么就会出现一个问题:作为整体之部分的异质事物,如何产生能让人综合起来的单一整体性呢?齐美尔清楚声称:

---

[1] Jörg Bergmann, "Von der Wechselwirkung zur Interaktion: Georg Simmel und die Mikrosoziologie heute", in *Georg Simmels große "Soziologie": Eine kritische Sichtung nach hundert Jahren*, Hartmann Tyrell, Otthein Rammstedt, Ingo Meyer (eds.), Bielefeld: Transcript Verlag, 2011.

[2] Georg Simmel, *Über sociale Differenzierung: Sociologische und psychologische Untersuchungen*, Leipzig: Duncker und Humblot, 1890, p.10.

我认为毋庸置疑的，能产生有最低限度的相对客观性的单一整体化的基础，就是：部分的相互作用。①

这个命题显然是受到康德式的相互作用概念的影响，认为诸多组成部分在相互作用下会构筑成一个单一整体。然而齐美尔又继续扩展这个命题，进一步讨论这个命题当中的两组关键词。

第一组是"部分的相互作用"。一般而言，社会科学将人类个体视作构成社会的"部分"。齐美尔不否认人类个体是构成社会的部分，但他提醒，人类并不是构成社会的最基本元素，而只是构成社会的部分的其中一种。除了人类个体，组织、团体都可以是社会的构成部分。此外，所谓"人类个体"也是相互作用下的一种单一整体。齐美尔的意思是，第一，将单一整体拆分成基本元素，是一种可以无穷尽的过程。社会可以拆分成人，但人也可以拆分成细胞，然后细胞还可以再继续拆分成分子、原子、夸克。如此一来社会的基本元素无论如何也不会是人类个体。但这种无限还原对社会学没有意义。对某一单一整体进行拆分、还原的底线究竟在哪，要将什么视为这个单一整体的部分，实际上由研究者所采取的学科关怀旨趣所决定。某件事物在这个学科的认识当中被视为单一整体的部分，但也许在另一个学科的认识当中它就是单一整体本身。② 就像在社会学当中，人类个体常被视作部分，但在医学当中，人类个体就是单一整体本身。社会学将社会拆分、还原止于人类个体，并不是因为人类个体是最基本元素，而是因为社会学关

---

① Georg Simmel, *Über sociale Differenzierung: Soziologische und psychologische Untersuchungen*, Leipzig: Duncker und Humblot, 1890, pp. 12-13.

② Georg Simmel, *Über sociale Differenzierung: Soziologische und psychologische Untersuchungen*, Leipzig: Duncker und Humblot, 1890, p. 14.

心的对象是人。

不过,医学关心的对象也是人,但显然社会学意义下的人与医学意义下的人是不同的。因此,第二,社会学意义下的人类个体虽然不是细胞、器官、循环系统的相互作用下所构成的单一整体,但也从未是一个基本要素,而是由主体意识、文化、角色、身份地位、生命历程等无数相互作用下构成的复杂丰富的单一整体。当人们从社会学的角度看待某一个人时,不会将人视为一种生物,而是视作社会的缩影。就像我们在观察一位外国人时,不只会去看他的生理特征,而是会将他的生理特征赋予综合性的社会文化意涵来进一步观察,比方"白种人"与"黑人"不会仅仅意味着皮肤颜色的差异而已。同时我们也会观察他的举止态度,而且不会将之视作他个人的举止态度,而是视作他出身的那个社会的举止态度。或是当我们观察任何一个人时,会看他的穿着打扮,看他的个性,会看到他骄傲或自卑、神采飞扬或抑郁不得志,看到他身上必然有他自己的故事。而故事,就是许许多多的人的相互作用。所以,每个人都是一个社会故事,身上都缠绕着无数的相互作用,都是相互作用的结果。因此当齐美尔后来成熟发展了"社会化"概念之后,便清楚指出不只社会是社会化的结果,而且人类个体也是一种"社会化的存在"(Vergesellschaftet-Sein)。[1] 于是,齐美尔认为,从社会化/相互作用的概念来看,社会具有一种双重状态:如果人们用个体主义的角度看社会,社会就会呈现个体的特质;用集体主义的角度来看,就会产生集体的特质。之所以如此,是因为呈现在人们眼前的社会世界,其实就是一幕幕复杂多样的相互作用,差别只在于人们要用

---

[1] Georg Simmel, *Soziologie: Untersuchungen über die Formen der Vergesellschaftung*, Berlin: Duncker & Humblot, 1908, p.26.

什么样的观察角度来综合地把握这些相互作用。而不论哪一种角度，都是透过心灵精神对复杂多样的异质事物进行综合性地把握，以此形成的概念上的单一整体性。① 以此而言，相互作用的重点不在于"什么的相互作用"（因为这是可以无限还原或无限扩张的"相互作用的内容"，而这些内容不是社会学的重点），而是"我们关心的是什么样的相互作用形式"。

第二组扩展的关键词，是"相对客观的单一整体性"，亦即后来齐美尔更为常用的"形式"概念。齐美尔指出，不是任何人之间、团体组织之间的相互作用，都可以构成社会。比方一群人当中有一个人打了哈欠，其他人被传染了也纷纷打起哈欠，这也是相互作用，但单纯因为生理上莫名的感染效应而造成的群体哈欠，并不足以构成社会。齐美尔指出，唯有当相互作用会新生成独特的整体性质（新生性），而且这种整体性质不被某一个相互作用参与者独有，不因成员的加入或退出而多了一点什么或少了一点什么（不可还原性），这种相互作用才会形成相对客观的形式。也就是说，之所以人们可以将诸多异质部分用"社会"或相关的形式概念来综合性地掌握，并且这样的掌握有相对客观性，是因为这些部分在相互作用过程当中会形成一些新生的、不可还原的独特性质。② 不过，如前文所述，许多同时代的学者正是在这一点上对齐美尔的相互作用概念感到不满，认为齐美尔没有进一步交代相互作用怎么会从几个相互作用参与者的相互作用，一跃而成为不可拆

---

① Georg Simmel, *Soziologie: Untersuchungen über die Formen der Vergesellschaftung*, Berlin: Duncker & Humblot, 1908, p. 28; Georg Simmel, *Grundfragen der Soziologie: Individuum und Gesellschaft*, Berlin/Leipzig: G. J. Göschen'sche Verlagshandlung, 1917, p. 11.

② Georg Simmel, *Über sociale Differenzierung: Sociologische und psychologische Untersuchungen*, Leipzig: Duncker und Humblot, 1890, p. 16.

分为部分的形式。然而,对当代社会学而言,这已经不再是一个难以接受的观点了。因为今天已经出现一套概念理论,正好也致力于处理部分的相互作用与整体特质之间的关系,并已广获认同与回响,这套概念理论即是突现论(emergentism)。

(二) 相互作用的突现性

突现论是一派主要源自19世纪末20世纪初的英国(科学)哲学理论。一般认为当代意义下较完整的"突现"(emergence)概念由刘易斯(George Lewes)继承了密尔(John S. Mill)的想法而提出,随后由亚历山大(Samuel Alexander)和摩根(Conwy L. Morgan)等人发扬光大。[1]一开始,突现概念的提出是为了在机制唯物论与生物学的生机论之间开辟第三条道路。[2] 机制唯物论认为,万事万物都可以拆解、还原成最微小的物质构成粒子,因此对世界的分析终归都要还原到对最小物质构成粒子的因果作用的解释(这也被称作还原论的观点)。但关于心灵意识、生命力的创发,唯物论的解释常常软弱无力。就像人们对脑部神经元电流传导再怎么分析解释、深知其因果作用,也没有办法解释为什么爱因斯坦会想出相对论。与之相反的是强调新颖创造性、生命力的生机论,但生机论常常完全无视物质基础的思路也同样难有说服力。突现论则试图提出一个折中的观点:任何事物整体都会有其构

---

[1] Geoffrey M. Hodgson, "The Concept of Emergence in Social Science: Its History and Importance", *Emergence: A Journal of Complexity Issues in Organizations and Management*, Vol. 2, No. 4 (2000); Brain P. McLaughlin, "The Rise and Fall of British Emergentism", in Mark A. Bedau, Paul Humphreys (eds.), *Emergence: Contemporary Readings in Philosophy and Science*, Cambridge, Mass./London: A Bradford Book, 2008.

[2] Richard H. Jones, *Reductionism: Analysis and the Fullness of Reality*, Lewisburg: Bucknell University Press, 2000, p.54.

成部分,但很多事物整体会从部分的构成当中"突现"出部分所不具有的特质。因此对突现特质的研究,不能将整体还原成部分,然后仅仅对部分的特质进行分析与解释。① 突现论经常举的经典例子是,水分子由氢原子与氧原子所构成,但水的特质是氢与氧所不具有的(甚至水的灭火特质与氧的助燃特质是背道而驰的),所以对水的特质的研究,不能透过对氢氧的研究来进行。②

这一个世纪以来,突现论的概念被许多学科接受(当然也包括社会学),其内涵也多少脱离了原本英国科学哲学的讨论,成为一个多样丰富(且充满争论)的理论概念。③ 即便突现概念在今天相当多样,且各取径的意涵都略有不同,但突现论一般都同意突现有三个特征:整体的突现特质的新生性、突现特质的不可还原性、突现的复杂难以预测性。④ 当突现论运用在社会学当中时,则会强调社会是一种从社会参与者的相互作用当中突现出来的整体,这种整体具有自身的特质,而且其特质是个别社会参与者所不具有的,或不为任何个别社会参与者所独有(突现特质的新生性),所以不能将对社会的研究拆解成对人类个体行为或人类心(生)理的研究(不可还原性),并且相互作用是复杂的、非线性的,所以整个社会形式的突现与发展是不可预料的(不可预

---

① 至于不具有自身特质的整体,亦即整体的性质与部分的性质一样(顶多只是在程度上强化了部分的性质),那么这种整体通常不会被称作部分的突现,而是部分的"集聚"(aggregate)。Mario Bunge, *Emergence and Convergence: Qualitative Novelty and the Unity of Knowledge*, Toronto: University of Toronto Press, 2003.

② John S. Mill, *A System of Logic: Ratiocinative and Inductive*, London: Longmans, Green, And Co., 1889, p.289.

③ Joshua M. Epstein, *Generative Social Science: Studies in Agent-Based Computational Modeling*, Princeton and Oxford: Princeton University Press, 2006, p.3.

④ Achim Stephan, "Emergenz in Sozialen Systemen", in Jens Greve, Annette Schnabel (eds.), *Emergenz: Zur Analyse und Erklärung komplexer Strukturen*, Frankfurt: Suhrkamp, 2011, p.133.

测性)。① 这三点,正是齐美尔试图透过他所提出的相互作用概念来阐述的社会特征。② 换言之,齐美尔的社会学理论,就是在描述社会的突现的理论;他的相互作用概念,不是个体主义,不是集体主义,但也不是暗含静态性质的关系主义,而是一种突现论概念。③ 然而,齐美尔的思想背景毕竟不是英国科学哲学,也因此他的相互作用概念的突现论意涵,有不同于当代突现论的特殊之处。这特殊之处是什么,需从今天突现论的基本概念谈起。

对于社会学来说,本文建议今天的突现论基本上可以分为两类。一类本文称作"一般突现论"。④ 一般突现论认为,世界万物的构成是有层次性的,例如社会由人类个体构成,人类个体由器官构成,器官由细胞构成,细胞由分子构成,分子由原子构成等等一层一层地构成。每个层次有低一个构成层次所不具有的突现特质,社会则是突现层次

---

① R. Keith Sawyer, *Social Emergence: Societies as Complex Systems*, Cambridge: Cambridge University Press, 2005, p.4.

② 相互作用概念当中强调的"新生性"与"不可还原性",本文在此说明得比较多;相比较而言"不可预测性"到目前为止还讨论得很少。本文认为,这在齐美尔的相互作用概念当中属于方法论的范畴,这方面碍于篇幅与主旨,本文无法详细涉及。我会在另外一篇文章专门讨论这个主题。

③ Talcott Parsons, "Georg Simmel and Ferdinand Tönnies: Social Relationships and the Elements of Action", *Teoria Sociologica*, Vol.1, No.1 (1993); Patrizio L. Presti, "Social Ontology and Social Cognition", *Abstracta*, Vol.7, No.1 (2013); George Ritzer, Douglas Goodman, *Sociological Theory*, New York: McGraw-Hill, 2003, p.156; Gregory W. H. Smith, "Snapshots 'subspecie aeternitatis': Simmel, Goffman and Formal Sociology", *Human Studies*, Vol.12 (1989).

④ Mario Bunge, *Emergence and Convergence: Qualitative Novelty and the Unity of Knowledge*, Toronto: University of Toronto Press, 2003; John H. Holland, *Emergence: From Chaos to Order*, Cambridge/Massachusetts: Perseus Books, 1999; Jaegwon Kim, "Making Sense of Emergence", *Philosophical Studies*, Vol.95 (1999); Poe Yu-Ze Wan, *Reframing the Social: Emergentist Systemism and Social Theory*, London/New York: Routledge, 2011.

的一环。器官突现成人类个体,与人类个体突现成社会,在概念上有一定程度的相通性,都是突现。所以探讨社会如何从人类个体突现出整体特质,是强化整个突现论知识的其中一个重要工作;而且由于不同层次的突现概念有一定程度的相通性,因此不管是基于社会还是其他层次,都必须以跨学科的方式来探讨突现。

齐美尔的社会学理论显然不属于一般突现论。一般突现论虽然对社会也多有探讨、研究,但一般突现论骨子里多是物理主义,即便他们声称自己是"非还原的物理主义"(non-reductive physicalism)。[1] 意思是,一般突现论恪守着以物理现象作为根本基础的层次性的世界观,它认为,虽然每个层次在一定程度上具有各种突现特质,但整个世界的根本基础还是物质,唯有基层物质是实在的,任何突现特质根本上还是随附于基层物质。而且突现层次越高,离基层物质越远,实存本体性就会越薄弱。然而,如前所述,齐美尔认为单一整体性需区分为物理性质的和概念性质的。或是用突现论的词汇来说,突现需区分为本体论的突现与认识论的突现。本体论的突现是物理性质的突现,如氢氧突现成水。认识论的突现是用特定的认识角度对异质部分的相互作用进行掌握而来的突现,如一堆文字突现成一篇文章。而社会属于认识论的突现,不能用本体论突现的思考和研究方式来对待社会。人们有必要用"纯粹社会学"的视角,才能看到社会的特殊之处,找出其他视角不会看到的问题,发展出唯有社会学才能想到的问题解决之

---

[1] Carl Gillett, "Strong Emergence as A Defense of Non-Reductive Physicalism: A Physicalist Metaphysics for 'Downward' Determination", *Principia*, Vol. 6, No. 1 (2002); Barry Loewer, "Mental Causation, or Something Near Enough", in Brian McLaughlin Johnathan Cohen (eds.), *Contemporary Debates in Philosophy of Mind*, Oxford: Blackwell, 2007.

道。[1] 换句话说，与一般突现论相比，齐美尔的相互作用的第一个特殊之处，在于他的这个概念是一种认识论的突现论，并由此声称（社会）形式是认识论方面的突现。

当然，除了齐美尔，也有不少社会学者不认同一般突现论。[2] 第二类相对于一般突现论的，本文称为"特殊突现论"或"社会突现论"。[3] 社会突现论一般认为，社会从人类单一整体的相互作用当中突现，和水从氢氧的化合当中突现，不能说"这都是突现"然后就一概而论之（而且还是以物理主义的立场来一概而论）。一方面，社会并不是物质实体，而是综合性的概念整体；另一方面，进行社会研究时的关怀对象，人，具有精神意识，会理解与反思，会象征互动，与氢氧完全不同。[4] 因此对于社会突现的讨论，多将人类个体界定为基于意义的社会行动者，强调行动者的沟通或象征互动，并试图解析低层次的社会行动者

---

[1] 当然，一般突现论想必不会同意齐美尔的这个论点。对于一般突现论来说，认识论的突现不是真的突现，概念上的突现特质只是描述层次上的特质。这种特质之所以说是突现的，仅仅是因为人们一时半刻还没有足够的知识，所以尚无法解释而已。Michael Silberstein, John McGeever, "The Search for Ontological Emergence", *The Philosophical Quarterly*, Vol. 59, No. 195 (1999). 但由于本文讨论的是齐美尔的思想，因此对于一般突现论对认识论的突现的看法也就不再进一步讨论。

[2] 虽然也有相反的特别强调应拥护一般突现论的社会学者，例如 Philip S. Gorski, "The Matter of Emergence: Material Artifacts and Social Structure", *Qualitative Sociology*, Vol. 39, No. 2 (2016)。

[3] Margaret S. Archer, *Realist Social Theory: The Morphogenetic Approach*, Cambridge: Cambridge University Press, 1995; R. Keith Sawyer, *Social Emergence: Societies as Complex Systems*, Cambridge: Cambridge University Press, 2005; Dave Elder-Vass, *The Causal Power of Social Structure: Emergence, Structure and Agency*, Cambridge: Cambridge University Press, 2010; Julie Zahle, "Emergence", in Lee McIntyre, Alex Rosenberg (eds.), *Routledge Companion to Philosophy of Social Science*, London: Routledge, 2016.

[4] 关于社会突现与其他（尤其是非还原物理主义的）突现之间的更多差异，可以参阅 Stephan 的详细整理。Achim Stephan, "Emergenz in Sozialen Systemen", in Jens Greve, Annette Schnabel (eds.), *Emergenz: Zur Analyse und Erklärung komplexer Strukturen*, Frankfurt: Suhrkamp, 2011.

的沟通或象征互动与高层次的社会突现特质之间的关联(这种"关联"在今天比较流行的说法当中,通常称为"机制"),包括社会行动者如何突现出社会整体,以及社会整体的突现特质如何对社会行动者施加"向下因果作用力"(downward causation),对社会行动者造成影响。[1]

虽然齐美尔的社会认识论不属于一般突现论,但齐美尔显然也不属于当今的特殊突现论。特殊突现论虽然反对一般突现论以物质为基础的多层次架构,但仍然区分出了高层次的社会整体与低层次的个别社会行动者,并认为高层突现自低层(高层对低层顶多只拥有突现之后的向下因果作用力)。然而,如上所述,齐美尔反对这种高低层划分做法。社会并不是突现自一个个人,而是突现自许多人类单一整体的相互作用;同时,人类个体本身亦是突现自这种相互作用。在社会学的概念上,社会是一个复杂的概念,但人类单一整体(比方个体)的概念复杂度也并不亚于社会。人们可以说社会突现自一堆人际事件;但一个人的主体意识、人格特质也同样可以说突现自一堆人际事件。[2]换言之,在齐美尔的思想当中,社会和个人没有垂直高低层次之分,而是在同一个层面上的两种观察角度所掌握出来的单一整体,而这两个单一整体都突现自同一种相互作用。也就是说,齐美尔的相互作用概念的第二个特殊之处在于指出,社会和人类个体是由不同的观察角度所观察到的同一种相互作用的突现。

当然,突现论的各流派除了上述的粗略区分之外,还存在不同的区

---

[1] 赫斯特洛姆:《解析社会:分析社会学原理》,陈云松等译,南京大学出版社 2010 年版。

[2] Jonathan H. Turner, "The Macro and Meso Basis of the Micro Social Order", in Seth Abrutyn (ed.), *Handbook of Contemporary Sociological Theory*, Cham: Springer International Publishing AG., 2016.

分方式,各流派之间也有许多细致的差异。[①] 齐美尔的社会学思想当中的突现论意涵与其他各个突现论流派之间更细致的比较,是一个可以再进一步深入探讨的主题,但这就是本文于此无法细致处理的另一个工作了。

五、结语

齐美尔虽然无疑是相当重要的"社会学之父"之一,但矛盾的是,大概除了德国之外,不论是英美社会学界,还是中国社会学界,常常更倾向于讨论齐美尔整体的哲学思想,而忽略了他的社会学理论的特殊性。这也使得他的相互作用与形式概念长久以来缺乏细致的厘清。

为了弥补此缺憾,本文以相互作用和形式之间的关联作为主题,尝试指出齐美尔将社会视为一种通过元素的相互作用,而突现成具有自身特质的形式。相互作用与形式之间的环节即突现。也就是说,齐美尔的社会学理论本质上是一种突现论的取径。但他的突现论的社会学,既不同于一般突现论,也不同于特殊突现论。齐美尔不认为人是构成社会的元素,不将社会视作由底层的人突现出高层的社会的垂直

[①] 除了本文建议的"一般突现论/特殊(社会)突现论"这种区分突现论的方式之外,今天流行的区分方式还有例如"共时突现/历时突现"(一方认为突现是在低层部分同时存在的相互作用情况下产生的,另一方则认为突现是在时间性的演化过程当中产生的),或是"强突现/弱突现"(一方认为突现出来的特质与部分的特质完全无关,另一方则相信突现出来的特质是可以从部分的特质来推估或预测的)等等。更多突现论流派的整理,可以参见 Jens Greve, Annette Schnabel, "Einleitung", in Jens Greve, Annette Schnabel (eds.), *Emergenz: Zur Analyse und Erklärung komplexer Strukturen*, Frankfurt: Suhrkamp, 2011。

层次,而是将人与社会都视作一种突现出来的形式。也许相对于时下主流的垂直型的突现论,齐美尔的突现论可以称为"水平型的突现论"。某种程度上,齐美尔的突现论比时下主流的社会科学的突现论都更为复杂,但的确也拓展出更多的研究可能性。从齐美尔自身对各种形式的丰富分析就可见一斑。

然而,如果齐美尔的社会学理论真的是一种突现论,那么虽然相互作用与形式之间的环节可以被厘清,但不讳言地说,同时也会揭露出一些还需要进一步讨论的问题。

第一,齐美尔拒绝将人视为社会的元素,而是视为相互作用的形式之一,与社会,或是与竞争、用餐、都市生活等等形式处于同等范畴。但若是如此,那么不论是人、社会,还是竞争、用餐等等相互作用的元素究竟是什么?或是说,形式的确认标准是什么?齐美尔似乎认为相互作用的元素属于"形式的内容",而他的形式社会学并不讨论内容,因为形式的元素可以无限还原,这也是他将社会学与其他学科区隔开来的论据(之一)。也许相互作用的元素可以不拘一格,如此也可以扩展社会学的研究范畴。比如拉图尔(Bruno Latour)就是将"物"纳入相互作用的元素范畴当中,以此开拓出他的行动者网络理论。但如果人不是相互作用的元素,而是相互作用的形式之一,那么我们是不是也可以想象,其实什么东西都可以被视作"形式"?很显然齐美尔就是这么做了,所以他提出了很多一般学者没有想到可以讨论的问题,如竞争、秘密。但社会学真的可以如此无边无际,无限还原元素,无限突现形式吗?元素的还原不是齐美尔所界定的社会学的问题,但形式的界定也不是问题吗?是不是,以及如何论证一个可以用以界定什么属于社会形式的标准?这显然还值得思考。

第二,如果社会学要研究的是元素通过相互作用而突现出形式的整个过程,那么社会学家该用什么样的系统性程序来收集这种突现变化过程的资料? 简单来说,齐美尔的社会学理论,虽然讨论了社会本体论(形式)、社会认识论(相互作用、突现),但相应的方法论呢? 众所周知,齐美尔在 1892 年的著作《历史哲学问题》中提出了以"理解"(Vestehen)作为史学研究方法的想法;这也深刻影响了韦伯,让韦伯提出了以理解作为社会学研究方法的观点,对后世影响甚巨。不过与韦伯不同,除了在《历史哲学问题》之外,齐美尔并没有将"理解"这个研究方法延伸应用到他的社会学当中。齐美尔不认为"理解"这个历史学的研究方法同样可以当作社会学的研究方法。[1] 因为他认为,进行社会事件的研究时,由于其复杂性,人们无法从行动者的行动及其相互作用推导出必然会发生的后果事件。因此若要研究社会事件,其方法就是首先掌握行动者的相互作用,然后找出这些行动的相互作用与从中突现出来的社会事件之间的可能关联。但是这里便出现了问题:相互作用是局部的,突现是整体的,而人类观察视角又是有限的,既然如此,社会学如何能够同时掌握所有局部诸多相互作用参与者的行动与相互作用,并且同时还能掌握新生的、不可还原的、不可预测的整体的突现? 讨论局部行动意义的定性研究无法看到全局的突现,因此无法作为齐美尔的社会学研究的研究方法。统计定量研究虽然看到了全局,但统计缺乏突现论思想,统计学眼中的全局是一种均值化的结果,所以并不将社会视作突现。[2] 可惜的是,齐美尔自己似乎也没有回答

---

[1] Klaus Lichtblau, "'Kausalität' oder 'Wechselwirkung': Simmel, Weber und die 'verstehende Soziologie'", in Klaus Lichtblau (ed.), *Die Eigenart der kultur-und sozialwissenschaftlichen Begriffsbildung*, Wiesbaden: VS Verlag, 2011, pp.175-176.

[2] Mario Bunge, *Emergence and Convergence: Qualitative Novelty and the Unity of Knowledge*, Toronto: University of Toronto Press, 2003;叶启政:《实证的迷思:重估社会科学经验研究》,上海三联书店 2018 年版。

这个问题。今天人们普遍同意,与涂尔干和韦伯相比,齐美尔并没有为他的社会学理论提供一套方法论,这亦是他的社会学理论的致命伤之一。[①] 就连齐美尔自己也提过,他对于相互作用的分析方法更多的是直觉式的。[②] 但到了今天,齐美尔的方法论缺失是否仍无法克服? 这也是一个值得再继续探讨的问题。

当然这两个问题都还需要更多更进一步的研究。但理论问题的厘清与提出,意味这个理论仍相当有生命力。以此而言,也许这也意味齐美尔的肉体虽然已过世 100 年了,但他的精神直到今天却仍未离我们远去。

---

① Kim Duk-Yung, *Georg Simmel und Max Weber: Über zwei Entwicklungswege der Soziologie*, Wiesbaden: Springer Verlag, 2002, p. 488; Michael Landmann, "Einleitung des Herausgebers", in Georg Simmel, Michael Landmann (eds.), *Das individuelle Gesetz: Philosophische Exkurse*, Frankfurt: Suhrkamp, 1987, p. 7; Klaus Lichtblau, "'Kausalität' oder 'Wechselwirkung': Simmel, Weber und die 'verstehende Soziologie'", in Klaus Lichtblau (ed.), *Die Eigenart der kultur-und sozialwissenschaftlichen Begriffsbildung*, Wiesbaden: VS Verlag, 2011, pp. 175-176; Talcott Parsons, "Georg Simmel and Ferdinand Tönnies: Social Relationships and the Elements of Action", *Teoria Sociologica*, Vol. 1, No. 1 (1993); Friedrich Tenbruck, "Georg Simmel (1858-1918)", *Kölner Zeitschrift für Soziologie und Sozialpsychologie*, Vol. 10 (1958).

② Georg Simmel, *Soziologie: Untersuchungen über die Formen der Vergesellschaftung*, Berlin: Duncker & Humblot, 1908, p. 13.

齐美尔的社会学美学*

黄圣哲

（世新大学社会心理学系）

摘　要：本文主要讨论齐美尔1895年的论文《社会学的美学》，作为最早期的文化社会学的文本，该文浓缩了齐美尔的艺术思想并旁涉其他文化社会学的问题。笔者将通过象征的力量、对称性的形式、艺术风格的问题等层面，对该文本进行诠释。另外，齐美尔的艺术作品概念也是笔者认为需要讨论的主题。齐美尔指出，每一件艺术作品都来自其灵魂的力量，并朝向其灵魂作用的方向前进。作品带着灵魂的位格性、个体或民族的封印，但它也顺从艺术的法则，体现了其理念。

关键词：美学　齐美尔　社会学　社会学理论

一、前言

齐美尔（Georg Simmel）是古典社会学的源头之一，甚至可以说是微型社会学（Mikrosoziologie）的开创者，他擅长以一种创造性的观点来

---

* 本文首发于《马克思主义美学研究》2020年第2期，有改动。

观看日常生活的琐碎事物,并发掘其背后的意义。他的社会学要求一种开发新视野的社会学观看,改变吾人日常的观看方式。

他的美学建立在一个"艺术与生活的相互渗透"的假设上,日常的事物也承载着美感的能量,有待我们以崭新的眼光将之挖掘出来,因而形成一种社会学史上独一无二的"美学泛神论"。在他的处理中,美学的救赎与宗教的救赎被等同起来。[①]

这种极其强调情感与感受的美学在当时也是罕见的,在《社会学的美学》一文中,齐美尔甚至提议要将社会整体视为一个艺术作品。美学的感受性建立在直觉上,而情感则有一种无法言说的形而上学根源,在他眼中,这是传统的美学分析永远也无法抵达的领域。

在齐美尔的美学中,对日常生活的美学—艺术的反思是通往生命真实性的桥梁。灵魂的敏感度对于这种强调感受性的美学而言极其重要,灵魂代表的是生命主观的创造性能力,借由想象力与直觉表现出来。[②]

另一方面,齐美尔对艺术作品的看法也有其可观之处:艺术作品是一个为己存在的、绝对自给自足的统一体。在艺术作品中,生命与形式相互冲突,形成一种客观的力量,以感受性的方式构成意义的来源。

为求论述的密度,本文讨论的焦点将集中于齐美尔1896年发表的论文《社会学的美学》[③]上,并旁涉其去世后发表的论文《论自然主义的问题》,以及一篇讨论19世纪画家伯克林的文章。齐美尔的美学论述

[①] Vgl. Klaus Lichtblau, *Kulturkrise und Soziologie um die Jahrhundertwende*, Frankfurt: Suhrkamp, 1996, S. 212.

[②] 这部分为早期的卢卡奇所接受,参见石计生:《探索艺术的精神:班雅明、卢卡奇与杨牧》,书林出版有限公司2018年版。

[③] Georg Simmel, "Soziologische Aesthetik", in Ingo Mayer (Hg.), *Jenseits der Schönheit*, Frankfurt: Suhrkamp, 2008, pp.141-156.

是片断式的,无意成为一种系统的论述,本文同样也没有将之系统化的意图。

二、象征的力量

齐美尔思想的独特性在于他总是从二元论的观点出发,试图寻找事物的统一性,生命被视为在基本的二元对立中,以斗争、妥协、组合的方式构成生命的新形态。①

历史也以类似的方式前进,西方中世纪基督教的神性与俗世的对立被转化为现代的自然与精神的对立,以及在社会组织形态上的个体主义与社会集体主义的对立。在19世纪以尼采为代表的个体主义风潮中,齐美尔无疑是偏向尼采的思想追随者。

在艺术的领域中,齐美尔仿佛以放大镜检视万事万物,在个别事物的细微之处看见事物的本质。他写道:"对我们而言,美学的考察与呈现在于,在个别事物中展现类型,在偶然性中展现法则,在外在与稍纵即逝的物中,展现本质与事物的意义。"②而这种"美学的考察"不仅仅局限于外形美丽的事物,在卑微与丑陋的事物中,也可以由色彩与形式的关连,找到有意义的刺激。

在这个寻找事物有意义的统一性的过程之中,我们的情感被提升到象征的层次。齐美尔认为,在事物之中美的价值并无差别。这是一

---

① Georg Simmel, "Soziologische Aesthetik", in Ingo Mayer (Hg.), *Jenseits der Schönheit*, Frankfurt: Suhrkamp, 2008, p.141.
② Georg Simmel, "Soziologische Aesthetik", in Ingo Mayer (Hg.), *Jenseits der Schönheit*, Frankfurt: Suhrkamp, 2008, p.142.

种"美学泛神论",每一点都隐藏着将它救赎到绝对的美学意义的可能性,对足够锐利的眼光照耀出整体的美以及世界整体的意义。①

这种社会学史上独一无二的"美学泛神论",仰赖的是一种部分与整体的神秘关连的神学结构,使得细微的事物与其背后的"本质"得以联结起来。在美学上,这倚赖象征的力量,细微的事物被提升到象征的层次,才得以与其背后的本质关联起来。

对个别事物的强调是多数社会学家不习惯的,这或许是使得齐美尔在社会学史中一直处于"边缘"地位的原因。另一方面,齐美尔对情感的强调也是当时同辈思想家中少有的。他认为,我们的情感都牵涉到价值判断,我们对事物赋予层级,由粗糙提炼出精致,并使之有机地层层上升。②

感觉的基础则是在于其与差异的联结,换言之,我们借由差异而感觉。事物的价值在于其与其他事物相互的距离。齐美尔指出,美的价值正是在此距离之中。价值的层次有高低之分、粗糙与精致之别。③

差异似乎是首先由感官刺激的差异所引起的,并由情感贯注其中。这种强调差异的美学,逻辑地逼使人们必须面对事物的具体性。

灵魂中的二元对立性,被齐美尔比喻为白日与夜晚、光明与黑暗的对立,也被扩大为一切人类社会与政治形式的对立、政治的集体社会主义与个体主义的对立,更被扩大为认知上的泛神论与原子式的认知

---

① Georg Simmel, "Soziologische Aesthetik", in Ingo Mayer (Hg.), *Jenseits der Schönheit*, Frankfurt: Suhrkamp, 2008, p.142.
② Georg Simmel, "Soziologische Aesthetik", in Ingo Mayer (Hg.), *Jenseits der Schönheit*, Frankfurt: Suhrkamp, 2008, p.143.
③ Georg Simmel, "Soziologische Aesthetik", in Ingo Mayer (Hg.), *Jenseits der Schönheit*, Frankfurt: Suhrkamp, 2008, p.143.

的对立,以及美学均一化或分殊化的对立。

齐美尔将这些相互对立的力量的来源诉诸未知的力量,这些未知的力量使得吾人的存在的物质转化为形式,这些未知的力量永远无法得到调解,但彼此产生新的刺激,使得生命永不止息。这些力量一方的满足将诱使另一方强力地冲击上来,它无法化约为概念的统一,但是可以在本质的类型(Gattung)中出现。在类型中,每一个个别的灵魂持续运动与战斗。[1]

三、对称性的形式

对形式的强调是齐美尔美学的重要特征,形式是与质料相对立的概念,延续古典哲学形质二元论的论点,加以"社会学"的转化。"所有美学动机的起始都是对称性。"[2]为了赋予事物理念、意义与和谐,人们需要首先赋予其对称的形态,整体的部分相互均匀地围绕着一个中心点。齐美尔强调人类赋予自然形式的力量,这可以视为由自然转向文化的重要面向。

在对称性的基础上,人类继续深化、精致化形式以至于又再出现不规则的形式、不对称性,其足以引发美学的刺激。我们似乎再次觉察到差异逻辑的运作,差异使得理性的对称形式起了历史的变化。

齐美尔写道:"在对称性的构成中,理性主义得到其可见的形态。

---

[1] Georg Simmel, "Soziologische Aesthetik", in Ingo Mayer (Hg.), *Jenseits der Schönheit*, Frankfurt: Suhrkamp, 2008, p.144.

[2] Georg Simmel, "Soziologische Aesthetik", in Ingo Mayer (Hg.), *Jenseits der Schönheit*, Frankfurt: Suhrkamp, 2008, p.145.

只要生命仍然主要是本能式、充满情感的、非理性的,在此种理性化的形式中,就会出现美学的救赎。"①这种理性化的解释,与韦伯面对西方音乐理性化过程的解释有相互呼应之处。② 但是齐美尔指出,只要这种理性化的形式被贯彻,美学的需求就又朝向其对立面而去,寻求非理性与外在的非对称性的形式。

比较独特的是,齐美尔转而以对称性形式作为观看的焦点来检视人类的社会组织的形式。

他强调,在人类的社会组织的形式中,也可以看到这个对称性。古代专制政体的人口组织单位都维持十人、百人、千人、万人的对称性,这种组织的对称性构成是为了一目了然的可控制性。专制政体倾向于这种对称性,对称的形式使得统治可以轻易地由一个点出发,以控制其他人。③

专制政体的美学形式的特性在于其内在的均称、外在的封闭性、部分与中心的统一关系,相对自由的政治形式则倾向于不对称性。齐美尔所处的时代是强调军事权力的德意志帝国时期,相对自由的政治形式的范例则是英国。在相对自由的政治形式中,各个元素相互独立,以至于整体呈现无规则与不对称。

有趣的是,在《社会学的美学》中,齐美尔提议要将社会视为一个整体,变成宛如一个艺术作品。对他而言,乌托邦式的社会主义具有一种特殊的美学形式:中央控制的劳动的和谐,减低个人冲突对社会整

---

① Georg Simmel, "Soziologische Aesthetik", in Ingo Mayer (Hg.), *Jenseits der Schönheit*, Frankfurt: Suhrkamp, 2008, p.145.

② 马克斯·韦伯:《音乐社会学:音乐的理性基础与社会学基础》,李彦频译,西南师范大学出版社 2014 年版。

③ Georg Simmel, "Soziologische Aesthetik", in Ingo Mayer (Hg.), *Jenseits der Schönheit*, Frankfurt: Suhrkamp, 2008, p.146.

体的损害。而现代性的基本冲突则出现在个体主义倾向与集体主义的对抗上。①

乌托邦式的社会主义以对称性的原则建构其城市与政府的组织机构,展现出理性主义的性格,试图克服各种个体性的非理性主义的抵抗,它呈现出一种强烈的形式美学。与之相对的是,个体主义的社会则带有异质性的利益与不妥协的趋势。在个体主义的社会中,精神呈现出一种不安静、不平均的图像,其感官知觉不断地要求创造与革新。② 这其实就是齐美尔在《大都市与精神生活》③中所描绘的都市人的心理图像。

齐美尔敏锐地指出,机器的节奏所带来的感官知觉的改变,机器本身甚至就带有美感。④ 德国早期的默片经典,鲁特曼(Walter Ruttmann)的《柏林:城市交响曲》(1927年),就仿佛在注解这种机器美学。

对齐美尔而言,对称性意味着个别的元素彼此相互作用,但它同时也具有排他性。不对称的形态则使个别元素拥有较大的自由空间,可以形塑更向外扩展的关系。⑤

齐美尔的立场无疑是偏向个体主义的,对他而言,这种社会主义只

---

① Georg Simmel, "Soziologische Aesthetik", in Ingo Mayer (Hg.), *Jenseits der Schönheit*, Frankfurt: Suhrkamp, 2008, p.147.

② Georg Simmel, "Soziologische Aesthetik", in Ingo Mayer (Hg.), *Jenseits der Schönheit*, Frankfurt: Suhrkamp, 2008, pp.148-149.

③ Georg Simmel, "Die Großstädte und das Geistesleben", in *Gesamtausgabe Band 7: Aufsätze und Abhandlungen 1901-1908*, Frankfurt: Suhrkamp, 1993.

④ Georg Simmel, "Soziologische Aesthetik", in Ingo Mayer (Hg.), *Jenseits der Schönheit*, Frankfurt: Suhrkamp, 2008, p.148.

⑤ Georg Simmel, "Soziologische Aesthetik", in Ingo Mayer (Hg.), *Jenseits der Schönheit*, Frankfurt: Suhrkamp, 2008, p.149.

能在一个文化世界中起作用,而无法在任何一个国度取得统治权。① 浪漫主义美学的核心在于个体与整体的对抗,在面对一般性,面对那些对大家都有效的,个体主义的自我对抗与自我孤立就无法避免。个体不再是整体的一部分,而是自成一个整体。齐美尔指出,自由是美的条件,艺术史的伦勃朗与当时哲学的尼采都代表了这种强调自由的个体主义。

美学的个体性的强调,是齐美尔在《社会学的美学》中所坚持的,每个人都是一个为己的某物,代表了美学的个体性,他们不会变成对称性统一体的一部分。②

如今看来,齐美尔的社会学美学最有趣的部分,在于他强调美学的感受性,这使得其与其他主智主义倾向的美学区隔开来。整个现代性的强烈特征就在于对无法调解的对立性的美学的感觉。他认为,美的感受都是一种蒸馏,一种形式的理想化,与人类种属的适应与有用性的感受相关,其真实的意义通常只有作为精神化的与形式主义之物被继承下来,而历史的多样性与矛盾也会反映在美学的感受之中。③

四、艺术风格的问题

齐美尔认为,艺术风格是作为一个距离(Distanz)的问题而出现的,

---

① Georg Simmel, "Soziologische Aesthetik", in Ingo Mayer (Hg.), *Jenseits der Schönheit*, Frankfurt: Suhrkamp, 2008, p.150.
② Georg Simmel, "Soziologische Aesthetik", in Ingo Mayer (Hg.), *Jenseits der Schönheit*, Frankfurt: Suhrkamp, 2008, p.150.
③ Georg Simmel, "Soziologische Aesthetik", in Ingo Mayer (Hg.), *Jenseits der Schönheit*, Frankfurt: Suhrkamp, 2008, p.151.

它是不同距离的后果,被设置于我们与事物之间。所有的艺术都改变了我们原始而自然地对实在所设置的视野。它打破我们与外在世界的陌生性,使得外在世界变得容易理解。①

这种"距离"的概念是非常隐晦而模糊的,它有时是物理上的距离,有时是比喻,更多时候它显示的是我们与事物之间的心理关系。

齐美尔写道:"但是艺术也使我们对事物的直接性采取距离,它抑制那些感官刺激的具体性,并在我们与事物之间罩上一层面纱,类似于围绕着远山的那种薄薄蓝色的雾气。"②

这种论述方式在后来班雅明的"氛围"(Aura)美学中,似乎得到了回响。在《摄影小史》中,班雅明将"氛围"形容为:"遥远之物的独一显现,虽远,犹如近在眼前。静歇在夏日正午,沿着地平线那座山的弧线,或顺着投影在观者身上的一截树枝。"③

齐美尔认为,在远近这两个极端之间的紧张与多样性的分布中,刻印着艺术风格。在一个对实在的直接印象的基础上,孕育了所有的艺术,但是只有超越了这个基础,它才能成为艺术。它预设了一个内在、无意识的化约过程,使我们相信它的真实性与意义性(具有意义)。④

距离远近的问题或成为齐美尔美学的重要课题,因为它决定了艺术风格,例如自然主义的绘画就被认为距离对象太近,对客体的关系

---

① Georg Simmel, "Soziologische Aesthetik", in Ingo Mayer (Hg.), *Jenseits der Schönheit*, Frankfurt: Suhrkamp, 2008, p.151.
② Georg Simmel, "Soziologische Aesthetik", in Ingo Mayer (Hg.), *Jenseits der Schönheit*, Frankfurt: Suhrkamp, 2008, p.152.
③ 班雅明:《摄影小史》,载《迎向灵光消逝的年代》,许绮玲译,台湾摄影1998年版,第34页。
④ Georg Simmel, "Soziologische Aesthetik", in Ingo Mayer (Hg.), *Jenseits der Schönheit*, Frankfurt: Suhrkamp, 2008, p.152.

过于化约。①

灵魂的敏感度也成了这种距离美学的重要考量。对非常敏感的灵魂而言,只有当客体离我们非常近的时候,艺术作品与直接性的采取距离(Entfernung),才会特别凸显出来。② 而对没有那种细腻敏感度的灵魂而言,则需要一个较大的客体的距离,例如意大利的风景画、历史场景的画作。齐美尔指出,美学的感觉越是幼稚而未被深化,就越需要这种大场面的景观式的、远离现实的对象物;反而细腻的神经则不需要这种物质的支撑,它能将客体由其低沉的压力中解放,将自然跃升为精神。③

由距离美学的角度出发,齐美尔也检视了19世纪的西方文化。他认为,19世纪末的艺术基本上强调距离的刺激,而非接近。他们喜好时空上遥远的文化与风格,这些时空上遥远之物可以引发刺激,但是缺乏与个人利害关系的联结,因而只是一种愉悦的刺激。19世纪末的文化因此充满了片断的刺激、格言体的盛行、象征与一些当时尚未开展的艺术风格,这些形式对我们采取距离,仿佛由远方向我们说话。

他形容这种美学是一种"过度的美感化"(Hyperästhesie),使得人们害怕近距离地接触客体,仿佛每个直接、有能量的接触都成为一种痛苦。④

---

① Georg Simmel, "Soziologische Aesthetik", in Ingo Mayer (Hg.), *Jenseits der Schönheit*, Frankfurt: Suhrkamp, 2008, p.152.
② Georg Simmel, "Soziologische Aesthetik", in Ingo Mayer (Hg.), *Jenseits der Schönheit*, Frankfurt: Suhrkamp, 2008, p.152.
③ Georg Simmel, "Soziologische Aesthetik", in Ingo Mayer (Hg.), *Jenseits der Schönheit*, Frankfurt: Suhrkamp, 2008, p.153.
④ Georg Simmel, "Soziologische Aesthetik", in Ingo Mayer (Hg.), *Jenseits der Schönheit*, Frankfurt: Suhrkamp, 2008, p.153.

自然主义的艺术风格成为齐美尔距离美学的批评对象。他认为，自然主义是一种想要破除距离的粗糙的形式，想要直接掌握事物的直接性，但却是一个可疑的尝试。齐美尔指出，人们并不能站得距离事物太近，敏感的神经无法忍受这种近距离的接触。当时艺术的主流，例如苏格兰画派的绘画、左拉派的文学，乃至象征主义都被他划入这个批评的范围内。

由距离美学出发，齐美尔进一步认为，这种"距离化"的趋势成为19世纪末文化的特性。它不只局限于艺术的领域，而且包含了科学的物质主义倾向，以及强调"有用性"的伦理学。他强调，这种"距离化"的趋势使得人们与事物之间内在的、质性的关系，转移为距离化的量的关系，数量变成一种接近的象征。[1]

这种"距离化"的讨论成为他后来的名著《货币哲学》[2]的前奏。《货币哲学》其实是在讨论货币的社会心理的后果，它带来"接触的恐惧"。货币经济的入侵是这种"接触的恐惧"的主要原因，它将原先的自然的关系逐步破坏。交通运输的便利性同样也增强了这种"接触的恐惧"。[3]

人与人之间的社会关系起了根本的变化。齐美尔指出，金钱在人与人之间、人与商品之间介入，成为一个中介的主管，成为一般性的命名者，每个价值现在都必须以金钱衡量，才能将自身转化为其他价值。[4]

---

[1] Georg Simmel, "Soziologische Aesthetik", in Ingo Mayer (Hg.), *Jenseits der Schönheit*, Frankfurt: Suhrkamp, 2008, p.154.

[2] Georg Simmel, Philosophie des Geldes, in *Gesamtausgabe Band 6*, Frankfurt: Suhrkamp, 2011.

[3] Georg Simmel, "Soziologische Aesthetik", in Ingo Mayer (Hg.), *Jenseits der Schönheit*, Frankfurt: Suhrkamp, 2008, p.155.

[4] Georg Simmel, "Soziologische Aesthetik", in Ingo Mayer (Hg.), *Jenseits der Schönheit*, Frankfurt: Suhrkamp, 2008, p.155.

在《现代文化中的金钱》一文中,齐美尔简要地阐明,金钱全面介入社会关系的后果是造成人们心理的麻木(blasé),"即人们对于事物的微妙差别和独特性质不再能够做出感受同样细微的反应,而是用一种一律的方式,因而也是单调无光的,对其中的差异不加区别的方式,去感受所有一切"[①]。

这种"心理麻木"是"接触的恐惧"的直接后果。齐美尔感伤地写到,金钱使得我们与客体的距离愈来愈远,印象的直接性、价值感、对事物的兴趣都遭到弱化,我们与其的接触遭到打断,而对于金钱,我们同样以中介的方式进行感知,无法再说出它的完整的、自身的存在。[②]

《社会学的美学》一文结束于齐美尔对现代文化趋势的诊断:人与其客体的距离加大化的趋势,在美学的领域得到最明显的形式表达。画家伯克林(Böcklin)、印象主义、自然主义以及象征主义被齐美尔视为在人的极端形式之间摆荡,摆荡于超级敏感与无感觉之间,摆荡于最细致的与最粗糙的刺激之间。[③]

五、艺术作品的本质

令笔者比较感兴趣的是齐美尔对"艺术作品"的看法,而这个概念在《社会学的美学》一文中并不突出。在1923年去世后出版的遗作

[①] 齐美尔:《金钱、性别、现代生活风格》,顾仁明译,联经出版事业股份有限公司2001年版,第10页。

[②] Georg Simmel, "Soziologische Aesthetik", in Ingo Mayer (Hg.), *Jenseits der Schönheit*, Frankfurt: Suhrkamp, 2008, p.155.

[③] Georg Simmel, "Soziologische Aesthetik", in Ingo Mayer (Hg.), *Jenseits der Schönheit*, Frankfurt: Suhrkamp, 2008, pp.155-156.

《论自然主义的问题》①中,借由批评自然主义的风潮,齐美尔间接地提出他关于艺术作品的理念。

齐美尔指出,每一件艺术作品都来自其灵魂的力量,并朝向其灵魂作用的方向前进,作品带着灵魂的位格性、个体或民族的封印,但它也顺从艺术的法则,体现了理念。但它体现的是艺术的理念,而非道德的理念,艺术与心理学、形而上学都没有关系,它只与艺术本身相关。②

对艺术作品的本质而言,最重要的是它超越了与所有现实的交织,超越了物理实在与灵魂—历史的实在。③我们当然也可以将艺术作品放在它与现实的交织之中来看,但对齐美尔而言,这远离它的本质。

艺术作品固然有其自然科学的、历史的、心理的来源,但是艺术作品按照其内在实质的本质与其他构造物区别开来。它是一个为己存在的、绝对自给自足的统一体。齐美尔认为,这是其作为艺术作品的本质。④

这种对艺术作品的自主性的强调,在后来阿多诺的美学理论中也得到了回响,可以被视为阿多诺"艺术作品单子论"的前奏。⑤

齐美尔以他自身的论述方式阐明艺术作品的自主性:艺术作品斩断它所有对外联系的线,而朝向自身并与一个无法破坏的形式相互联

---

① Georg Simmel, "Zum Problem des Naturalismus", in Ingo Mayer (Hg.), *Jenseits der Schönheit*, Frankfurt: Suhrkamp, 2008, pp. 295-320.

② Georg Simmel, "Zum Problem des Naturalismus", in Ingo Mayer (Hg.), *Jenseits der Schönheit*, Frankfurt: Suhrkamp, 2008, p. 305.

③ Georg Simmel, "Zum Problem des Naturalismus", in Ingo Mayer (Hg.), *Jenseits der Schönheit*, Frankfurt: Suhrkamp, 2008, p. 306.

④ Georg Simmel, "Zum Problem des Naturalismus", in Ingo Mayer (Hg.), *Jenseits der Schönheit*, Frankfurt: Suhrkamp, 2008, p. 306.

⑤ 参见黄圣哲:《美的物质性:论阿多诺的艺术作品理论》,载《美学经验的社会构成》,唐山出版2013年版,第75页及以下。

系,"它在其自身是有灵魂的"①。灵魂的价值与事物被投入到形式之中,但是形式终究会离开其原初的运动,而进入由艺术的概念所决定的形式中飘移。②

想要从艺术作品的时代背景或创作者的心理历程来看待艺术作品是不够的,齐美尔指出,没有任何艺术作品是由它的时代或是它的创作者的心理作用所能证成的,而只能由艺术本身的要求所证成。这些艺术的要求具有时代的相对性与多样性,但都具有超越时间、纯粹内在的实质意义。③

艺术作品作为一个客观的艺术规范的显现,按照一种自我承载的形式的理想性逻辑运作,事实上与灵魂的本能式心理状态无关,或是只有偶然性的关系。④ 它是按照艺术创作的逻辑后果,而不是展现艺术家的心理生活。⑤

齐美尔批评自然主义受到自然科学的影响,现实变成无差异与无理念的。他认为,自然主义将实在置入艺术作品之中,仿佛将既与之物在作品中重新建构,而使得这些既与之物仿佛不是在艺术创造的过程中产生的。⑥

---

① Georg Simmel, "Zum Problem des Naturalismus", in Ingo Mayer (Hg.), *Jenseits der Schönheit*, Frankfurt: Suhrkamp, 2008, pp. 306-307.
② Georg Simmel, "Zum Problem des Naturalismus", in Ingo Mayer (Hg.), *Jenseits der Schönheit*, Frankfurt: Suhrkamp, 2008, p. 307.
③ Georg Simmel, "Zum Problem des Naturalismus", in Ingo Mayer (Hg.), *Jenseits der Schönheit*, Frankfurt: Suhrkamp, 2008, p. 307.
④ Georg Simmel, "Zum Problem des Naturalismus", in Ingo Mayer (Hg.), *Jenseits der Schönheit*, Frankfurt: Suhrkamp, 2008, p. 307.
⑤ Georg Simmel, "Zum Problem des Naturalismus", in Ingo Mayer (Hg.), *Jenseits der Schönheit*, Frankfurt: Suhrkamp, 2008, p. 300.
⑥ Georg Simmel, "Zum Problem des Naturalismus", in Ingo Mayer (Hg.), *Jenseits der Schönheit*, Frankfurt: Suhrkamp, 2008, p. 299.

印象主义则是想要消解客观性僵化的实体,而将感官印象的图像固定下来,并转移到艺术作品之中。也就是说,它诉诸纯粹的主观印象。①

表现主义则被齐美尔认为是"一种主观的自然主义的表达"②。这些艺术形式都与当时主流的科学因果律有所关联,特别是当时流行的心理主义。

齐美尔的论述凸显出"艺术作品的形式的风格的封闭性",艺术作品是具有自我目的的意义承载者。③

在主体与客体二元论的架构中,齐美尔认为,艺术家与客体的关系在于:艺术越能深入物的自我结构中,深入实在,它越能将之转换为艺术的内容。

但是齐美尔反对写实主义的做法,他认为,写实主义将艺术变成纯粹的手段,将"实在"转化为仿佛宗教或道德的理念,艺术变得好像只是为了现实的发展的手段。写实主义的价值并非来自艺术作品本身,而是与现存秩序的理想与意义有关。④

艺术家的真诚性(Wahrhaftigkeit)成为艺术的首要课题。"艺术作品的真理无非是艺术家的真诚性。"艺术家将其内在的观照向外构成,并且不会让这个内在的观照为来自其他领域的影响所偏移。如果宗教

---

① Georg Simmel, "Zum Problem des Naturalismus", in Ingo Mayer (Hg.), *Jenseits der Schönheit*, Frankfurt: Suhrkamp, 2008, p.298.
② Georg Simmel, "Zum Problem des Naturalismus", in Ingo Mayer (Hg.), *Jenseits der Schönheit*, Frankfurt: Suhrkamp, 2008, p.303.
③ Georg Simmel, "Zum Problem des Naturalismus", in Ingo Mayer (Hg.), *Jenseits der Schönheit*, Frankfurt: Suhrkamp, 2008, p.302.
④ Georg Simmel, "Zum Problem des Naturalismus", in Ingo Mayer (Hg.), *Jenseits der Schönheit*, Frankfurt: Suhrkamp, 2008, p.314.

的教条、历史的传统或观众的爱好决定了他,那么在他作品的客观层面则会呈现不一致性与偶然性,也就丧失了真诚性。[1]

个体的自主性无疑是齐美尔文化理论的重要标志,而这也延伸到他对艺术作品的看法。他所谈论的"灵魂"可以视为个体自主性的表述。

他写到,艺术的真理是艺术作品的各个部分的协调一致,令人感觉到它是来自一个艺术家的灵魂。[2] 这是一种主体性的艺术真理观,与当时生命哲学所讲究的"移情涉入"有密切的关联。体验是艺术家的行动特征,体验作为生命的节奏与动态,形成一种创造性的动感,一种由行动中心破壳而出的动力,构成艺术创作的前提条件。[3]

六、伯克林的风景

在齐美尔所讨论的画家之中,最有名的无疑是伦勃朗,但在笔者看来,最能代表19世纪末的德国绘画,且与他约略同一时期的画家其实是伯克林,我们甚至可以说,伯克林代表了齐美尔某种美学的理想型态。

在《伯克林的风景》一文中,伯克林的风景画被齐美尔称之为"生之愉悦的忧郁"。一种自然的宁静,夏日午后的睡眠与不动性的交织的

---

[1] Georg Simmel, "Zum Problem des Naturalismus", in Ingo Mayer (Hg.), *Jenseits der Schönheit*, Frankfurt: Suhrkamp, 2008, p. 315.

[2] Georg Simmel, "Zum Problem des Naturalismus", in Ingo Mayer (Hg.), *Jenseits der Schönheit*, Frankfurt: Suhrkamp, 2008, p. 315.

[3] Georg Simmel, "Zum Problem des Naturalismus", in Ingo Mayer (Hg.), *Jenseits der Schönheit*, Frankfurt: Suhrkamp, 2008, p. 318.

状态,被齐美尔描述为:这就是我们由伯克林的风景画所感受到的"心境"。在其中,灵魂与这些自然的存在、植物与动物、大地与光交织在一起,而它又释放出我们个人的情感,仿佛与自然交融在一起。①

在齐美尔强调心境(Stimmung)的绘画解读之中,伯克林的风景画被视为解除了与时间性的关系,伯克林带来一种不为过去与未来所碰触的无时间性,它脱离了历史的瞬间,脱离了先前与往后。齐美尔写到,特别是伯克林所画的神话人物在其非真实性中,出现一种超越时间的特性。②

无时间性与无空间性,这是齐美尔所认为的伯克林的风景画的特性。伯克林的风景画突破了传统西方风景画的空间范式,这种空间范式是如同康德所界定的"空间只是物体相互在一起的可能性",伯克林则是将事物内在的关系做出一种视觉的呈现。齐美尔认为,伯克林将我们的感觉、爱与恨、喜悦与痛苦,在他的风景画中展现出心境的作用,超越了空间的三维向度,同时也超越了时间的向度。③

在伯克林的画作之前,仿佛所有的生活压力完全消失,从所有的关系、所有的限定、所有的联系与界限解除,而使人带有一种自由的感觉。诚然,这种艺术救赎的作用并非伯克林独有,但在齐美尔眼中,伯克林的风景画中的强度与纯粹性是其他画家难以望其项背的。伯克林的风景画代表了一种艺术作品的理想形态。齐美尔指出,它代表一种艺术的自给自足与不可碰触,它使我们内在地解放,消除我们的紧张,

---

① Simmel, "Böcklins Landschaften", in *Gesamtausgabe Band 5: Aufsätze und Abhandlungen 1894-1900*, Frankfurt: Suhrkamp, 1993, p.96.

② Simmel, "Böcklins Landschaften", in *Gesamtausgabe Band 5: Aufsätze und Abhandlungen 1894-1900*, Frankfurt: Suhrkamp, 1993, p.97.

③ Simmel, "Böcklins Landschaften", in *Gesamtausgabe Band 5: Aufsätze und Abhandlungen 1894-1900*, Frankfurt: Suhrkamp, 1993, p.98.

超越现前的命运。①

伯克林的风景画被与西方绘画史上的大家普桑(Poussin)与 Claude Lorrain 相提并论。齐美尔认为,普桑与 Lorrain 的风景画也是在对风景进行抽象化与理想化,将理念的内容放入画中,而与现实的可理解性刻意分离,如此他们付出的代价是丧失了风景的私密性,而伯克林的风景则将之提升至我们的内心深处,代表了一种对现实的救赎与解放。②

伯克林的风景画既脱离现实,又展现出一种内在的封闭性,被齐美尔称之为一种"内在的孤独"。他的孤独并非像其他的风景画一般,是一种偶然性的存在,仿佛也可以偶然地变成其他样子,而是一种内在的特质,只能与他联结在一起的本质性的特质。孤独并非就其否定、排除的面向而言,而是从伯克林的画中自身显现出来的调性。③

伯克林的风景画被齐美尔赞许为掌握了绘画中的音乐性。音乐被视为与人的"心境"紧密相关,同时也与情感的高度相关。伯克林的风景画展现了对这种情感高度的、细致的升华,是一种"世界之形而上学本质的表达与反映"④。齐美尔写到,伯克林之前的艺术很少有人能达到音乐的谜样的本质,如叔本华所言,作为一个如此熟悉又永远陌生的天堂乐园与我们相遇。音乐表达的是"心境"(Stimmung,或心情),

---

① Simmel, "Böcklins Landschaften", in *Gesamtausgabe Band 5: Aufsätze und Abhandlungen 1894-1900*, Frankfurt: Suhrkamp, 1993, p.99.

② Simmel, "Böcklins Landschaften", in *Gesamtausgabe Band 5: Aufsätze und Abhandlungen 1894-1900*, Frankfurt: Suhrkamp, 1993, p.100.

③ Simmel, "Böcklins Landschaften", in *Gesamtausgabe Band 5: Aufsätze und Abhandlungen 1894-1900*, Frankfurt: Suhrkamp, 1993, p.102.

④ Simmel, "Böcklins Landschaften", in *Gesamtausgabe Band 5: Aufsätze und Abhandlungen 1894-1900*, Frankfurt: Suhrkamp, 1993, p.103.

伯克林的风景画则是心境的负载者。伯克林画中的泉水与岩石、树林与草原、动物与半动物,还有人都不是纯粹的存在,而是作为一种心境的负载者。

这种对情感强度与心境的强调,形成齐美尔美学的一大特色,也很难脱离主观主义的倾向。

七、结　语

阿多诺曾经在一篇讨论布洛赫(Ernst Bloch)《乌托邦精神》的文章中批评齐美尔的"心理学的观念论"[1]。他认为,齐美尔以哲学的语言讨论所有具体的对象物,却缺乏经验的环节。对阿多诺而言,对艺术作品的讨论,如果缺少这些经验的环节,将是不完整的。

阿多诺的另一重要批评是,齐美尔的美学变成只是"美感化"(Ästhetisieren)[2],强调情感强度与心境的美学忽略了美学的重要环节——知识的批判。阿多诺批评到,齐美尔的美学将艺术作品放置于一个理念的空间,而与现实没有太大的关系。

阿多诺指出,齐美尔的论述架构建立在"生命"与"形式"的基本概念上。[3] 齐美尔的论述被视为建立在一种"哲学的外化"上,自我消失于客体之中,扭曲为巨大的能力来将万事万物哲学化。

---

[1] Theodor Adorno, "Henkel, Krug und frühe Erfahrung", in *Adorno, Noten zur Literatur IV*, G. S. Bd. 11, Frankfurt: Suhrkamp, 2003, pp. 556-566.

[2] Theodor Adorno, "Henkel, Krug und frühe Erfahrung", in *Adorno, Noten zur Literatur IV*, G. S. Bd. 11, Frankfurt: Suhrkamp, 2003, p. 559.

[3] Theodor Adorno, "Henkel, Krug und frühe Erfahrung", in *Adorno, Noten zur Literatur IV*, G. S. Bd. 11, Frankfurt: Suhrkamp, 2003, p. 561.

阿多诺对齐美尔的批评并不完全公允。形式法则的客观性，同样是为齐美尔所强调的，正如阿多诺在其《美学理论》中所处理的那样。艺术的自主性理想同样为齐美尔与阿多诺所共享。[1]

但是齐美尔的"主体性体验"的美学，在阿多诺那里，已经转化为一种强调客体性与客体优先性的艺术社会学论述。齐美尔的时代尚未能看见，艺术作品是各个无法妥协、无同一性、相互斗争的元素交互作用的立场，正如社会一般。

换言之，齐美尔的社会学美学仍然囿于传统美学的心理主义之中，仍未具备艺术社会学的样貌，这与齐美尔对古典社会学理论的贡献形成一大对比。但是，齐美尔哲理散文式的书写风格却使得他的社会学论述犹如美学论述一般，确实实现了他所认为的"要将社会整体视为艺术作品"一样对待。

除了"距离美学"之外，齐美尔的社会学美学的独到之处在于他分析事物时细腻的感受性与创造力。这种对个体感官知觉的敏锐度的强调，在现今所有事物都被数位化的时代，尤其是弥足珍贵的。在齐美尔式的美学泛神论中，万事万物都仿佛具有一种美感的内涵，而可以为人们所感知与分析。

---

[1] 参见黄圣哲：《美的物质性：论阿多诺的艺术作品理论》，载《美学经验的社会构成》，唐山出版 2013 年版，第 67—81 页。

现代生命的"社会化"图景[*]

吉砚茹

(海德堡大学马克斯·韦伯社会学研究所)

摘　要：齐美尔在与康德的对话中提出"社会何以可能"的问题，将社会学确立为对社会化形式的研究，探究现代个体如何与周遭世界产生联系并由此构建自我。齐美尔通过对比古今社会化形式，进而得出对现代生命内在困境的基本洞察。面对现代世界的外在化和碎片化的生活感受，他并未完全采取康德的思路——用认知的方式构建统一的世界来解决主客体冲突，而是参照歌德的生命观，提出一种介于康德与歌德之间的生命学说，使个体能从自身生命的根基生长出与世界的深刻关联，在生命直观之中达成自我与外在世界的和解。

关键词：形式社会学　冲突　生命直观　现代个体

一、引子

"你开始觉得你身上有了标记，觉得自己跟那些平凡规矩的人莫名

---

[*] 本文首发于《社会》2018年第5期，有改动。

其妙地对立起来,一条知识与感情上的鸿沟,充满讥嘲、怀疑和反抗,把你跟别人割开,裂痕越来越深。你觉得孤独,而从此再也不能跟人们取得谅解了。这是什么命运!——假定你心里还有足够的生命和足够的爱,你就会觉得这命运可怕极啦!"[1]现代人禀受以我思构建与世界关系的能力,总想着用庞大的概念体系或抽象规则把自己解释清楚,掌控整个世界。于是,人在一生中可能会无数次感到"不再是自己了",每一瞬间的感情和行动都很容易背叛"自我",甚至有时候会感到自己被整个世界抛弃。这样的"自我"像人悬在世界里,拼命抠住一截柱子,这柱子越结实越好,人也得不断收拢紧缩,时刻不能放松,万一发现柱子是浮动的,一切就全完了。现代人的处境像极了霍克海默笔下的奥德修斯,他把自己牢牢绑在桅杆上,去听塞壬诱人的歌声,歌声越是响亮,他越是把自己绑得更紧,"歌声对奥德修斯并未产生任何后果,而奥德修斯也只是点着头表示他将从这捆绑中解脱出来……实际上,奥德修斯绑在自己身上的那条无法解脱的绳索也使塞壬远离了实际:她们的诱惑显得毫无作用,只成了沉思冥想的一个单纯对象"[2]。这样一来,生命之中种种遭遇都仿佛不祥的塞壬,他不得不与世界照面,乍看之下唯一能保全自我的照面方式就是拉开距离,将世界置于对立面来讥嘲、怀疑或反抗。他不断把自己绑得更紧,顽固地抗拒甚至畏惧与周遭统一,除了能带着焦虑沉思冥想,他在这世界中的存在跟身后那根柱子相差无几。与世界和解,在他眼中无异于因塞壬而失神沉沦,是最大的厄运。

---

[1] 托马斯·曼:《托马斯·曼中短篇小说集》,刘德中译,上海译文出版社 1980 年版,第 190 页。

[2] 霍克海默、阿道尔诺:《启蒙辩证法:哲学断片》,渠敬东、曹卫东译,上海人民出版社 2006 年版,第 27 页。

齐美尔正是要回应这个问题,试图在各种存在方式之中让生命舒展开,与世界和解。他对形而上学、社会学、心理学、历史学乃至美学都有相当深入的钻研,却并未按其中任一学科的惯例不断索引既有概念或循着某个概念推出逻辑严密的新体系。自博士论文时期起,齐美尔几乎从不加脚注,不引用相关的专业著作[①],其格言式的文风也显得相当"业余",饱受诟病[②]。然而,在他眼中,积累更多的知识与真理毫不相干,真理是人与世界的一种"真诚的"关系,某人将表象关联起来,

---

[①] Georg Simmel, "Indices, Gesamtbibliographie, Biographie, Dokumente, Nachträge", in *Georg Simmel Gesamtausgabe* (GSG Bd. 24), Otthein Rammstedt (Hrsg.), Berlin: Suhrkamp, 2016, pp. 181-183. 本文所引的齐美尔著作的德文版本主要依据德国 Suhrkamp Verlag 出版社出版的《格奥尔格·齐美尔全集》(*Georg Simmel-Gesamtausgabe in 24 BändenInhalt und Aufbau der Ausgabe*, 1989-2016,简称 GSG)。在国际社会学界,对齐美尔的研究一般遵循以德国 Suhrkamp Verlag 出版社出版的 GSG 作为主要的文献依据。本文除参引国内外已有单行译本之外,主要参引的就是这个 GSG 系列版本,特此说明(本文具体参引的是 24 卷本中的第 9、10、11、15、23 以及 24 卷)。

[②] 梅尼克(F. Meinecke,又译迈内克)与韦伯都曾指出齐美尔缺乏历史感,并未将论述精准对应于社会历史事实。齐美尔博士论文的评审人爱德华·策勒也批评这种缺乏引用的论断在哲学上不够严密。涂尔干说得更狠:"说实话,我不太欣赏这类混乱随意的洞察,他的表达像艺术那样全然主观,又像科学那样抽象。结果反倒既不如艺术生动鲜活,又缺乏科学家所追求的精确。"特洛尔奇批评齐美尔言之无物,缺乏历史文化方面的实质内容,不过描述了"境况"而已。在齐美尔的主要译介者看来,正是这些因素导致或反映了他在学界"边缘人"的处境,使他一直担任编外讲师,直至去世前不久才受聘为正教授。Georg Simmel, *Georg Simmel Gesamtausgabe* (GSG Bd. 24), Otthein Rammstedt (Hrsg.), Berlin: Suhrkamp, 2016, p. 366;韦伯:《新教伦理与资本主义精神》,康乐、简惠美译,广西师范大学出版社 2010 年版,前言第 5 页;Georg Simmel, *Georg Simmel Gesamtausgabe* (GSG Bd. 24), Otthein Rammstedt (Hrsg.), Berlin: Suhrkamp, 2016, pp. 181-183;Émile Durkheim, "Durkheim's Review of Georg Simmel's Philosophie des Geldes", *Social Research*, Vol. 46, No. 2 (1979);Klaus Lichtblau, *Die Eigenart der kultur und sozialwissenschaftlichen Begriffsbildung*, Wiesbaden: Springer VS., 2011, p. 149;Lewis Coser, "Georg Simmel's Style of Work: A Contribution to the Sociology of the Sociologist", *American Journal of Sociology*, Vol. 63, No. 6 (1958);Donald Levine, "Introduction", in Georg Simmel, *On Individuality and Social Forms: Selected Writings*, Chicago: The University of Chicago Press, 1971.

这种关联的结构或者说他看待世界的方式极其切近他的整个存在,对他最真切地成立。就此而言,没有史实证据和逻辑推理,没有任何东西能让人攀附,反过来作者或读者也就不能以知识为名"占有"历史事实或哲学概念,理所当然地切除某些生命体验,他得诚实地直面生身处境,赢获对自身生命的一种视野。梅尼克总结道:"他有些解构性的分析固然无益于那些意志薄弱的人,然而对许多人而言,他相当震撼人心,能教人独立思考并且精神饱满地钻研问题。"①

二、社会化的"形式"

20 世纪 20 年代以来,齐美尔的社会思想通常被冠以"形式社会学"之名,意思是说他更关注人与人之间相互作用的形式,而非具体的社会历史内容。这种概括导向两种误解:一种是将齐美尔归为后来所谓的微观社会学,认为他将社会及一切组织还原为个体层面的互动;而照另一种观点看来,社会学应该考察更形式化的对象,意即对一切关系做类型学研究,形式指的就是抽象概念。施潘②据此质疑,个体相互作用形成的微观复合体能否在逻辑上推导出社会总体。韦伯则认为

---

① Georg Simmel, " Indices, Gesamtbibliographie, Biographie, Dokumente, Nachträge", in *Georg Simmel Gesamtausgabe* (GSG Bd. 24), Otthein Rammstedt (Hrsg.), Berlin: Suhrkamp, 2016, p. 366. 李凯尔特也曾提到齐美尔在柏林大学深受学生敬爱:"当学生谈起在柏林大学期间收获了什么,他们总会提起里尔(Alois Riehl)与齐美尔的名字……齐美尔讲课如此成功缘于其精神的非凡灵动,也许更重要的原因是学生们感到他们面前有这么一个人,他正奋力搏斗以求真理。"Georg Simmel, *Georg Simmel Gesamtausgabe* (GSG Bd. 24), Otthein Rammstedt (Hrsg.), Berlin: Suhrkamp, 2016, p. 364.

② Othmar Spann, *Untersuchungen über den Begriff der Gesellschaft zur Einleitung in die Soziologie*, Tübingen: Buchdruckerei von H. Laupp jr., 1905.

"相互作用"的含义太模糊,很难实际应用到社会科学研究当中。[1] 另一方面,在当时社会科学的语境下,"形式"容易被误解为经济学式的概念或法学的法则,那形式社会学就谈不上独特的研究对象了。[2] 齐美尔的社会思想在当时不乏追随者,例如冯·维瑟(Leopold von Wiese)和菲尔坎特(Alfred Vierkandt),不过也许恰恰是冯·维瑟无意中令误解更深了。他曾试图系统地研究几百种社会互动的"形式"[3],或许有人误以为可以凭借这种"集大成"之作望尽齐美尔学说的优劣,把它定义为一种构造类型体系的学说[4]。事实上并非如此,正如韦伯所言,齐美尔"将(最高意义上的)'心理学'与一种分析敏锐的、理解式的世界观——哲学结合起来,毫不狭隘排外,不囿于狂热盲信或门户之见"[5]。

尽管齐美尔的学说早在 20 世纪 20 年代便已进入美国学界的视野[6],但是所谓的"形式社会学"没法充当经验研究的准则,并未得到广泛的承认[7]。二战前后,随着移居美国的德裔学者的增多,齐美尔著作

---

[1] U. Gerhardt, "Die Formen der Vergesellschaftung und die soziologischen Apriorisˮ, in Hartmann Tyrell, Otthein Rammstedt, Ingo Meyer (Hrsg.), *Georg Simmels große "Soziologie"*, Bielefeld: Transcript Verlag, 2011.

[2] Othmar Spann, *Untersuchungen über den Begriff der Gesellschaft zur Einleitung in die Soziologie*, Tübingen: Buchdruckerei von H. Laupp jr., 1905; Pitirim Sorokin, *Contemporary Sociological Theories*, New York: Harper & Brothers, 1928.

[3] Leopold von Wiese, *System der Allgemeinen Soziologie: als Lehre von den sozialen Prozessen und den sozialen Gebilden der Menschen (Beziehungslehre)*, Berlin: Duncker & Humblot, 1955.

[4] Pitirim Sorokin, *Contemporary Sociological Theories*, New York: Harper & Brothers, 1928.

[5] Georg Simmel, *Georg Simmel Gesamtausgabe* (GSG Bd. 24), Otthein Rammstedt (Hrsg.), Berlin: Suhrkamp, 2016, p.377.

[6] Nicholas Spykman, *The Social Theory of Georg Simmel*, Chicago: The University of Chicago Press, 1925.

[7] Pitirim Sorokin, *Contemporary Sociological Theories*, New York: Harper & Brothers, 1928.

的英文译介与研究工作以芝加哥大学为重镇得以全面展开。[1] 20 世纪 80 年代,弗里斯比[2]等人致力于突破学科边界,但其视野反倒受这一目标所困,往往过于偏重从齐美尔突破专业壁垒的"越轨"处来理解他的思想,由此,齐美尔被建构成了碎片化、印象派的漫游者(flaneur)或补锅匠(bricoleur)[3]的形象。在这些人看来,齐美尔拒绝提出社会理论体系,而是直接以印象的方式呈现"社会",并因此与后现代理论相契合。然而,20 世纪末以来,齐美尔有关贫困、冲突、异乡人等专题的讨论重新得到发掘。[4]

1908 年问世的《社会学:社会化形式的研究》一书可谓齐美尔在社会学方面最重要的著作。他在这本书的开头就着手廓清社会学究竟是什么这一问题。按照他的理解,任何科学都会将某些事实遵循它的方法相互关联起来,得到一种有章法的事物之总体关联,不过科学并未因此由这些题材所决定,毋宁说科学都是以它的方法论线索,从某一

---

[1] Guenther Roth, "Biographische Aspekte der amerikanischen Simmelrezeption", in Hartmann Tyrell, Otthein Rammstedt, Ingo Meyer (Hrsg.), *Georg Simmels große "Soziologie"*, Bielefeld: Transcript Verlag, 2011.

[2] David Frisby, *Sociological Impressionism: A Reassessment of Georg Simmel's Social Theory*, London: Routledge, 1992.

[3] "漫游者"出自波德莱尔,是指大都市里,置身于人群之中却又能保持孤独状态的散步者,他建构了一个以自我为中心的世界,"孤独的沉思的散步者从这种普遍的神魂交游之中汲取独自的陶醉"。波德莱尔:《恶之花》,钱春绮译,人民文学出版社 1991 年版,第 401 页。"补锅匠"语出列维-斯特劳斯《野性的思维》,不同于预先计划完备的工程师,补锅匠在每一刻借助手边现有的、参差不齐的零件来修补,神话思想就是一种理性的修补术。

[4] U. Gerhardt, "Die Formen der Vergesellschaftung und die soziologischen Aprioris", in Hartmann Tyrell, Otthein Rammstedt, Ingo Meyer (Hrsg.), *Georg Simmels große "Soziologie"*, Bielefeld: Transcript Verlag, 2011; Stephan Moebius, *Simmel Lesen: Moderne, dekonstruktive und postmoderne Lektüren der Soziologie von Georg Simmel*, Stuttgart: Ibidem-Verlag, 2002.

视角构成物之整体,物只不过是材料而已。① 一方面,既有的科学囊括了大部分事实对象,不意味着社会学的正当性就在于捡边角料;另一方面,社会决定论也奠定不了社会学,任何现象固然都或多或少受到社会环境的影响,不过如果因此就将它们纳入一个学科,那社会学便沦为乌托邦式的空名而已。齐美尔也不急于划定社会学的边界,他只是先点明社会学的核心任务:从生活总体的复杂现象之中,从我们称为"社会"的生活之中,抽象出一种独特的、自律的生存形式(Existenzform),即社会本身。②

我们通常采用的社会概念非常宽泛,几个人为着特定的目的相互作用就形成一个社会实体,譬如家庭、行会、国家等,同时这些实体反过来定义着每个人。齐美尔的研究对象并非社会实体,而是社会化(Vergesellschaftung):"社会化即诸个体根据某种兴趣——感性的或理念的,暂时的或长久的,有意识或无意识的,因果驱使的或受目的牵引的——在无数各异的方式实现的形式之中,共同生长成一个统一体,兴趣在该统一体之内实现自身。"③"像本能、兴趣、目的、倾向、心理状况与心理活动这般存在于个体之内,从中产生或受到作用的,我称之为内容,它们好比社会化的质料(Materie der Vergesellschaftung)"或材料(Stoffe)。我们所经验到的社会现实都是由社会化形式与内容共同形成的统一体,是相互作用中质料逐渐具有形态的过程(Gestalt)。在这一过程中,形式先于最终实现的统一形态,譬如某些物质组成一个球,

---

① Georg Simmel, *Georg Simmel Gesamtausgabe* (GSG Bd. 11), von Otthein Rammstedt (Hrsg.), Frankfurt am Main: Suhrkamp, 1992, pp. 16-17.
② Georg Simmel, *Georg Simmel Gesamtausgabe* (GSG Bd. 11), von Otthein Rammstedt (Hrsg.), Frankfurt am Main: Suhrkamp, 1992, p. 61.
③ Georg Simmel, *Georg Simmel Gesamtausgabe* (GSG Bd. 11), von Otthein Rammstedt (Hrsg.), Frankfurt am Main: Suhrkamp, 1992, pp. 18-19.

而几何学的球体形状是在先的,正是这一形状使球体成为可能。① 然而,社会学面对事实时,无法像几何学家那样直接讨论"相互作用本身"(Wechselwirkung schlechthin),因为无论如何我们所能经验到的具体现实已经是由内容与形式结合而产生的。

齐美尔所说的社会化形式与"形式社会学"所误解的那种抽象概念或普遍法则无关。一方面,主从、竞争、模仿、分工、派系等形式不是普遍适用的概念,仅仅指出在社会现实中到处都能经验到主从关系是毫无意义的;另一方面,形式与内容之间也没有演绎或归纳式的逻辑关联,它仅有的关联正是在现实性之中。

像这样的探索鲜有前路可循,以竞争为例,齐美尔会去探究竞争作为纯粹的人际关系形式意味着什么,它在怎样的情况下产生,如何发展,因竞争目标不同可能有哪些变化,个人之间的竞争与群体之间的竞争区别何在,等等。② 既有的大部分社会学研究像处理客观事物那样看待已经提炼成型的社会组织,例如国家、行会或社会分工体系,他们考察这些"社会"实体,追问"社会是什么"。然而在这些"脏器"之外,还有许多尚未固化的、脉搏不息的综合(Synthesen),即社会化:每时每刻,个人之绝缘并立(Nebeneinander)不断形成特定形式的互相(Miteinander)、互为(Füreinander)。③ 因此,齐美尔研究"社会化"其实问的不是"社会是什么",而是"社会何以可能"。

齐美尔之所以提出"社会何以可能"是与康德的问题相对的。康德

---

① Georg Simmel, *Georg Simmel Gesamtausgabe* (GSG Bd. 11), von Otthein Rammstedt (Hrsg.), Frankfurt am Main: Suhrkamp, 1992, p. 23.
② Georg Simmel, *Georg Simmel Gesamtausgabe* (GSG Bd. 11), von Otthein Rammstedt (Hrsg.), Frankfurt am Main: Suhrkamp, 1992, pp. 26-27.
③ Georg Simmel, *Georg Simmel Gesamtausgabe* (GSG Bd. 11), von Otthein Rammstedt (Hrsg.), Frankfurt am Main: Suhrkamp, 1992, p. 19.

问:"自然何以可能?"齐美尔评论说,康德会这么提问是因为自然无非表象,是我们的智性借以整合感觉印象以形塑成统一世界图景的方式。① "自然何以可能"得先追问构成我们理智并实现自然本身的诸形式。类似的,齐美尔这里社会化的统一过程也是零散的感觉要素综合形式,然而他们的问题有着截然不同的含义。对康德来说,"自然何以可能"是个认知问题,主体将给定的要素综合为"认知的统一体"——自然。然而,"社会何以可能"或者说"社会化"不纯然是康德的翻版,并非以先天范畴构建社会。"社会化"近似于现象学所说的"去存在",是一种源发构造性的过程,人如何与周遭建立最具体的相互作用。它不可能达到康德那样纯粹的先天范畴,因为"个人心灵"时时刻刻已经浸入无数简单的过程,它在其中感到自己被决定、被抛入与"他人"的某种最具体的互相和互为之中,并且这种具体的相互作用过程对"我"来说是无条件成立的事实。这些"先天"过程并不是逻辑上先于社会存在的原因,而是所谓社会这种综合的各个局部,换言之,"社会化形式的研究"虽然带有审视的味道,却是身处"被社会化"的过程之中去知晓、熟悉其形式,而非康德式的认知过程。②

三、冲突的"统一"

齐美尔将社会化视作统一(Einheit)的过程,然而统一不意味着完

---

① Georg Simmel, *Georg Simmel Gesamtausgabe* (GSG Bd. 11), von Otthein Rammstedt (Hrsg.), Frankfurt am Main: Suhrkamp, 1992, p. 42.
② Georg Simmel, *Georg Simmel Gesamtausgabe* (GSG Bd. 11), von Otthein Rammstedt (Hrsg.), Frankfurt am Main: Suhrkamp, 1992, p. 47.

满和谐的关联体系,毋宁说他对社会化最基本的洞察本身就是从冲突来着眼的。他举出社会化有三种先天形式:

(1)"我们都是碎片,不止是普遍人性的碎片,也是我们自己的碎片。"人的形象——无论是他人还是自己——总是修改补全碎片而成的样式,人总是被把握为某某类型。[1] 齐美尔的意思是在与周遭发生具体关联时,我们难免会将具体经验的零碎材料整合补全成各种角色及性格类型等等来赋予对方固定的形象。然而这一过程之所以带来碎片的感受,不如康德那般和谐,是因为一次次具体的碎片补全都已经是不可化约的现实了,没法像康德那样通过纯粹普遍的范畴来奠基。在齐美尔这里,人虽然不断补全碎片、构筑类型来生活,这种关联却始终不像康德设想的那样均质,相反在这些样式之间时时有冲突。人的表象总是令人感到不太对劲,似乎比起他本身模模糊糊感到的"个体性"少些或多些什么,其实所谓的个体性只是有一套对纯粹个体确定性的想象悬置在该表象活动之上,或者说引导着表象,恰恰在这一想象受到的阻碍和不连贯之处才使一切社会关系有实现的可能。

(2)"人非社会化存在的(Nicht-Vergesellschaftet-Seins)样式规定或参与规定了其社会化存在的(Vergesellschaftet-Seins)样式。"[2] 异乡人、罪犯、穷人之类的样式既身处某群体之内,又在它之外拉开距离。现代人感到自己生命经验的内容似乎被割裂成许多围绕不同客观逻辑运转的片段,可所有这一切都消解不掉生命的"向心性":人同时为社会存在(ein Sein für sie)且自为存在(ein Sein für sich)。"社会不是由某

---

[1] Georg Simmel, *Georg Simmel Gesamtausgabe* (GSG Bd. 11), von Otthein Rammstedt(Hrsg.), Frankfurt am Main: Suhrkamp, 1992, p.49.

[2] Georg Simmel, *Georg Simmel Gesamtausgabe* (GSG Bd. 11), von Otthein Rammstedt(Hrsg.), Frankfurt am Main: Suhrkamp, 1992, p.51.

些一部分未经社会化的人组成的,毋宁是由这样一些人组成,他们一方面是完全社会的存在,另一方面保有相同的内容,却感到自己是完全个人的存在。"①简言之,不仅样式之间不会完满和谐,这些样式也无法穷尽生命本身。一个人一边用种种样式或类型为自己的生命赋予比较稳固的形态,他生活在情人、儿子与父亲的角色之中,却无法遏止地感到生命不止于此,真正令他感到自己活着的恰恰在此之外。

(3)不同的要素构成社会,它们相互关联、互相构成。如果抛开预定和谐,现实中不太可能所有要素都能各司其职。齐美尔这里也无意于凭空设定一套和谐。他是说在种种断裂、冲突与不完满之中生活的人,仍旧寻求社会角色与内在生命的统一,并期待能感到这种命运般的统一承载着更宏大的秩序降临到自己身上。这种和谐最集中地凝练于"天职"(Beruf)概念上:个人听从内心"召唤"(Ruf)而投身于原本非人格性的职位,对每个人而言,都有一道命令要求他去寻求召唤其人格的事业。②

那么冲突在齐美尔这里究竟是什么?冲突作为社会化形式之一,撇开动机和后果,指两方在对立之中形成更高统一(Einheit)。在这里,最终达成的统一并不意味着一方克服另一方,由单方力量支配。事实上,对立双方都直接而积极地构成冲突形式,某一要素对另一要素而言可能是负面的消解性力量,却不意味着它对关系之整体而言亦如此。"一个群体仅仅是全然向心、和谐的'一致',这不光在经验上不现

---

① Georg Simmel, *Georg Simmel Gesamtausgabe* (GSG Bd. 11), von Otthein Rammstedt (Hrsg.), Frankfurt am Main: Suhrkamp, 1992, p.56.
② Georg Simmel, *Georg Simmel Gesamtausgabe* (GSG Bd. 11), von Otthein Rammstedt (Hrsg.), Frankfurt am Main: Suhrkamp, 1992, pp.59-60.

实,也根本无法显露其本真的生命进程。"①历史上有些原初的社群内部还未分化,其实当中照样存在着归属或派系,只不过当时还不明显,还未发育出截然的对立罢了。

　　冲突是否一定需要黏合关系的力量呢?齐美尔提出,我们可以设想所谓的纯粹冲突,即将冲突作为目的本身,不过,这种形式如何成立呢?一种可能的解释是"悲观主义",认为人天然没有为他人奉献的意愿,只有敌意。不过,齐美尔在谈到叔本华时讲得很清楚,作恶者必须能够切身感受到他所施加的痛苦,贪求痛苦(Lust am Leide),否则作恶毫无意义。②敌意——对人对己的残忍——根本目的都是自我膨胀。某人渴望展现权力,却又无力积极地实践权力,便通过伤害他人把他们变成自己的"财产"。人们面对悲惨的人或动物时,固然大多出于善意与同情施以援手,不过也有人通过帮助他人(甚至没有任何实质帮助,仅仅显示出怜悯)来享受对方的痛苦,把他人变成自己的"财产",对方越悲惨,帮助过程中的自我膨胀就越厉害。另一方面,他也不会当真为自己的苦难真正感到悲哀,甚至渴望感到自己遭受着世上最深重的苦难,欢庆自己成为最悲惨的人。伤害他人既是对峙又是同一,假定敌意冲动确实存在,它至少突破了漠不关心,仍可算作一种建立关系的冲动。"分歧与和谐无解地纠缠,前者的内容事实上成为将来共同体的萌芽。"③敌意冲动实现为纯粹的冲突,本身就要求与周遭世界处在特定关系当中。即便是看似抽离了外在目的和生活重量的战争

---

　　① Georg Simmel, *Georg Simmel Gesamtausgabe* (GSG Bd. 11), von Otthein Rammstedt (Hrsg.), Frankfurt am Main: Suhrkamp, 1992, p. 285.
　　② Georg Simmel, *Georg Simmel Gesamtausgabe* (GSG Bd. 10), Michael Behr, Volkhard Krech, Gert Schmidt (Hrsg.), Frankfurt am Main: Suhrkamp, 1995, p. 262.
　　③ Georg Simmel, *Georg Simmel Gesamtausgabe* (GSG Bd. 11), von Otthein Rammstedt (Hrsg.), Frankfurt am Main: Suhrkamp, 1992, p. 296.

游戏也需要诸多冲动的复合体来支撑,其中并非所有冲动都能由斗争本身获得满足,战争游戏"抽空"内容这一条件本身就需要由许多其他社会关系形式来达成。①

在形式化上近乎纯粹冲突的是客观冲突,它不像战争游戏那样为了斗争而斗争,而是始终指向特定的客观目的。人将自己归属于客观原则,任何对原则的侵犯就是侵犯人格本身,归根结底,支撑客观冲突的激情是高度个人性的,不会轻易受社会因素干扰,所以容易变得绝对,毫不妥协。例如司法冲突渐趋于形式化,就事论事,只关心论点,不去在乎论辩双方究竟是谁。其表现之一就是随着文明的进程,司法冲突逐渐可以由他人代为执行,转变成专业律师之间的抽象斗争,当事人的个人感受或参与反倒无关紧要甚至碍事,斗争双方构成统一体仅仅因为共同服从某项法律这一事实。②

人为了客观的形式化目的而战,往往会比为自己而战更极端更无情。正如他毫不顾及自己,他也丝毫不会顾及别人;为了某个理念牺牲自己是正当的,同样的,他也可以毫不犹豫为此牺牲所有人。这些"战士"具有强烈的责任感与自律精神,他越客观,便越显得人格高尚。齐美尔借尼采来勾勒客观冲突当中的典范形象,这个人既不顾念自己的劳累辛苦也不顾及他人的幸与不幸,他"对生命变得更加漠然",随时准备为他的事业牺牲他人或者自我牺牲。③"这种视角位于外部:我

---

① Georg Simmel, *Georg Simmel Gesamtausgabe* (GSG Bd. 11), von Otthein Rammstedt (Hrsg.), Frankfurt am Main: Suhrkamp, 1992, pp.304-305.
② Georg Simmel, *Georg Simmel Gesamtausgabe* (GSG Bd. 11), von Otthein Rammstedt (Hrsg.), Frankfurt am Main: Suhrkamp, 1992, p.306.
③ 尼采:《偶像的黄昏》,卫茂平译,华东师范大学出版社 2007 年版,第 160 页;尼采:《查拉图斯特拉如是说》,钱春绮译,生活·读书·新知三联书店 2012 年版,第 400 页。

运用我的性格,但我既没想到去理解它,也没想到去改变它——我一刻也没想到过对德性的个人计算。"①这种高尚与冷漠是冲突形式催生的后果,与具体的客观目的无关,一旦某个人意识到他在为更高的原则而战,冲突就有激化的可能,斗争双方甚至完全有可能为同一理念斗个你死我活。

在激烈斗争中,双方的内部结构也会更加紧缩。和平时,人可以放任自己(sich gehen lassen),任由自己的各种力和兴趣向着互不相干的不同维度发挥;冲突时,人必须聚精会神(sich zusammennehmen),将全部力量聚集到一点,同理,冲突当中群体必须凝聚所有要素的全部力量,容不得讨论商议之类的内耗。② 客观冲突中,问题出在客观原则的严格性与上述"向心型"结构该怎么包容群体内的异质成分。平时各个异质成分保持一定距离,尚可相安无事,然而战时要求比平时更紧密的结合,根本没有余地去回避、忽略异质要素,异见者要么勉强妥协、相互容忍,要么直接分开。因此客观冲突成为组织是否分裂的关键因素,斗争越紧迫,组织规模越小,越可能因为异见分裂。

以天主教和新教团体为例。天主教教会始终在跟异端斗争,倘若异见还能被容忍,异见者能与其他人合作来抗击外敌,教会就在内部消化异见,凡是不能合作一致对外的人,都要直接被逐出教会,以求内部始终保持足够的活力,避免内耗。天主教之所以能够如此,也是因为它规模比较大。对大规模的群体而言,没必要排除所有折中者,反正它能在边缘容纳这些人,不至于让他们威胁核心。当然,倘若大规

---

① 尼采:《权力意志:1885—1889 年遗稿》,孙周兴译,商务印书馆 2007 年版,第 821—822 页。

② Georg Simmel, *Georg Simmel Gesamtausgabe* (GSG Bd. 11), von Otthein Rammstedt (Hrsg.), Frankfurt am Main: Suhrkamp, 1992, p. 350.

模群体的组织形式恰好使"边缘分子"贴近中心,那他们任何的不确定和妥协都可能危及整体,异见就不能再被容忍了。新教的情况不太一样,至少在初期,新教身处激烈的斗争之中,且各宗派本身群体规模较小。它对信条要求得更加严格,不惜分裂也不能妥协,因为新教团体只有在对抗中才保有统一性,根本不能妥协或停止斗争。詹姆士二世及威廉、玛丽统治时期,英国政府常常试图收买浸礼会、教友派等,这些对抗中的小群体倘若与政府合作,群体统一性就不复存在了。

男女两性在道德原则下的客观斗争亦如此。女性因为身体稍弱,始终面临经济与人身剥削的风险,同时也被男性当作满足感官欲望的对象,因此不得不以道德风尚自我防卫。毕竟道德风尚是高于两性的超个人原则,在理想情况下,如果双方都遵循它,也许能达到平衡。甚至有的风尚——比如骑士精神——会逆转自然优势,为弱者提供保护。尽管在所谓的骑士精神中,仍然是男性主动把自己当成对方选定的守护者,来保护女性。于是乎,女性出于自保而严格遵循道德原则,就像上文提到的新教徒一样,她们的结合往往比男性更紧密,也更加无法容忍任何女性的道德过失。与男性"斗争"最为激烈的女性将其他女性决然归为道德或非道德的,没有任何折中的余地。当然,这种为求自保的客观斗争意味着她们对原则的要求以及女性统一体的构建极其依赖冲突,一旦敌人消失,道德原则也会随即丧失感召力。所以,暗中支持或容许敌人的"不道德"来保持内部生命力,算得上一种实用"智慧"。[①]

冲突作为对立双方的具体统一,并不会止于和平,在齐美尔的眼

---

① Georg Simmel, *Georg Simmel Gesamtausgabe* (GSG Bd. 11), von Otthein Rammstedt (Hrsg.), Frankfurt am Main: Suhrkamp, 1992, pp. 355-358.

中,和平是指节奏和缓、隐而未发的冲突。"和平的中断不是由特定社会学情境来标定的,毋宁说,在和平状况之内的真实关系中潜藏的对立骤然激化,即便没有当即露出最激烈的形态。"[①]可以说,冲突是社会化的底色,有些契机会暂时掩盖对立罢了。

对客观冲突而言,直接体谅对方遂而和解是违背原则、不讲道理的方式,首先就被排除掉。客观冲突形式之为客观,正因为双方根本就不在乎也不打算体谅任何人,他们之间没有任何道理之外的黏合力量,一旦有确凿的分歧,同志可能转瞬变成死敌,在这个意义上,客观冲突恰恰是亲密关系的反面。真诚深刻的亲密关系不可能容许其中任何一方拉开距离,冷静地旁观估量,有所保留。彻底无保留的亲密关系,无须持久和平的保障,就算悲剧收尾也比礼貌和平持久的关系来得深刻,毕竟它总会在道理之外滋养出一些无论如何也会和对方共命运的力量。相应的,亲密关系崩解后的刻骨之恨也是源于这种毫无保留,因为它远远突破安全感或自我意识的要求,一旦亲密关系崩解,没人能独力承受如此毫无保留的"错误"。

既然直接和解不可行,那一方观点直接压倒另一方或者由权威的第三方做出裁断,能否缓和冲突呢?这里的问题在于目标消失这件事没那么简单,冲突意味着一整套人格复合体的特殊结构,而客观目的构成参与者身心能量的凝聚点,如果冲突顺利过渡到和平,就是说这套人格复合体结构能够顺利转化为一套相对安定缓和的结构。倘若突然丧失目标,会对个人造成严重后果。原有结构直接被抽掉,双方都无从安顿冲突中积聚的能量。当然,他们完全可以找个替代目标继续

[①] Georg Simmel, *Georg Simmel Gesamtausgabe* (GSG Bd. 11), von Otthein Rammstedt (Hrsg.), Frankfurt am Main: Suhrkamp, 1992, p. 370.

争论下去,可是转变来得太过突然,替代物对他们来讲无法一下子成立,最后冲突双方都被自己不能释放的能量逼入完全无法忍受的境地。恰恰因为双方都坚信着某种客观理想,才无法坦率地接受理想变成幻象,甚至可能因此怨恨对方,仿佛他们是罪魁祸首,让威风凛凛的骑士堂吉诃德骤然沦为疯乡绅阿隆索·吉哈诺。"这种情况经常走向空洞无物的相互指责,强撑着维持敌意,或者翻出别的差异,清算旧账。斗争运动的余韵像这样耗散在无缘无故的哄闹之中,然后才能平息。"①

除了丧失目标与和解,讨价还价或者说交换是另一种缓和客观冲突的方式。交换预设了人具有一种超出直接欲望和偏好的能力,它意味着用可交换性来避免激烈冲突,就此而论,交换是最契合现代世界的方式。

四、外在化的现代世界

古今之间,人与周遭打交道进而构建自我的方式发生了巨大转变。原先人与人之间的相互作用更直接也更短促,想要什么就去拿,受到阻碍可能得打一架,就像物物交换一样,目的近在眼前,手段并不会遮蔽目的,随着目的实现,手段也就淡出视野。人们闲谈或辩论,却仅仅是为了生存而利用语言与知识,不是为了知识而活,换句话说,知识或语言本身并不支配他们之间的关系。

---

① Georg Simmel, *Georg Simmel Gesamtausgabe* (GSG Bd. 11), von Otthein Rammstedt (Hrsg.), Frankfurt am Main: Suhrkamp, 1992, p. 373.

随着群体规模日趋庞大,交换亦越来越复杂,乃至直接交换难以为继,人们便逐渐分离出各种"功能",片面地与更大规模的人群交换。当分离出的功能越来越片面,亦即越来越抽象时,交换关系也变得抽象,甚至逐渐发展出独立的运转逻辑与结构,成了某种外在于个体意志和行动的物。譬如说,科学发展出它自己的一整套运转逻辑,不再是人们活着并发生关联的临时性手段而已,毋宁说人与人是为了科学才相互接触,他们只不过是科学逻辑下的某种"功能"载体而已。人与周遭的关系像这样被不同的客观秩序割据,而所谓的活着也就成了诸多功能碎片的拼凑,已经很难确切地感受到他到底在什么意义上还是一个人。这样一来固然会滋生更多客观冲突,然而这些冲突至多是某客观原则之下"功能"碎片的冲突,不会牵涉到整个人格,仍旧留有遵循原则讨价还价的余地,现代社会中人与人的关系越来越非人格化,正是现代人从冲突中部分解脱的关键。

齐美尔在《货币哲学》里举了一个例子来描述这种古今社会化形式上的差别。中世纪时,臣民要在君主或领主出行时为他们和随从提供沿途食宿。起初这是直接指向个人的无限义务。后来,这项义务有了更加具体的规定,指向他的劳动产物:为哪些人员提供怎样的食宿,需要照顾多少马匹,甚至具体到食物或餐具的品质与数量,等等。关于物的规定越是烦琐、完备,义务与人格的距离就越远,人也感到更加自由。再后来,臣民可能只需要提供物品,不必真的提供住处;烦琐具体的实物可能被换算为单一种类的物品(玉米之类的),然后更进一步为特定种类的货币税(levy)所取代,货币税通常仍旧以这些物品命名。当义务变得更加客观时,这些特殊的货币税会逐渐固定下来,成为臣民定期缴纳的一笔费用,被纳入一般的税收体系(tax)。至此,义务在采用货币形式的同时,已经褪去原初的私人关系色彩,也渐渐地抽空了具体内容。① 义务的客观化意味着双方具体社会化过程的转变。最初提供沿途食宿是封建关系的一部分，它是建立在效忠誓言之上的高度私人性关系，倘若臣民对提供沿途食宿的义务有意见，也是认为对方背弃封建荣誉与传统，是针对封君整个人格和封君身份的不满。随着义务越来越客观化，它也很难再唤起臣民对原初私人关系的忠诚了，冲突的重点不再是身份荣誉问题，反倒越来越像利益争夺，上交特定种类的货币税意味着割舍自己的部分财产，没什么忠诚或荣誉可言。既然只是财产之争，冲突就越来越可能以谈判的方式解决，毕竟争的是相对的量，不是绝对的伦理问题，双方完全可以客客气气地坐下谈判。到最后义务变成定期缴纳的税，臣民与君主的关系就变得更加抽象而片面了，即便发生冲突，对象也是抽象的征税机器。除了交税这层关系，臣民与君主相比之前几乎是互不在意，也就无所谓激烈冲突了。

虽然冲突的类型由决斗转变为可以谈判的客观冲突，人身依附变为片面局部的利益交换，现代人事实上也并没有比中世纪的人更自由。"人"变为"功能"，意味着有一道外在于他的秩序支配着他。古代的社会化形式是个体之间简单直接的交换，此时几乎不存在高于个体的抽象统一体，所以最突出的是"物质"。但"功能"一词意味着完全不同的视角，它给我们的直观印象是某要素与更高层次的统一体之间的关联，它预设了整体。当共同体作为第三方参与其中时，物物交换才真正被取代。货币作为社会功能的物化，它的价值不是固有的"物质"，必须由共同体担保来赋予它"功能"价值。人们在交换中不再直

---

① Georg Simmel, *Georg Simmel Gesamtausgabe* (GSG Bd. 11), von Otthein Rammstedt (Hrsg.), Frankfurt am Main: Suhrkamp, 1992, p. 311.

接接触、依赖对方,转而共同信任稳定的社会。换言之,人与人之间原本充当手段的某种短促过程逐渐成了外在于人的客观秩序,随着我们越来越严格、越来越符合客观原则地组织生活手段,我们的生活就越发成为一整套外在于我们的客观对象。活着慢慢变为一种自我割裂的技术,每时每刻我们都在将自己分割,交付给不同的客观秩序,在这些客观秩序内将生活内容以一种近似于自然规律的理智方式严格编织起来。

无根的人缺乏与这些客观秩序之间的深刻关联,却紧紧攀附着这套秩序。就像没有"天职感"(Berufensein)的科学家可能对他所研究的学问漠不关心,他一心将知识编织成稍微完整的体系,不断复杂化,然而这般忙碌仍旧无法解除根本的荒谬感:在片断性的生存之中,生命渴望朝向某种统一的终极与绝对。问题在于,现代生命竟然将这股强大的意志投射到客观秩序内部的发展,仿佛这些客观秩序的严整统一就等于自身生命的完满。"正是客体的完美显示出主体的缺陷,从而表明主体的发展和客体的发展一样,都应该靠机遇、本能和漫无目的的自然过程……现代技术凭借其包罗万象的治疗方法而树立的榜样……必须继续推进某种特殊的有意识的努力,以使人类能够获得借助物质变迁所能够预见的那种程度的完善。"[①]

这种外在化的进程可见于现代生活的方方面面。在科学领域,它带来了齐美尔所谓的"强化的事实感",即科学中的实证主义和自然主义。"在历史科学中和在经验心理学中一样,本质上毫无价值的调查,而且就研究的终极目的而言,是最不重要的东西;但却仅仅因为它们

[①] 格奥尔格·西美尔:《1870年以来德国生活与思想的趋向》,载《宗教社会学》,李放春译,上海人民出版社2003年版,第188页。

是根据完全按部就班的技术流程来操作的,就常常获得了十分不恰当的认可。"①甚至在艺术之中也有类似的倾向。对技术和手段的强调教导公众,艺术是为实现所谓纯粹艺术性的特殊工具,而这种工具也应更加理智化。②例如诗人不得不熟悉所有的表达方式,才能"专业地"选择最合适的抒情诗技巧来传达特定的生活感受,哪怕当时著名的诗人格奥尔格也不例外。绘画上,以分离派运动为代表的一批现代画家刻意与他人比较,生硬地凸显自己的不同之处,荒唐的是这类分离派成为一时风潮,就连所谓独特个性也有套路可循,每个人都通过千篇一律的放肆突兀来表达其假想中的标新立异。

手段逐渐被当成终极价值,生活的外化与这种情感过程并行,它依赖物质的完美而非人的完善,挣得多、知道得多莫名就成了目的本身。"最终,人们处处陷在密集交织的制度与手段之网里,完全没有明确的终极目的。唯独在这样的文化处境下,才出现对终极目的和生命意义的需求。"③

五、重返生命意志

现代生活最深刻的问题缘于:渐趋客观的社会化形式与个体生命的张力达到前所未有的程度。现代人的确不再遭受人身奴役,但他相

---

① 格奥尔格·西美尔:《1870 年以来德国生活与思想的趋向》,载《宗教社会学》,李放春译,上海人民出版社 2003 年版,第 185 页。
② 格奥尔格·西美尔:《1870 年以来德国生活与思想的趋向》,载《宗教社会学》,李放春译,上海人民出版社 2003 年版,第 186 页。
③ Georg Simmel, *Georg Simmel Gesamtausgabe* (GSG Bd. 10), Michael Behr, Volkhard Krech, Gert Schmidt (Hrsg.), Frankfurt am Main: Suhrkamp, 1995, p. 177.

较于中古人所感到的自由,其实在某种程度上仅仅是上述张力的表现而已。当各种外在技术将生活分别组织起来时,尽管我们服从这些技术,这种服从却不像原本的奴役那么痛苦。当我们在客观原则之下与人发生抽象局部的冲突时,毕竟并非整个人格都牵扯在内,因而也激不起强烈的痛苦或快乐,他随时可以从任何具体的社会关系中挣脱出来。然而问题也随之而生,这套抽象的关联确实可能威胁不到人格,却也没法构建任何深刻的关系,身处其中的人很难感受到"命运"并毫无保留地投入到任何人或事情之中。就像绑在柱子上的奥德修斯,他必须切断自己与周遭世界的直接关联,拉开距离,但又渴望着与周遭统一。这种处境最微妙地表现在都市人的特定敌意当中,即反感(aversion):"反感,一种相互陌生(Fremdheit)与排斥(Abstoβung)的感觉,在接触变得更亲密的一瞬,立即转化成实在的恨与冲突。"①

如果在传统乡村中,人持续暴露在相似事物的影响下,对它们的感受就会变得稍微迟钝些,可惜现代都市生活不容许人熟悉任何事物。人根本无力招架向他疯狂涌来的异质事物带来的刺激,于是都市人为了保护人格,用脑,不动心,他可以用不敏感的且最能容忍距离的理智来应对都市生活,这样一来,他人乃至自己的生活都成为理解的对象,而非感受的对象。反感就是这种应对方式的情感表现。反感不针对任何特定的内容或对象,它抗拒的是任何亲密接触。反感能够将自己不得不接触的大部分人和物都放在一个较远的距离,之后理智出场。按照齐美尔的观点,作为自保情感的反感与爱相比,在人的心理结构中处于更加底层、基础的位置,为更大范围的人所共有,阈值也更低。

---

① Georg Simmel, *Georg Simmel Gesamtausgabe* (GSG Bd. 11), von Otthein Rammstedt (Hrsg.), Frankfurt am Main: Suhrkamp, 1992, p.290.

现代都市人的处境实际上使敌意成了他与无数陌生人和事物建立关系仅剩的可能形式之一。反感相较于漠不关心（Gleichgültigkeit），至少算是一种关系。太过密集的都市刺激让人招架不了，可与所有人都毫无关系也会令人无法忍受。人在应对都市生活的时候，也渴望建立关系，可惜在以货币为符号的抽象互动中很难滋生亲密关系。爱要求人格的契合，哪怕仅仅喜欢一个人也得针对具体的、完整的人，几乎没有谁因为抽象原则而爱上任何一个人，遑论爱上无数人；反感则不然，因为对方举止不文明而反感所有路人，这是相当常见的事，既不需要任何具体的理由，也不需要对这些路人的生活感兴趣抑或投入感情。由此说来，反感比爱更接近现代生活的常态。

齐美尔有关反感的论断折射出了他对现代生命处境的诊断：以抽象原则来构建世界与自我时，生命经验对个人来说其实都无所谓，充其量像反感这样略有波澜，归根结底没什么本质区别。很多人切身感到终极目标的缺乏，进而迫切地渴望投身到某种支配一切生活细节的理想之中，例如社会正义或社会主义，这些理想的强大力量固然有其内在原因，但深究的话，很大程度上是因为现代生命对终极价值的渴求。

早在古典时期尤其是基督教早期，对绝对价值的渴求就已经成为一个与生命密切相关的问题。享乐主义强调当下感官享乐即目的本身，强行剥除生命对绝对事物的渴望。不过，当时人们对神秘主义的狂热足以证明享乐主义没能完全解决这个问题。第一次给出终极意义的是基督教。基督教的救赎用上帝之国提供终极意义，超越相对的生命。可直至近代，基督教对人们的掌控力渐弱，人对生命终极意义的渴望因长期得到满足，一旦答案空缺，反而变得更为迫切。"这种渴望是基督教的遗产。它留下一种对生命运动之确定性的渴望，后来成了一股空洞的冲动,渴望着不可及的目标。"①

齐美尔认为,叔本华为现代人"空洞的冲动"提供了最清晰的哲学表达:意志是主观生命的实质,倘若对存在而言有什么是绝对的,那就是存在是一场无休止的催促,一次持续不断的自我超越。一切事物都只是意志的表象而已,除此之外别无他物,因此意志只会遭遇到自身继而超越,永远处于不满之中。② 意志作为存在之绝对有两层含义:人的存在不只是单个行为的总和,总有某种"不止于此"(Mehr-als-dies)紧挨着一切"这个那个"(Dies)③,似乎每一行为之后都有一股力,既承载它又要超越它,这种"不止于此"正是存在感的一部分;另一层意思是强调在叔本华之前,人以理性人为模范,被理解为受限于现象世界的种种偏差始终未完成的人,"成为你所是"。在康德的架构当中,认知的条件同时也是认知对象的条件,理性成为人最根本的存在。叔本华则突破了这样的理性主义,在他看来,理性只是意志的工具或结果,是现实中的人自我生产的产物,人在逻辑推理中也能感到更深层的力在驱动。所以,意志并非与理性相对,而是在理性之外,因此也外在于理性的对立面。④ 在康德那里,意识与存在的对立尚未进入视野,经验意识是真实存在,而物自身是观念,不过在尝试探寻物自身的可能内容时,康德的确以理性为首要路径。相较于意识,以浪漫派、物质论和历

---

① Georg Simmel, *Georg Simmel Gesamtausgabe* (GSG Bd. 10), Michael Behr, Volkhard Krech, Gert Schmidt (Hrsg.), Frankfurt am Main: Suhrkamp, 1995, p. 178.
② Georg Simmel, *Georg Simmel Gesamtausgabe* (GSG Bd. 10), Michael Behr, Volkhard Krech, Gert Schmidt (Hrsg.), Frankfurt am Main: Suhrkamp, 1995, p. 178.
③ Georg Simmel, *Georg Simmel Gesamtausgabe* (GSG Bd. 10), Michael Behr, Volkhard Krech, Gert Schmidt (Hrsg.), Frankfurt am Main: Suhrkamp, 1995, p. 206.
④ Georg Simmel, *Georg Simmel Gesamtausgabe* (GSG Bd. 10), Michael Behr, Volkhard Krech, Gert Schmidt (Hrsg.), Frankfurt am Main: Suhrkamp, 1995, p. 210.

史主义为例,19世纪思想家则将存在视为核心。齐美尔对叔本华从形而上学推论出的悲观主义并没有太看重,在他看来,叔本华的核心洞察是人的不系于意识的存在感。存在是一种形而上运动,人不是理性地设定明确目的然后付诸行动,人之所以有目的,是因为人最根本的意志不断驱动他。

"生命之总体有别于其个别部分的总和,而是某种事实性的统一。在每一个别部分当中,我们感到统一正是它的实质,与此同时又似乎是生命的厄运,厄运并非降临到生命头上,这厄运就是生命本身。"[1]暂时逃避痛苦的方式有三种:审美救赎、道德和主体否定自身。道德即超越个体性的分隔,人感到自己与另一独立自我在本质上同一,而不是对立。不过,在叔本华这里没有道德律令,同情和道德都只源于这一事实:意志表现于所有事物中,所有存在根本而言都是同一的。因此,正义内在于个体与他自身存在的关系,与社会、历史或其他关系不相干。不同于康德,在叔本华那里,事物的道德特质是给定的,行为也是被意志深刻决定的,不过,意志并不是依照特定情形,为每一次行为做出决定的,因而也谈不上任何义务规定。意识不只指向已完成的行动,也指向本质存在,并在二者之间建立关系。我们的存在与我们的行为相关,每一刻的行为都反映我们是谁。叔本华的道德学说只有意志没有规范。意志不再只是特定情形下的动机,而是存在之根本,是超越时空的永恒,同时,个体的任何行为都只是了解自己存在本质的机会,所有行为都被缚于恒定的存在,于是减轻了我们对特定个别行为的责任,却将人置于必须坚守本质存在的位置。

---

[1] Georg Simmel, *Georg Simmel Gesamtausgabe* (GSG Bd. 10), Michael Behr, Volkhard Krech, Gert Schmidt (Hrsg.), Frankfurt am Main: Suhrkamp, 1995, p.213.

比较有意思的是,第三种方式即通过主体否定自身来得到救赎不是指自杀。自杀绝非否定意志,反倒是某人因为非常渴望生命,可惜不是他所处的这种生命,他企盼消除痛苦,却又感到痛苦本身就是意志的结果,自杀的人正因为不能取消意志,于是代之以取消掉自己的经验存在。否定自身、拒斥意志来得到救赎的苦行者拒斥的对象不是事物,而是转向自身:他拒斥自己而非拒斥世界。"一个这样的人,在和他自己的本性作过许多艰苦的斗争之后终于完全胜利了,他所剩下的就只是一个纯认识着的东西了,就只是反映这世界的一面镜子了……他现在是宁静地微笑着在回顾这世间的幻影。这些幻影过去也能够激动他的心情,能够使他的心情痛苦,但现在却是毫无所谓地出现在他眼前,好比棋局已终之后的棋子似的……生活和生活中的形形色色只好像是飘忽的景象在他眼前摇晃着,犹如拂晓的轻梦之于一个半醒的人,这时现实已曦微地从梦中透出而梦也不能再骗人了。正是和这梦一样,生活的形形色色也终于幻灭,并无须越过什么巨大的障碍。"①

在齐美尔看来,尼采的权力意志论正是为了回应这种难以忍受的社会日常处境。尼采所说的胜者并不是在社会经济地位上占优的人,而是在人性上高于同时代其他个体的存在。生命呈现为不断的斗争与胜利、永不止息的生命过程。越有生命力,权力意志表现得越明显,人的差距越大。尼采式的人始终反感现在的人,渴望超越他,达到更高的人性。高度以广度的代价实现,社会远不及人性重要。不恰当地说,在他的学说里,对社会的敌意与否定是生命感的起点。康德的普遍法则是在人与人关联的社会中对行为与人性负责,而尼采的高贵者无须

---

① 叔本华:《作为意志和表象的世界》,石冲白译,商务印书馆1982年版,第535—536页。

对现在的社会负责,他要对类负责,爱邻人、爱弱者、爱自己都不可取。高贵者有义务自律,只有这样才可能让强大力量复生:"只有住在闪电能击中他、击碎他的高处的人才能生长:高得足以接近闪电!我的心思和我的憧憬向着少数的、长久的、遥远的事物:你们的小小的、许多的、短期的苦难跟我何干!我看你们受苦得还不够!因为你们是因你们自己受苦受难,你们还没有因世人受苦受难。"①齐美尔曾用康德的方式表述尼采的永恒轮回,从中可见尼采与康德的鲜明对比。"每时每刻,我们应当这样生活着,不论现实如何:仿佛我们想要朝向一个目标发展,一种超越我们此刻现实的、进化的理想投射;仿佛我们会永远如此生活,亦即,仿佛真有一种永恒轮回。"②尼采用有限存在的永恒轮回将人置于有限与无限之间,作为存在与生成之间的"将近"。

"有一天,当一个魔鬼尾随你进入你最深的孤独之中,对你说:'这种生活,正如你经历着并经历过的那样,你必将再一次、无数次地经历。然而它将失去任何新意,你生命中的一切,不论多么渺小或伟大,一切都将以同样的顺序轮回。存在的永恒沙漏也将一再倒转,尘归尘,土归土,你也将随之一道转动。'假如那个念头胜利,它将改变现存的你。你时时刻刻追问:'你还想再一次、无数次经历这一切吗?'问题的重量或许会把你碾碎。你必须多么善待自己和生命,以便除了这道最终的、永恒的确认,别无所求?"③"永恒轮回"设定的问题迫使人为此

---

① 尼采:《查拉图斯特拉如是说》,钱春绮译,生活·读书·新知三联书店 2012 年版,第 347 页。

② Georg Simmel, *Georg Simmel Gesamtausgabe* (GSG Bd. 10), Michael Behr, Volkhard Krech, Gert Schmidt (Hrsg.), Frankfurt am Main: Suhrkamp, 1995, p. 400.

③ Georg Simmel, *Georg Simmel Gesamtausgabe* (GSG Bd. 10), Michael Behr, Volkhard Krech, Gert Schmidt (Hrsg.), Frankfurt am Main: Suhrkamp, 1995, pp. 393-394.

世生命赋予非常强的伦理性,即便不断轮回,生命的高贵也是严格世俗性的,不需要任何超验的东西来给定。齐美尔强调尼采学说中生命对社会的敌意、对不断超越的强烈渴望,虽未通过尼采提供答案,至少已经揭示了问题。

六、生命直观:在康德与歌德之间

外在化的、分裂的现代世界如何回到统一的生命图景呢?齐美尔基于他对康德与歌德的解读,认为契合当今情形的生命观只能在康德与歌德之间寻找。

康德问道:"自然何以可能?"针对的是客体与主体的统一。自然无非是存在者之间可理解的、有规律的相互关联,只是表象,而表象活动(Vorstellen)的条件就是一切客体的条件,"我"通过知性将感觉材料领会成经验的对象,以此不断生成客观世界。[①] 这一经验世界彼岸还有一些事物不是为我们而存在,即物自身,康德将绝对性落在这一决然彼岸的领域之中。总而言之,按照齐美尔的解读,康德通过将自然归结为主体的表象,将绝对性置于经验世界之外来回应主体—客体的问题。当然,这种方案也必须付出代价。生命内容的各个碎片得以统一为世界,主体与客体得以统一,都是凭借着同一个事实,即我们知道,可这一事实相应地划定了限度,一切存在者的内容都只能在其可知性

---

① Georg Simmel, *Georg Simmel Gesamtausgabe* (GSG Bd. 10), Michael Behr, Volkhard Krech, Gert Schmidt (Hrsg.), Frankfurt am Main: Suhrkamp, 1995, p.124.

这一形式内被把握①,而主体仿佛沦为某种认知功能。齐美尔作为著名的新康德主义者,确实在大体上认同康德有关表象世界的学说,不过一旦涉及对生命的理解,相较于康德他还是更欣赏歌德的基本倾向,并受歌德的影响提出了不同于康德的生命图景。

齐美尔曾对比康德与歌德迥异的基本倾向或者说基本韵律:康德不断划定边界,歌德则是艺术式的统一。对康德而言,科学通过划定边界所能达到的世界图景本身也有清晰的边界,永远无法彻底达成事物的统一,除非凭信仰之跃,借助宗教、审美或道德等实现。②歌德的统一不是像康德那样先明确各种界限,再靠认知活动统一起来。"歌德从客体这边解决主客体同一的难题,康德则从主体这边来解决。"③按照齐美尔的理解,歌德在意的始终是直接表达他的世界感(Weltgefühles)。④对他来说,像康德那样宣称自然只是主体的表象简直不可饶恕,另一方面,绝对统一只能在不可知的物自身那里达成,同样是不可接受的,歌德的绝对就在这个世界,在现象之内,不在彼岸。他在《温和的警句诗》(Zahme Xenien)里感叹道:"是了,这就是正确的轨道,人不知道他所思的,思索时,仿佛一切都被赐予。"⑤思虑本身并不能挣得知识,当生命达到某一层次时,自然或上帝自会将相应的感

---

① Georg Simmel, *Georg Simmel Gesamtausgabe* (GSG Bd. 10), Michael Behr, Volkhard Krech, Gert Schmidt (Hrsg.), Frankfurt am Main: Suhrkamp, 1995, p.125.
② Georg Simmel, *Georg Simmel Gesamtausgabe* (GSG Bd. 10), Michael Behr, Volkhard Krech, Gert Schmidt (Hrsg.), Frankfurt am Main: Suhrkamp, 1995, p.145.
③ Georg Simmel, *Georg Simmel Gesamtausgabe* (GSG Bd. 10), Michael Behr, Volkhard Krech, Gert Schmidt (Hrsg.), Frankfurt am Main: Suhrkamp, 1995, p.132.
④ Georg Simmel, *Georg Simmel Gesamtausgabe* (GSG Bd. 10), Michael Behr, Volkhard Krech, Gert Schmidt (Hrsg.), Frankfurt am Main: Suhrkamp, 1995, p.126.
⑤ Georg Simmel, *Georg Simmel Gesamtausgabe* (GSG Bd. 10), Michael Behr, Volkhard Krech, Gert Schmidt (Hrsg.), Frankfurt am Main: Suhrkamp, 1995, p.128.

受与理念敞开。自然是精神化之镜(Spiegel der eigenen Vergeistigung),一切事物固然是外在的,但事物的直观性始终被赐予人,按照他对世界的直观感受,自然与精神的绝对性是有可能被经验到的。[①] 歌德承认,如果基于当时的哲学观点,绝对自然与绝对精神并存这种说法有内在矛盾,他仅仅做这番断言肯定不足以将矛盾解释清楚,但在绝对性的问题上,"最好停留在哲学上的自然状态,尽可能地利用人未经分割的存在(ungetrennten Existenz)"[②]。

对歌德而言,人的使命是让他之内的自然实现其全部可能性,人的生命只是自然大全生命(All-Leben)的一种形式或者说一次脉搏,两者之间有着预定的和谐又有待后天的合宜(Anpassung)。[③] 不过,仅从《浮士德》来看,经验常常并不能如愿使人合乎他的自然,因此浮士德才不得不借助梅菲斯特的超自然力量来实现他的合宜性,并且按照契约的隐喻,一旦他停留在任何经验关系之中,便会因未经发展的能力而死。在这个意义上,人越是具有个性、能力越丰富,越要求灵魂不朽,因为未经施展的潜能必须在生命之外,以另一种形式实现。

在对照过康德与歌德之后,齐美尔在其最后一部著作《生命直观:先验论四章》当中给出了他的答案,书里讨论的是生命内容或者康德那样的概念体系所无法涵盖的生命之先验感。类似于叔本华和歌德,齐美尔始终朝向生命的统一,而社会化形式或者说任何形式亦是界限,人要能感知到界限存在、指涉它,就意味着人在某种意义上外在于

[①] Georg Simmel, *Georg Simmel Gesamtausgabe* (GSG Bd. 10), Michael Behr, Volkhard Krech, Gert Schmidt (Hrsg.), Frankfurt am Main: Suhrkamp, 1995, p.136.

[②] Georg Simmel, *Georg Simmel Gesamtausgabe* (GSG Bd. 10), Michael Behr, Volkhard Krech, Gert Schmidt (Hrsg.), Frankfurt am Main: Suhrkamp, 1995, p.131.

[③] Georg Simmel, *Georg Simmel Gesamtausgabe* (GSG Bd. 10), Michael Behr, Volkhard Krech, Gert Schmidt (Hrsg.), Frankfurt am Main: Suhrkamp, 1995, p.161.

界限。这已经涉及一对贯穿全书的矛盾:有界限的生命形式 vs. 连续无限的生命涌流。

现在之于时间如同点之于空间,是过去和未来的碰撞,而现实又系于现在,那么,我们难道因为现实不包含过去或未来,就可以说现实是非时间的吗?齐美尔认为这种悖论只在逻辑形式上成立,生命活出了有时间维度的现实。生命现实包含过去,但不是像机械的因果律那样把现实当作过去某形式的效果。生命之伸出并非生命形式所能涵盖的。齐美尔不认为任何只关注形式的概念体系能够触及生命,"现在不像机械存在那样只是一个点,总要不断探回、伸展,我们不止活在瞬间之中"[1]。哲学家的时间只是生命在意识之中的抽象,生命在两个方向上都突破非时间性的"现在",才能活出时间维度。这种伸展不属于生命的内容,也无法由形式规定,却塑造了生命的真实,"生命独特的连续性在形式区分之外仍然涌动着,过去活进未来。我们称这种存在方式为生命"[2]。生命既是永不停歇的河流,又得由有形的实体承担之中:形式不断探出界限,尽管界限正是形式的本质所在。

"每一内容都遗留下某些生命的残余,不断叩响它身后关上的门。生命就像这样从它的每一内容里探出,于是,人感到灵魂之永恒,一种无法被必朽穷尽的永恒。"[3]所以说,一方面,生命不是对某些内容的机械回应,狭隘的现实总是弥漫着伸向其外的"无限"感,这种感受投射到时间维度上就是不朽。另一方面,在我们与世界的关系上,个体生

---

[1] Georg Simmel, *Lebensanschauung: Vier metaphysische Kapitel*, München und Leipzig: Verlag von Duncker & Humblot, 1918, p. 10.
[2] Georg Simmel, *Lebensanschauung: Vier metaphysische Kapitel*, München und Leipzig: Verlag von Duncker & Humblot, 1918, p. 12.
[3] Georg Simmel, *Lebensanschauung: Vier metaphysische Kapitel*, München und Leipzig: Verlag von Duncker & Humblot, 1918, p. 120.

命内容本身的偶然性、未及展现的天赋等等,都会强化对偶然性的感受,由此导向命运的问题。命运的概念包含两重预设:(1) 一个主体得含有或展现出自己独立于"事件"本身的意义、倾向和要求,他不能只是客观事件的一个零件,嵌在机器里受驱动的零件谈不上命运;(2) 虽然事件或现象仍有偶然性,但它们在与生命的碰撞之中,被赋予了主观生命之内的意义。事与生命之间建立起明确关联,由此进入生命进程之内,一系列沿着"客观"因果推展的事被编织进个体内在决定的主观生命序列,"仿佛"这些客观事件本来就指向主观生命。[1] 这么说,命运不适用于动物,因为它们缺乏个体性的主观生命进程。对神圣存在也无所谓命运,一切事物的因果性天然地内在于它,没有什么偶然。

人的生命处于中间状态,一面是宇宙秩序,一面是内在引导、自己负责乃至自我封闭的个体形式,两者在命运当中成为一个事实。从第二重预设来看,命运之有门槛就在于现实要素得与个体紧密相关。俗话说"本性难移"也可以比喻个体生命先天的形塑力,内在生命涌流的方向都不容主观上的任意选择。命运决定着个体生命,齐美尔认为这就好比康德的认知观,世界上只有一部分我们可知的东西为我们所知,或者说是歌德所谓的"亲和性",命运之中的事物没有彻底被同化,生命只能诱导事物进入个人的生命目的,却没有彻底把握它。所以普通人难免会有一种很奇怪的感觉,好像整个生命的必然性仍然是偶然的,事物仍然具有独立的因果性以及一些尚未触及生命(因而"无意义")的本质。悲剧英雄的命运则不太一样,虽然他必然走向毁灭,但他的生命先天力量如此强大,以致事物客观的因果偶然性显得微不足

---

[1] Georg Simmel, *Lebensanschauung: Vier metaphysische Kapitel*, München und Leipzig: Verlag von Duncker & Humblot, 1918, p.123.

道,几乎彻底为他的命运所笼罩。

现实事物与个体的张力促生自我。人越是感到世界外在于他、否定他,便愈发清晰地意识到独立的自我,否定与匮乏感不停搏动着自我。倘若现实与意志太相符,意志在每次短促的实现中被耗尽,其实很难滋长强势的自我。起初,自我与生命内容模糊地纠缠着,尚未独立进入意识。人经历越丰富,慢慢会遭遇到更多偶然,就越发觉得自我是一个连续的统一体,身陷动荡的命运之中。随着生命逐渐推展,自我也逐渐向内收拢,在偶然内容之间不断自我阐释,尝试着发展出一套独立于内容的意义和观念。

齐美尔这套生命之涌流的说法乍看相当含混,似乎仅仅是从否定意义上讲生命不止于形式而已,然后才进一步解释"不止于"究竟是什么意思:每一生命的统一体都可以显露为其个体的独特形式,即他的存在法则(Wesensgesetze)。所谓存在法则是一个人生命之中各要素总体的关联方式。① 从生到死,灵魂游走在截然对立的宿命、倾向或生命内容之间。人可能既是野兽又是圣人,智者转瞬疯癫,如果从现象或生命内容强行构建法则、规定生命,就得借助无数种相互割裂的解释,这些原则根本没法拼贴出生命的统一图景。但在齐美尔这里,能将生命统一起来的法则并不是对现实指手画脚的命令,对于人来说,现实与应然都是生命存在方式,应然式的生命总有一些要求,并且这种被要求的义务感对人客观有效。② 齐美尔不打算讨论这些义务究竟是怎么来的,或者提出新的道德学说,他关心的是应然在生命之中的先天

---

① Georg Simmel, *Lebensanschauung: Vier metaphysische Kapitel*, München und Leipzig: Verlag von Duncker & Humblot, 1918, p.149.

② Georg Simmel, *Lebensanschauung: Vier metaphysische Kapitel*, München und Leipzig: Verlag von Duncker & Humblot, 1918, p.159.

位置。对此,有两种可能的情况:(1)应然的内容可能源自个体生命之外的另一种先验的现实,譬如普遍自明的道德原则或相对于个体的普遍理性法则,又或者每次行为就像物品一样,有客观的道德价值。(2)应然源自个体的生命总体(Lebenstotalität)而非普遍法则,应然仿佛精神丝线编织到他的独特生命感之中。① 齐美尔的个体法则显然是后者。

那齐美尔所谓的"个体性"究竟是什么意思呢？首先,个体性与主观性不能混淆,法则性(Gesetzlichkeit)也不是普遍性(Allgemeinheit)。"我们此处不关心独特性,(个体性是指)每一有机生命——尤其是精神生命——真正独特的展开形式恰恰是从自身生命的根基生长出来的。"②像浪漫派只在内容层面区分特殊个体与普遍法则,然而特殊与否仍然停留在内容要素的层次上,在这方面齐美尔并不认为与众不同就天然好过普普通通,关键在于,在最本质的生命之中,相对于这些内容,人是一整个活生生的统一体:"可比较的内容位于人格的中间层,最核心的内在(Innerlich-Zentralstes)与现象总体(Phänomenal-Totales)都是不可比的,它存在且仅存在一次。"③生命是应然的起点(terminus a quo),就像生命构建出整个现实的表象世界一样涌出整个应然世界,不涉及某人有没有独特的应然"因果"法则,是否具有特别的伦理内容要素,或者他有没有主观选择特定道德目的(terminus ad quem,例如自己的人格完善)。

---

① Georg Simmel, *Lebensanschauung: Vier metaphysische Kapitel*, München und Leipzig: Verlag von Duncker & Humblot, 1918, p.160.
② Georg Simmel, *Lebensanschauung: Vier metaphysische Kapitel*, München und Leipzig: Verlag von Duncker & Humblot, 1918, p.234.
③ Georg Simmel, *Lebensanschauung: Vier metaphysische Kapitel*, München und Leipzig: Verlag von Duncker & Humblot, 1918, p.234.

其实比起康德的普遍道德法则,个体法则之"法则性"更强:人不仅要对是否符合某道德法则负责,还要为该法则是否对自己有效负责,有效意味着它由我的生命整体涌出,无法开脱。康德式的道德原则乍看很严格,但对人的要求其实没那么高,具体到个别行动时,义务已经给定了,遵从它即可,即便生命之应然是不连贯的碎片,没能深刻植根于自己的整个存在,也不妨碍人遵从义务。齐美尔的版本就是另一回事了,义务必须首先是他的义务,是他整个生命涌流的进程,仅仅说它是某道德原则的部分内容是不够的。应然是一种存在方式,故而不能够止于碎片,必须是能够与其他生命内容统一的,每个道德要求或行为都是此刻的心跳,承载着我们曾经所是、所做、所应该做的一切。如果说尼采假设某行动法则在永恒轮回之中不断重复,康德的判断基于某法则对所有人普遍成立,那么齐美尔问的大约是某义务能否承载整个生命。"整个个体的应然决定着当下的义务,其实,这只不过是从伦理的维度阐释'生命在每一瞬都是它的总体'。"[①]——生命在每一瞬都存在为它的总体。

　　抛开了我的存在图景(Daseinbild),就不能真诚地谈论道德。这不是说义务要符合主观意愿,不能有任何强迫,义务本身内含着对立—服从的结构,生命作为应然本来就始终在服从,这跟禁锢或自由无关。假如道德原则禁锢人,问题出自道德原则的形式与活生生的应然生命发生冲突。越是严格地(歌德所谓"专制地")固守着一个原则来统摄整个应然生命,越难以将其当成义务。理论上,人可以试着完全依照黄金分割、依照多数人的最大善等原则来发出道德命令,却仅仅止步

[①] Georg Simmel, *Lebensanschauung: Vier metaphysische Kapitel*, München und Leipzig: Verlag von Duncker & Humblot, 1918, p.244.

于命令或要求,达不到伦理上的应该。道德要求的关键是个体的客观性(die Objektivität des Individuellen),人的应然生命遵从生命之中涌出的义务,就像"道德版本的命运"一样客观有效。齐美尔所谓"客观有效"就是指必须与生命之中其他部分、与周遭世界相关,以应然形式活着的个体不可能仅仅由所谓"自我"或"性格"凭空诞生,他也不能凭着乐不乐意随便开脱。假设某个和平主义者坚决不服兵役,可能在他看来,即便服兵役有国家权力和公意的支持,只要这种要求与他的道德学说无关,就不算伦理行动。但在齐美尔这里,倘若所有圣俗力量都认定他有义务服兵役,那他就该服兵役,因为不管他怎么想,这些关系编织形塑着他的生命,援引歌德的说法,"人不仅是天生的,亦是后致的"[①]。

一个人所处的具体关联和种种看似外在于他的形式,并非单纯的桎梏,事实上,在齐美尔那里,生命的自由指的是与不同形式、不同世界发生关联的能力,是自由地形成各种关系,而非通常所理解的"解放"似的挣脱束缚、切断关系。当我们不局限于桩桩件件的事实,而是将触及的零星的经验关联起来,将"不可知"与可知内容一并把握为统一的庞大视野,即是"世界"。世界的成立有赖于能够创造统一体的原则,比如时空、普遍的关联与因果律等,当人将上述原则视作普遍有效的范畴时,才能统合成世界,或者说,原则将无限的生命内容以形塑力量统一起来,每一世界都用特有的"语言"表现着整个生命内容,且生命内容需要在某个世界范畴中具形才可能被(片面地)把握。

现实在原则上有能力使无限多的内容具形,纳入自身,并且人感到它们统合为整个世界,所以现实可被称为一个世界,艺术世界与知识

---

① Georg Simmel, *Lebensanschauung: Vier metaphysische Kapitel*, München und Leipzig: Verlag von Duncker & Humblot, 1918, p. 227.

世界亦然。因此,整个世界不意味着生命只能有一个世界,归根结底,世界意味着所有内容通过某原则能整个关联起来,并且具体对该精神而言,尽管所能把握的仅仅是一些经验碎片,这种连续体是绝对成立的"事实",所以,用不着追问"客观存在"几个世界,怎么"证明"它们。一个人能否是哪些世界取决于他如何与生命内容相连。假如一个人只用某种"实际"原则来把握内容,那么艺术、宗教与知识顶多算些零碎片段,谈不上世界,现实世界就是他们唯一绝对的世界。也许对超脱"真实"的人来说,现实更像断断续续的梦,艺术世界反倒是必然的。原则上,任何世界只要成立,都是整个绝对的世界,它们在必然性或在存在论上处于同一层次。我们感到所有生命内容都属于某一或某些世界,却始终意识到自己所知所感不过是整个世界里极微小的一点碎片,生命在这一世界内要求"更具生命"(mehr-Leben),要求超越既有内容的限度,更完整地关联一切。不过,生命究竟如何与世界交织,世界到底是怎么进入生命的?

生命(Leben)亦是生存(Leben)。人首先必须从生存目的论来把握他的生命内容,最严格的目的性原则限于身体,一旦超出这一界限,就不仅仅是生存了。正如前文提过的古今之别,原始的社会化形式基本上就是生存,在这种形式当中,人所采用的目的链条都比较短促,其间会用到一些知识雏形或艺术雏形,不过它们还是紧紧附在生存目的之上。所谓大转折,是这些(知识或艺术等)形式渐渐能如上文所述构成各自的世界,生命在这个世界中游走。这一转折表面上虽然形似于现代生命的外在化问题,其实正好相反,齐美尔在《货币哲学》里描述的货币从纯粹手段转变成目的,货币的转变是在目的链内部挪移顶峰的位置而已,并没有冲破链条。在面对目的链条时,人必须将下一步当作唯一的,将全部能量都投射其中,手段篡为目的其实是目的论最纯粹的形态，否则倘若只看重最终目的，反而是非目的论的。回应外在化困境的"大转折"恰恰要超越目的性。尽管这些形式原本是生存的手段，被束缚在生存之内，现在反倒是生命围绕着它们旋转，仿佛它们本就是客观存在的。

生命与一个世界的关系就像歌德那里的人与自然相合宜，既将自然领会为客观的，又感到自然是精神化之镜。譬如生命开始绕着艺术回转，意味着"创造着的艺术家的生命全都投入到'观看'中，他欣然将整个生命都朝向这一方向"①。艺术世界或者说生命作为艺术，不意味着要像那些齐美尔不认可的外在化艺术一样，掌握更多技术，力图看见更多内容，关键是在观看上投注更多生命，就是更加全身心地让整个生活都跟那些事物发生关联，直到能听见这个世界对他的"召唤"（Ruf），而他被世界"召唤"（berufen）恰恰是他与世界最深刻的统一。②以审美主导生命的人"生活在相对短促的片断之中，他们自如地游走在各种对立之间，放松地任由自己被物掌控，而不会用自信的自我去支配它们"③。生命不止在每个世界内部伸展，像社会化过程那样，一次次以具体的相互作用"更具生命"（Mehr-Leben）；它也要超出生存的目的链，"不止生存"（Mehr-als-Leben）④，要与现代那些客观的秩序达成最深刻的和解，像命运的天职召唤一样投身其中。

---

① Georg Simmel, *Lebensanschauung: Vier metaphysische Kapitel*, München und Leipzig: Verlag von Duncker & Humblot, 1918, p.65.

② Georg Simmel, *Georg Simmel Gesamtausgabe* (GSG Bd.11), von Otthein Rammstedt (Hrsg.), Frankfurt am Main: Suhrkamp, 1992, pp.59-60.

③ Georg Simmel, *Lebensanschauung: Vier metaphysische Kapitel*, München und Leipzig: Verlag von Duncker & Humblot, 1918, p.115.

④ Georg Simmel, *Lebensanschauung: Vier metaphysische Kapitel*, München und Leipzig: Verlag von Duncker & Humblot, 1918, pp.25-27.

七、结语

乍看之下,齐美尔的生命学说与康德的"自律"相比并无新意,既然道德法则是人自己赋予的,那肯定是由他的生命出发的,其实不然。正因为康德严格排斥任何他律,便不得不先将个体理性立法的部分与感性严格分开,设定前者才是真正的普遍的个体以满足道德自律。虽然康德做出各种划分,但又无法完全消解被拆分掉的感性部分对应然生命的意义。齐美尔抱怨到,康德的自律设定反倒给人开脱的借口,自律的理性自我总是纯洁无辜的,罪只能归咎于不够纯粹的"他律"引诱人,他律类似于魔鬼的弱化版本。"人类道德上最懦弱之处就是发明魔鬼,它招认了人根本不敢直面自己作的恶。"[①]

理性道德主义预设每个人完全知道他的全部义务,与此同时,他只知道能够通过意志实现的义务。"但是,我们从来不单作为'理性动物'而活,生命是统一的整体,唯独回顾反思时才依照科学的、实践的或目的论的观点将人分析为理性与感觉等。"[②]康德的道德学说以自然科学及民法为典范,他在逻辑框架上借助自然科学,道德原则是先天普遍有效的,因此我服从它,就好像我事先就明白我应该依照该法则展开生命,在法学上,民法只对人提出部分的、绝对适用的要求,不针对生命总体,齐美尔的个体法则却要求整个生命的存在方式必须是统

[①] Georg Simmel, *Lebensanschauung: Vier metaphysische Kapitel*, München und Leipzig: Verlag von Duncker & Humblot, 1918, p.166.

[②] Georg Simmel, *Lebensanschauung: Vier metaphysische Kapitel*, München und Leipzig: Verlag von Duncker & Humblot, 1918, p.198.

一的,不能只遵循某项义务不顾其他生命关联就自称是道德的人。比起康德,齐美尔更贴近歌德所谓"日常的要求"(die Forderung des Tages),日常不是说每天外部环境对人的琐碎要求,它是指下一刻之后的一切仍然在黑暗之中,直到生命进展到那一刻才舒展开,在每一重周遭世界、每一重关系形成时,道德不能逃避与它们的关联,随着社会化关系的生成与消散,日常的要求也不断流动着,即歌德所说的"永恒的、灵活的法"①。

1918年9月26日,格奥尔格·齐美尔在斯特拉斯堡逝世,他在生前最后一封信里安慰韦伯夫妇:"我刚刚完成最后一本书《生命直观》,应该很快就能出版。世界赐予我的,我亦献给世界——尽管我这份礼太薄。"②这道"永恒的、灵活的法"或许就像齐美尔自己的生命样态,他从未追求占有更多的知识内容,也不刻意特立独行,而是游走在杂多的经验之中,放松地接受世界的馈赠。至于研究遍及美学、形而上学、历史认识论等诸多领域,不如当成他欣然将整个生命一次次朝向这些方向,与这些世界一一和解。对齐美尔来说,与其像奥德修斯那样自缚手脚,拒绝世界后用理性建构一整套自己的体系,最深刻的自我毋宁是让诸多世界就像歌德的自然之镜那样都能从自身生命的根基生长出来,这才是最具个体性的生命。

---

① Georg Simmel, *Lebensanschauung: Vier metaphysische Kapitel*, München und Leipzig: Verlag von Duncker & Humblot, 1918, p.171.
② Georg Simmel, *Georg Simmel Gesamtausgabe* (GSG Bd.23), Otthein Rammstedt, Angela Rammstedt (Hrsg.), Frankfurt am Main: Suhrkamp, 2008, p.1024.

| 体 验 |

生命与伦理[*]
——齐美尔生命哲学基础上的个体法则

潘利侠

（天津理工大学社会发展学院）

摘 要：以其早年对货币经济下的个体处境及两种个体主义的思考为背景，晚年的齐美尔在生命哲学的基础上集中阐述了有关伦理准则的个体法则。西方的主导伦理思想视伦理为普遍法则对个体行动的约束，普遍法则的合法性建立在一种二元对立的、机械的、理性的、目的论的视角之上。个体法则却以作为应该的个体生命为源泉，打破了以康德为代表的西方伦理思想中的各种视角局限，同时回应了齐美尔早年有关货币经济、文化悲剧和个体主义的思考，提供了一种与功利主义、利己主义等不同的个体主义话语。

关键词：生命 个体主义 普遍法则 个体法则

---

[*] 本文系天津市哲学社会科学规划课题一般项目"齐美尔以货币哲学为基础的现代社会秩序观及其对当前社会整合的启示"（项目编号：TJSR17-005）的阶段性研究成果。本文首发于《社会》2020年第2期，有改动。

一、引言:生命终点的伦理思考

《生命直观》是齐美尔最后一部著作,尽管这部作品除第一章之外,其他三章在1910—1916年已经发表过,但是齐美尔通过新写的第一章"生命之超验"(Life as Transcendence)整合了全书内容,并对其他三章做了相应的修改和完善。齐美尔曾对妻子说,《生命直观》是他思想的最终结论。[①] 他也在去世前不久对朋友凯瑟琳提及,他正在从事一项艰难的伦理和形而上学研究,对于已到收获年纪的人来说,这项工作刻不容缓。[②] 齐美尔所指的这项研究就是《生命直观》。值得注意的是,齐美尔称之为"伦理和形而上学研究",这说明对他本人来说,《生命直观》首先是一本伦理学作品。但是,齐美尔的生命哲学在英语学界长期被忽视,《生命直观》及其中的伦理思想没有得到太多关注,直到2008年才有英译本;而且,即使是注意到《生命直观》重要性的人,往往也把关注点放在齐美尔如何以生命作为基本视点统合了世界,生命哲学是否贯穿齐美尔一生的思想线索,却很少注意这本书的伦理意涵。因此,本文对《生命直观》的关注点主要集中在其伦理意涵上。《生命直观》中最集中谈论伦理问题的就是最后一章"个体法则"(The Law of the Individual or the Individual Law)。这章内容源自齐美尔在1913年发表的一篇同名文章,当时的文章多了一个副标题——"对于

[①] Donald Levine, "Introduction", in Georg Simmel, *The View of Life*, A. John, Georg Lukács (trans.), Chicago & London: The University of Chicago Press, 2010, p. xi.

[②] Donald Levine, "Introduction", in Georg Simmel, *The View of Life*, A. John, Georg Lukács (trans.), Chicago & London: The University of Chicago Press, 2010, p. x.

伦理准则的研究"(An Essay Toward the Principle of Ethics)[1],被去除的副标题反而更鲜明地道出了个体法则的伦理指向。伦理问题是齐美尔终其一生持续关注的主要问题之一。

二、个体与社会

个体法则是个体面临伦理抉择时求助的形而上资源[2],这是齐美尔多年来研究历史与现实中的多种个体处境后得出的最终结论。对个体人格完善的关注贯穿于齐美尔各个时期的思想[3],而个体的完善离不开一定的社会环境。"自我(the self)和社会总体(the social totality)之间的实践性二元对立,一般说来,它是伦理问题的根源"[4],因此,个体与社会的关系是齐美尔思想的重点之一。总体来讲,齐美尔认为,最初个体与社会属于同一个未分化的统一体,后来个体化兴起,个体之间以及个体和社会之间产生矛盾,个体利益和社会性道德法则之间的对立也随之产生。一方面,社会为了自己的发展,想要把个体塑造为片面发展的社会功能承担者;另一方面,个体想要作为完整的个体

---

[1] Donald Levine, "Introduction", in Georg Simmel, *The View of Life*, A. John, Georg Lukács (trans.), Chicago & London: The University of Chicago Press, 2010, p. xv.

[2] Georg Simmel, *The View of Life*, A. John, Georg Lukács (trans.), Chicago & London: The University of Chicago Press, 2010, p. 102.

[3] Donald Levine, "Introduction", in Donald Levine (ed.), *Georg Simmel on Individuality and Social Forms*, Chicago & London: The University of Chicago Press, 1971, p. xii;成伯清:《格奥尔格·西美尔:现代性的诊断》,杭州大学出版社1999年版,第22页。

[4] Georg Simmel, "Kant and Goethe: On the History of the Modern Weltanschauung", *Theory, Culture & Society*, Vol. 24, No. 6 (2007), p. 178.

得到全面发展,个体和社会由此陷入永久的冲突。① 个体和社会的对立也体现在个体人格内部不同部分的关系中,投身社会的个体展示的是他人格中与其他人相同的一面,通常也是更加粗糙、原始、次要的方面②,因此导致了个体人格中独特和深刻部分的停滞和萎缩。"社会助长了社会成员的夷平化。它制造出一个均值并使社会成员很难通过生活质量或数量的卓越去超越这一均值。"③故而,齐美尔始终相信只有超越社会束缚才能得到真正道德的个体④,不过,超越社会束缚并不意味着一种离群索居式的孤立,而是将道德的基点放在个体生命自身,在个体的一次次自决中活出个人作为应该的生命(life as ought),最终让形式与生命、道德法则和应该的生命、个体与社会等重重对立重新统一于生命之流⑤。具体来说,齐美尔的许多研究都涉及在个体与社会的关系中讨论个体发展问题,货币经济及文化悲剧下的个体处境、两种个体主义等内容是齐美尔提出"个体法则"时重点回应的议题。

---

① Georg Simmel, "Kant and Goethe: On the History of the Modern Weltanschauung", *Theory, Culture & Society*, Vol. 24, No. 6 (2007), p. 178; Georg Simmel, "Individual and Society in Eighteenth and Nineteenth Century Views of Life", in Kurt H. Wolff (trans. & ed.), *The Sociology of Georg Simmel*, New York: The Free Press, 1965, pp. 58-59;西美尔:《货币哲学》,陈戎女、耿开君、文聘元译,华夏出版社 2002 年版,第272页。

② Georg Simmel, "Individual and Society in Eighteenth and Nineteenth Century Views of Life", in Kurt H. Wolff (trans. & ed.), *The Sociology of Georg Simmel*, New York: The Free Press, 1965, p. 77.

③ Georg Simmel, "Individual and Society in Eighteenth and Nineteenth Century Views of Life", in Kurt H. Wolff (trans. & ed.), *The Sociology of Georg Simmel*, New York: The Free Press, 1965, p. 63.

④ Georg Simmel, "The Picture Frame: An Aesthetic Study", *Theory, Culture & Society*, Vol. 11, No. 1 (1994), p. 11.

⑤ Georg Simmel, *The View of Life*, A. John, Georg Lukács (trans.), Chicago & London: The University of Chicago Press, 2010.

为了更好地了解个体法则的思想背景，本文首先对齐美尔有关上述议题的主要观点稍做介绍。

(一) 货币经济下的个体

齐美尔在对货币经济的描述中特别提到，货币的普及使个体从特定地域、特定物体和特定人的束缚中摆脱出来。个体可以自由流动，可以通过货币履行债务，也可以用货币交换任何物品和服务，不再依赖任何特定的个人、实物和地域，个体自由因此获得了空前的发展。个体自由蕴含着个体选择完善自己的可能。首先，货币作为一种社会形式，它能仅凭对金钱利益的兴趣就把人们联合在一起，最大限度地容纳人们在其他方面各不相同的兴趣。由此，货币经济为最大限度的个体分化和个体完整性创造了条件，也使社会联合可以以最广的规模展开。由于货币的存在，"人们可以加入一个团体却又不必牺牲一点个人自由和秘密"[①]。其次，货币经济构筑了一个客观冷漠的技术组织系统，参与者在其中的隶属和服从、上下级关系等完全摆脱了私人主观的成分，不再涉及个体的自由、尊严等因素。这一方面让货币经济下的等级制度易于接受，另一方面也使个体能将私人的东西完好地保存在货币经济这一客观体系之外，把投入货币经济中的人格部分降到最低，在货币经济之外发展自己完整的人格。[②] 齐美尔一再强调，货币经济虽然将个体置于比以前更广泛的人与人、人与物的联系中，但同时也引发了一种相反的倾向，即个体以比从前更高的程度返回自身。

[①] 西美尔：《货币哲学》，陈戎女、耿开君、文聘元译，华夏出版社2002年版，第266页。

[②] 西美尔：《货币哲学》，陈戎女、耿开君、文聘元译，华夏出版社2002年版，第260页。

在生活的物质内容变得越来越没有个性、越来越客观化的同时,无法被物化的事物则变得更加个性化,成为自我独具的财产。就像打字机的使用使写作在形式上成为千篇一律、毫无个性的活动,却使个性化的东西得到了保护,不会像手写那样透露个人的秘密,个体最私有的财产由此能够更为完善地保留起来。写作者也不再纠结于形式,只专注于写作的纯粹内容。外部事物中不再能够寻见主体的灵魂,但主体的灵魂却有可能进入一种更为封闭和内省的境地。最后,"唯有货币,我们可以彻底地、毫无保留地占为己有,唯有货币不折不扣地行使了我们分派给它的功能"①。拥有货币之外的任何其他实物都意味着拥有者要受该实物自身特点的束缚,但货币却因其纯粹的符号性免去了任何因为质料特性而受到的限制,而且货币可以和任何事物进行交换,因此,货币给予了个体通过自身统辖万物的机会。"假如在某些有利情况下现代人可以赢得一片主体性的保护区,为其最个性化的存在(不是社会意义上的,而是更深层的形而上意义上的)获得一个隐秘的离群索居的独处领域,这在某种程度上是对古代宗教生活风格的弥补,那么这要归功于货币使我们越来越无须接触事物,同时货币又使我们极为容易地统辖事物,从中选取我们所需。"②

然而,货币经济为个体自由带来巨大空间的同时也带来了新的障碍。货币经济下的个体自由有可能是一种失却终极价值的自由,沉溺于"货币万能"的个体有可能在对货币的无限贪婪中放弃对终极目标的寻求。货币的无特性和便于量化也使获得自由的个体有可能失去任

---

① 西美尔:《货币哲学》,陈戎女、耿开君、文聘元译,华夏出版社 2002 年版,第 252 页。
② 西美尔:《货币哲学》,陈戎女、耿开君、文聘元译,华夏出版社 2002 年版,第 381 页。

何特质,只剩下货币拥有量的差异。个体不断地追求货币又不断失落,陷入漫无目的的迷茫,人与人之间的关系也变得客观冷漠、精明算计。①

货币经济下个体发展的困境是文化悲剧的一个集中体现,文化悲剧原本存在于各个时代,但是在货币经济时代却前所未有地加剧。②"生活已日趋外化,生活的技术方面压倒了其内在的方面,即生活中的价值"③,"客体性压倒了主体性"④,其根本原因在于货币经济时代生产技术高度发展,人造物极大丰富,远超出个体的吸纳能力,压制了主体文化的发展。人造物的创造原本是为人服务的,但是随着它们自成一体,变成一个宏大的有着自身客观逻辑的独立体系,人却反过来要服从于这个人造物体系的逻辑。⑤ 客体文化(objective culture)发展的速度大大超过主体文化(subjective culture)发展的速度,文化悲剧空前加剧。货币是人造物中最普遍的一个,货币的普及以及货币对人的主宰

---

① 西美尔:《货币哲学》,陈戎女、耿开君、文聘元译,华夏出版社2002年版;西美尔:《金钱·性别·生活风格》,顾仁明译,学林出版社2000年版;陈戎女:《〈货币哲学〉译者导言》,载西美尔:《货币哲学》,陈戎女、耿开君、文聘元译,华夏出版社2002年版,第11—15页;郑作彧:《齐美尔的自由理论——以关系主义为主轴的诠释》,《社会学研究》2015年第3期;李凌静:《货币之桥上的迷失者——齐美尔论货币与现代性体验》,《社会》2018年第5期。
② 更宽泛层面上对文化与个体之间关系的讨论,参见 Birgitta Nedelmann, "Individualization, Exaggeration and Paralysation: Simmel's Three Problems of Culture", in David Frisby (ed.), *Georg Simmel: Critical Assessments*, Vol. 2, London & New York: Routledge, 1991.
③ 齐美尔:《1870年以来德国生活与思想的趋向》,载《宗教社会学》,李放春译,上海人民出版社2003年版,第183页。
④ 齐美尔:《1870年以来德国生活与思想的趋向》,载《宗教社会学》,李放春译,上海人民出版社2003年版,第187页。
⑤ 齐美尔文化悲剧中"文化"一词的原意就是站在个体人格发展的角度,强调个体吸纳所有的客体促进自身完善的自我培育过程。当客体极大丰富,远远超过个体的吸纳能力,不仅无法促进个体的发展,反而成为个体发展的阻碍,文化悲剧由此诞生。

本身就是客体文化飞速发展并反过来压制主体文化的一个典型案例。① 在货币经济蔓延的情势下,个体要么为货币所吞噬,要么更加彻底地退回内心。

总之,货币一方面为个体发展创造了空前的空间,另一方面又有可能因为自身的存在将个体吞没。不过,个体面对货币和客体的宰制时是"顺应"还是"反弹与逃逸"②,这最终取决于个体本身③。尽管陷入货币漩涡的个体很容易因迷失而被吞没,但个体并非没有乘风破浪成为弄潮儿的可能。个体决断的力量源泉在哪里,这可能是个体法则要解决的问题之一。

(二)两种个体主义:量的个体主义和质的个体主义

齐美尔提到,自文艺复兴时代产生了人们所说的"个性"(individuality)以来,出现过两种个人主义。一种是18世纪出现的以自由和平等为信条的个体主义,齐美尔称之为"量的个体主义"(numerical individualism)。④ 这种个体主义的核心不是独特(distinction),而是自由(freedom)。它以当时盛行的自然观念为参照,将个体自然的平等作为基本信条,崇尚个体利益的自由竞争,认为所有政治、宗教、经济方面的外在约束都是对完善人性的扭曲,只要去除这些约束,个体就能达

---

① Georg Simmel, "The Crise of Culture", in David Frisby, Mike Featherstone (eds.), *Simmel on Culture*, London: Sage, 1997;西美尔:《货币哲学》,陈戎女、耿开君、文聘元译,华夏出版社2002年版。

② 王小章:《齐美尔论现代性体验》,《社会》2003年第4期。

③ 西美尔:《货币哲学》,陈戎女、耿开君、文聘元译,华夏出版社2002年版,第381页;王小章:《现代性自我如何可能》,《社会学研究》2004年第5期。

④ Georg Simmel, "Freedom and Individual", in Donald Levine (ed.), *Georg Simmel on Individuality and Social Forms*, Chicago & London: The University of Chicago Press, 1971, p.224.

至至善、至美、幸福的完满人性，实现真正的个性。对"量的个体主义"者来说，"当一个人摆脱了所有不完全属己的东西，剩下的就是他存在的真正本质，这一本质是作为普遍的人、作为人类的人，它存在于这个人身上，也存在于任何一个其他人身上，恒久相同的本质被经验历史掩饰、消减、扭曲了"①。也就是说，真正的个性与普遍的人性等同，所有的个体根本上拥有相同的本质，分享普遍的人性。一旦从外在的束缚中解脱，每个人都会成为与他人相同的人，个体的本质和价值就在于他与其他人相同的部分，不管这一共同的部分是自然、理性还是人性。② 齐美尔认为，这种个体主义与当时人们的自然观念一脉相承，即相信无论是人还是自然现象都受普遍法则的支配，每个个体都是普遍法则或者普遍人性的体现。随着彻底自由的实现，每个个体都会成为普遍人性的化身，所有的人都成为同样的人。在齐美尔看来，无论是重农主义者，还是卢梭、康德、费希特或者法国大革命时期的某些革命理念都从不同侧面反映出对这种"量的个体主义的追求"。

上述个体主义预设的平等从未实现，平等与自由内在的矛盾到19世纪开始显现。当自由空前发展时，不平等显著增加，聪明对愚拙、强壮对虚弱、攻击对羞涩等不同形式的新型压迫大量滋生。"一旦平等和普遍的情绪将自我强化到一定程度，它又重新开始追求不平等，而此时的不平等仅仅是指由个体内在决定的不平等。当个体从行会、世袭地位、教会等陈旧枷锁中解放出来时，对独立自主的追求仍在继续，

---

① Georg Simmel, "Freedom and Individual", in Donald Levine (ed.), *Georg Simmel on Individuality and Social Forms*, Chicago & London: The University of Chicago Press, 1971, p.220.

② Georg Simmel, "Freedom and Individual", in Donald Levine (ed.), *Georg Simmel on Individuality and Social Forms*, Chicago & London: The University of Chicago Press, 1971, p.220.

按照前一种观念衡量已经自主的人们现在又要求与其他人区别开来。如今,重要的不再是成为一个如此这般自由的人,而是要成为一个独特的、不可替代的人。"[1]由此出现了齐美尔所说的第二种个体主义形式——"质的个体主义"(qualitative individualism)。[2] 现代人渴望在纷繁复杂的生活中寻求一个固定、明晰的参照点,因此,"所有与他人的关系都成了他迈向自我道路上的驿站"[3]。他人的存在只是为了证明个体的无与伦比,世界建立在个体独特性的基础上,每个人都在根本上与其他人不一样,实现独特性是每个个体的道德责任。推崇这种个体主义的有歌德、施莱尔马赫、莱辛、赫尔德、诺瓦利斯等人,浪漫主义是19世纪质的个体主义为人们所认识的主要渠道。浪漫主义追求的不是一种静态的、多种独特性的并存,而是存在于不断比较过程中的、持续变化的独特性,此一独特性随时都可能被彼一独特性替代,但是通过无尽的比较,个体在与他人的差别中更加充分地理解了自我。

齐美尔指出,量的个体主义决定了英法的理性自由主义,而质的个体主义则是德国精神关注的重点。这两种个体主义在19世纪的经济理论和实践中均有体现,前者强调的自由、平等是自由竞争经济的基础,后者追求的独特和分化是劳动分工的主旨,二者相互结合、密不可

---

[1] Georg Simmel, "Freedom and Individual", in Donald Levine (ed.), *Georg Simmel on Individuality and Social Forms*, Chicago & London: The University of Chicago Press, 1971, p.222.

[2] Georg Simmel, "Freedom and Individual", in Donald Levine (ed.), *Georg Simmel on Individuality and Social Forms*, Chicago & London: The University of Chicago Press, 1971, p.224.

[3] Georg Simmel, "Freedom and Individual", in Donald Levine (ed.), *Georg Simmel on Individuality and Social Forms*, Chicago & London: The University of Chicago Press, 1971, p.223.

分。① 鉴于自由竞争的市场经济和劳动分工都是现代社会的核心制度,量的个体主义和质的个体主义在现代社会均有体现,甚至出现了一定程度的融合。齐美尔描述的货币经济之下个体自由的空前发展,其实就是他所说的量的个体主义的一种发展,货币经济帮助个体脱离了过去的外在束缚,但也失去了特定质的规定性,可能导向人人趋同的结构,貌似印证了康德、费希特、卢梭等思想家对人的共同类本质的强调。劳动分工则满足了自由空洞的人们此时出现的寻求独特的愿望,个体作为劳动分工体制下特定功能的承担者具有了与其他功能承担者全然不同的独特性,但是这一独特性是社会功能形塑下的片面独特性,个体自身的完整性在这里受到了压抑。因此,在齐美尔看来,就主体文化的发展而言,量的个体主义和质的个体主义都不是最适合的方式,他倾向于相信这两种个体主义并不是个体主义话语的终结,"人类在未来的工作中会创造更加多样的形式,个体人格的存在价值将通过这些形式得以确认"②。或许齐美尔在弥留之际对个体法则和生命哲学的重申恰好表明了他的"个体法则"也是这些个体主义新形式中的一个。

齐美尔有关上述两种个体主义的区分在 1890 年的《社会分化》中

---

① Georg Simmel, "Freedom and Individual", in Donald Levine (ed.), *Georg Simmel on Individuality and Social Forms*, Chicago & London: The University of Chicago Press, 1971, p.225. 结合前面的内容,齐美尔在这里提到的量的个体主义几乎可以包含大部分法国大革命前后的个体主义思想——自然法和契约论、自由主义、功利主义,而质的个体主义则主要指德国浪漫派。

② Georg Simmel, "Freedom and Individual", in Donald Levine (ed.), *Georg Simmel on Individuality and Social Forms*, Chicago & London: The University of Chicago Press, 1971, p.226.

已具雏形,同样的章节经过修改被编入 1908 年的《社会学》中。① 齐美尔当时主要是在群体扩展的背景下讨论个体的发展,群体越扩展,不同群体的差别越小,个体之间的区别越大,由此引出两种不同的个体主义方向:一是 18 世纪随着群体的扩展出现了更加自由的、自我负责的、彼此趋同的个体,齐美尔称之为平等的个体主义;二是 19 世纪寻求与众不同、彼此趋异的个体,齐美尔称之为不平等的个体主义,齐美尔指出后者是一种"质"的个体主义。② 明确提出前述"量的个体主义"和"质的个体主义"的是在齐美尔去世后才刊发的《自由和个体》一文。③ 这篇文章的另一个版本以《18—19 世纪生命视角下的个体与社会》为题收录在《齐美尔的社会学》一书中。④ 后一个版本与前一版本相比基

---

① Efraim Podoksik, "Georg Simmel: Three Forms of Individualism and History Understanding", *New German Critique*, Vol.37, No.1 (2010), pp.126-127.

② Georg Simmel, "Group Expansion and the Development of Individuality", in Donald Levine (ed.), *Georg Simmel on Individuality and Social Forms*, Chicago & London: The University of Chicago Press, 1971, pp.271-274.

③ Georg Simmel, "Freedom and Individual", in Donald Levine (ed.), *Georg Simmel on Individuality and Social Forms*, Chicago & London: The University of Chicago Press, 1971, pp.217-226. 齐美尔去世前不久,他在 1917 年又发表了一篇名为《个体主义》(Individualism)的文章,这篇文章将原来的"量的个体主义"改称为"古罗马式个体主义"(Romanic individualism),"质的个体主义"改称为"旧耳曼式个体主义"(Germanic individualism),各自的内涵与之前没有根本差异。参见 Georg Simmel, "Individualism", Austin Harrington (trans.), *Theory, Culture & Society*, Vol.24, No.7-8 (2007b)。第一次世界大战期间,许多知识分子试图用文化价值冲突来为战争正名,齐美尔通过对个体主义称谓的改变高调标明了其各自内含的精神实质,也是前述氛围的产物。参见 Efraim Podoksik, "Georg Simmel: Three Forms of Individualism and History Understanding", *New German Critique*, Vol.37, No.1 (2010), pp.120-121. 此外,齐美尔在这篇文章里还指出,对两种个体主义的非此即彼的区分只是一种极端做法,现实里二者通常同时存在,比如属于古罗马式个体主义/量的个体主义的康德思想中也有日耳曼式个体主义/质的个体主义的成分,而中年的歌德也具有了某些古罗马式个体主义/量的个体主义的追求。

④ Georg Simmel, "Individual and Society in Eighteenth and Nineteenth Century Views of Life", Kurt H. Wolff (trans. & ed.), *The Sociology of Georg Simmel*, New York: The Free Press, 1965, pp.58-84.

本定义并无根本变化,只是增加了部分内容。[1] 齐美尔在新增的段落中明确交代了自己对个体和社会的讨论与流行的利己主义 vs. 利他主义(altruism)二分法并不相同:其一,对利己与利他的区分具有相对性,对一方来说是利己的,对另一方则是利他的;其二,当站在个体完善的角度,把个体完善当成客观价值时,往往并不考虑它给该个体和他人带来的后果,对高贵品性和善好的追求可能与自己和他人的幸福并无关系;其三,社会只是个体形塑生命的形式之一,人类存在的价值并不是社会所能完全涵盖的。总之,"功利主义的社会评判不是完全依据个人内在的自然,它还依据其他人的反应"[2],而齐美尔对个体主义的讨论却是以"我们的人格和种属的存在作为原初基础"[3]。考虑到齐美尔曾多次批判利己主义是"错误的个体主义"[4],"(它)指向占有,使人偏离了自己的中心,趋向了其他人也能够或想要占有的客体"[5],那么齐美尔对个体主义的研究在某种意义上就是超越功利主义的一种尝试。他关于两种个体主义的区分从个性的内在本质出发对当时存在的各种个体主义思想进行了重新分类,并非像自然法学家、功利主义思

---

[1] 最重要的是开篇新增了"个体生命是个体与社会冲突的基础"(Individual Life as the Basis of the Conflict Between Individual and Society)、"个体利己主义和作为客观价值的个体完善"(Individual Egoism vs. Individual Self-Perfection as An Objective Value)、"社会与人类"(The Social vs. the Human)这几个部分。

[2] Georg Simmel, "Individual and Society in Eighteenth and Nineteenth Century Views of Life", Kurt H. Wolff (trans. & ed.), *The Sociology of Georg Simmel*, New York: The Free Press, 1965, p.62.

[3] Georg Simmel, "Individual and Society in Eighteenth and Nineteenth Century Views of Life", Kurt H. Wolff (trans. & ed.), *The Sociology of Georg Simmel*, New York: The Free Press, 1965, p.65.

[4] 西美尔:《1870年以来德国生活与思想的趋向》,载《宗教社会学》,李放春译,上海人民出版社2003年版,第203页。

[5] Georg Simmel, *The View of Life*, John Andrews et al. (trans.), Chicago & London: The University of Chicago Press, 2010, p.115.

想家那样把个体价值的正当性寄予个体生命之外的自然、理性或社会之中,而是强调个体自身因存在而具有的客观价值。如前文所述,齐美尔对自己的两种个体主义话语形式尚不满意,当时他还没有意识到它们对个体本质异同的比较最终都会割裂生命的整体过程,滑入建立在生命内容基础上的普遍法则。齐美尔晚年对个体法则的阐释让他觉察到了两种个体主义真正的局限所在,个体法则及其相应的个性思想应该是齐美尔更为满意的一种个体主义话语形式。

三、普遍法则与个体法则

(一) 以生命内容为基础的普遍法则

齐美尔提出个体法则时,针对的靶子是西方主导伦理思想尤其是康德的伦理思想,后者内含的认识论也是齐美尔批判的主要对象。尽管最终在个体法则的视角下,各种既有的道德原则都能作为伦理生命整体的即时体现统一于伦理生命之流。

齐美尔认为,从柏拉图到康德,西方的主流伦理思想都把道德看成对普遍法则的遵循,"康德式律令原则上表达了所有普遍法则中最普遍的形式抽象"[1]。普遍法则源于个体生命之外,与个体生命相对立,或是柏拉图式的先验理念,或是对生命不同内容的抽象升华。无论其成因如何,一旦形成,普遍法则发挥作用的方式都是类似的。普遍法则规制行为的前提首先是单个行动的形成,如同单个"物"(thing)和单

---

[1] Georg Simmel, *The View of Life*, John Andrews et al. (trans.), Chicago & London: The University of Chicago Press, 2010, p.129.

个现象的形成是靠先在的概念从原初相互作用的连续体中选取某些内容为其赋予轮廓,使其成为一个整体,单个行动也是由概念从不断流动的个体生命中分离而成。普遍法则的基本价值以抽象概念的形式从生命过程中选取特定内容,构成一个具有明确边界、自成一体的行动,使生命变成了由一个一个彼此分离的行动组合成的非连续体,每一行动都是在抽象概念的限定下从生命流动中分割出来的,普遍法则主导的道德判断在此基础上才得以进行。[1]

"如果整体生命被理解为内容确定的种种经验的总和,那么生命中的每一个单独的时刻也不会被视为整体生命的表达。"[2]在普遍法则的视角下,生命变成了不同时刻的不同内容的拼合,有些时刻和行动被看成是基础性的,体现了一个人真正的天性,有些则被看成是偶然和肤浅的,是对真实自我的背离,生命因此被撕裂为纯粹的、摆脱感性的自我(the pure, sense-free ego)和感性自我(the sensual ego)等。齐美尔指出,普遍法则对生命的分割完全出于主观的任意,这种机械的视角排除了生命整体,忽略了"作为生命的过程——它承载并产生了内容,这些内容也是它的象征(用一种不可进一步解释的方式)——完全不是一种总和,它在每一个瞬间都是完全真实的。这些瞬间在力量、意图和价值方面完全不同,但是这种多样性是生命的直接本质"[3]。生命是流动不息的连续过程,每一个瞬间的内容和行动都是生命在那一刻的整体表达,流动不居的生命可以表现为多变的、彼此矛盾的内容,这与

---

[1] Georg Simmel, *The View of Life*, John Andrews et al. (trans.), Chicago & London: The University of Chicago Press, 2010, pp.110-111, 128-129.

[2] Georg Simmel, *The View of Life*, John Andrews et al. (trans.), Chicago & London: The University of Chicago Press, 2010, p.132.

[3] Georg Simmel, *The View of Life*, John Andrews et al. (trans.), Chicago & London: The University of Chicago Press, 2010, p.132.

生命的统一特性并不矛盾。如此一来,就不存在人们通常所说的某些行为不属于真正自我,只是一时的精神错乱(psychic eddy)或不假思索(unthinkable),因为任何行为都是个体生命的体现,都源于生命整体,对生命整体发生作用,所以整体生命要为之负责。"生命因为其本质而永远动荡起伏,时而强大,时而脆弱,时而光明,时而黯淡,但在每一刻都不放弃作为生命的整体性。因而生命没有纯然的'部分',没有某个处于生命之外的'地方'允许那些避开整体生命的行为,恰恰是生命整体在这些时刻经历了自我的异化和萎缩阶段,经历了对习惯的抛弃。然而即使是这种被描述为成为他者(being-other)的境况也不是来自其他地方的偶然事物,而是生命的一种模式——外在是内在的一种形式。"①

在齐美尔看来,上述机械视角源于对无机物和有机物基本区别的无视。无机物的统一性完全源于概念,是概念赋予了无机物其中心和边界,特定概念的定义完全统摄了无机物;而有机物则从一开始就是统一体,它们"有自己内在的客观统一性,它们通过自身特有的完满找到自己构形的边界,它们有一个可以帮它们摆脱存在整体冷漠之流的内在核心"②。它们的生命统一性源自生命本身而非概念,它们的概念产生于作为有机物的现实,通常都是对现实的不完全归纳,不能穷尽有机物,因此任何概念对认识有机物的现实来说都是不充分的。同理,有关生命的概念和法则也无法囊括生命变动不居的流动性。伦理学对普遍法则的强调无视生命和无机物之间的区别,妄图利用法则和

---

① Georg Simmel, *The View of Life*, John Andrews et al. (trans.), Chicago & London: The University of Chicago Press, 2010, p.136.

② Georg Simmel, *The View of Life*, John Andrews et al. (trans.), Chicago & London: The University of Chicago Press, 2010, p.112.

概念对内容的限定来实现普遍法则的功能,却在法则对单个行为的约束中失去了生命现实的连续性和流动性。这也是科学化的机械认知方式在洞察生命方面失效的根本原因。

普遍法则与生命的对立一开始就撕裂了生命原初的统一性,预设了作为应该的伦理和生命之间的二元对立。这与人们普遍将生命、现实、个体三者等同的思维定式相关,人们通常认为生命是现实的、个体化的,那么对他们而言,伦理自然就是理想的、普遍的,位于生命的彼岸。这一点正是齐美尔在个体法则中重点批判的对象,在齐美尔看来,伦理与生命、个体之间的关系和现实与生命、个体之间的关系一样密不可分。[1] 此外,普遍法则的思想还内含了浓厚的目的论色彩,认为行为必然要以实现法则许可的价值为目标。但实际上,就像进化并不像人们通常认为的那样朝向某一个具体目标,伦理的存在也没有一个具体的目标。人们只是简单地感觉到自己以应该的样子存在着,正如人们只是感觉自己进化着一样。进化从一个时刻到另一个时刻,上一个时刻体现在当前的时刻,当前的时刻又可以预期下一个时刻,除此之外,并没有一个特定的目标,伦理也是一样。[2]

普遍法则在康德的道德律令中发展到了极致,无论是科学知识还是"善良意志",最终都会导向对普遍法则的依赖。人类一旦开始思考,自以为把握了流动的意识与生命,实际上得到的只是不连续的、抽象的、客观的概念和法则,生命的统一和流动在其中全然不见,机械化

---

[1] Georg Simmel, *The View of Life*, John Andrews et al. (trans.), Chicago & London: The University of Chicago Press, 2010, pp. 100-101, 113-114.

[2] Georg Simmel, *The View of Life*, John Andrews et al. (trans.), Chicago & London: The University of Chicago Press, 2010, p. 110.

视角由此形成。① 而对"善良意志"的判断最终也依赖于特定内容是否符合某种普遍的价值概念或法则。此外，尽管在认识论中康德赋予了人至高的地位，但在伦理学中人的形象却惨遭贬抑。对康德而言，道德主体既是自大的又是懦弱的。康德主张道德"自治"，道德主体自己给自己立法，这个法则既要避免他治又要在现实生命的彼岸。为实现这个要求，康德将生命整体撕裂为感性和理性两部分，只有理性的部分才是自我的本真部分，也是人的类本质。自我立法的实质就是理性为感性立法，当感性被理性克服时，主体就能在理性的要求下践行道德义务。为自己立法的主体固然是高大的，但是还未能高大到承担起罪的责任，既然本真的自我是理性的、善好的，那么罪恶的来源便被归诸自我之外的魔鬼引诱。在齐美尔看来，魔鬼的发明正是人类懦弱的体现，人不敢对罪恶负责；而事事寻求普遍法则也使人的道德染上了浓重的被动色彩，人对自己行为的责任被大大减轻。最后，摆脱感官诱惑之后的理性人完全同质，不再具有任何独特性。②

另外，齐美尔指出，康德的理性道德观蕴含着走向生命观和意志论的可能，但是机械、理性的视角局限决定了他始终没有在意这些可能性。如果自我立法被放在生命整体的背景中来理解，将会是另一种理论图景③，而意图表达生命整体性的"纯粹自我"(pure ego)④如果能建

---

① Georg Simmel, *The View of Life*, John Andrews et al. (trans.), Chicago & London: The University of Chicago Press, 2010, pp. 119-120.
② Georg Simmel, *The View of Life*, John Andrews et al. (trans.), Chicago & London: The University of Chicago Press, 2010, pp. 105-106.
③ Georg Simmel, *The View of Life*, John Andrews et al. (trans.), Chicago & London: The University of Chicago Press, 2010, p. 105.
④ Georg Simmel, *The View of Life*, John Andrews et al. (trans.), Chicago & London: The University of Chicago Press, 2010, p. 152.

立在真实的生命之流上,那么康德有关生命观点的机械视角就有可能被突破,但是康德为了科学知识和理性的可能而放弃了真实流动的生命。康德的绝对律令要在实践中制约行动,需要在每一种具体情形中转化成一个经验有效的、内容特定的规范,绝对律令因此被分解为无数相互关联的普遍命题。倘若将行动放在个体生命的整体流动中,当绝对律令的意涵宽泛到能决定生命不息流动中所有行动的伦理性时,实际上绝对律令就变成了个体的整个生命本身,否则便会因为不能涵盖生命中所有可能的行动而失去绝对的意味。当绝对律令变成个体的整个生命时,个体遵守普遍法则的问题就变成了要么你期望自己存在于所有人身上,要么你期望你存在于其中的世界可以无限重复。也就是说,康德式的普遍律令滑向了尼采所谓的"永恒复归"(the eternal return)。这样一来,"普遍化的问题显然不再能找到一个纯粹的逻辑性回答,需要一个源于意志或情感的基础"[1],理性的道德观变成了意志论的道德观。

(二) 以生命过程为基础的个体法则

1. 作为应该的生命

齐美尔指出,我们在伦理问题上的偏差主要源于认识论上存在的一个基本误区。我们总是把"现实"(actuality)范畴放在最重要的位置,认为在对事物的把握中,现实范畴相对于想象、概念、艺术、价值等其他认知范畴具有优先地位;"现实"是客观的绝对的,是基础性的,具有时间上的优先性和实践上的重要性,其他的范畴则是主观的、次生的,

---

[1] Georg Simmel, *The View of Life*, John Andrews et al. (trans.), Chicago & London: The University of Chicago Press, 2010, pp.129-130.

只有经过"现实"范畴我们才能获取其他范畴的认识内容。但是齐美尔认为,我们赋予"现实"的这种至高地位并没有客观依据,只是一种心理需求,就像一个人用外语表达一个概念时必须首先知道它在母语中的意义,这种赋予母语优先性的做法同样没有客观依据。① 因而,"现实"和其他诸多范畴一样,也是认识事物的一种方式。

在所有事物中,生命和"现实"范畴结合得最为有机和紧密。在用其他范畴描述生命时,"现实"范畴往往并不与生命分开,所以当生命处于艺术、宗教或科学等视角之下时,生命同时也是现实的。在诸多范畴里,与生命的关系同"现实"一样紧密的还有"应该"(ought)。当然,原初的"应该"不仅具有伦理意义,它还包含着"希望、动力、幸福主义、艺术需求、宗教理想,乃至任性(caprice)和反伦理需求"②等各种层面,是生命意识的一种非常普遍的综合条件(a quite general aggregate condition)。比如"应该"如何思考的逻辑规范就属于广义的"应该"范畴,但并不具有伦理意义,逻辑规范完全可以被理性地用于最不道德的事情。不过齐美尔主要关注的是伦理意义上的"应该"或者说狭义的"应该"。它是广义"应该"的一部分,和"现实"范畴一样,并不在生命之外或者与生命对立,而是"生命意识自己的一种方式"③,处于生命之流中。后文凡提到"应该"都仅限于此狭义的层面。传统伦理学的偏误就在于其在面对生命时赋予了"现实"范畴以优先地位,使生命与现实有机结合在一起,但同时却把"应该"范畴置于生命的对立面。这些

---

① Georg Simmel, *The View of Life*, John Andrews et al. (trans.), Chicago & London: The University of Chicago Press, 2010, p.99.
② Georg Simmel, *The View of Life*, John Andrews et al. (trans.), Chicago & London: The University of Chicago Press, 2010, p.100.
③ Georg Simmel, *The View of Life*, John Andrews et al. (trans.), Chicago & London: The University of Chicago Press, 2010, p.100.

与生命对立的"应该"往往以愿景、理想等概念形式或者普遍法则的形式出现,它们要么源于柏拉图、康德式的先验,要么源于对不连续的、固化的生命内容的抽象,因而不仅无法穷尽变动不居的生命中蕴含的各种可能性,而且在这种视角下生命成了碎片的归纳总和。个体最终成了没有根本差异的类本质,伦理和生命间的对立不可弥合,这些都完全不符合生命持续流动、个体在本体上独特的现实。由此,齐美尔强调,同样作为认识生命的范畴,"应该"与生命的关系和"现实"与生命的关系一样紧密,"应该"范畴和"现实"范畴是地位同等、并列的两个范畴,要理解伦理生命中"应该"的意义,必须要比照现实生命中"现实"的意义。"伦理的生命和现实的生命一样起伏不定,在积极或消极的意义上寻求完满"[1],人们像认识到生命的实然一样认识到生命的应然。生命在不息的流动中产生现实的内容正如它也产生应该的内容,作为应该的生命(life as ought)和作为现实的生命(life as actuality)一样是完全的生命。即使在"应该"表现为道德律令与主体对立时,它跟主体生命的关系就像自我意识在认识自身现实时同时充当主体和客体一样,前者是作为应该的生命于其内在统一中的二元对立,后者则是作为现实的生命于其内在统一中的二元对立。

我们经常说的理想与现实不符实际上是由于我们通常把现实的生命当成一般的生命本身,伦理的法则不会因为与现实不符或没在现实中实现就减少其伦理性,恰如现实不会因为没有实现伦理的法则就变得不现实一样。"应该"和现实是各自独立的、具有同样深度的范畴,

---

[1] Georg Simmel, *The View of Life*, John Andrews et al. (trans.), Chicago & London: The University of Chicago Press, 2010, p.100.

具有各自的内在一致性。①无论是在"现实"的范畴之下还是"应该"的范畴之下,生命都是一样的绝对纯粹、普遍的整体生命。"作为应该进行的生命总体对于同样作为现实进行的生命总体而言就是法则。"②生命现实与生命理想之间的距离有不同的等级,从律令源自不受约束的生命演变到律令看上去源自生命之外。如果在生命之外寻求道德律令的来源,那么现实与理想、实然与应然之间的矛盾就无法调和,二者之间不同等级的距离也就无法理解。③

2. 应该的生命与个体法则

以上观点引出了齐美尔关于道德行为的核心思想。与康德的普遍法则相反,齐美尔主张道德行为的"个体法则"。个体法则"完全颠覆了应该的方向,它源自生命的过程而非生命的内容"④。作为应该的生命与作为现实的生命是一体的,应该(ought)并非与生命对立,而是源自生命。生命一开始就既是现实的,也是应该的。作为应该的生命同现实的生命一样是流动不息的过程。个体行为的伦理意义必须放在其生命整体中来理解,任何将生命割裂为不同内容和行为的做法都是不符合生命现实的主观任意,因而"个体的行为在道德上被整个人决定——不是被现实的人,而是被有义务的人决定。义务来自个体生

---

① Georg Simmel, *The View of Life*, John Andrews et al. (trans.), Chicago & London: The University of Chicago Press, 2010, p.104.
② Georg Simmel, *The View of Life*, John Andrews et al. (trans.), Chicago & London: The University of Chicago Press, 2010, p.106.
③ Georg Simmel, *The View of Life*, John Andrews et al. (trans.), Chicago & London: The University of Chicago Press, 2010, p.107.
④ Georg Simmel, *The View of Life*, John Andrews et al. (trans.), Chicago & London: The University of Chicago Press, 2010, p.154.

命的赋予就像现实来自个体生命一样"[1],而相应的"当下的应该(the immediate ought)是个体人格(individual personality)的总体生命发挥的作用"[2]。

人们习惯于认为普遍与法则相关而个体与主观相关,但是齐美尔却将个体与法则联系在一起,超越康德的普遍法则提出了"个体法则"。人们常以为善的东西千篇一律,具有普遍性,而恶的东西是特殊的,各不相同,康德的普遍法则在一定程度上也符合这个误区。但是齐美尔认为善比恶更具有特殊性,善可以有各种各样的表达和样态。托尔斯泰所谓"幸福的人彼此相似,不幸的人各有各的不幸"只是从幸福的原因出发得出的结论,如果从幸福本身出发就会发现:"(幸福在很大程度上)比不幸更加特殊、个性和偶然,不幸通常是由存在于人们心智中的常见要素造成的。"[3]个体法则强调善的特殊性,将善与生命的个性融为一体,源自个体生命的善有着同个体生命一样无穷多变的形态。

在个体生命绵延不息的流动过程中,所有的事件、行动都应该被放在个体的生命整体中来看,是生命整体在瞬间的表达。每一部分都闪耀着"应该"生命的整体光彩,而每一个举动的具体形态又千变万化,无法预测,充满了个体生命的创造力。"在某个瞬间发生的行为意味着持续的生命之流暂时只呈现为这种形式,可以说,它是一个谎言还是一个好的行为这样的事实并不具有决定性,它是生命过程的当前现

---

[1] Georg Simmel, *The View of Life*, John Andrews et al. (trans.), Chicago & London: The University of Chicago Press, 2010, p.139.

[2] Georg Simmel, *The View of Life*, John Andrews et al. (trans.), Chicago & London: The University of Chicago Press, 2010, p.142.

[3] Georg Simmel, *The View of Life*, John Andrews et al. (trans.), Chicago & London: The University of Chicago Press, 2010, p.116.

实,就像不断变换自己轮廓的海蜇,它的形式并不是一会被圆形概念决定,一会被椭圆形概念决定,一会又被近似方形概念决定,而是被这个动物的内在生命过程(与外在条件一起)决定——不管这些圆形、椭圆形、近似方形作为客观的形式是否具有与产生它们的生命过程毫不相关的法则和必然性。"①

假如人们设想一下道德上的完人的话——在这种人身上,"应该"的理想法则伴随着生命,从一开始就同心理实践的现实融为一体——他的意志和行动在每一瞬间都是合法的,却又处于生命无穷的变化和不可预测之中;他并不会去询问是否每一个瞬间都遵循了形成于自身之外的法则。当然,这个人抵制了经济或者性欲的诱惑,帮助需要照料的人,并在文化、爱国和人性的意义上完善自己——这一切都来自已表达的道德原则。但是道德的灵魂服从它的"应该"(its ought),它的态度并未在上述道德原则中耗尽,而且也不可能耗尽。实际上,这种持续不断的美德并不根据某个外部确定的价值点来判明方向(尽管灵魂的部分兴趣,即理智的或仁慈的、美学的或宗教的兴趣提供了这一外部的点);可以说,它更多的是一种节奏,生命就按照这一节奏从它最深的源泉中流出;它不仅是人们称之为行为的色调,甚至可能不仅是意志的色调,还是整个存在的色调。它寓于每一种思想及其表达方式中,寓于目光和言辞、喜悦的感情和痛苦的忍受,甚至也寓于和冷漠时光的关系

---

① Georg Simmel, *The View of Life*, John Andrews et al. (trans.), Chicago & London: The University of Chicago Press, 2010, p.128.

当中。①

由此可见,个体法则中的"法则"尽管依然不失法律意义上的严格性和绝对性,但它更为灵活,不再是普遍法则内含的自然法或市民法意义上的法则,而是类似歌德在极为神秘的意义上所说的自然之"永久、灵活的法则"②。正如齐美尔所言:"如果出于伦理需求使用'法则'(law)这个词,那么它在任何情况下都是一种更为灵活的东西,穿越更多的阶段,比我们在先前原则下对它的表达有更多的分化;但它生机勃勃的变体也没有灵活到去除了所有的严格性以及相对于现实的理想独立性或它不可改变的客观性。"③所有微不足道的、转瞬即逝的事物如话语、情绪和关系等组成了持续流动的生命整体,应该的理想线条(the ideal line of the ought)与之相伴,只有在极少数的例外时刻,才会出现一个能被提及的峰值。那些可以明确表达的道德律令都是应该的生命到达某个峰值时的表现形式,因此,普遍法则只能涵盖生命的部分内容,而个体法则却是个体生命总体本身。"一切多样的、定义独特的、在生命的连续性中滑动没有确定界限的事物以及所有避免服从既定法则进而也避免被概念升华为一个普遍法则的事物都在这里找到了自己的应该,因为这个应该就是生命,保持着流动的形式。"④应该的生

---

① Georg Simmel, *The View of Life*, John Andrews et al. (trans.), Chicago & London: The University of Chicago Press, 2010, p.109.
② Georg Simmel, *The View of Life*, John Andrews et al. (trans.), Chicago & London: The University of Chicago Press, 2010, p.110.
③ Georg Simmel, *The View of Life*, John Andrews et al. (trans.), Chicago & London: The University of Chicago Press, 2010, p.108.
④ Georg Simmel, *The View of Life*, John Andrews et al. (trans.), Chicago & London: The University of Chicago Press, 2010, p.154.

命从一个瞬间流动到下一个瞬间,没有跳跃,每一个瞬间都包含着对下一步的规定,而这下一步只有在真正发生的时候才能明确,否则就仍然处于未知状态。因此,作为应该的生命就是个体法则,它有着和生命一样多变的表现形态。伦理要求的实现形式永远无法预先确定,它潜在的可能性是任何普遍律令都无法穷尽的,伦理行为总是存在着以别种(otherwise)样态出现的可能。生命有多少可变的形态和流向,伦理上应该就有多少可能的样态。

把行为放在生命中,意味着每一个瞬时的行为都是整个生命的表达,那么伦理的问题就由尼采所说的"你希望你的这个行为总是无限的重复么"变成"你希望你的这个行为决定你的整个生命么"。作为应该的伦理生命奔流不息,其中所有的构成因素都处在一种难以用概念和逻辑描述清楚的相互影响和作用之中。"过去所有我们所做的事情,过去所有我们负有义务的事情都是我们的伦理生命在当下跃升为义务的条件。"[1]生命的各个时刻无论在内容上多么互相矛盾,每一刻的行为都表达了当时的生命整体,也会改变下一个行为发生的条件,决定未来整个生命的方向。"整体生命为每一个行为负责,每一个行为也为整体生命负责",因此在每一刻我们都应该"以一种特殊的方式像一个完整的人一样去行动"。[2] 而这"自然显明了伦理选择的困难,相对而言,普遍有效的法则固定不变,一劳永逸,在它的支配下伦理选择会变得容易,就像在父权制的专断下伦理选择会比在自由人的自治

---

[1] Georg Simmel, *The View of Life*, John Andrews et al. (trans.), Chicago & London: The University of Chicago Press, 2010, p.154.

[2] Georg Simmel, *The View of Life*, John Andrews et al. (trans.), Chicago & London: The University of Chicago Press, 2010, p.153.

下容易得多一样"①。当作为伦理的应该是我们自己的生命时，我们在伦理领域就拥有了普遍法则视阈中缺失的创造性，当然同时也拥有了与之相伴的危险并被赋予了更加沉重的责任。伦理行为不再是对固定法则的遵循，而变成了对应该生命的无限可能的表达。

3. 个体法则的客观性

一旦把"应该"确定为生命的基本范畴，拥有和"现实"一样的地位，那么伦理就是由个体的生命整体决定的。需要强调的是，源于个体生命整体的应该和现实的生命一样具有客观性。齐美尔指出，迄今为止的伦理原则要么是主观的，出于个体的良知（良知最终也会以普遍法则的形式表现出来）；要么是客观的，来自超个体的规则。其实还存在第三种选择："这一特定个体的客观应该（the objective ought）是由他的生命加诸自身的命令，原则上独立于他自己是否认识到它。"②这意味着，"个体不一定是主观的，客观也不一定是超个体的"，重要的是"个体的客观性"。"一旦一个确定的个体生命完全作为一种客观事实存在，那么它理想性的应该（ideal ought）也就是一种客观有效的事，这体现为该主体和其他主体都能形成有关此'应该'的对错观念。"③

这一客观性一方面指作为应该的生命本身具有的必然性，它是一种存在的色调和节奏，是更灵活的法则，从一开始就存在于个体之内，是仅在特定个体之内有效的普遍性。艺术品的统一体"必然从一开始就存在，并且决定着创造，否则就无法理解艺术家是在什么基础上将

---

① Georg Simmel, *The View of Life*, John Andrews et al. (trans.), Chicago & London: The University of Chicago Press, 2010, p.152.

② Georg Simmel, *The View of Life*, John Andrews et al. (trans.), Chicago & London: The University of Chicago Press, 2010, p.142.

③ Georg Simmel, *The View of Life*, John Andrews et al. (trans.), Chicago & London: The University of Chicago Press, 2010, p.142.

个体质料搭配在一起形成一个统一体"①。胚胎或种子蕴含了有机体发展的能量和可能,决定了有机体后来的发展;同理,个体法则的内在必然性意味着每一个行为都是生命整体的表达,被整体生命的历史发展决定,又预示生命未来的走向。伦勃朗个体化(individualization)的艺术②为形式赋予了一种不同意义或不同类型的"必然性"(necessity)③,而齐美尔的个体法则作为应该的生命同样为现实的生命赋予了必然性,并非个体的就是主观任意的。

另一方面,个体法则的客观性来自个体与外部环境的关系。个体生命并非全然封闭,与世隔绝,在生命流动的过程中它会不断从外部世界吸收内容,与其他生命相互交流,只不过在这个过程中,它绝对不会失去自己的内在核心。尽管臻于成熟的老年生命"在将世界作为经验和命运吸纳到自身之后,就从世界中退出以获取自由"④,但是在成熟之前,个体生命需要不断地从外部世界中汲取内容。伦勃朗作品中宗教人物的内在虔诚必须通过世俗生活来表现,中世纪脱离生命内容的修道院式虔诚不适合伦勃朗的宗教个体。⑤ 与之类似,齐美尔认为,个体只有在与外部世界的关系中才能实现个体生命的表达,也才能被置于现实、应该、艺术、宗教、科学等范畴之下,实现作为应该的生命即个体法则。

---

① Georg Simmel, *Rembrandt*, Alan Scott, Helmut Staubmann (trans. & eds.), New York & London: Routledge, 2005, p.28.

② 齐美尔将此解释为一个从内部发展和把握的生命。

③ Georg Simmel, *Rembrandt*, Alan Scott, Helmut Staubmann (trans. & eds.), New York & London: Routledge, 2005, p.51.

④ Georg Simmel, *Rembrandt*, Alan Scott, Helmut Staubmann (trans. & eds.), New York & London: Routledge, 2005, p.96.

⑤ Georg Simmel, *Rembrandt*, Alan Scott, Helmut Staubmann (trans. & eds.), New York & London: Routledge, 2005, p.115.

齐美尔列举了一个反战者是否应该为国家服兵役的例子。出于个体意识他不愿意服兵役，而出于国家的命令他应该接受，那么这个人究竟应不应该服兵役呢？齐美尔的答案是肯定的，但是服兵役在这里作为伦理义务的原因既不在于主观的认知也不在于超个体的国家命令，而在于每个人都是特定国家的公民，国家的权力和价值与个体的生存紧密交织在一起。应该服兵役这个道德义务源自他伦理生命的"应该"，在"应该"形式下的个性不是反历史的，也不是非物质的，并非仅包含秉性，那些脱离任何外在环境的主观任意并不是个体法则。"所有他周遭的事物和他曾经经历的一切，他脾气中最强烈的趋向和最短暂的印象——所有这一切构成了处于流动生命中的个体人格，从中产生了一个应该，正如从中产生了一个现实一样。"① 由此，服兵役在这里是源自应该生命的客观道德义务，不管个体是否认同，他都有义务服从；正如不管个体对现实做出的判断正确与否，现实的存在都是客观的一样。尼德尔曼曾把齐美尔的个性概括为融合了特殊与普遍、个体与社会等多重要素的统一体，对完全失去社会维度的个体任意进行了批判。② 这正好对应了个体法则的客观性。个体法则不是要堕入个体的主观任意，更不是要排斥种种外部因素和生命具体内容在伦理中的意义，而是"接受所有可能的外在关联"。不过，个体在与外部关联的过程中不会失去自己的内在中心，"这个存在也许可以和无数其

---

① Georg Simmel, *The View of Life*, John Andrews et al. (trans.), Chicago & London: The University of Chicago Press, 2010, p.143.

② Birgitta Nedelmann, "Individualization, Exaggeration and Paralysation: Simmel's Three Problems of Culture", in David Frisby (ed.), *Georg Simmel: Critical Assessments*, Vol.2, London & New York: Routledge, 1991, pp.373-377.

他存在共享它的形式①(或,在这里具有同等意义的它的内容);它的生命也许从别的地方——这个世界——给予它的事物那里吸收了很多。但即使考虑到所有这些,它仍然是那个在时间中从存在的一个不可代替的点向另一个不可代替的点延伸的存在"②。"生命在所有这些影响它的因素中充实着(filling),形成着(forming),责任依据这种生命经验得以确定。"③个体法则预设的个性因而是一种整合的、丰满的个性,既不趋向无政府主义的任意,也不沦为普遍法则的傀儡。

此外,个体法则还摆脱了任何的目的论,除了以个体生命为根源外,没有任何预定的目标。在个体法则的视野里,即使尼采式的对生命至高发展的追求也被视为目的论的,以生命发展这一具体内容作为律令使伦理要求与生命相互对立④,而"本真人格完善"(perfection of the true personality)的提法也必须避免目的论的成分。若要把个体在生命的驱动下通过各种形式丰富自己最后回到自身的过程称为个体人格的完善,那么这里的完善就不是一个决定性的目的,因为它的约束力源自起点而非终点。⑤ 摆脱了各种目的论的个体法则进而也摆脱了实践中主观主义的流行形式:以自我利益为目的的幸福主义。目的论与以具体内容为约束对象的律令法则异曲同工,对前者的拒斥与对后

---

① 此处的"形式"不是个体生命整体独具的形式,而是作为生命表达结果的固定形式。

② Georg Simmel, *Rembrandt*, Alan Scott, Helmut Staubmann (trans. & eds.), New York & London: Routledge, 2005, p.68.

③ Georg Simmel, *The View of Life*, John Andrews et al. (trans.), Chicago & London: The University of Chicago Press, 2010, p.140.

④ Georg Simmel, *The View of Life*, John Andrews et al. (trans.), Chicago & London: The University of Chicago Press, 2010, p.107.

⑤ Georg Simmel, *The View of Life*, John Andrews et al. (trans.), Chicago & London: The University of Chicago Press, 2010, p.151.

者的反对一脉相承。

四、个体法则与文化悲剧及两种个体主义

(一) 个体法则与文化悲剧

齐美尔生命哲学的主旨在于生命必然要表现为形式,但是形式一产生就会固化,以自己的结构和逻辑规制生命,即一开始就与奔流不息的生命存在潜在冲突。尽管形式与生命彼此矛盾,但最终形式仍然会统一于生命,生命自己制造出二元对立,又始终在自身中统一二者。在生命与形式这一基本矛盾之上产生了齐美尔所谓的精神文化的普遍悲剧(tragedy of spiritual culture in general),即精神(consciousness, Geist)生产出客观造物以表达自己;但客观造物一旦产生,就会以其"观念或历史的确定性、界限和僵化与永远多变的、消融界限的、持续的生命相互对立、彼此敌视"①。奔流不息的生命最终摧毁自己曾经的产物,继续产生新的形式,进行新的毁灭。对齐美尔来说:"生命的创造物在它们产生之际就作为独立的形式外在于生命并与生命对立,这种普遍命运也发生在作为应该的创造性生命与规范、准则、律令等它的表达形式之间。"②换言之,作为应该的伦理生命也分享着文化悲剧的命运,它与规范、准则、律令等诸多自己的表达形式之间的关系就内含着文化悲剧,体现着生命与形式的一般关系模式。这一点对理解齐美尔的

---

① Georg Simmel, *The View of Life*, John Andrews et al. (trans.), Chicago & London: The University of Chicago Press, 2010, p. 103.

② Georg Simmel, *The View of Life*, John Andrews et al. (trans.), Chicago & London: The University of Chicago Press, 2010, p. 104.

伦理思想至关重要,他的个体法则对既往伦理思想中二元对立的超越主要是从这一点出发的。

从生命与形式的关系及文化悲剧的视角出发,规范、准则、律令和作为应该的生命之间的关系就是精神生命和造物之间的关系。规范、准则和律令都是应该的生命为了表达、实现自己而创造的形式,应该的生命只能以特定的形式存在;但是这些形式从产生之初就以其独立的边界和僵化的趋势与应该的生命产生了矛盾,奔流不息的生命为了继续流动必然要摧毁旧形式,迈向新形式。具体的伦理法则作为应该生命的表达形式总是不完满的,"它们与生动的应该(the living ought)之间存在内在的、功能性的矛盾,这一矛盾完全属于应该的层面,与现实的层面没有任何关系"①。这是形式相对于生命之流的普遍命运。

个体法则仍然分享了文化悲剧的命运,但是《生命直观》却对文化悲剧的终极走向给出了不太一样的指示,就此而言,《生命直观》是齐美尔对《货币哲学》及文化悲剧论的进一步补充。《货币哲学》虽然也提到人在面对货币的决定性影响时的主动性,但是整体来看,《货币哲学》呈现一种悲观无力的氛围。在货币经济带来的文化悲剧、技术宰制之下,主体除了消极退避似乎只有无奈地顺应货币的逻辑,主体之间的所有差别可以化约为量的不同。货币促发的个体自由最终导向的却是个体在彷徨无定中的日益趋同,理性、精明算计、客观冷漠成了现代人共有的特征,货币作为一种客观的形式仿佛获得了永久的存在。在齐美尔随后的文化研究中,文化悲剧一直是核心议题。然而,在《生命直观》中,齐美尔指出将生命内容客观化,让其成为自足的意义体只

---

① Georg Simmel, *The View of Life*, John Andrews et al. (trans.), Chicago & London: The University of Chicago Press, 2010, p.104.

是"文化发展的一个不可逾越的阶段","下一个阶段同样不可避免：将这些僵化的、实体化(substantializing)的客观物(objectification)重新溶解为流动的关系,溶解为它们所属的、生命统一体的功能的、整体的联系"①。他从蔓延不息的生命入手,在生命的承载者即个体身上发现了超越所有客观物的力量。如同固化的形式永远无法困住生命之流,生命总是要摧毁既有形式奔涌向前一样,个体生命的力量也有自身永远无法被夷平的独特性和创造性。尽管在现代社会,货币的力量所向披靡,但是这些普遍形式的力量终究无法深入生命的根基。在形式化的趋势发展到一定阶段,生命的节奏又会重新袭来,人们会重新将固化的法则诉诸流动的生命过程来理解,形式化的力量也会在生命之流奔涌不息的脚步前沦于消解。

(二) 个体法则与两种个体主义

个体法则以一种新的个性(individuality)观念为基础。自从转向生命哲学以来,齐美尔逐渐发展出了一种新的个性概念,《生命直观》里对这一概念有相对明确的概括。其实自《康德与歌德》始,这一个性概念就已显露端倪,不过彼时齐美尔更多强调的还是歌德艺术式直观之下生命原初的统一,诸如精神与自然、此世与彼岸等各种二元对立在生命统一体中的消融;而到了《伦勃朗》,这一个性概念已臻于成熟,几乎与《生命直观》中的个性观念完全一致。

如同《生命直观》中康德的普遍法则是个体法则的对立面,《伦勃朗》中古典时代和文艺复兴时代的绘画是伦勃朗绘画的对立面。古典

---

① Georg Simmel, *The View of Life*, John Andrews et al. (trans.), Chicago & London: The University of Chicago Press, 2010, p.146.

时代和文艺复兴时代的绘画追求人物永恒不变的普遍本质,无论是展现人物可以被描述的具体特征,还是以柏拉图式的理念作为画中人物的理想型,都脱离了直接经验中的生命流动过程,最后把握到的不过是个体与他人共有的类型和普遍性。通过个别特征的加总或抽象获得的人物统一性也只是无机物式的统一方式,失去了生命整体的有机统一,也失去了真正的个性。这和康德从生命内容中抽象出普遍法则、综合出统一体的做法并无二致,尽管他们都试图表达个体,但他们的方法最终只能得到普遍的人性。

如果说康德的普遍法则及古典绘画对普遍人性的寻求都与量的个体主义密切关联,只承认个体与他人相似的方面,割裂了个体生命总体,那么质的个体主义潜藏着另一种割裂生命总体的可能。首先,一般来说,人们总是把个性等同于与众不同(being-other)、特别(being-special)、个体在质上的不可比较(the qualitative incomparability of the particular),"许多有关个体的概念之所以错误和不充分,就是因为我们常常把个体的内容等同于他不同于一般、不与其他人共享的特定差别"①。这种对个性的理解预设了个体中存在着特殊和普遍的二元对立,并从个体中剥离了与他人相同的普遍部分,只留下完全不与他人分享的特殊部分来代表个体,故而这一个性概念与普遍法则下的个性概念一样内含了个体生命的分裂。其次,人们通常寄予个体的独特性并不像看上去那样排斥普遍法则。与他人相同的部分是普遍法则存在的基础,但是与他人不同的部分也有可能导向普遍法则。"伦理行为的质性差异并不像表面看上去那样与普遍法则对立",事实上,"要求

---

① Georg Simmel, *The View of Life*, John Andrews et al. (trans.), Chicago & London: The University of Chicago Press, 2010, p.147.

每个人都应该绝对与他人不同,这也可以被看成是一种普遍法则"。[1]在这里,齐美尔特意提到施莱尔马赫和浪漫派的伦理学思想,他们对独特性的强调都可以被归于此类,表面上似乎与普遍法则毫不相融,其实对独特性的要求本身就成了一种普遍法则。由于这一法则是来自外部的对行为内容的规定,它跟源自生命的个体法则完全不同。基于此,我们就更能理解为何齐美尔会认为追求时尚、追求风格以及各种其他形形色色、貌似崇尚独特个性实则是"无所顾忌的唯我主义"或错误的"个人主义"。[2] 因为在这些追求背后,"本质上和趋势上十分局部性的、个人性的暂时之作,变成了一般性的计划、普遍实践的模式","因为每个人都通过几乎相同的方式表达其特性的新奇所在"。[3] 失去了客观性的主观任意并不是齐美尔所推崇的个体法则。

在批判了前述两种个体主义之后,齐美尔指出,个体法则中的个体是一个完整的个体,是个体的"本质现实",是一个"有生命的整体","在其中,相同的和不同的因素彼此协作,相互融合,共同作用,没有内在的类别"[4]。因此,个体法则中的个性并不是个体完全不与他人分享的独特性(uniqueness),而是指存在于个体生命整体中的个性融合了个体与他人可分享的或不可分享的、独特的或共同的各种因素。作为应

---

[1] Georg Simmel, *The View of Life*, John Andrews et al. (trans.), Chicago & London: The University of Chicago Press, 2010, p. 148.

[2] 齐美尔:《1870年以来德国生活与思想的趋向》,载《宗教社会学》,李放春译,上海人民出版社2003年版,第201、203页;Georg Simmel, "Fashion", in Donald Levine (ed.), *Georg Simmel on Individuality and Social Forms*, Chicago & London: The University of Chicago Press, 1971; Georg Simmel, "The Problem of Style", *Theory, Culture & Society*, Vol. 8, No. 3 (1908), pp. 63-71.

[3] 齐美尔:《1870年以来德国生活与思想的趋向》,载《宗教社会学》,李放春译,上海人民出版社2003年版,第204页。

[4] Georg Simmel, *The View of Life*, John Andrews et al. (trans.), Chicago & London: The University of Chicago Press, 2010, p. 147.

该的生命"超越于任何比较,无论这种比较的结果是什么"①。伦勃朗的绘画呈现的便是这样的个性。在伦勃朗所绘人物的面容上,我们可以看到人物的历史,看到整个生命流动的过程。伦勃朗在人物的瞬时外表中表现着整个个体生命,在单个的运动姿势中表现着整个运动过程,在关于同一人物或事件的系列画作中表现着连续流动的生命,系列画中的每一幅都成为生命流经的一个站点,甚至在他绘画的每一个笔触中都表现着整个个体生命。因为伦勃朗表达的是人物真正的个性,是个体生命统一体本身。因此,个体是完整的人,这当然还是一种质的独特性,不过这种质的独特是以不可分裂的个体生命总体为基础的。虽然它和别的生命有许多相同之处,但归根到底,个体之间不可比拟的独特性不是以独特和普遍的分裂为前提,而是在一个生命统一体中整体存在的根本不同。个人生命的核心是与众不同、孤独寂寞的,这一点根本无法与别人分享。

这是作为个体生命统一体的个性,是必朽的、从一开始就内含着死亡的个性,也是绝无仅有、不可重复的个性,是处在世俗时间中经验着历史变迁的个性。有了这种个性,才有尊严和自由的存在。因此,伦勃朗画作中的人物无论如何微不足道、如何经常被外在力量打压,仍然存有某种庄严的东西,仍允许他们感到某种自由。"他(伦勃朗)已经向我们展现了,只要图画中把握的瞬间真正源于个人生命的持续性,那么每个人存在的理想图像中就会存有一种自由和尊严"②;而米开朗琪罗的人物无论如何英勇伟大,终归是与普遍命运进行着不懈斗争的

---

① Georg Simmel, *The View of Life*, John Andrews et al. (trans.), Chicago & London: The University of Chicago Press, 2010, p.148.

② Georg Simmel, *Rembrandt*, Alan Scott, Helmut Staubmann (trans. & eds.), New York & London: Routledge, 2005, p.104.

普遍人性，完全为普遍的命运和人性所击倒，缺乏个性及与之相关的自由。

如果从形式的角度来看，"个性的本质是形式抽离于它的内容后就不再具有原来的意义了"①。在以个体生命为基础的个性中，形式不可能与存在的内容分离而自成一体。"可以说人类个体，真正作为纯粹个体被把握的，是不可重复的形式。"②一旦形式独立到可以离开特定个体生命、自成一体的地步，它就成了超个体的普遍存在，可以在其他个体那里普遍地复制或进行另一种具体化（a different specialization），个性便不复存在。就此而言，个体法则可以看成与个体生命密不可分的形式，是从一开始就内在于个体生命中的必然性，仅在该个体内具有普遍意义，"个体法则是一个理想，它只对这个特定的、整体的存在有效"③。康德告诉我们，必然性和普遍性紧密关联，他用一种很有问题的方式将其应用到伦理领域。伦勃朗首先将个体作为艺术建构从随机性中解救出来，他把我们所谓的"必然性"赋予了个体。"伦勃朗清晰地展现了从最内在的生命（the innermost life）出发，一个人的外表能发展成一种确定的必然形式，这种发展并不来自普遍法则。这个形式完全与个性相同以至于它在另一个个体那里也许偶然重复，但绝不是作为一种普遍法则重复的。"④

---

① Georg Simmel, *Rembrandt*, Alan Scott, Helmut Staubmann (trans. & eds.), New York & London: Routledge, 2005, p.48.
② Georg Simmel, *Rembrandt*, Alan Scott, Helmut Staubmann (trans. & eds.), New York & London: Routledge, 2005, p.49.
③ Georg Simmel, *Rembrandt*, Alan Scott, Helmut Staubmann (trans. & eds.), New York & London: Routledge, 2005, p.49.
④ Georg Simmel, *Rembrandt*, Alan Scott, Helmut Staubmann (trans. & eds.), New York & London: Routledge, 2005, p.66.

关于上述个性及个体法则,可以用不同种类的范畴去把握,在《伦勃朗》和《生命直观》中,齐美尔用了同样的母语和外语的比喻,说明了艺术、现实、宗教、科学和应该这些范畴都是相互独立、同等有效的,只不过现实范畴、应该的范畴与生命的关系更为紧密。《伦勃朗》是在艺术范畴下对个性及个体法则加以阐释;《生命直观》则是齐美尔运用应该范畴从伦理层面对个性及个体法则的认知。[1] 个体法则承认了个体和个体之间质的根本不同,由此,适用于个体的道德理想也各不相同。而且,这些理想无法固化成清晰的法则,它们本身就是一种生命过程,伴随着生命的流动瞬息万变;而各个生命点上的道德要求又彼此关联,此一刻的作为离不开彼一刻作为条件,每个人的道德理想由此自成一体。至此,齐美尔从以生命哲学为基础的个性出发,实现了对以康德为代表的量的个体主义和以歌德为代表的质的个体主义的融合和提升。基于前文齐美尔对上述两种个体主义的保留态度,他最终提出的个体法则及其对应的个性观念应该是对主观文化发展来说更适合的一种个体主义话语,是一种有关个体人格存在价值的新的阐发形式。

波特西克曾提出,齐美尔的思想总共包含三种个体主义形式,在量的个体主义和质的个体主义之外,所谓的第三种个体主义形式更强调个体与世界的统一,认为个体生命在每一刻都是世界生命总体的体现。[2] 波特西克的看法忽视了齐美尔对个体生命的强调,有可能将世界生命总体当成个体存在的共同基础,滑向泛神论式的普遍性追求和

---

[1] Georg Simmel, *Rembrandt*, Alan Scott, Helmut Staubmann (trans. & eds.), New York & London: Routledge, 2005, pp.149-150; Georg Simmel, *The View of Life*, John Andrews et al. (trans.), Chicago & London: The University of Chicago Press, 2010, pp.99-101.

[2] Efraim Podoksik, "Georg Simmel: Three Forms of Individualism and History Understanding", *New German Critique*, Vol.37, No.1 (2010), pp.141-142.

量的个体主义所预设的普遍人性,这恰恰是齐美尔所反对的。对齐美尔来说,生命存在的方式首先是个体化的,个体生命是根本的立足点。波特西克低估了生命哲学及个体法则对齐美尔思想的重要性,他认为齐美尔最终并没有解决普遍法则和个体法则之间的矛盾,因此波特西克没有特别关注个体法则。① 归根到底,普遍法则虽然与齐美尔以生命哲学为基础的个体法则对立,但仍然可以为个体法则(即作为应该的生命)所涵纳,统一于应该的生命之流。

五、个体法则的思想资源及伦理学意义

齐美尔在致力于寻求世界统一性的同时也试图为各样的伦理法则找到统一性。经过对包括功利主义的、以确定内容为终极目标的各种伦理原则的批判,齐美尔认为伦理法则的统一性必须抛开伦理原则的内容和目标,因为任何一种内容确定的终极目标都不能涵盖所有的人类行为。② 康德虽然从善良意志的角度避免了前述问题,但论及善良意志时仍然免不了对意志内容的抽象与分析,致使其伦理准则沦为僵化的概念体系,成为齐美尔所批判的普遍法则的至高发展。齐美尔对伦理法则统一性的寻求最终在个体法则这里得到了实现。个体法则立足于生命过程本身,避免了沦为僵化规则体系的可能,能够涵盖所有既存的和潜在的人类行为。

---

① Efraim Podoksik, "Georg Simmel: Three Forms of Individualism and History Understanding", *New German Critique*, Vol. 37, No. 1 (2010), p. 145.
② 西美尔:《哲学的主要问题》,钱敏汝译,上海译文出版社 2006 年版,第 176—177 页。

齐美尔以生命哲学为基础的个体法则产生于与康德、歌德、叔本华、尼采等人的持续对话。叔本华否定了以往哲学关于人的理性假定,将意志视为人的本质,理性成了意志过程中偶尔泛起的涟漪。意志便是那个在逻辑理性背后、超乎理性的根本推动力量,意志过程"可以接纳那些逻辑的、客观上必要的内容并因此而富有理性;但从其固有本质看,这个过程超然于理性和愚蠢、逻辑与矛盾之上,而在负面意义上是非理性的。叔本华的意志并不反对理性,只是外在于理性,因而也外在于理性的对立面"①。这种对意志和理性关系的描述恰似齐美尔对生命与理性关系的描述。叔本华从存在自身出发探寻伦理的源泉,而不是像传统理论家那样诉诸外在于存在的伦理准则。他指出,"我们所应是的这一切已经以某种形式,以某种隐蔽状态或未展开状态作为现实在我们身上,可以说是我们固有的最可靠的现实"②。由此衍生出从存在本身而非单独行为出发来做道德判断:"我们的道德的决断性层面以及责任本来所遵循之点是在我们的存在里,而不是在个别的行动中,行动只是存在的现象,只是我们身上的形而上意志的现象。"③这与齐美尔强调将行为放在整体生命中考量如出一辙。齐美尔也极为赞同叔本华将对人的解释扩展到了整体存在,认为哲学家要解释的正是整体存在。

但是叔本华对现象和本质的区分一定程度上延续了表象和物自体的二分,以意志为存在本质并未将生命置于至高的位置。尼采将生命作为"绝对价值",意志只是生命上升的手段。"在叔本华那里则相反,意志被提高到绝对意义的程度,于是,甚至生命本身也不过是意志的

---

① 西美尔:《叔本华与尼采》,朱雁冰译,上海人民出版社2009年版,第32页。
② 西美尔:《叔本华与尼采》,朱雁冰译,上海人民出版社2009年版,第116页。
③ 西美尔:《叔本华与尼采》,朱雁冰译,上海人民出版社2009年版,第129页。

表现之一,只是意志表达自己并找到它应走的道路的手段。"①而意志总是处在不止息的追求和永远的不满足中,存在难免匮乏的痛苦,暂时的满足带来的快乐很快就会为长久的匮乏与痛苦所替代,叔本华的学说因此陷入存在即苦难的悲观主义论调。叔本华为了将自己的悲观主义贯彻到底,否定了任何积极正面的价值,认为所有的价值都依赖于主体快乐与痛苦的反应。诸如爱、道德等价值对他来说仅仅因可以减少痛苦才有意义,它们本身对于灵魂完善所具有的独立意义被全然抹杀,艺术所带来的主客融合在叔本华眼里也只是一种暂时逃离意志的虚假幸福。进而,叔本华否认了个性的形而上存在,宣称所有的个体差异都是现象,他们具有同一个存在本质,因而"人格"概念在叔本华的学说里几乎不存在。②以上几点都是齐美尔着力批判的,齐美尔的"生命"是世界原初的统一,生命固然像意志一样奔流不息,但是在生命表现为形式并摧毁既有形式的过程中并不存在与意志论相伴随的幸福论色彩。而且,齐美尔强调存在某些"客观价值",它们独立于人的苦乐反应,只因自身的存在本身具有意义。更重要的是,个性是齐美尔的基本出发点。他认为,"恰恰在个人最完整的独立存在、最牢固的自我基础、最具个性的固有价值的前提下,才会在行为和关系、感觉和奉献中产生两人之间最丰富和最深刻的道德价值"③。叔本华拒绝正面价值,拒绝个性的形而上实存,拒绝发展维度。在齐美尔看来,这一切都是叔本华为了维持自己意志论的悲观主义体系而趋于片面的结果,因为对任何一种要素的承认,都有可能导致乐观主义的转向。叔

---

① 西美尔:《叔本华与尼采》,朱雁冰译,上海人民出版社 2009 年版,第 80 页。
② 西美尔:《哲学的主要问题》,钱敏汝译,上海译文出版社 2006 年版,第 160 页;西美尔:《叔本华与尼采》,朱雁冰译,上海人民出版社 2009 年版,第 44—45 页。
③ 西美尔:《叔本华与尼采》,朱雁冰译,上海人民出版社 2009 年版,第 121 页。

本华把众多和单一看成了非此即彼的关系,为了实现本质在意志上的统一,个性就不能真正存在;现象既然众多,本质就必须是单一的。但齐美尔认为,众多和单一、对立和统一可以并存,本质既可以是众多的,也可以是统一的。"真正的道德高度似乎是,人的关系包含完整的二元性同时也包含着完整的统一性"①,后来齐美尔将生命的存在视为形式与生命二元对立中的统一,既承认个性的众多,又承认个性在生命中的统一。

简言之,身处货币经济中的现代人被困于漫长的"手段—目的"链条之中,他们对终极目的的渴望仿佛永远无法满足。叔本华的哲学正是对这种境况的真实写照:意志无止境地追求,永远不满足,个别意愿达成带来的短暂满足很快就会被新的匮乏感取代,意志绝对不可能在个别目标的实现中获得持久的满足;存在成了绝对的痛苦,彻底的救赎意味着完全地否定生命。② 而与叔本华相对,尼采却"从进化思想创造了全新的生命概念:生命从其自身出发,从其最本己、最内在的本质看是上升、增多,是周围世界力量向着主体日益加强的集中"③。尼采重视生命,重视个体,重视历史和发展,这些思想都在齐美尔有关生命及个体法则的论述中得到延续。生命是一个不断发展的过程,在这一过程中,"意志潜能和高雅教养、思维能力和宽厚、信念和美"等人性品质在每一个阶段都比上一个阶段更高更强,直到生命发展的至高点,人性品质也上升到了顶点。尼采的落脚点是人类种属的发展高度,他尊崇个性的目的只是为了让少数人不受限制地发展,让日臻完美的个体将人类代入一个前所未有的高度。就此而

---

① 西美尔:《叔本华与尼采》,朱雁冰译,上海人民出版社 2009 年版,第 121 页。
② 西美尔:《叔本华与尼采》,朱雁冰译,上海人民出版社 2009 年版,第 4—6 页。
③ 西美尔:《叔本华与尼采》,朱雁冰译,上海人民出版社 2009 年版,第 7 页。

言,尼采的高尚道德论超越了社会的局限,以人类种属为依归。尼采的"个人主义显然并非自由主义意义上的个人主义,因为后者是一个彻头彻尾的社会的理想,它只是作为追求社会目的的技术手段规定着个人的自由,强调个人的判断"[1]。个体具有不依赖于外在社会效用、经济效用的客观价值,只要个体发展能够提升人类的发展水平,那么个体及其他人付出的代价都无关紧要。由此,尼采一再强调,这种人格主义与任何利己主义、幸福论、享乐主义、悲观主义或功利主义都大相径庭,后者"按照快乐和痛苦,这就是说,按照伴随状态和次要事实测定事物价值的思想方式都是表层的思想方式和童稚般的天真"[2]。因此,"高尚生活的风格与货币经济的风格是完全对立的"[3],货币经济严格地以对牺牲和价值的收支斟酌为出发点,高尚道德在意的却只是价值本身。

尼采赋予生命发展以至高地位,生命自身相对于人类种属的价值超越了任何外在效用。类似的思想同样出现在歌德那里,齐美尔的个体法则几乎完全继承了这一点。但是尼采的生命缺乏超验的维度,仅仅局限在人类范围,没有扩展至存在整体乃至形而上层面,且尼采过于注重生命之流而忽视了生命中结构、形式的一面,这些遗憾在歌德那里得到了充分的弥补。[4]

在反对康德的过程中,歌德作为对立面一直是齐美尔推崇的对

---

[1] 西美尔:《叔本华与尼采》,朱雁冰译,上海人民出版社2009年版,第151页。
[2] 西美尔:《叔本华与尼采》,朱雁冰译,上海人民出版社2009年版,第173页。
[3] 西美尔:《叔本华与尼采》,朱雁冰译,上海人民出版社2009年版,第171页。
[4] Josef Bleicher, "From Kant to Goethe: Georg Simmel on the Way to Leben", Theory, Culture & Society, Vol. 24, No. 6 (2007), p. 152;西美尔:《叔本华与尼采》,朱雁冰译,上海人民出版社2009年版,第14页。

象。[1] 尽管齐美尔最终强调康德与歌德、叔本华和尼采都不过是生命的不同搏动[2],但这一结论却立足于歌德的思想。歌德抛弃了抽象思考的科学认知模式,用艺术的认知方式直观到存在的统一,并始终以这种原初的统一作为其思想的出发点和落脚点。这一切根源于歌德完整的人格本身,他像那些被神恩充满的人一样拥有一种能够感受到所有存在神秘统一的天性内核。对他来说,人的心智力量是自然的一部分,而自然是人心智力量的印证,即所谓"自然的精神性"(the spirituality of nature)和"精神的自然性"(the naturalness of spirit)[3],精神和自然也就是整个存在的统一基础。"自然之中显而易见的生命(Leben)法则也适用于人类精神。两者都被赋予了同样的权利,它们源自存在的统一(the unity of being),存在的统一将同一的创造性法则发展为多种形式。"[4]歌德超越了各种根深蒂固的"人类存在内部、人类世界内部、人类和世界"[5]之间的二元对立,超越了概念和逻辑,他对世界的认识如

---

[1] 齐美尔在1899年就发表了《康德与歌德》的早期简短版本,此后一直没有放弃对歌德的研究。他1913年还出版过一本关于歌德的专著,1912年曾写到,要回到魏玛去思考对自己来说非常困难的、决定性的问题。参见 Josef Bleicher, "From Kant to Goethe: Georg Simmel on the Way to Leben", *Theory, Culture & Society*, Vol. 24, No. 6 (2007), p.156。按照布莱谢尔(Bleicher)的说法,尼采在齐美尔和歌德之间充当过桥梁的作用,因为尼采也不止一次表达过对歌德及其生命观念的推崇。

[2] 西美尔:《叔本华与尼采》,朱雁冰译,上海人民出版社2009年版,第187页; Georg Simmel, "Kant and Goethe: On the History of the Modern Weltanschauung", *Theory, Culture & Society*, Vol. 24, No. 6 (2007), p.190。

[3] Georg Simmel, "Kant and Goethe: On the History of the Modern Weltanschauung", *Theory, Culture & Society*, Vol. 24, No. 6 (2007), p.163.

[4] Georg Simmel, "Kant and Goethe: On the History of the Modern Weltanschauung", *Theory, Culture & Society*, Vol. 24, No. 6 (2007), p.166.

[5] Georg Simmel, "Kant and Goethe: On the History of the Modern Weltanschauung", *Theory, Culture & Society*, Vol. 24, No. 6 (2007), p.159.

同痛苦或快乐时发出了声音、根茎开出了花朵一样自然①。所以在歌德这里不存在不可知的物自体世界,所有的知识、真理和价值都在此岸,即使那些神秘难测之物也并不在不可知的彼岸,而是在通过不断探索终可到达的此岸。

在上述前提下,歌德表达了自己对道德的看法:"道德的严苛毫无必要,因为自然已经以它温柔的方式将我们构成了我们应该成为的人……一些人认为利己主义是所有伦理行为的动力;另一些人认为对舒适和幸福的渴望是伦理行为的动力。但是这些假设都不能被广泛接受,最终看起来最恰当的是从人类完好自然的整体复杂性得出伦理和审美行为。"②"因为自然本身是理念的所在地和表征,因而人类可以到达的最高目标及人类最高级的需求内容就是:他们可以尽可能完全地、清晰地发展所有自然赋予他们的东西。"③继而,歌德认为,"对个体的要求就是要最大限度地利用可得资源发展所有的才能,从而让内在的自然实现最充分的表现"④。每个人都要以自己为出发点,追求自己的利益,这对公益也有好处。齐美尔指出,歌德的观点并不是对自由主义式自利的肯定,"这种观点背后有一个非常深刻的形而上学动机。'幸福'对于歌德并不意味着单独的幸福,而是一种与存在整体的和谐关系,它是个体充分发展的前提。歌德曾经说过,'如果我们自己是一

---

① Georg Simmel, "Kant and Goethe: On the History of the Modern Weltanschauung", *Theory, Culture & Society*, Vol. 24, No. 6 (2007), p. 162.
② Georg Simmel, "Kant and Goethe: On the History of the Modern Weltanschauung", *Theory, Culture & Society*, Vol. 24, No. 6 (2007), p. 180-181.
③ Georg Simmel, "Kant and Goethe: On the History of the Modern Weltanschauung", *Theory, Culture & Society*, Vol. 24, No. 6 (2007), p. 183.
④ Georg Simmel, "Kant and Goethe: On the History of the Modern Weltanschauung", *Theory, Culture & Society*, Vol. 24, No. 6 (2007), p. 187.

个整体,那么我们和别人也是一个整体',他对我们生命和世界的统一感不能接受个体的充分发展最终与其他人的发展相互矛盾。相反,一个人在实现整体存在的意义上得到的深刻幸福也会促进社会环境的同样发展,正是这一社会环境构成了他们的特定世界"①。"按照歌德的思想,人类存在需要有选择地发展自己的动力和潜力,以便实现整个人的最大限度的发展。因为存在和价值不是分开的——'让你的存在成为你愉悦的源泉'——所以对存在的最大发展必然包含着价值的最大发展。"②可见,歌德超越了狭隘的道德观,他眼里的道德意指对个体内在自然的充分展现,从而实现存在与价值的最大发展;鉴于个体与社会的原初统一,个体的发展也必然促进社会的发展。需要强调的是,歌德的个体内在自然其本质与外在自然一样都是生命。

齐美尔从歌德、叔本华和尼采的学说中看到了"生命"的重要性,并以之作为批判康德机械思维的出发点。在"生命"概念的广度上,齐美尔继承了歌德和叔本华的视野,将整个世界都纳入生命的统一体中来解释;在对生命内涵的理解上,齐美尔更多地接受了歌德的思想,一直将青年歌德视为整全人格的标杆以及对世界统一性有直觉领悟力的天才。生命是原初的统一,起初并不存在主体与客体、事实与价值的二元分裂,生命的流动始终存在于形式与生命的内在冲突之中,伦理上的应该内在于个体生命自身,并不需要去生命之外的彼岸寻求。但对个性绝对存在的认可促使齐美尔进一步延伸了歌德、尼采的主题,他批判中年以后的歌德过于强调自然的首要性而使其原本崇尚的个性几

---

① Georg Simmel, "Kant and Goethe: On the History of the Modern Weltanschauung", *Theory, Culture & Society*, Vol. 24, No. 6 (2007), p. 181-182.

② Georg Simmel, "Kant and Goethe: On the History of the Modern Weltanschauung", *Theory, Culture & Society*, Vol. 24, No. 6 (2007), p. 183.

乎弱化为自然普遍性的表达。① 齐美尔肯定个性的绝对性，且他的思想多了一分尼采式的贵族主义色彩。他认为只有少数像歌德、叔本华、尼采式的天才才有领悟世界原初统一的天赋，并能在充分的自我发展中促进社会的完善；而歌德的"反贵族主义的立场认为所有人有近乎相等的价值，它在人们真实自我的元素中发现了彼此之间的类似"②。不过，齐美尔摒弃了尼采高尚道德学说中残存的目的论倾向，不把生命的至高发展作为律令式的规定来要求人，而是把生命源泉本身放在至高的位置。③ 摆脱了目的论也就摆脱了建基于此的各种带有幸福论色彩的论调，如叔本华的悲观主义和尼采的乐观主义。

六、余论

齐美尔在《1870年以来德国生活与思想的趋向》一文中指出，大约自1890年以来，个体主义理念在德国兴起，但这种理念很大程度上是对尼采个体主义思想的误解。人们处处追求自由放纵、标新立异，利己主义、享乐主义泛滥，表面的特立独行背后是坚实个性的缺乏，最终每个人以相同的方式表达新奇，追求独特的初衷产生了人人趋同的实践。此刻，齐美尔重提以尼采、歌德思想为基础的生命哲学和个体法则，不仅在重申个体人格整全性的基础上批判了前文所述的两种个体

---

① Georg Simmel, *Rembrandt*, Alan Scott, Helmut Staubmann (trans. & eds.), New York & London: Routledge, 2005, pp. 88, 158.

② Georg Simmel, "Kant and Goethe: On the History of the Modern Weltanschauung", *Theory, Culture & Society*, Vol. 24, No. 6 (2007), p. 180.

③ Georg Simmel, *The View of Life*, John Andrews et al. (trans.), Chicago & London: The University of Chicago Press, 2010, p. 107.

主义对个体人格的割裂,而且阐述了一种不同于功利主义、利己主义、享乐主义等流行观念的个体主义话语形态,为现代个体避免货币经济的吞噬提供了内在于个体生命的伦理源泉。

个体法则以整全的个体生命过程/个性为基础,是在应该范畴下对该个性的伦理审视,是应该的生命相对于现实的生命所具有的伦理意义。作为应该的生命是从一开始就内在于个体生命的一种必然性,是仅对该个体有效的普遍性。它在伦理上意味着在进行每个行为之前都要考虑该行为是否表达了整体生命,任何主观任意都是对个体法则的背离。个体生命形而上学的道德意涵不需要从另一个秩序中去寻求根基,处于世俗时间中的个体生命过程本身既是现实的也是应该的,它形而上学的超越意义就内在于自身的世俗存在之中。个体法则预设的个性发展了以浪漫主义为代表的日耳曼式个体主义/质的个体主义,克服了浪漫主义片面追求独特的方式中内含的人格割裂。德国的个体主义与英法的个体主义素来有别。齐美尔所谓英法的量的个体主义可以囊括18—19世纪流行的各种个体主义思想如社会契约论、功利主义等,这些个体主义都是外倾型的,有介入现实的强烈愿望。而"德国个体主义与宗教改革相一致,是一种内倾的、精神的个体主义,文化的个体主义,从教育意义上说是个人文化,甚至是不折不扣的自我培养,它不危及对共同体的从属性,甚至以后者作为支撑。这实际上是个体主义与整体主义的独特组合,根据情况其中一个原则优先于另一个原则:在共同体方面甚至国家方面,整体主义起主导作用;在个人文化与创造方面,个体主义起主导作用"[①]。齐美尔的个性及个体法则在一定

[①] 路易·迪蒙:《论个体主义:人类学视野中的现代意识形态》,桂裕芳译,译林出版社2014年版,第116页。

程度上延续了上述传统,有些类似路易·迪蒙所谓传统整体主义社会之下的出世个体,既超越整体社会又顺从整体社会。当货币摆脱了最初的个体需求自成一体,成为一个命运一般巍然屹立于个体面前的客观系统时,它就像传统的整体社会一样面对着个体,只不过货币体系给了个体以最少人格投入其中的机会,个体能够最彻底地返回自身。"德国人只为自己歌唱,从内在的情绪出发唱歌,不管是高兴还是忧伤,或者仅仅是想要表达"①,他们不会以观众为取向展示与他人共享的普遍性和类型,他们的个性在成熟之际会彻底地退出世界,回归自身。然而此前,他们仍然从外部世界和他人那里汲取养分,只是在这一过程中,"个体的生命完全由他们自己的中心决定(their own center)"②。生命总是深陷于个体之内,不会"将它的中心给予它自身之外的另一个统一体"③。即使个体之间可以形成共同氛围,这种共同氛围的根基也在于个性,不是大海上涌起了一朵浪花或通过一朵浪花认识整个大海,而是一股溪流汇入了江海。

卢卡奇在《理性的毁灭》一书中宣称齐美尔是彻底的主观主义者,"对于西美尔来说,客观实在的外在世界已经根本不再是问题了"④。他指出,齐美尔对现代社会基本症候的诊断——文化悲剧论——是将

---

① Georg Simmel, *Rembrandt*, Alan Scott, Helmut Staubmann (trans. & eds.), New York & London: Routledge, 2005, p.62.
② Georg Simmel, *Rembrandt*, Alan Scott, Helmut Staubmann (trans. & eds.), New York & London: Routledge, 2005, p.43.
③ Georg Simmel, *Rembrandt*, Alan Scott, Helmut Staubmann (trans. & eds.), New York & London: Routledge, 2005, p.44.
④ 卢卡奇:《理性的毁灭》,王玖兴、程志民、谢地坤等译,江苏教育出版社2005年版,第275页。关于卢卡奇对齐美尔的批判,陈戎女和王利平都有提及,参见陈戎女:《西美尔与现代性》,上海书店2006年版,第25—33页;王利平、陈嘉涛:《齐美尔论个性》,《社会》2018年第6期。

现实问题普遍化以抽离其经济社会基础,而齐美尔对货币积极作用的强调则显示出他的思想是"帝国主义时代靠利息吃饭的寄生虫的哲学"①。继而,卢卡奇认为齐美尔把个体生命看成主体与客体、个人与宇宙的交汇点,把艺术、宗教、科学等不同领域看成从主观生命生发的不同形式范畴对世界内容的形塑,这种做法以一种虚假的客观性将主观化进行得更为彻底;齐美尔在个性中寻求伦理规范的个体法则会导致极端的相对主义,文化悲剧最终在绝对生命中的和解又会使人在相对主义的虚无自我中心安理得。②

尽管卢卡奇作为齐美尔曾经的追随者对其思想的核心线索把握得比较准确,既看到了齐美尔由文化冲突到文化和谐的转折,也觉察到个体法则在齐美尔思想脉络中的重要性,但他对齐美尔主观化和相对主义的指责却未必公允。对比卢卡奇1918年纪念齐美尔时的主要观点,或许更能洞悉其中端倪。彼时卢卡奇称齐美尔是"印象主义"哲学家,"是至真至纯的哲学精神"③,只是由于其回避终极结论的性格以及印象派方法、时代的局限等因素才没有成为最伟大的哲学家。与《理性的毁灭》相对,卢卡奇当时不仅高度肯定了齐美尔的货币哲学研究,而且否定了其他人对齐美尔相对主义的指责,他认为齐美尔多元的方法和视角不能算作相对主义,因为齐美尔把每一种视角和方法都当成

---

① 卢卡奇:《理性的毁灭》,王玖兴、程志民、谢地坤等译,江苏教育出版社2005年版,第285页。
② 卢卡奇:《理性的毁灭》,王玖兴、程志民、谢地坤等译,江苏教育出版社2005年版,第288页。
③ Georg Lukács, "Georg Simmel", in David Frisby (ed.), *Georg Simmel: Critical Assessments*, Vol.1, London & New York: Routledge, 1991, p.98.

绝对有效的。[1]

就齐美尔的著作来看,无论是早年的社会学研究、文化悲剧论还是晚年的伦理学思想,他都未曾放弃对现实的关注,将日常生活现象与生命的终极意义相关联是齐美尔最主要的研究方式之一。[2] 在齐美尔的生命观里,表象与物自体、内在与外在就像歌德所认为的那样从来就是统一的,自然和精神都是绝对存在的。尽管对于歌德式的艺术家来说,"精神多于物质(more-than-matter)且多于机械论(more-than-mechanism),只有它才能赋予艺术家接受和对待世界的方式以意义",但这并非否认客观性,而是"对精神性的彻底理解必须在物理现实中去寻求"[3]。齐美尔对个体法则客观性的强调也表明他所指的个性不是无限制的主观任性,而是存在于一定的社会历史之中。齐美尔对货币经济显然也并非只有肯定,出于对个体人格完善的重视,他在很多方面对货币经济进行了批判,文化悲剧、货币经济的负面后果等思想都表达了他对所处时代的忧虑。如前所述,他探究个体主义及个体法则的出发点之一也是要寻求一种不同于利己主义、功利主义等资本主义社会主流观念的个体主义话语。齐美尔在《生命直观》里提出了"绝对生命"的概念,指出生命不只是狭义上的与形式对立的生命,还是将

---

[1] Georg Lukács, "Georg Simmel", in David Frisby (ed.), *Georg Simmel: Critical Assessments*, Vol.1, London & New York: Routledge, 1991, pp.100-101.

[2] Georg Simmel, "The Metropolis and Mental Life", in Donald Levine (ed.), *Georg Simmel on Individuality and Social Forms*, Chicago & London: The University of Chicago Press, 1971, p.328; Georg Simmel, *Rembrandt*, Alan Scott, Helmut Staubmann (trans. & eds.), New York & London: Routledge, 2005, p.3;西美尔:《货币哲学》,陈戎女、耿开君、文聘元译,华夏出版社2002年版,第3页。

[3] Georg Simmel, "Kant and Goethe: On the History of the Modern Weltanschauung", *Theory, Culture & Society*, Vol.24, No.6 (2007), p.163.

这一对立囊括于自身,在对立矛盾中统一持存的生命。① 因此,齐美尔晚年在生命中获得的和谐统一不是片面否定,而是内含冲突的和谐。建立在绝对生命基础上的个体法则与其说是在追求自我麻醉的虚幻舒适,不如说它对个体提出了更高的道德要求,不允许个体的任何行为逃脱伦理的审视。这恰如齐美尔对贵族的讨论:贵族并非可以随心所欲,而是意味着更严苛的规范。②

---

① Georg Simmel, *The View of Life*, John Andrews et al. (trans.), Chicago & London: The University of Chicago Press, 2010, p. 16.
② Georg Simmel, "The Expansion of the Group and the Development of Individuality", in Anthony Blasi et al. (trans. & eds.), *Sociology: Inquiries into Construction of Social Forms*, Vol. 2, Leiden & Boston: Brill, 2009, pp. 643-644.

齐美尔论个性

王利平　陈嘉涛

（北京大学社会学系　香港大学社会学系）

摘　要：本文着重考察齐美尔个性观在其生命哲学中的展开。以个性观在德国思想史中的演变为线索，追溯了自文艺复兴经18世纪启蒙时代，再到19世纪浪漫主义兴起之后的一系列重要变化，集中讨论了尼采——作为生命哲学的最初阐发者——的贵族理论是如何影响齐美尔的。尼采笔下备受推崇的个体，在与世界整体相剥离之后，失去作为类存在的归宿感，这也是齐美尔探讨现代个性如何持存的起点。齐美尔在现代资本主义劳动分工、艺术创作之形式的转变以及个体生命时间的展开（尤其是死亡的意义）等不同的层次上，对以生命为立足点寻求个体自我的统一做了深入论述。文章最后回应了韦伯和卢卡奇对齐美尔的批评，笔者认为两者分别从理性主义和马克思的历史唯物主义传统反思了齐美尔的生命哲学。

关键词：齐美尔　尼采　个性　生命哲学

---

* 本文首发于《社会》2018年第6期，有改动。

一、引子

在《理性的毁灭》一书中，卢卡奇对德国19世纪以降涌现的"生命"（vitalist）哲学提出了尖锐批评。他认为生命哲学从根本上抽离了对物质世界的客观把握，而完全堕入没有根基的主观体验，使得个体漂浮于现实的政治社会世界之外，并最终枯竭了改变世界的能力。生命哲学起始于狄尔泰，突出对世界的感觉经验为知识的根本基础。[①] 通过感性经验而非康德式的抽象理念图式来捕捉历史和现实世界，这是一条理解德国现代哲学的重要线索。而德国传统下以韦伯、滕尼斯、齐美尔为代表的社会学与人文主义的历史学之间的深厚渊源也大抵可见一斑。卢卡奇从马克思的立场出发，批驳韦伯和齐美尔各自对历史唯物主义（historical materialism）的批评，认为他们皆是寄身（parasite）于魏玛帝国时代的软弱的资产阶级知识精英的代表。一方面，民主自由革命的能量在1848年以后不断萎缩，使得18世纪的启蒙进步理念被不断怀疑；另一方面，对帝制主义时代的幻想、不满及无力感，使得知识精英不再于外部世界去寻找行动的意义，而是向内寻找生命的意义。生命哲学正是诞生于这样一个历史图景之中。

在卢卡奇看来，尼采是生命哲学最重要的阐述者，而尼采对齐美尔思想的形成至关重要。尼采和齐美尔的思想风格貌似迥异，前者显得富有生机且具侵略性（militant），而后者有一种离群式的孤傲（haughty

---

[①] Georg Lukács, *The Destruction of Reason*, Peter Palmer (trans.), New Jersey: Humanities Press Inc., 1981, p.431.

aloofness of the crowd),并兼具自满的犬儒主义（complacent cynicism）。尽管如此，把握尼采却是理解齐美尔这种和世界疏离的态度的重要线索。甚至可以说，齐美尔思想是尼采思想在某一方面走向极致的结果。如何来厘定这条线索，正是本文所要重点论证的内容。卢卡奇敏锐地指出，上帝死了是理解从尼采到齐美尔这条线索的最重要的思想事件。值得注意的是，上帝隐去并没有摧毁宗教的精神结构，导致全面的世俗化，而只是催生了一种新的宗教性的无神论。[1] 上帝隐去后留下的这一神圣的位置，并没有被抹平，而是被至高无上的个体（sovereign individual）占据了，尼采对这一神圣的个体主义有最丰富的论述。齐美尔更是从现代资本主义组织形态、艺术形式、个体存在体验等多个角度对个体自身如何成就意义做了深入讨论。

尽管卢卡奇从社会道德的角度对齐美尔的批评非常深刻，然而，齐美尔的思想是否正如卢卡奇所言，浸染在"悲剧性的个体主义"情绪里而缺乏道德深度？笔者认为，对齐美尔个性观的讨论或许可以回答这个问题。在深入展开这一批判之前，本文将就齐美尔对现代个性（individuality）生成的思想历史条件予以论述，并揭示尼采有关精神贵族的讨论如何影响了齐美尔的个性观。早期的齐美尔从社会学角度对资本主义世界组织如何从外在构筑了个体主义的空间做了精彩论述。而晚期的齐美尔则直接从生命哲学出发，阐发了尼采的权力意志（will to power）。他不仅从生命结构上，尤其是在死亡的意义上，论述了个体意志（will）能量的来源，直至从伦理上，而不仅仅是消极的审美体验上，论证了自我作为生命意义的支点的可能。

---

[1] Georg Lukács, *The Destruction of Reason*, Peter Palmer (trans.), New Jersey: Humanities Press Inc., 1981, p. 449.

二、孤独、独特而内向的个体

个性是齐美尔思想的一个核心主题,而他本人的写作风格也极为个人化。齐美尔的研究者用"印象派"来形容他片段的而非体系的写作。[1] 齐美尔的思想不断被引入讨论和印证现代社会片断式的、破碎的生命感觉。[2] 精神性的个体——如同"陌生人"一样——寄居在其无从把握的、由分工支配的现代社会系统之中,他只是功能性地参与其中,或是诗意地旁观。[3] 主观精神世界和客观文化世界之间的无法调

---

[1] 将齐美尔的社会研究纳入任何一个学派都不是一件易事,因为齐美尔向读者呈现的是"一个又一个对于个别的社会关系的印象",而他本人亦与研究对象保持着一种美学距离(aesthetic distance),像在欣赏一件艺术品一般。David Frisby, *Sociological Impressionism: A Reassessment of Georg Simmel's Social Theory*, New York: Routledge, 1992, pp. 1-33.

[2] 不同的研究都提及,齐美尔的社会学观点或多或少地建基于其自身的美学取向,而且齐美尔本身亦指出,短暂而碎片化的社会交流必然是现代社会的特征,这同时反映其将社会研究美学化(aestheticization)的意图。因此,若以美学视角来理解齐美尔,反而能得出一个完整的图景。齐美尔的学生萨尔兹提及了齐美尔认为社会本身就如一件艺术品,处于一个非时间性的空间活动,凭着去人格的劳动来运作,以及寻求统一的渴望。David Frisby, *Sociological Impressionism: A Reassessment of Georg Simmel's Social Theory*, New York: Routledge, 1992, pp. 1-33; Murray Davis, "Georg Simmel and the Aesthetics of Social Reality", in *Georg Simmel: Critical Assessments*, Vol. 2, David Frisby (ed.), New York: Routledge, 1968, pp. 320-329; Charles Axelrod, "Toward an Appreciation of Simmel's Fragmentary Style", in *Georg Simmel: Critical Assessments*, Vol. 2, David Frisby (ed.), New York: Routledge, 1977, pp. 187-196.

[3] 王利平:《齐美尔笔下的陌生人》,载舒炜等编:《施米特:政治的剩余价值》,上海人民出版社2002年版,第398—422页。莱文也提醒我们,陌生人有别于"边缘人"(marginal man)或"新生"(newly arrived man),因为陌生人强调的是个体与社会一种若即若离的距离,其中暗示了一种与社会既远又近的成员制。Donald Levine, "Simmel at A Distance: On the History and Systematics of the Sociology of the Stranger", in *Georg Simmel: Critical Assessments*, Vol. 3, David Frisby (ed.), New York: Routledge, 1977, pp. 15-29.

和，是现代文化最根本的冲突所在。① 而主观的精神世界裂变为审美的、宗教的、科学的等等各种视角，每个视角都有其意义，然而每个视角都缺乏某种绝对价值。批评者往往因此认为，齐美尔的研究不乏发人深省的灵感，然而缺乏一个中心，因为他没有能力做出终极的价值选择。如同印象派的画一样，齐美尔的思想永远像是未完成的过渡状态。② 齐美尔的思想是否真的过于主观化而缺乏对终极价值的探索？这正是本文欲通过对其个性观的讨论试图回答的问题。齐美尔认为，个性问题是理解现代社会处境的一个最重要的切入点。这里所说的现代社会，严格来说是19世纪浪漫主义兴起之后的西方社会，也是现代资本主义分工体系高度成熟的阶段。它是民主的社会，也是诞生原子式的个体主义的温床。个性代表了从内在对生命意义的追求，它试图在扁平化的原子个体中创造出深度。

齐美尔对个性的考察贯穿在他各时期的著作之中。个性是一个历史概念，不同时代、不同文明对个性的定义和接纳是不一样的。而齐美尔阐述的个性，针对的是19世纪个体主义盛行的情境。在《1870年以来德国生活与思想的趋向》③一文中，齐美尔指出，自德国统一以来，工业的发展和物质的繁盛伴随着极端个体主义倾向的出现。社会关系的扩大在极大程度上削弱了传统的纽带以及个人的自我克制，尤其是

---

① Georg Simmel, *The Conflict in Modern Culture and Other Essays*, K. Peter Etzkorn (trans.), New York: Teachers College Press, 1968.

② 这段评论出自卢卡奇于1918年发表在匈牙利报纸 *Pester Lloyd* 上的文章。收入于 *Georg Simmel: Critical Assessments*, Vol.1, pp.98-102。在这篇文章中，卢卡奇为齐美尔的印象派风格做了有力的辩护，认为它并不指向相对主义，因为齐美尔抓住的片段体验，最终指向的都是生命本身。所以齐美尔在独特个体身上看到的品质是特殊的，但又是某种绝对和永恒的。

③ 格奥尔格·西美尔：《1870年以来德国生活与思想的趋向》，载《宗教社会学》，李放春译，上海人民出版社2003年版，第182—235页。

弱化了年轻人对权威的尊重。一种没有节制的个人中心主义蔓延开来，且伴随着各种盲目的模仿和疯狂的造神。齐美尔的个性观针对的正是这种个体主义的问题。作为个性载体的个体是孤零零的个体，不仅与任何基于血缘和地域而构成的共同体相分离，甚至与作为一个普遍的类存在的人类群体相分离。这种个体和文艺复兴及启蒙时代的个体都不一样，他出现的历史条件是现代资本主义的成熟。

在齐美尔看来，文艺复兴从内在和外在将个体从中世纪的各类共同体中释放出来。彰显个性是文艺复兴的重要特征。然而，文艺复兴的个性观注重的是比较和差异，"个体希望显得与众不同；希望能用现有的形式将自己装点得更加出类拔萃"[1]。简而言之，追求卓越是文艺复兴时期个性观的核心内容。无论是米开朗琪罗、拉斐尔还是提香，在他们作品中呈现的个体都没有背离理想化的自然。个体之间的差异更多的是社会学意义（sociological）上的，即在相互比较中展现自己的出众。[2]

18世纪启蒙后的个性观，观照的不再是差别，而是自由。重农学派的经济学将个体对经济利益的渴望视为自然秩序的重要一环。卢梭更是认为败坏的历史社会是个体自由的桎梏。对个体自由的珍视推动了法国大革命，而这种精神最崇高的表达则体现在康德和费希特两人的哲学之中。自我才是可知世界的承担者，也成就了道德价值的绝对自主性。[3] 然而，启蒙释放的个性是普遍意义上的，它和19世纪以后

---

[1] Georg Simmel, *On Individuality and Social Forms*, Donald N. Levine (ed.), Chicago: University of Chicago Press, 1972, p.217.

[2] Georg Simmel, *Rembrandt: An Essay in the Philosophy of Art*, Alan Scott, Helmut Staubmann (trans. and eds.), Abingdon: Routledge, 2005, p.87.

[3] Georg Simmel, *On Individuality and Social Forms*, Donald N. Levine (ed.), Chicago: University of Chicago Press, 1972, p.218.

的个性有着本质差异。启蒙意义上的个性剥除了具体的历史社会的特性,"人类从一切与他自然异质的条件中解放出来,唯一留下的就是他之所以为他的那部分实质"①。在齐美尔看来,这部分特质是整个人类共享的。譬如法国大革命中甚至禁止工人为了保护他们的具体权益而加入公会:因为这样一种结合会限制工人个体自由。② 所以18世纪的个体观念带有兼容并包的世界性(cosmopolitan)。作为道德承担者的孤独的个体要自己承担整个人类自由的目标,个体和整个人类为了自由而奋斗的命运之间是相通的。这样的个体和作为类存在(species)的人类共同体之间不可分割。正是借由与他人共享的"自然""理性""人性"之光,个体洞悉了他的自由和他的自我。

正是在这个意义上,齐美尔认为卢梭笔下的孤独的自然人并不是孤零零的现代个体。对卢梭来说,尽管他对个体的多元性有强烈的感觉,但"独特"的个体在他的写作中仍然流于表面。当个体决绝地抛开虚荣伪善的文明世界而返诸自身的时候,他探索的并不是他自己的内在灵魂。"当人返归自己的心灵,牢牢把握内在的绝对性而不是外在的社会关系的时候,他会发现善好和幸福的源泉,不断涌入他自身,他被这股力量充盈着,向他人走去,并且对他人有了认同。"③可以说,当人返诸自身的时候,他无比清晰地感受到他作为一个类存在,而这部分的自然纽带在嘈杂浮华的社会世界中被遮蔽了。人转向自我,却并没有陷入无所依傍的孤独之中,而是在静寂之中,挣脱各类繁杂的社

---

① Georg Simmel, *On Individuality and Social Forms*, Donald N. Levine (ed.), Chicago: University of Chicago Press, 1972, p.220.

② Georg Simmel, *On Individuality and Social Forms*, Donald N. Levine (ed.), Chicago: University of Chicago Press, 1972, p.272.

③ Georg Simmel, *On Individuality and Social Forms*, Donald N. Levine (ed.), Chicago: University of Chicago Press, 1972, p.221.

会关系,而感受到自己和人类全体的坚实纽带。这样一种个性观,无疑带有很强的改变现实的冲动,它和启蒙时代革命的政治社会浪潮相契合。

从18世纪到19世纪最大的转变就是启蒙对普遍人性的担当式微了。对普遍人性乐观态度的弱化有其现实基础,那就是现代资本主义体系的成熟,生产过程更为复杂及进一步的非人格化,将劳动者完全孤立在生产系统之内。[1] 齐美尔对这个社会重组的过程有极为精辟的社会学分析,他看到这一过程产生出的双重后果。一方面,社会组织规模扩大并且变得更为复杂的时候,它促进了个体自由,因为它减弱了我们具体的人身依赖,这体现在资本主义将劳动力从中世纪的行会组织中解放出来。[2] 和涂尔干论述的一样,齐美尔看到,货币经济使得个人摆脱了对某个他人的依附的同时,也使得个人对整个社会群体的依赖性更加增强了。我们生活的方方面面通过购买商品和社会服务获得满足,货币是我们和社会体系交往的媒介。这样一种依赖是非人格化的,它使个体获得了前所未有的独立(independence),这就是现代人的自由。它和荒岛上生存者的无所依赖(non-dependence)截然不同。[3]

另一方面,自由却要伴随着更大的不确定性。比如,在传统社会中,当家族、职业和继承的身份制以及种姓等将社会划分为小的社会群体时,个体在许多人生决定方面,譬如婚姻方面,没有太多的选择余地,不过个体也并不见得感觉到太多的制约。因为只要社会身份相符

---

[1] Georg Simmel, *On Individuality and Social Forms*, Donald N. Levine (ed.), Chicago: University of Chicago Press, 1972, p.273.

[2] Georg Simmel, *On Individuality and Social Forms*, Donald N. Levine (ed.), Chicago: University of Chicago Press, 1972, p.257.

[3] Georg Simmel, *The Philosophy of Money*, Tom Bottomore, David Frisby (trans.), David Frisby (ed.), London: Routledge and Kegen Paul Ltd., 1978, p.302.

合，男性可以选择任何一个女性作为自己的伴侣。然而，在现代社会中，当传统的社会制约机制瓦解以后，可选择伴侣的范围大大扩展了，因为等级、身份甚至宗教信仰都不构成限制，在最大范围的自由之中，个体选择自己灵魂伴侣反而需更谨慎、更严肃，因而也更不确定。[1]

资本主义因此催生出最极端的个人主义，那是原子化的个体，他摆脱了共同体和类的归属，在体验到自由的同时也将感受到自身存在的偶然性。关于这方面，最精辟的论述莫过于青年马克思。他比较了德谟克利特和伊壁鸠鲁，指出伊壁鸠鲁的原子论最具创新性的论点在于其确立了原子的质（qualities of atom），这是强调原子运动必然性（necessity）的德谟克利特哲学所反对的，即使两者不约而同地将原子视为一切客观世界物质组成的基本单位。德谟克利特认为，原子"在组成物质的同时，失去其特性（character），无法在表象世界中显现"。因此，在德谟克利特眼里，原子的本质是虚空（void）、不占有空间的，只有众原子组成表象物质时才能获取"质"，原子组合是不可分（indivisible）的存在形式。若纯粹依据德谟克利特哲学中的必然性，原子必然（ought to）会完全跟随直线之规律运动，但事实不然。伊壁鸠鲁从原子偶尔偏离直线运动这一现象，论断出原子的"质"（或可理解为"个性"）。伊壁鸠鲁进而论证，这"质"是使得原子偏离直线运动而相撞的根本原因，而非反之。[2] 确立"质"的存在，意味着原子中"存在与本质（existence and essence）和物质与形式（matter and form）的矛盾"[3]。"本质"和"形式"就如德谟克利特所言，是原子作为表象世界的基本形式的必然，原

---

[1] Georg Simmel, *On Individuality and Social Forms*, Donald N. Levine (ed.), Chicago: University of Chicago Press, 1972, p. 269.
[2] 马克思：《博士论文》，贺麟译，人民出版社1961年版，第16—24页。
[3] 马克思：《博士论文》，贺麟译，人民出版社1961年版，第25—26页。

子本身并无选择余地,而是机械地运动着的;"存在"和"物质"则代表了——在伊壁鸠鲁论断下——原子能作为独立的形式而存在,是一种独立的物质,与由其组成的一切表象物质对等。伊壁鸠鲁从此引申出原子的自我和意识。在作为更大的一部分和自我的独立之中出现了矛盾,原子因而为了逃离前者这"必然"的命运而偏离直线运动,从而出现了和其他某些原子撞击的运动,形成了物质。简言之,伊壁鸠鲁认可了原子作为基本存在形式的自主性和偶然性(chance)。

从原子论出发,可以引申出马克思对现代社会的理解。在传统社会中,个体就如德谟克利特理解的原子一般,无法独立存在,其意义必然是在于作为更大的一部分,因此当时的有机整体是不可分割的,而个体的命运亦是必然的。然而,在现代资本主义中,个体获取更多空间和自由,个体内在形成了自我和个性,引致个体和整体的对立。有机整体不再是个体的归属,个体能有意识地反对自身必然的命运,因而各自变成分散存在的单位,社会组织的形成亦趋向按照个体的主观意识而出现。在此前提下,马克思看出了伊壁鸠鲁的原子论中原子的"质"和现代个体的"个性"的模拟对于现代社会组织模式的启示性。他在"序"中写道:"普罗米修斯自己承认道:'说句真话,我痛恨所有的神灵。'这是他的自白、他自己的格言、借以表示他反对一切天上的和地下的神灵,因为这些神灵不承认人的自我意识具有最高的神性。不应该有任何神灵同人的自我意识并列。"[1]这是青年马克思对原子社会中自由的期望。

而齐美尔更进一步地指出,原子个体的自由与整个社会系统由抽象原则构筑的稳定性之间形成了最大的紧张。在他看来,以纸币为媒

---

[1] 马克思:《博士论文》,贺麟译,人民出版社1961年版,第2—3页。

介的货币经济得以充分实现的条件是社会互动变得更复杂也更稳定。这只要对比一下中世纪就一清二楚。在中世纪经济活动中,金银或是其他拥有具体价值的货币是不可或缺的,因为经济活动仍然是不稳定而散漫的。纸币本身没有任何价值,它沟通经济活动的时候,起关键作用的是对货币的心理预期。① 而这样的社会系统与原生形态的共同体完全不同,因为个体并不是全身心地投入其中,也无法自然地理解它。所以齐美尔才说,货币经济构筑的现象世界,只有借助于我们的智识反思(intellect),才能够成为一个整体现实。货币作为沟通物质交换的工具,实现了最抽象层面的交换。货币是一个具体商品,然而它没有任何特殊性质,这使得它可以和所有物质交换。借助货币实现的每个当下的具体的交换活动,只有在整个货币经济的一般规则的支配中才能体现其价值。这种关系,好比现代个体与世界的关系。虽然个体与世界的互动体现在每个当下的片段之中,然而其整体意义却只有借助于个体的精神活动才得以呈现。可以说,现实感并非来自于现实,而是来自主观认知。②

也就是说,因为生产组织的复杂化,个体无法直接理解他身处其中的社会世界,而必须借助更为发达的抽象的理性思维能力才能把握世界运转的逻辑。这样的外在世界,不再是我们脱胎于其中的共同体,表现为非人格化的生产系统,它缺乏个性(lack of character)。如果说,个性意味着个人或者事物遵循自己独特而排外的生存方式,那么19世

---

① Georg Simmel, *The Philosophy of Money*, Tom Bottomore, David Frisby (trans.), David Frisby (ed.), London: Routledge and Kegen Paul Ltd., 1978, pp.172-173.

② Georg Simmel, *The Philosophy of Money*, Tom Bottomore, David Frisby (trans.), David Frisby (ed.), London: Routledge and Kegen Paul Ltd., 1978, p.129.

纪的资本主义社会是极端缺乏个性的。机械的工作与创造性的艺术不同。严格说来,艺术作品只需要一个人的投入,但必须是全身心的。它对作者的回报就在于能够最彻底地表达他的人格。[1] 然而人格与作品之间的这种关联在资本主义生产系统中消失殆尽。从某种程度上说,资本主义的文化消费产品能够被普及的重要原因,就是因为文化产业是在劳动分工中完成的,它们不再吸收创作者的个性,因而它们没有个性。这样的世界是扁平的、非人格化的,它让彼此能够在普遍理性的智识层面相互理解,因为它将蕴含冲突可能的个性之棱角打磨殆尽了。[2]

正是在这样的处境中,才有了浪漫主义向内寻找生命意义的努力。当然,在德国特定的历史背景中,还因为经历了1848年以后民主革命的彻底破产。正如卢卡奇所言,浪漫派个体主义的兴起,是民主革命在德国失败的结果。"因为外在的进步无法企及,所有的动力都转向灵魂内部,德国很快成了'诗人和思想家的土地',一种内在气质(interiority)无论在深度、微妙感还是力度上,都超过了其他地方。"[3]齐美尔看到,19世纪的个体主义,经由施莱尔马赫和浪漫派的推动,将自我作为价值的基础,然而,这个自我,无法在任何外在事物中找到其支撑点。他因此也不再能够感受人类命运共同体的存在,"一切和他者的关系,都无非是自我最终抵达自身这条道路上的经过的站台而

---

[1] Georg Simmel, *The Philosophy of Money*, Tom Bottomore, David Frisby (trans.), David Frisby (ed.), London: Routledge and Kegen Paul Ltd., 1978, p.455.

[2] Georg Simmel, *The Philosophy of Money*, Tom Bottomore, David Frisby (trans.), David Frisby (ed.), London: Routledge and Kegen Paul Ltd., 1978, p.432.

[3] Georg Lukács, *Soul and Form*, Anna Bostock (trans.), Cambridge: MIT Press, 1974, p.43.

已"①,内在的探索成为19世纪个性的新的方向。其在艺术上的体现,最早则是歌德的《威廉麦斯特的学习时代》。在歌德的小说中,世界的展现依托于特别的个体,尽管这些特殊的个体仍然显得类型化。然后这些类型化的个体的光芒是内在的,他们彼此不同,他们独特的生命之声(accent)相互碰撞。而小说的魅力正在于展现了这些与众不同的灵魂之间的沟通。

可以说,19世纪是小说的时代,因为小说成了表达孤独之个体最合适的艺术形式。对这一条历史线索,卢卡奇在1915年出版的《小说理论》中有深入阐述。他指出,古典史诗中的人物缺乏个性,因为个体与世界的统一,个体对城邦有自发性(spontaneity)的归属感。用涂尔干的话来说,其高度的社会团结来自个体与个体之间的同质(homogenous),由此引申出他们对总体的自发认同。个体为城邦服务的同时,也是为自己服务;城邦的衰落亦是个体的衰落。一切主观意识与客观世界都是一个混沌而闭合(closed)的整体,无法互相分离。在世界之中的个体缺乏个性(individuality),纯粹是一个平面(flat)的存在。然而,这种缺乏个性的个体反而活得更满足。因为个体主观意识要求的正是客观世界能提供的,不多不少;世间规律(rhythm)达至平衡,万物之间达至协调(harmony)。在心灵如此满足的时代,个体能在客观世界得到一切主观所渴望的。齐美尔也同样指出,希腊人的主观意识是有限的,因为他们的世界观建立在对客观之在(being)的感知之上,他们把握的是整全的宇宙(cosmos),并对其满怀敬意。智识对世界的探寻,并不是无目标的,它最终的方向完全是由涵纳万物的、自足的永恒之在

---

① Georg Simmel, *On Individuality and Social Forms*, Donald N. Levine (ed.), Chicago: University of Chicago Press, 1972, p.223.

(being)而决定。①

然而,现代社会的分工彻底打破了整全的世界。分工意味着个体只是片面地与世界发生关系。个体之间,如同分散的原子一般,令自身感受到作为一个更大的存在之一分子的连续性(consistency)将不复存在。个体与个体之间相互异化,甚至对彼此产生厌倦和敌意。每个独立个体所渴望的不再一致,而世界亦再不能向其提供目标。世界亦不再是个体的故乡,这是一个无乡(homeless)的状态,从此灵魂所属之地皆在世界以外。对于这些散落的原子个体来说,外在的世界是界限,而灵魂渴望摆脱这个界限。

而小说作为一种文学形式提供了一个想象的精神家园,将客观世界为个体套上的束缚予以消除(write off),使个体在小说世界中,亦即精神创造的世界中,能再次与另一个个体,甚至整个类存在或世界达成统一。然而,小说达到的和解实际上是虚构的。它以虚构的形式,极致地表达了现代个体在意识上体验到的一种断裂,即客观世界的惰性(inertia)和主观意识渴求之间的不一致。小说中的主人公与世界是互相分离的两部分,之间必然牵涉障碍、困难和冲突,然而恰恰是这种形式令小说世界以外的个体(即作者和读者),在小说主人公与世界相对抗并自我实践的同时,最终能和小说中的世界达成共鸣而得到自我救赎。这就是小说的反讽(irony),能使脆弱的世界自我纠正,使个体与整体的关系在感觉上逐渐趋向一种有机的状态。②

---

① Georg Simmel, *On Individuality and Social Forms*, Donald N. Levine (ed.), Chicago: University of Chicago Press, 1972, p.236.

② 小说的虚拟世界成了现代个体灵魂的故乡,如卢卡奇所言:"小说中具有主体(即创作者或艺术家)先验上的渴求、并发其写作动机的形而上的苦难,以及其在作品务求作出对现世形式无可撼动的运作轨迹的呼应,三者之间的完全对应和汇合。"Georg Lukács, *Soul and Form*, Anna Bostock (trans.), Cambridge: MIT Press, 1974, p.40.

可以说,小说的艺术形式展现了原子内在精神世界的无限扩展,它是 19 世纪个体主义的必然后果。用齐美尔的话说,这是一个无限扩展并具创造力的灵魂。它不可能存在于古希腊的世界。因为在后者那里,灵魂的运动始终受制于宇宙的节律。对永恒之在的探索、敬畏和爱,而不是灵魂的自由,才是柏拉图精神之爱的实质。这个有深度的灵魂只存在于现代社会,它对应的恰恰是共同体的瓦解和普遍意义的缺失。原子的内在是活泼的生命运动。齐美尔认为,失去了整全宇宙之支撑,现代人的生命感体现为活泼的富有生机的运动(vital movement)[①],它不断变换,它的节奏是常新的,与希腊人依从的永恒截然不同。灵魂不再能从瞬间的时刻里面把握永恒之在,它能捕捉的只有这个瞬间。这样一个运动着的,甚至是躁动不安的灵魂,源源不断地从内在创造意义。尽管在希腊人眼里,这样的个体过于肤浅而短暂,他感知到的只是瞬间意志的投射。而在现代人看来,只有灵魂内在的独特之光才能赋予世界意义,当它延展为一种普遍时,它的意义感不断被稀释。

这样一种孤独、独特而内向的个体,在齐美尔看来,是 19 世纪现代性危机的表现,但也蕴含着一些新的可能。在面对这一处境时,经典社会思想家探索不同的出路。比如,马克思希望通过革命和现实的政治手段恢复人类原初的、未被异化的社会性的存在;涂尔干则是希望在现代社会复杂系统的连带中找到平衡个体自由和社会团结的可能;齐美尔则以最反社会学的方式,试图基于个性如何可能这个角度,来纠正个体主义的危险。这是齐美尔生命哲学最根本的思考,也是他从

[①] Georg Simmel, *On Individuality and Social Forms*, Donald N. Levine (ed.), Chicago: University of Chicago Press, 1972, p.238.

尼采那里继承的思路,即通过塑造个体精神来反抗个体主义。尼采关于精神贵族的讨论直接影响了齐美尔在个体精神中洞悉普遍意义的取向;而且,齐美尔还更进一步地从生存结构本身探讨了作为生命最根本动力的来源的权力意志(will to power)。

三、精神贵族和普遍人性

一个原子化的个体存在,如何找到生命的立足点,得以成就自己的个性,既不堕入狂热的模仿,也不拘泥于自我中心,齐美尔对这些问题的思考很大程度上受到了尼采的影响。首先,必须找到生命从内部不断推动自己、超越自己的能量。尼采的权力意志说(will to power)给了他很大启发,而尼采本人的思想则直接受到叔本华的影响。[①] 意志如同推动机器的能量,可以理解为每个单次行动的动力,然而我们无法理解究竟是什么推动了人们一个接一个的行动。在齐美尔看来,叔本华对意志有一个非常特别的定义,从而揭示了为什么意志能够推动不

---

① 齐美尔在《叔本华和尼采》一书中,显然对尼采表达出了更多的认同,尤其是受到尼采的贵族论和人性论的更大启发,从原本的新达尔文主义和新斯宾塞主义转到新的定位。齐美尔甚至对尼采表达一种同情,因为他认为太多所谓"享乐式的尼采主义者"曲解了尼采的本意。而对于叔本华,齐美尔则批判地展示出他的意志论、伦理、悲观主义和艺术观。在对弗里斯本的响应中,他提到读者不应把此书看作纯粹齐美尔对这两大哲人的评论,而是他如何从两人的思想中形成自己独特的哲学观点,如对于个体、生命、美学、普遍伦理和社会的想法的思想轨迹。参见 David Frisby, "Reviewed Work(s): Schopenhauer and Nietzsche by Georg Simmel, Helmut Loiskandl, Deena Weinstein and Michael Weinstein", *Contemporary Sociology*, Vol. 16, No. 6 (1987)。帕尔特盖亦指出,此书是齐美尔将个体观概念化的一个突破。无论如何,这本书必然是理解齐美尔哲学和社会理论举足轻重的一部作品。Dominika Partyga, "Simmel's Reading of Nietzsche: The Promise of 'Philosophical Sociology'", *Journal of Classical Sociology*, Vol. 16, No. 4 (2016)。

断的行动。他说,意志"表达了一种深层的黑暗的感觉,它让我们感觉到自身的无限、自我的无限,虽然生命展现的内容是有限的"①。这是一个基本的超越自我的直觉,也正是叔本华所谓的普遍意志(general will)。个体因为拥有普遍意志,所以能够在每个当下体验到无穷尽的可能,也是超越当下的可能。齐美尔认为,这是叔本华将费希特关于自我的哲学予以进一步发展的结果。费希特看到了在纯粹经验自我的每个当下的行动中蕴含着一种超越当下的动力,正是这种无限而绝对的能量承载了我们有限的经验。②普遍意志就是这种无限而绝对的能量。正是这种能量推动着我们理性的认知,因为意志渴望的对象并不是理性设定的目标。相反,行动的目标来自生命内部源源不断的意志或渴望。目标不过是意志表达的合理化。这是19世纪对18世纪理性主义哲学的挑战,它认为理性并不是客观世界的原则,而是存在的衍生物,它是可以被真实的生命接受或者拒绝的一种思维形式。③

然而,个体内在的生命力却与个体在形而上学层面无差别的统一构成了叔本华思想中最大的矛盾。齐美尔认为,叔本华的思想过于陷入形而上学之中,没有给人格(personality)留下位置。叔本华看到的是自我和他者在形而上学层面的统一。所以,孤独的个体在叔本华看来不过是意识的幻象。所有人本质上的同一才是存在的实质,其根源在于生命本身并没有一个决定性的、造就差异的根本目的。齐美尔用形

---

① Georg Simmel, *Schopenhauer and Nietzsche*, Helmut Loiskandl, Deena Weinstein, Miachael Weinstein (trans.), Amherst: University of Massachusetts Press, 1991, p.25.

② Georg Simmel, *Schopenhauer and Nietzsche*, Helmut Loiskandl, Deena Weinstein, Miachael Weinstein (trans.), Amherst: University of Massachusetts Press, 1991, p.27.

③ 马克思认为人的社会存在决定人的意识,也是这一趋势的反映。

而上学的民主(metaphysical democracy)来形容自我和他者无差别的同一。① 孤独的个体对叔本华来说不过是现象世界分离(separation)的表象,并不是存在的必然。② 可以说,自我不是形而上学的基础,它缺乏内在的独立(inner independence),使得它可以和世界相对立。因此,叔本华提出的救赎之道,是洞悉现象世界的分离(separation)和本质世界的统一这样的两重性,从而摆脱现象世界的痛苦。他进而提出了审美的救赎与伦理的救赎,前者意味着个体能够在想象中忘掉自己,而沉浸在物的理念之中;后者意味着取消个体和他者之间的差别,让灵魂放弃它对自我的执着,而回归到纯粹的无。③ 齐美尔因此认为,叔本华缺乏面对真正的道德处境的勇气,因为他过于轻易地否定了一个最艰难的现实问题,那就是原子化的个人的存在,"个体是一个自我封闭的、自我中心的小宇宙"④。

而尼采则完全不同。普遍意志不再是一个抽象的推动力,而是具体地扩展生命的能量。无论是贵族的精神,还是理性的力量和善意,或者信仰和美的伟大,只要这些价值将人类不断地向上托举,使人类的生命力更丰沛,它们就是权力意志的体现。而且,这个能量来自个体内在生命本身,"脱离于社会过程(social formation)"⑤。尼采认为,

---

① Georg Simmel, *Schopenhauer and Nietzsche*, Helmut Loiskandl, Deena Weinstein, Miachael Weinstein (trans.), Amherst: University of Massachusetts Press, 1991, p.10.
② Georg Simmel, *Schopenhauer and Nietzsche*, Helmut Loiskandl, Deena Weinstein, Miachael Weinstein (trans.), Amherst: University of Massachusetts Press, 1991, p.40.
③ Georg Simmel, *Schopenhauer and Nietzsche*, Helmut Loiskandl, Deena Weinstein, Miachael Weinstein (trans.), Amherst: University of Massachusetts Press, 1991, p.41.
④ Georg Simmel, *Schopenhauer and Nietzsche*, Helmut Loiskandl, Deena Weinstein, Miachael Weinstein (trans.), Amherst: University of Massachusetts Press, 1991, p.115.
⑤ Georg Simmel, *Schopenhauer and Nietzsche*, Helmut Loiskandl, Deena Weinstein, Miachael Weinstein (trans.), Amherst: University of Massachusetts Press, 1991, p.145.

生命的展开必然以高低分化为特征,在各个种类的生命演化的进程中,它们展现的是或快或慢的进步,而只有最高的生命形态能够最充分地展现生命力。① 这个最高形态,未必体现为社会,而是体现在独特的个体身上。在齐美尔看来,这是一个很特别的视角,因为它将个体和人性关联起来,而并不认为人性与之对应的是人群。这个视角和歌德类似。② 齐美尔认为,尼采较叔本华更诚实地面对了个体主义的处境。个体在现代的分化,以及劳动分工导致的个体化,已经深深地渗入我们的相互关系之中。在文化的部分领域,这种个体化和分化是如此极端,以至于使我们的人格变得十分脆弱,我们如此孤立以至于无法听懂彼此的言语。③ 当个体面对这种处境时,要么感受到个体化难以承受,从而转向社会主义④,要么寻求更大程度的个体差异,希望能够唤起更多元的刺激。尼采希望在这两种可能之外,寻找另一种可能。他并不幻想通过恢复社会纽带来处理这个问题,也不认为多元文

---

① Georg Simmel, *Schopenhauer and Nietzsche*, Helmut Loiskandl, Deena Weinstein, Miachael Weinstein (trans.), Amherst: University of Massachusetts Press, 1991, p.10.

② 对歌德来说,人性渗透在一切有关人类事物之中,它使我们在所有冲突中,甚至在所有分隔人类世界的障碍之中看到统一。而这个人性必须被充分发展。从人性的根本统一来看,一切从社会伦理角度的努力——试图在自我和群体之间或者群体和群体之间架起桥梁,那都是无足轻重的。所以歌德才会批评圣西门的追随者,认为他们完全没有明白,只有当个体能够关照自己的幸福的时候,他才能够顾及全人类的幸福。Georg Simmel, *Schopenhauer and Nietzsche*, Helmut Loiskandl, Deena Weinstein, Miachael Weinstein (trans.), Amherst: University of Massachusetts Press, 1991, p.145.

③ Georg Simmel, *Schopenhauer and Nietzsche*, Helmut Loiskandl, Deena Weinstein, Miachael Weinstein (trans.), Amherst: University of Massachusetts Press, 1991, p.152.

④ 齐美尔本人也对各类庸俗社会主义展开过批判,认为很多参加者不过是病态地渴望一些新的体验,他们身处一个堕落而充满刺激的社会,对各类革命的理念有本能的亲近;或是出于一些奇妙而女性化(effeminate)的精神状态,而模糊地渴望一种兄弟情谊。Georg Simmel, "Tendencies in German Life and Thought Since 1870", in *Georg Simmel: Critical Assessments*, Vol.1, David Frisby (ed.), New York: Routledge, 1902, p.9.

化是解决之道,而是提出了和原子式个体主义不一样的个性。"尼采关心的不是社会,也不只是单纯的个体。他强调的个体既不是社会的一分子,也不是面目无差别的个体。他寄希望于与众不同的特别的个体,通过他们人性的价值能够不断进步。"[1]这样的个体是有个性的,它代表人类历史的高峰,他和原子化的普通人之间有深刻的距离。这就是尼采所说的精神贵族。

精神贵族并非在政治上拥有统治权力的贵族阶层或者甚至任何带有物质内容的存在,而是在精神上(psychic)超越平庸者的人。贵族的正义即来自他的高贵,而高贵体现为强壮、直接和富有生机的力量。高贵对平庸的征服,并不依托于外界力量,也不是政治性的,而纯粹因为它展现了更强的生命力量。[2] 而道德的起源就是贵族为了彰显自己(honour and self-glorifying)——这个"人",往后变成这个"人"做的"事"。贵族的高贵不同于社会美德意义上的"好"即"有用"和"奉献",而是一种最原初和自然(original and natural)的贵族气质,即"位高者对被统治者的一种持续而根本的优越感"[3]。因此,贵族精神即是力量的追求,在物理世界实行力量的统治,在精神世界追求力量的不断突破,这是尼采反复提及的权力意志。

精神贵族和普通人之间的距离,突出表现在尼采的《超善恶》的论

---

[1] Georg Simmel, *Schopenhauer and Nietzsche*, Helmut Loiskandl, Deena Weinstein, Miachael Weinstein (trans.), Amherst: University of Massachusetts Press, 1991, p.147.

[2] 因此,这种力量带来的占有、伤害、征服、压榨和剥削(appropriating, injuring, overpowering the alien and the weaker, oppressing, being harsh exploiting)都是正义(justice)和善举。Friedrich Nietzsche, *Beyond Good and Evil*, Judith Norman (trans.), Rolf-Peter Horstmann (ed.), New York: Cambridge University Press, 2001, p.153.

[3] Friedrich Nietzsche, *On the Genealogy of Morality*, Carol Diethe (trans.), Keith Ansell-Pearson (ed.), New York: Cambridge University Press, 2008, p.12.

述之中。尼采认为,原子化的个体并非没有社会性,普通人更倾向于因为需要而结成群体,个体的合作纯粹为了回避大自然的危险。因此,如果群体要发挥效用,其成员必须能达到互相理解和交际的能力(communicability),但这同时必然牺牲任何例外和难明的意念和事物,令群体中的个体变得普通和平庸,活像一个羊群(herd)。然而,贵族本能上追求洁净和神圣(sense and degree of cleanliness and holiness),前者令贵族难以忍受平庸而凡俗的群体(all-too-human),后者则使贵族只对自身臣服。① 因此,贵族自然是独立于群体以外的孤独的个体。孤独是必需的,它能把贵族和面目无差别的群体隔绝开来,不受污染和同化。贵族与平庸、主人与奴隶、善与恶等二元间的距离是必然的。而对高贵的定义,也必然具有反社会学的倾向。高贵与否,在于其个体内在的维度(inward dimension),而不在于他行动的效果。在论述尼采的时候,齐美尔强调,如果把伟大的人的价值定义为他外在的行动的效果,那是最大的误解。他的伟大之处在于他的与众不同,在于他比一般人杰出,而不在于他行动产生的可见效果,虽然他有可能撼动整个世界。尼采反对从社会的角度来定义什么是伟大,因为社会关心的永远是行为的外在效果。社会无法触及个体的精神内在,从精神内在的角度来说,个体就是他自己,并不和他人相关。② 齐美尔认同的,正是尼采所秉持的这一与通常意义上的社会道德不同的道德基础,即价值的判断不是与他人相关的行为的效果,而是只指向他自己有意义的存在的本身。

---

① Friedrich Nietzsche, *On the Genealogy of Morality*, Carol Diethe (trans.), Keith Ansell-Pearson (ed.), New York: Cambridge University Press, 2008, p.167.

② Georg Simmel, *Schopenhauer and Nietzsche*, Helmut Loiskandl, Deena Weinstein, Miachael Weinstein (trans.), Amherst: University of Massachusetts Press, 1991, p.164.

可以说，尼采所言的贵族首先是一个体，其个性就体现在不以外在的社会价值为目标。他超越于常人之处，在于他拥有不断自我提升的能力，这是他的权力意志。权力意志首先是力，而非理性思维。海德格尔在解读尼采的时候指出，权力意志从字面解释是由权力和意志两大部分组成，两者合成则成为追求权力的意志。他同时指出意志本身已经是力量的泉源，所以权力意志应该被理解为"它自身带有力量，并以此推动自身前往力量"①。权力意志的核心并非单纯的追求（directed toward）、奋斗（to strive）或主观的渴望（to wish），而是作为推动个体连续行动和前进的一种最原本（original）的权力（power）、力量（strength）或能量（energy）。显然，权力意志并不源自个体的理智，它甚至是对理智化的批评。齐美尔在《货币哲学》一书中谈到，以分工为基础的复杂的资本主义，它的运转逻辑，只能通过理智去把握，虽然情感上对它没有归属。尼采认为，科学的兴起使人类自以为通过理智进入了比宗教社会更高的层次、个体变得更自由的阶段。然而，科学支配下的个体从未挣脱枷锁而得到自由精神（free spirit），他们仍是受客观现实支配的人，他们仍是没能力创立自我道德的奴隶。尼采以 Misarchism（意指对政府带有厌恶）来形容科学主义者，因为他们将客观现实相对化、民主化，并将绝对的善与恶的边缘模糊（level off）之，使作为自然之善的贵族、主人、超人或权力意志受制。② 理智缺乏一种对客观世界主动及解读性的（active and interpretative）能力。

权力意志因此必须是一种积极的能量，一种对自身完全支配（mas-

---

① Martin Heidegger, *Nietzsche*, Vol. 1-2, David Farrel Krell (trans.), New York: Harper Collins, 1991, p.42.

② Friedrich Nietzsche, *On the Genealogy of Morality*, Carol Diethe (trans.), Keith Ansell-Pearson (ed.), New York: Cambridge University Press, 2008, p.52.

tery)和命令(command)的力量。海德格尔在解读尼采时,用多个词语来形容它,如果断(decisiveness)、坚定(resoluteness)和服从的典范(paragon of obedience)。[1] 尼采多次将意志形容为一种事物原本的感染力(original affects),或曰激情(passion)和感觉(feeling)。感染力作为意志对人的鼓动和理性的攫取(the agitating seizure),是积极的能量来源;激情作为意志对人的长久支配,长年潜藏心底,清醒(lucid)并顽强(persistent),利于人将自身展开(opening up)且提升(reaching out),达致一个人对自身完全操控并能对世间万物仍保持处之泰然的状态(self-composed superiority characteristics of great will);感觉作为意志对自己的促进,因为当人感觉到自身和目标的距离和差别(conscience of difference),意志才有方向前进。简而言之,权力意志是人对其自身能够成为比现在更强、更有力量的存在的一种坚信(resoluteness)。

无疑,权力意志是情感性的,因此它常常被误解成是没有节制的主观意志的表达。[2] 而齐美尔在尼采思想中所洞悉到的个性,恰恰不是纯粹主观的。相反它具有普遍的伦理意义。齐美尔指出,尼采认同人性,但人性并不是社会学意义上的概念,并不是众人才能体现人性。相反,个体可以存在于人性之中,而人性是个体价值的衡量标准。尼采不同于 Sophism,在后者那里,只有内省的个体能够找到自我,对尼采来说,个体对自我的发现伴随着他对人性发展或是衰落的

---

[1] Martin Heidegger, *Nietzsche*, Vol. 1-2, David Farrel Krell (trans.), New York: Harper Collins, 1991, p.41.

[2] 齐美尔看到大众接受的尼采恰恰就是这个形象,所以尼采的最大影响反而是肯定了一种空洞的个体主义。Georg Simmel, "Tendencies in German Life and Thought Since 1870", in *Georg Simmel: Critical Assessments*, Vol.1, David Frisby (ed.), New York: Routledge, 1902, p.13.

认知。① 可以说,真正有个性的人,即贵族,恰恰最不沉浸于自我世界,他对待自己同样严格,因为他用整个生命的尊严感来衡量自己的价值,而不是根据处境或者自己的喜好来行动。② 这样的个体拥有一种和生命进取貌似冲突的禁欲气质,因为他不会将主观的快乐痛苦与否的体验作为是否值得的标准。齐美尔援引查拉图斯特拉的话说:"我要的是快乐吗? 查拉图斯特拉问道。'我要的是工作……自由意味着对压力、艰苦的工作、匮乏,甚至生活更多的无动于衷……我对自己完全无所谓;我不希望从我的认识中获得更多的好处,我也不想避免有可能从中带来的不利。如果一个人要的是幸福,那他只能属于那群精神贫乏的人。'"③ 个性代表的不是恣意,不是感官的放纵,而是生命成长富有活力的状态。当生命不断攀升的时候,它会更自律而严肃。

所以,贵族精神带有严肃的道德意味。至于贵族和人群的关系,贵族对于外部社会保持一种漠然(indifferent)的态度。然而,贵族代表的精神个体却提升了整个类存在的活力。齐美尔认为,尼采带来了一种新的道德观,一个时代或是一个文明的伟大并不体现于社会意义上的平均人,而体现于一些特殊的个体,比如米开朗琪罗,比如贝多芬。"如果将贵族精神的原理推到极端的话,我们会认为人性的客观价值一定是由一些最杰出的个体表现出来的,而大众体验到的痛苦、压迫

---

① Georg Simmel, *Schopenhauer and Nietzsche*, Helmut Loiskandl, Deena Weinstein, Miachael Weinstein (trans.), Amherst: University of Massachusetts Press, 1991, p.161.

② 齐美尔将此形容为:"贵族精神体现在能够客观地对待对手的反对意见,能够公平地论辩,而不被拖入主观的情绪风暴中。"Georg Simmel, *Schopenhauer and Nietzsche*, Helmut Loiskandl, Deena Weinstein, Miachael Weinstein (trans.), Amherst: University of Massachusetts Press, 1991, p.162.

③ Georg Simmel, *Schopenhauer and Nietzsche*, Helmut Loiskandl, Deena Weinstein, Miachael Weinstein (trans.), Amherst: University of Massachusetts Press, 1991, p.167.

甚至停滞可能是人性上升的某种代价。"①这是和民主社会以一般人的幸福为目标的福利观念完全不一样的道德观念。

这样一种观念有其危险之处,然而并不意味着它没有一个伦理基础。在齐美尔看来,尼采比叔本华更具道德感,因为他能直面个体主义的现代处境,而不是诉诸形而上学的抽象统一而将这个问题取消。有深度的个体灵魂是一个完整的微观世界,他和另一灵魂之间的隔绝,并不能通过任何简单的社会团结的方案来挽救。尼采恰恰是通过塑造有精神高度的个体这一努力来克服个体主义的问题,这一取向被齐美尔接受了过来。齐美尔认为,尼采首先是一个思考道德生活的人,而同样在他自己展开个性讨论的时候,最终回应的问题也是什么样的自我具有伦理力量。在齐美尔的生命哲学中,个体有一个从内在不断推动它向前的能量,然而它并不源于万物生命生长这一客观精神。齐美尔对生命的理解不是进化的、扩展的,而更像是存在主义的。对他来说,个体生命表现为破碎的、片断式的、缺乏根本意义的,而这是它最真实的状态。然而个体也能从内在产生超越偶然性的渴望,它赋予生命整体意义,并成就尊严。

四、死亡和生命意志

对于尼采来说,精神贵族与世界的关系是其对后者在某种程度上的漠然(indifferent),但却不是陌生。然而,对于齐美尔来说,自我和社

---

① Georg Simmel, *Schopenhauer and Nietzsche*, Helmut Loiskandl, Deena Weinstein, Miachael Weinstein (trans.), Amherst: University of Massachusetts Press, 1991, p.162.

会的疏离和陌生化是更极端的现代处境。他认为审美体验营造出来的疏离感是现代生活的基本形态。审美体验产生的一个心理作用,就是让我们沉浸在美的体验之中,而别无所求。我们在面对美的对象时,它存在于我们的沉思之中,有一种距离感,让我们不去触碰它。① 现代人与世界关联的方式就是审美体验,比如,我们渴望将远方的事物带入艺术,它们既满足了我们寻求刺激的需要,同时又和我们最私人最直接的兴趣保持距离。这些遥远而奇妙的念头对现代人脆弱的神经来说是一种安慰。可以说,这是对现实的逃避,但它也是现代人进入现实的方式。现代人对一切片断式的、隐喻的、象征性的以及残缺的艺术风格有一种迷恋。这些形式创造了一种镜像,通过它们我们得以窥见现实,然而又和现实保持了距离。"它们'在远方'对我们诉说;我们和现实之间的接触不是以直接而自信的方式,而是用指尖触碰它,然后迅速地抽离。"② 通过与尼采相比可以看出,现代人的审美体验很少表现为积极的肯定,"一种积极的品位,生机盎然的肯定,令人振奋而无保留地拥抱自己所爱,总而言之,一种积极地去占有的能量,是绝对缺失的"③。

也就是说,与现实世界之间扭曲的陌生感,是现代个体最基本的生存体验。对于这样的自我,它体验到的世界是片断式的、残缺的,也是无意义的。那么,他有可能成为一个有意义的整体吗?它能够像精神贵族一样拥有个性吗?齐美尔认为不断超越自我的意志仍然

---

① Georg Simmel, *The Philosophy of Money*, Tom Bottomore, David Frisby (trans.), David Frisby (ed.), London: Routledge and Kegen Paul Ltd., 1978, p.73.

② 这种关系也反映在哲学思想中,那就是以新康德主义为代表的主观主义。它同样首先将自我和客观世界分离,并进而退却到内省的自我之中,通过自我意识再度把握和世界的关系,并且认为这样一种关系更亲密更真切。

③ Georg Simmel, *The Philosophy of Money*, Tom Bottomore, David Frisby (trans.), David Frisby (ed.), London: Routledge and Kegen Paul Ltd., 1978, p.475.

是这一问题的关键。然而,生命意志不再是自然而然的,那么,它究竟来自于哪里? 齐美尔认为,只能从生命存在的内部结构中去寻找这样一个可能。

死亡是齐美尔后期讨论的一个核心内容,也是他认为最重要的生命事件。① 因此,可以说,齐美尔的思想对海德格尔的存在主义哲学产生了直接的影响。② 回到费希特—叔本华的问题,什么是推动生命不断向前而不局限于当下的力量,什么使个体感受到某种无限的可能?对尼采来说,是权力意志,是个体对更壮美的人性的追求。齐美尔则认为,是因为个体生命的有限这一自然而必然的事件。我们的意识活动是一个接一个的片段,这些片断的内容是不连续的,更不是一个整体。将片段的意识连接成一个连续的过程是意识在另外一个层面的活动。"必须有一些内生的、向前推动的能量(energy,至少是类似能量)的东西,推进我们的意识"③,它并不存在于我们当下的、片断的经验之

---

① 齐美尔对死亡的思考在一战前夕特别显著,这也是他后期思想诞生的场景,而他对死亡的论述甚至肯定了士兵在战场上的牺牲。因为德国无法预知战争引领的未来如何,但这种不稳定反而在战争中创造了更强的生命力。Georg Simmel, *The View of Life: Four Metaphysical Essays with Journal Aphorisms*, John A. Y. Andrews, Donald N. Levine (trans.), Donald N. Levine, Daniel Silver (eds.), Chicago: University of Chicago Press, 2011, p. xxiv.

② 海德格尔曾经对齐美尔后期的作品大为赞赏,甚至将齐美尔的"四个形而上的章节"称为自己哲学生涯的起点。海德格尔哲学中,最著名的"此在",作为投射出未来各种可能性的"当下",正是受到齐美尔的"生命本身作为更多生命"的思想启发,即便海德格尔最后反对了齐美尔的哲学用语,例如"生命"(life)和"观点"(viewing)。Georg Simmel, *The View of Life: Four Metaphysical Essays with Journal Aphorisms*, John A. Y. Andrews, Donald N. Levine (trans.), Donald N. Levine, Daniel Silver (eds.), Chicago: University of Chicago Press, 2011, pp. xxv – xxvii.

③ Georg Simmel, *The View of Life: Four Metaphysical Essays with Journal Aphorisms*, John A. Y. Andrews, Donald N. Levine (trans.), Donald N. Levine, Daniel Silver (eds.), Chicago: University of Chicago Press, 2011, p. 71.

中。那是一种"无法言喻的生命激荡（Lebensbewegheit）"的感受。它让我们觉得生命有一个过程正在展开，使得我们感知到生命作为整体和生命在每个当下的差别。这个能量并不来自别处，恰恰来自死亡本身。"如果我们永远活着，那生命很可能只是和它的具体的内容和价值混淆在一起，我们将丧失真正的生命冲动（impulse）。正是这冲动使得我们可以站在每个具体的片刻之外来知晓我们的生命，并且感受到某种无限。"[1]可以说，死亡给了我们某种必然的确定，使我们体验到生命的偶然、它的转瞬即逝，并感受到这种骤然而逝的片段的反面，即某种必然和绝对。我们得以在片段之外感受到生命作为整体与生命每个片段的差别。我们因此获得了某种超越的生命感。因此，死亡恰恰给了我们对无限的感知。

当然，死亡的意义与我们认知死亡的方式密切相关。只有当我们看到，死亡并不是偶然事件（比如被杀），不是从外部对生命的突然中止，而是从生命起始就塑造它整个过程的一个最深刻的事件[2]，死亡才能够让我们感知到无限的力量。以莎士比亚的悲剧为例，悲剧英雄在他们开口的刹那，我们就可以感知到死亡的氛围，死亡是他们的结局。但它并不表现为一条模糊混乱、无可名状的线索，也不表现为威胁性的命运（threatening fate），而是深刻的必然。它使整个生命内在的丰富的广度获得了一个方向，这个方向和世界的某种必然之间紧密相连，

---

[1] Georg Simmel, *The View of Life: Four Metaphysical Essays with Journal Aphorisms*, John A. Y. Andrews, Donald N. Levine (trans.), Donald N. Levine, Daniel Silver (eds.), Chicago: University of Chicago Press, 2011, p.71.

[2] Georg Simmel, *The View of Life: Four Metaphysical Essays with Journal Aphorisms*, John A. Y. Andrews, Donald N. Levine (trans.), Donald N. Levine, Daniel Silver (eds.), Chicago: University of Chicago Press, 2011, p.70.

它使生命的偶然片段变成命运的事件(fatal event)。[1] 对死亡精确的把握,也正是齐美尔认为伦勃朗的最伟大之处。他说,伦勃朗从深层次描摹了死亡的现实,这反而使他的作品比起明亮的鲁本斯来说更充分地捕捉到了生命感。死亡并不显得像一曲哀歌那样充满情绪性。只有当死亡是一个外在事件,是对生命的突然中断,它才是恶意而令人惋惜的。在此背景下,生命要么就是对于死亡的英雄式抵抗,要么就是抒情式的顺从。而这样一种诗情而感伤地面对"死亡之舞"(dances of beauty)的态度不是伦勃朗的态度。因为伦勃朗向我们展示了死亡从一开始就伴随并渗透进我们的生命,是生命的有机部分,是生命最大的确信。[2] 单纯的、脱离死亡的生命,是最狭隘的生命,因为它只是一个抽象。[3] 这一点只要对比鲁本斯与伦勃朗就可以明显地看出来。鲁本斯的画比伦勃朗更明亮,没有那昏暗的、沉默的阴影,显得更加充盈、无拘无束且更有生命力,然而恰恰如此,鲁本斯对生命的表现更加抽象。

对死亡必然性的认知会推动个体对超越偶然性的追求。齐美尔指出,在世界之中的孤零零的个体是偶然的,因为它和世界之间缺乏统一。联系它们的是一些纯粹偶然的线索,它遮蔽了自我在世界之中的位置,甚至使得个体无法了然自己的动机。齐美尔洞见到,这是个体生命最根本的偶在性(contingency)。当我们叹息折损的天才、

---

[1] Georg Simmel, *The View of Life: Four Metaphysical Essays with Journal Aphorisms*, John A. Y. Andrews, Donald N. Levine (trans.), Donald N. Levine, Daniel Silver (eds.), Chicago: University of Chicago Press, 2011, p. 65.

[2] Georg Simmel, *Rembrandt: An Essay in the Philosophy of Art*, Alan Scott, Helmut Staubmann (trans. and eds.), Abingdon: Routledge, 2005, pp. 71-73.

[3] Georg Simmel, *Rembrandt: An Essay in the Philosophy of Art*, Alan Scott, Helmut Staubmann (trans. and eds.), Abingdon: Routledge, 2005, p. 74.

错置的能量和一些无法言状之命运的纠结的时候,我们感受到了这种偶在性。它解释了为什么我们渴望脱离人世的一种永恒,为什么我们总是被离乡(homelessness)、失落、漫无目的甚至深层的无助这样一些感觉牵引。齐美尔认为,存在本身是超越于历史的(superhistorical),因为它先于某个特殊个体的存在。然而,个体存在于这个世界的方式根本上是历史性的(historical),因为个体被骤然扔进(haphazardly placed)了这个世界,其充其量只能去适应它而不是完全把握它。[1] 偶然性是原子存在的现实,也是生命使我们最困惑最挣扎的缘由。

当个体的偶然性面对现代资本主义系统的稳定性时才被感受得最充分[2],这是齐美尔在《货币哲学》中讨论的问题[3]。而对偶然性的妥协产生了两种生活态度:或者是犬儒主义(cynicism),即接受价值多元和相对,缺乏对最终极价值的确信;或者是成为一个对什么都厌倦(blasé)的人,不断地追求短暂的感官体验,并因而对所有事物缺乏兴

---

[1] Georg Simmel, *The View of Life: Four Metaphysical Essays with Journal Aphorisms*, John A. Y. Andrews, Donald N. Levine (trans.), Donald N. Levine, Daniel Silver (eds.), Chicago: University of Chicago Press, 2011, p.77.

[2] 弗里斯比和内德尔曼同时深入展开了齐美尔个性观与现代化的社会关系,即以时尚作为个性形式,个体从而抵抗客观文化对自身的压迫。然而,两文的侧重点在于规范社会学的领域中讨论,但将齐美尔的个性观在生命哲学层面的阐述,在社会学界仍然匮乏。Georg Frisby, "First Sociologist of Modernity", in *Georg Simmel: Critical Assessments*, Vol.2, David Frisby (ed.), New York: Routledge, 1985, pp.49-67; Birgitta Nedelmann, "Individualization, Exaggeration and Paralysation: Simmel's Three Problems of Culture", in *Georg Simmel: Critical Assessments*, Vol.2, David Frisby (ed.), New York: Routledge, 1991, pp.169-193.

[3] 李凌静指出,齐美尔笔下之现代资本主义系统的稳定性是来自货币的纯粹经济价值,而这种"价值"是完全去除个体价值的形式。李凌静:《齐美尔〈货币哲学〉的价值论基础》,《学术交流》2016年第12期。

奋而无动于衷。[1] 人格（personality）作为统合我们经验的中心，在上述两种态度中都是缺失的。它们体现为对偶然性的屈服或是顺从。这同样也是审美主义的问题，回到叔本华提出的审美救赎的方案，齐美尔认为，意志在审美体验中沉寂（silent）了。[2] 而一个面向现实的人与一个沉醉于审美体验中的人的根本差别在于，"被审美动机支配的人，他们不同于艺术的创造者，因为后者的创作劳动，必须靠无穷丰富的意志来推动。审美的人，缺乏持续、坚定而不屈服的意志"[3]。他们生活在短暂的片刻体验之内，挣扎于各类矛盾的感觉之中，他们屈从于外界事物，因为他们缺乏一个确定的自我。

只有拥有顽强意志的人，才不会沉沦于生命的偶然性之中，这才是真正的个体。与尼采一样，齐美尔认为意志是自我的发动机，所不同的是，齐美尔认为意志的能量来源于人认识到死亡的必然性。死亡不仅是一个我们必须面对的现实，而且是一个绝对的对自我意志的否定，它引发意志的不满足性（dissatisfaction），这才是生命的动力，它推动我们突破短暂的生命体验。它将我们带到时间性的片断之外，使我们有了对生命整体意义的强烈渴望，它将克服偶在性作为自己的目标。生命至此在两个向度展开，一方面我们为宇宙的动态机制（cosmic dynamics）所左右，个体生命的有限性和偶然性是其中的一部分，我们

---

[1] Georg Simmel, *The Philosophy of Money*, Tom Bottomore, David Frisby (trans.), David Frisby (ed.), London: Routledge and Kegen Paul Ltd., 1978, pp. 256-257.

[2] Georg Simmel, *The View of Life: Four Metaphysical Essays with Journal Aphorisms*, John A. Y. Andrews, Donald N. Levine (trans.), Donald N. Levine, Daniel Silver (eds.), Chicago: University of Chicago Press, 2011, p. 73.

[3] Georg Simmel, *The View of Life: Four Metaphysical Essays with Journal Aphorisms*, John A. Y. Andrews, Donald N. Levine (trans.), Donald N. Levine, Daniel Silver (eds.), Chicago: University of Chicago Press, 2011, p. 73.

不得不服从它的安排;另一方面"我们感受到个体存在有一个自我的中心,它是自成一体的自我的责任感"①。有这样一个自我的支撑,生命的偶然性不再是单纯的灾难性事件,而变成了我们接受的命运(fate)。注意,偶在变成命运,并没有在根本上取消它的偶然性,因为命运时刻提醒我们,它不会顺遂人意,我们无处不在它的支配之下。这个命运与悲剧中展现的命运不同,因为悲剧中的命运,本质上不是偶在,而是必然(necessity)。否则,悲剧英雄的失败就失去了悲剧感(tragic),而只会让我们感受到哀伤(sorrowful)。② 可以说,悲剧中的命运,是外在于自我的一种规定性。齐美尔在米开朗琪罗的作品中看到了悲剧性的命运,认为其符合文艺复兴时期的理念,即世界是个内生的客观存在,它独立于个体之外,个体以目的论的方式(teleological)与他产生有意义的关联。③ 然而,伦勃朗的作品展现了全新的命运观,命运对自我来说并不是对手,因为命运,正如同死亡一样,并不是外在于我们的某种自然力量,它是自我内在生命的展开。个体因此不会以英雄的姿态面对自己的命运,而是显得被更为不确定的命运所裹挟。然而,不屈服的意志在与命运的缠绕之中,成就了个体生命的意义。

---

① Georg Simmel, *The View of Life: Four Metaphysical Essays with Journal Aphorisms*, John A. Y. Andrews, Donald N. Levine (trans.), Donald N. Levine, Daniel Silver (eds.), Chicago: University of Chicago Press, 2011, p.79.

② 本雅明比较悲剧和悲哀时指出,只有悲剧是时间的完满(fulfilled time)。悲剧英雄经历的时间描述的是他所有行为和整个如同一个神奇的圆圈一样的生命存在。参见 Walter Benjamin, *The Origin of German Tragic Drama*, John Osborne (trans.), London: Verso, 2003, p.56. 悲剧性的死亡可以说像是一种反讽的不朽,因为它拥有过度的确定性(an excess of determinancy)。而死亡在哀悼剧中更显得哀伤而缺乏悲剧性,就是因为哀悼剧中的个体行为完全丧失了确定感。

③ Georg Simmel, *Rembrandt: An Essay in the Philosophy of Art*, Alan Scott, Helmut Staubmann (trans. and eds.), Abingdon: Routledge, 2005, p.102.

拥有这种意志能量的人,才是有个性的,因为他能切实感受到现代世界里存在的孤独和偶然,而他能像尼采所言的精神贵族一样并不屈从于这种偶然。他能真正面向死亡。齐美尔因此说,只有个性(individual)的人,才拥有永不停歇的意志,这样的人才渴望不朽(immortality),而其不朽的动机,来源于他能面向死亡。齐美尔借歌德之口说道:不朽是精神贵族的特权。什么是精神贵族呢? 他无法被比较,并且独一无二(incomparable and qualitatively unique)。只有"独一无二的人才能充分而彻底地死去,因为他们的离去将改变世界的图景,而一个普通人的死亡并不会产生这个效果,因为他们的一些根本品质,并不会随着他们的离去而消失,它在无数他者身上得到延续"[1]。与尼采一样,齐美尔在个体和类存在之间划出了距离。作为类存在的普通人的生命,不会面对死亡的问题,因为他们是在代与代的继替中延续的,而独一无二的个体的生命才是真正有限的。当个体完全融入类存在(species)中时,它的逝去不会留下任何痕迹,所以无从谈起死亡。[2]在初民社会或者不论个体价值的社会中,人们普遍对死亡表现得漠然。因为当个体融入群体之中时,他的生命在更深层意义上在群体中得到了延续。死亡只对独一无二的个体有意义。[3] 能直面死亡的

---

[1] Georg Simmel, *On Individuality and Social Forms*, Donald N. Levine (ed.), Chicago: University of Chicago Press, 1972, p.83.

[2] Georg Simmel, *Rembrandt: An Essay in the Philosophy of Art*, Alan Scott, Helmut Staubmann (trans. and eds.), Abingdon: Routledge, 2005, p.77.

[3] 齐美尔指出,歌德是一个特例。歌德试图在人类整体价值中找到永恒价值,而其价值的根本在于其独特性。歌德一方面感受个体内部生命力的强大,而另一方面又焦灼于个体生命的有限,使得内在的潜力无法充分得以发挥。他试图在个体独特的行动(activity)之中探索出超越个体的普遍意义,然而并不认为有一普遍的人性。Georg Simmel, *Rembrandt: An Essay in the Philosophy of Art*, Alan Scott, Helmut Staubmann (trans. and eds.), Abingdon: Routledge, 2005, p.78.

人,是真正的个体,他将不再是漂浮在现代社会之中的陌生人。在齐美尔看来,这样的自我不是病态无力的,它有深刻的伦理基础。

五、个性的伦理意义

面向死亡,不仅给了生命超越有限存在的意志,而且它开启了一个新的伦理基础。死亡凸显的是生命只存在一次,不可重复,是本体论上的个体性(ontological individuality)。[①] 在齐美尔看来,这个特殊的、有限的生命存在恰恰在传统理性主义道德中被遮蔽了。因为对康德来说,个体给自己立法,而能服从普遍法则的这部分自我是理性精神的代表,它能够超越个体的有限体验。所以,承担道德使命的自我只是理性的载体,它不是一个完整的、活生生的个体。因此,才有感官的经验自我和理性的道德自我之间的对立。[②] 道德使个体服从的一定不是他自然的愿望,这无疑是反对享乐主义(eudaimonism)的,后者将伦理等同于对快乐的追求。然而,在自我作为道德主体与其现实存在之间有着根本的分裂。其存在的样态是经验性的、特殊的、偶然的,而他服从道德的那部分是理性的、普遍的。可以说,道德律法起作用的那部分自我,不是感官的、自我中心的、被偶然性束缚的(accidentally deter-

---

[①] Georg Simmel, *The View of Life: Four Metaphysical Essays with Journal Aphorisms*, John A. Y. Andrews, Donald N. Levine (trans.), Donald N. Levine, Daniel Silver (eds.), Chicago: University of Chicago Press, 2011, p.103.

[②] Georg Simmel, *The View of Life: Four Metaphysical Essays with Journal Aphorisms*, John A. Y. Andrews, Donald N. Levine (trans.), Donald N. Levine, Daniel Silver (eds.), Chicago: University of Chicago Press, 2011, p.106.

mined nature)自我,而是理性的自我,是"纯粹的自我"①。为了解决这个根本矛盾,费希特才会让经验层面的、孤单的自我最终进入并融合到纯粹自我之中,如果仍然允许经验的自我存在的话,道德便无从谈起。然而,"纯粹自我"是普遍人性的代表,在其中,个体之间的差异消失了。

齐美尔探索的方向恰恰是将偶然的、经验自我作为新的伦理基础的可能。他认为超越经验的自我并不一定就不是经验自我,它可能就是那个现实中"独特的、孤独的并且对他者漠然的自我"②。同样,他并不认为与普遍理性相对立的具体的、感官的以及特殊的经验就是恶。在感官经验与恶之间并没有必然联系,因为感官经验是很重要的人性组成部分。相反,齐美尔认为恶一样具有普遍性。这涉及如何来理解贬义的 egoism。齐美尔并不认为自我主义/利己主义是脱离社会的以及只关心自己。相反,他认为这种恶是社会性的,它是盲目的模仿,"自我主义/利己主义(egoism)导向的个体追求的是和其他人同样追求的东西,它体现的是去个体化(deindividualization),是某种非人格的普遍性意图"③。在原子化的社会中,它体现为面目无从分别的、组成大众社会的个体。在此意义上,成就道德的自我,就不再需要走康德所指出的途径,即克服经验自我,回到最本真的纯粹自我的道路上,"而是在个

---

① Georg Simmel, *The View of Life: Four Metaphysical Essays with Journal Aphorisms*, John A. Y. Andrews, Donald N. Levine (trans.), Donald N. Levine, Daniel Silver (eds.), Chicago: University of Chicago Press, 2011, p.113.

② Georg Simmel, *The View of Life: Four Metaphysical Essays with Journal Aphorisms*, John A. Y. Andrews, Donald N. Levine (trans.), Donald N. Levine, Daniel Silver (eds.), Chicago: University of Chicago Press, 2011, p.114.

③ Georg Simmel, *The View of Life: Four Metaphysical Essays with Journal Aphorisms*, John A. Y. Andrews, Donald N. Levine (trans.), Donald N. Levine, Daniel Silver (eds.), Chicago: University of Chicago Press, 2011, p.115.

体最独特、最孤独的内在性中感受到某种召唤"[1]。它使个体能够从"广泛的罪"(broad way of sin)中脱离并回到和自我独处的状态之中。而罪之所以是广泛的,就因为它是一种更容易的生活方式,是对所有人的诱惑。

齐美尔认为,扎根于这个偶然的、经验的自我,道德会比理性的道德主义更具有客观性。道德理性主义(rational moralism)假设每个人对普遍义务了然于胸。但它无法解释为什么个体会成为他所是的那个样子,而这个成为的过程不是意志按照某个目标来塑造的,而是生命在它展开的过程中呈现出的只对这一个体有效的应然。如果把应然(ought)看作一个生命历程的话,显然每个生命的展开皆遵循它成其为它自己的某种理想。[2] 这是个性对生命的召唤,它是伴随整体生命的展开而形成的。整体存在(entirety)使生命超越了具体片段的偶然性。它给了我们超越当下主观愿望的道德意识。这种新的道德意识更有助于人格的统一,因为所有那些流动的生命片断和感觉,当它们无法被纳入理性视野之中时,它们就是在道德命令之外的混乱的生命体验。康德严格的理性主义恰恰伴随对无法被理性图式接纳的生命体验的无助感。[3] 而在齐美尔的个性观中,这些生命片断都是有意义的,因为它们成就了一个人格。齐美尔因此批评到,在康德那里,个体只是对他的行为负责。义务是给定的,个体必须完成或是不完成,然而义务的

---

[1] Georg Simmel, *The View of Life: Four Metaphysical Essays with Journal Aphorisms*, John A. Y. Andrews, Donald N. Levine (trans.), Donald N. Levine, Daniel Silver (eds.), Chicago: University of Chicago Press, 2011, p. 115.

[2] Georg Simmel, *The View of Life: Four Metaphysical Essays with Journal Aphorisms*, John A. Y. Andrews, Donald N. Levine (trans.), Donald N. Levine, Daniel Silver (eds.), Chicago: University of Chicago Press, 2011, p. 125.

[3] Georg Simmel, *The View of Life: Four Metaphysical Essays with Journal Aphorisms*, John A. Y. Andrews, Donald N. Levine (trans.), Donald N. Levine, Daniel Silver (eds.), Chicago: University of Chicago Press, 2011, p. 125.

内容不是个体选择的结果；个体不可避免地要被退回到"纯粹自我"之中。伦理的义务不是去创造，而是服从，尽管也避免了一定的危险和责任感。然而，在成就个性的伦理中，自我不再是一个抽象过程，不再只是具体行为的一个抽象载体，自我在生命中展开，它是整个生命的体现，它对每一个行为负责，它将行为结合成有意义的整体。

所以，不再有普遍的道德法则，有的只是对这个特定个体有意义的命令。它不来自任何外在的道德理想，而来自个体生命之内。而且，它并非从一开始就是给定的，而是来自个体的生命整体（life totality）的展开。这是个性的道德要求，即成为你自己。因此，我们不能孤立地判断任何行为，也不应用适合一切人的普遍法则去判断，行动只能置于这个独一无二的个体生命形成的过程之中来看待。①

个性能否是一个道德要求？韦伯是齐美尔的同时代人。② 在《以学术为志业》的演讲中，韦伯谈到现代科学的不断进步，改变了人对自然时间的感知。他援引托尔斯泰关于死亡意义的问题③，认为死亡很

---

① Georg Simmel, *The View of Life: Four Metaphysical Essays with Journal Aphorisms*, John A. Y. Andrews, Donald N. Levine (trans.), Donald N. Levine, Daniel Silver (eds.), Chicago: University of Chicago Press, 2011, p.103.

② 齐美尔与韦伯间的思想联系向来不为社会学界所重视，即使相关的研究在近十年愈见增多，但大部分都是关注齐美尔对韦伯方法论的影响和两者对现代性支配主观个体的评论，而他们思想中较为深层的"反社会学"，以及关于个体主义和个体伦理的哲学，则甚少为学者们所着墨。Arthur Mitzman, *The Iron Cage*, New York: Knopf Alfred A., 1970, pp.176, 275; Lewis Coser, *Masters of Sociological Thought*, New York: Harcourt Brace Jovanovich, 1971, p. xiv; Jim Faught, "Neglected Affinities: Max Weber and Georg Simmel", in *Georg Simmel: Critical Assessments*, Vol.1, David Frisby (ed.), New York: Routledge, 1986, pp.42-60.

③ "'死亡是不是一个有意义的现象？'他的答案是：对现代人来说——否，这是因为现代化的个体生命一直处于过程和无限之中，永远无法找到终极的一点，并以此作为生命的终结。"Max Weber, "Politics as A Vocation", in *Max Weber's Complete Writings on Academic and Political Vocations*, Gordon C. Wells (trans.), John Dreijmanis (ed.), New York: Algora Publishing, 2008, p.68.

难对现代人有意义,因为它不再是我们身心成熟衰老之后的一个自然终点。死亡凸显的只是个体生命的有限,以及使个体生命面对无限进步的"文明"世界时感受到的无助和焦虑。意义或者价值问题就是在这样的处境中产生的,即如何在自己此生从事的短暂而对未来微不足道的事业中找到意义。这与齐美尔提出的问题相类似。[1] 然而在《以政治为志业》的演讲中,韦伯把齐美尔的个性观形容为"一种为了生命内部的承托而没有结果的亢奋(sterile excitation)……而不论这激情有多纯粹和由衷,只有激情并不足够"[2]。显然,齐美尔的个性观与韦伯在两篇有关志业的演讲中提到的去"人格化"的要求,首先要持有对"事"的激情[3],显得格格不入。

对韦伯来说,死亡的意义问题,无法通过塑造人格或者个性来解决,深受浪漫主义影响的人格培养(Bildung)理念,意味着脱离或是逃

---

[1] 王小章把齐美尔和韦伯对现代性的研究形容为诊断,而他们各自发展出个性论和人格论的走向则是现代性的治疗学。参见王小章:《齐美尔论现代性体验》,《社会》2003年第4期。

[2] 韦伯认为,齐美尔这种纯粹的生命体验曲解了"客观认识"(objective understanding)中的逻辑性,更为直接地指出齐美尔的心理分析并非科学家所用的客观研究方法。参见 Birgitta Nedelmann, "'Psychologism' or Sociology of Emotions? Max Weber's Critique of Georg Simmel's Sociology", in *Georg Simmel: Critical Assessments*, Vol. 2, David Frisby (ed.), New York: Routledge, 1994, pp. 85-100。另一方面内德尔曼的观点相当新颖,他认为韦伯对齐美尔思想的一系列赞扬亦是对他最大的批评,因为韦伯的评语倾向凸显了齐美尔思想中的心理分析(psychological way of formulation)和微妙的观察(subtle opinions),这更像对一个艺术家的赞扬,却不适用于一个科学家。莱文指出,韦伯写作《经济与社会》时对齐美尔的批评更加激烈。他著有《齐美尔作为货币经济的社会学家和理论家》(Georg Simmel als Soiolog und Theoretiker der Geldwirtschaft)一文,但是因为担心影响齐美尔教职而一直没有发表。参见 Max Weber, "Georg Simmel as Sociologist", in *Georg Simmel: Critical Assessments*, Vol. 1, David Frisby (ed.), New York: Routledge, 1980-1981, pp. 76-81。

[3] 李猛:《专家没有精神?》,载李猛主编:《韦伯〈科学作为天职〉100周年纪念文集》,生活·读书·新知三联书店2018年版。

避一个高度理性化的且受官僚制支配的世界。① 在韦伯的时代,对人格观念的执着尤其属于动荡德意志中成年的一代人。人格成为一种和每个人所经历的世界及所从事的工作首先要区分开来的东西。② 所以,在韦伯那里,人格和个性是情感性的、有机的,是未受理性主义反思检视过的概念的残余。韦伯在批评罗雪尔的方法论的文章中多次提到,不能把某种难以言明的形而上的民族整体特质看作人格化的,因为这意味着民族具有一种稳定的形而上的灵魂,它在现实世界里的表现无非就是这种灵魂气质的外化。③ 同样,韦伯也批评克尼斯的历史主义方法论将人格化的个体作为历史对象,个体的行动因此显得像是一种内在精神的外化。④ 人格的问题正是因为它的统一暗示了一套既有的伦理观点让个体来达到,但同时这种思维并未为这种伦理的起源作解释,纯粹不负责任地诉诸形而上的统一。在韦伯看来,这是对伦理尊严的一种践踏。因此,韦伯才提出必须有去人格化的对"事"的激情才能够成就生命的意义。

韦伯在《以政治为志业》的演讲中,提到"事"(Sache)和对于一项"不脱离实际的"事业之热切的献身(Leidenschaft Hingabe)。⑤ 对"事"的激情,就是放弃在其中找到立刻实现自我的期许。激情真正能提供

---

① 浪漫主义的人格理念是有机的、整体的,强调由内向外的自然生长,以对抗受非人格、普遍科学法则支配的世界,关于这一理念,可参见 Frederick Beiser, *The Romantic Imperative: The Concept of Early German Romanticism*, Cambridge: Harvard University Press, 2003, pp.88-105。

② 韦伯:《韦伯方法论文集》,张旺山译,联经出版事业股份有限公司2013年版,第486页;田耕:《科学与指向价值的行动——韦伯〈科学作为天职〉一百年》,《社会》2018年第2期。

③ Max Weber, *Collected Methodological Writings*, Hans Henrik Bruu (trans.), Hans Henrik Bruun, Sam Whimster (eds.), London: Routledge, 2012, p.17.

④ Max Weber, *Collected Methodological Writings*, Hans Henrik Bruu (trans.), Hans Henrik Bruun, Sam Whimster (eds.), London: Routledge, 2012, p.31.

⑤ 韦伯:《韦伯方法论文集》,张旺山译,联经出版事业股份有限公司2013年版,第68页。

的,是促使个体对心中崇高的理想毫无保留地追随的能力,然而要追随的目标必然要在理性层面上是合理和踏实的,否则这种激情将是"没有结果的亢奋"。所以,对"事"的激情会引发责任感和纪律,像北斗星之于探险家般,持续地引领他每一个行动。① 以理性作为价值判断的手段时,对客观世界的真实诠释为个体带来的不仅是清明,更是价值选择的自由,因为个体观念将有能力触及其自身生命经验以外的面向。在面对客观世界时,个体甚至有机会接触到使其难受的真相(inconvenient facts),但对韦伯来说,这样代表了个体能诚实面对自我的价值。真正驱动生命的能量必然是受过理智的挑战才诞生的,而非尼采式纯粹感性层面上的力量。他指出,在这个意义上,心志伦理和责任伦理不是两极对立,而是互补相成的:这两种伦理合起来,构成了真诚的人、一个能够有"从事政治之使命的人"②。

然而,对"事"的激情,正如同理智的清明,并不能回答终极意义的问题。医生从科学得到的是拯救生命的技术,而对于这技术的肯定,这是科学本身无法解答的,因为涉及延续一个人的生命是否就是无条件的善,所以个体行动的终极力量在科学或者理性之外。韦伯也认为,当个体只在理智层面思索责任时,他只是把自身的纪律作为终点,他没有向生命内部探索,"这样的生命是无意义的"③。他反对所谓的

---

① Max Weber, "Science as A Vocation", in *Max Weber's Complete Writings on Academic and Political Vocations*, Gordon C. Wells (trans.), John Dreijmanis (ed.), New York: Algora Publishing, 2008, p.193.
② 王楠的文章提醒读者,韦伯伦理教育的终点,并非理智化带来的价值中立,而是在面对不堪的世界时,仍能成为心志与理智兼包的"平常"英雄,不虚无,不悲观。参见王楠:《价值理想的思与行——马克斯·韦伯的伦理教育》,《社会》2018 年第 6 期。
③ Max Weber, "Science as A Vocation", in *Max Weber's Complete Writings on Academic and Political Vocations*, Gordon C. Wells (trans.), John Dreijmanis (ed.), New York: Algora Publishing, 2008, p.200.

"非价值默认的科学",因为任何有意义的行动必然有其价值基础。①而在究竟是什么为我们的行动提供终极意义这一点上,韦伯似乎又回到了个体的立场。韦伯在《以学术为志业》中,引用老穆勒的话说,"当人完全依靠经验时,世间将会是多神论的场所"②。价值多神论是现代人必然面对的处境,有人会从这多元价值的碰撞中逃避出来,在韦伯看来,这是最不得要领的虚假伦理,因为他们并不为自我立法,是欠缺心志伦理的个体。韦伯认同的是个体必须理智地选择自己的"神"。"不论是善神抑或魔神,都请你跟随他",因为他会推动你前进,即使这会冒犯到此外其他的神。③ 可以说,找到自己命运的守护神,也就坚定了最根本的价值,在这一立场上,韦伯反而和提倡人格说的齐美尔非常接近。④

如果我们想要进一步探寻齐美尔个性论基础的话,就会发现它并

---

① Max Weber, "Science as A Vocation", in *Max Weber's Complete Writings on Academic and Political Vocations*, Gordon C. Wells (trans.), John Dreijmanis (ed.), New York: Algora Publishing, 2008, p.50.

② Max Weber, "Science as A Vocation", in *Max Weber's Complete Writings on Academic and Political Vocations*, Gordon C. Wells (trans.), John Dreijmanis (ed.), New York: Algora Publishing, 2008, p.44.

③ Max Weber, "Science as A Vocation", in *Max Weber's Complete Writings on Academic and Political Vocations*, Gordon C. Wells (trans.), John Dreijmanis (ed.), New York: Algora Publishing, 2008, p.47.

④ 莱文论及韦伯思想中理智在心志伦理和责任伦理的参与,实际上与齐美尔的主观个体和客观现实之差有所呼应,并构成了辩证现代性的核心主旨。前者的论证强调现代化和理性化的过程,后者则试捕捉现代社会中个体对现代性的体验。王小章亦提到,即使两人展开的思想路向不一,但在现代化中留有"一定程度的肤浅"必然是成就个体自我的方法。Donald Levine, "Subjective and Objective Rationality in Simmel's 'Philosophy of Money', Weber's 'Account of Rationalisation' and Parsons' 'Theory of Action'", in Paper presented to *the 10th World Congress of Sociology*, Session on Simmel's "*Philosophy of Money*", Mexico City, 1982;王小章:《齐美尔论现代性体验》,《社会》2003年第4期;王小章:《现代性自我如何可能:齐美尔与韦伯的比较》,《社会学研究》2004年第5期。

不是建立在韦伯批评的有机人格之上的。齐美尔认为,个性是一个"整全的"人格(whole person),然而这里的"整全"指的并不是有机统一,这是齐美尔不同于浪漫主义的地方。① 它同时包含了与别人可比较与不可比较的部分,并非去掉了与别人共享的那部分之外的剩余。在个性的中间层,是可以比较的区间,这是我们和他人共享的那部分人性和道德感。然而,在个性最深层,是最不可比较的那部分,是只存在一次的那部分(which exists only once)。它也是将生命整体组织起来的那个核心所在,恰恰是那一个体最深层的、在本质上无法和他人共享的,也不能向他人启示的孤独状态②这个核心,才是生命遵循的理想。但是,它并不像韦伯批评的人格论那样,是一个恒定的暧昧不明的内核从内向外地规定我们行为的特质。恰恰相反,它不是事先给定的,也不是靠理性能把握的,而必须伴随生命历程的展开才能够显现。它像是一种神秘的理念,"每个人靠着他的守护天使(special angel)或是天才(genius)指引他渡过一个又一个情景,那是他的生命理想"③。不过它预示的并不是神秘主义的存在,恰恰相反,它与韦伯秉持的延迟个人期许的实现而等待命运之神的召唤这样一种价值理念倒是有几分类似。

---

① 浪漫主义主张每个个体都是一个与众不同的特殊存在。但对齐美尔来说,与众不同(uniqueness)是它的生存状态,并不是它的追求。它追求的是植根于自我而生成的性格。从此人格条件出发,每个人的伦理行为都有质的不同,但和普遍法则的原则并不冲突。

② Georg Simmel, *The View of Life: Four Metaphysical Essays with Journal Aphorisms*, John A. Y. Andrews, Donald N. Levine (trans.), Donald N. Levine, Daniel Silver (eds.), Chicago: University of Chicago Press, 2011, p.147.

③ Georg Simmel, *The View of Life: Four Metaphysical Essays with Journal Aphorisms*, John A. Y. Andrews, Donald N. Levine (trans.), Donald N. Levine, Daniel Silver (eds.), Chicago: University of Chicago Press, 2011, p.130.

同样,和韦伯一样,齐美尔认为,个性是伦理的要求而并非只是情感的愿望,这主要在于它是对日常的要求。这意味着个体在每刻的当下都要按照自我伦理行动,自我伦理才能够成立,这是比康德式的道德指示更为艰难的地方。对韦伯而言,"科学如何为其本身",学者必须理智地承担着当下一个又一个看似无意义和无个性的科学劳动,因为当个体能全心全意地为当下的工作奉献,他才能成就对于科学的确信。这个日常是毫无特色的、艰苦而乏味的。对此,韦伯援引歌德作为例子:"就艺术而言,即使一个拥有歌德人格高度般的人,企图将自身的日常变为艺术,也是有害的。"[①]也就是说,个体必须放弃将日常生活变成一件艺术的奢望,那不仅是毫无节制的自我意识的耽溺,而且即便对像歌德那样知道如何平衡自我与世界的完美人格,这么做也是极端危险的。只有能承受日常生活的琐碎和无意义的人,才是有责任的人,意义才会对他展现。

而个性的道德要求,在齐美尔看来,同样是诉诸日常的。只不过这个日常不仅是乏味的,它还是时间的展开,是我们已知的和未知的。他说,个性是与任何形式的自我中心(egoism)、主观主义(subjectivism)不相容的。因为遵从自己生命的内在声音,并不等于遵从自己的主观意愿,它丝毫不会使道德变得更容易。当自我并不只是遵从一些既成的道德原则,比如自律、帮助他人以及爱国等等,而是在能听见自己命运召唤的时候,它才能更进一步地拥有持续的道德力量,"它指向的不是外在的价值……而是生命之泉涌动的内在节奏;它是我们称其为行动的底色,它体现在我们每一个当下的思索之

[①] Max Weber, "Science as A Vocation", in *Max Weber's Complete Writings on Academic and Political Vocations*, Gordon C. Wells (trans.), John Dreijmanis (ed.), New York: Algora Publishing, 2008, p. 65.

中,在注视和言语之中,在欣喜和悲伤之中,甚至在无名的日子之中"①。

因此,个性需要的不是信念的跳跃(leap),而是持续的生活节奏。这才是歌德所说的,日常的命令(demand of the day)。它使任何形式的妥协都变得更不可能。如果,道德的审判只是基于单个的行为的话,那么有些微小的罪恶在考虑它的后果之后也许是可以原谅的。然而,这些微不足道的行为有可能在我们的生命里颇具分量,它们有可能将我们人生引向另一个方向,从而使人生的整体图景变得不一样。② 这意味着,我们度过每一个时刻,都伴随着某种惶恐和敬畏。日常的命令并不是日常对我们提出的一些具体要求,而是一步步引导我们的指令,虽然在下一步真正到来之前,它像黑夜一般,我们对它一无所知。日常是不间断的,是持续的过程,它不再是某一个道德行为。这是一种柔软的绝对性(supple absoluteness),只有对生命有整体感而不只是片段体验的个体,才能具备这种道德能力。

六、结 论

在《塞尚的怀疑》一文中,梅洛-庞蒂探讨了塞尚的风格和他的生命之间的关系。塞尚的一生充满了挣扎、不满和怀疑。当读到巴尔

---

① Georg Simmel, *The View of Life: Four Metaphysical Essays with Journal Aphorisms*, John A. Y. Andrews, Donald N. Levine (trans.), Donald N. Levine, Daniel Silver (eds.), Chicago: University of Chicago Press, 2011, p.109.

② Georg Simmel, *The View of Life: Four Metaphysical Essays with Journal Aphorisms*, John A. Y. Andrews, Donald N. Levine (trans.), Donald N. Levine, Daniel Silver (eds.), Chicago: University of Chicago Press, 2011, p.151.

扎克创作的画家 Frenhofer 死后,他的亲友打开他珍藏的最重要的画作,发现那不过是一面墙上混乱的色彩和莫名的线条,塞尚感动得流下了眼泪,坦陈他自己就是 Frenhofer。梅洛-庞蒂说,塞尚是因为感受到了创作的艰辛——像第一个人开口说话,而不只是对文化的沿袭——才有了这种深深的认同。而创作意味着人能够回到"寂静而孤独的体验的源头,也是所有文化和理念的交流得以建立并被习得的基础"[1],能像人第一次开口说话那般,那可能就是一声叫喊,我们无法知晓它是否会对创作者本人的未来留下任何意义,也不知道它对他人的意义究竟何在。这是真正的创作,因为它的源头在个体生命之中,而它的意义无法被立刻捕捉,因为它不来自事物本身,更不来自创作者的意愿。而塞尚一生的焦灼就是如何找到第一个词语,当他深感自己渺小无助的时候,他却又希望能像上帝一样,用一个视角将世界改变,将世界如何触动我们的体验尽悉网罗。在梅洛-庞蒂看来,塞尚全部的挣扎就是,以他自己的方式建立一个光学,"那是一个逻辑的视野,在此视野之中没有任何荒谬的成分"[2]。

找到第一个词语,像人第一次开口说话,打破一个单纯的文化沿袭者的封闭,这都可以用来印证齐美尔所说的个性观,即回到个体存在的原初状态,找到自己的生命法则。那么,这是否正如同卢卡奇所言,从根本上毁灭了人类共同体生活的意义,因为它把个体存在的孤独状

---

[1] Maurice Merleau-Ponty, *Merleau-Ponty Aesthetics Reader: Philosophy and Painting*, Evanston Galen A. Johnson, Michael B. Smith (eds.), Illinois: Northwestern University Press, 1993, p. 69.

[2] Maurice Merleau-Ponty, *Merleau-Ponty Aesthetics Reader: Philosophy and Painting*, Evanston Galen A. Johnson, Michael B. Smith (eds.), Illinois: Northwestern University Press, 1993, p. 63.

态体认定为人类文明的最高价值?[1] 对传统的马克思主义"社会性"的回归,使卢卡奇体察到个体主义有可能消解一切从社会意义上革命或改良人类现有处境的可能,它抵达的终点将是外部世界的虚无和个体精神性的无限延展。从尼采到齐美尔,卢卡奇看到的是个体主义的生发,是英雄式的消极主义(heroic pessimism),即对个体自我的沉醉,浸染于对人类文明"悲剧性"的体验之中,默认了外部世界的虚无。可以说,卢卡奇在齐美尔的个性观中看到的是相对主义的极端化和某种终极价值的缺失。

卢卡奇从社会道德的角度对整个德国现代思想中贯穿的精神无限性的追求的批评是非常有力的。从齐美尔的个性论出发是否能够找到一条线索来解释个体和世界的并存,这需要另外一篇文章来论述。然而,我们能否仅仅依据卢卡奇、韦伯以及其他批评者的看法,认为齐美尔的思想过于主观主义而对终极价值层面的问题缺乏有力的回应? 通过对齐美尔个性观的讨论,我们不仅看到了个体主义的历史情境,同样也看到个体作为一种伦理生活的可能。这是齐美尔严肃努力的方向。他继承的是歌德—尼采这一脉络的传统。对歌德来说,个体的成长体现的是世界万物生长的普遍能量。所以研究个体和研究世界同样重要。歌德和尼采一样,反对一切纯粹向内的探索灵魂的方式,因为它们导向的是对自我的崇拜。[2] 因此,他们所言的个体生命之展开并

---

[1] Georg Lukács, *The Destruction of Reason*, Peter Palmer (trans.), New Jersey: Humanities Press Inc., 1981, p. 449.

[2] 正如温特劳布所言,歌德认为无止境地对自我的分析是现代社会的病态,所以他鄙视忏悔录式的自传,认为它们最后传达的一定是自怜自爱的感伤,而那是诗人最不该做的。诗人的任务是用自己的才华让生命获得更多安慰、提升和丰富。Karl Weintraub, *The Value of the Individual: Self and Circumstance in Autobiography*, Chicago: University of Chicago, 1982, p. 345.

不是自我精神的外化。严格来说,展开(unfolding)不是描述这个过程的最合适的词语,因为它预示着有一个核心的本质,展开不过是它的外化,是抵达一个特定的状态。而歌德更愿意把这个过程看成是逐渐地清晰化(clarification)①,也就是说,生命从它原初的无法言喻之偶然(unaccountable occurence),通过"守护神的游戏"(the play of daemon),变得越来越明确(specified)。这就是齐美尔所说的,每个人靠着他的守护天使或是天才找到他的生命理想。

最后,这个生命理想,或者说个性,对应的是生命的整体,它需要的是严格的努力,并不会让每个当下的日常闪光。所以,梅洛-庞蒂才说,创作者的个性只展现在他的作品之中。创作者的光芒也许会不时地在画作中闪现,然而,塞尚自己却从不在作品的中心。"十天中有九天,画家看到他周围都是可怜的生活和惨淡的尝试,一些不知从何而起的庆典的废墟。"②所以,他才会不断怀疑自己的努力,也因此,他从未停止创作。

---

① Karl Weintraub, *The Value of the Individual: Self and Circumstance in Autobiography*, Chicago: University of Chicago, 1982, p.365.

② Karl Weintraub, *The Value of the Individual: Self and Circumstance in Autobiography*, Chicago: University of Chicago, 1982, p.75.

齐美尔的性别论

陈戎女

(北京语言大学)

摘　要：齐美尔也许是古典社会学思想家中最为敏感锐利的性别论者之一。在性别差异日益缩小、渐趋于无的现代社会中，齐美尔以他的精神敏感承担了一项"最精微的任务"：探索男女灵魂的差异及其魅力。同时，他关注性别问题在现代文化和社会中的种种面向，如男性文化中的女性、德国女性运动、乌托邦女性主义、爱欲与婚姻的关系。齐美尔性别论的特点在于：首先，齐美尔鲜明提出，对于文化的将来，女性问题比工人问题更重要、更值得关注；其次（也是更关键的特点），他对女性存在、女性文化和女性运动的阐释取向，似乎站在社会主义和个人主义两种倾向之外。可以说，齐美尔的女性主义在价值论上是精英女性主义的立场，其基础乃两性差异的形而上学，针对文化的现代性问题则提出了具有乌托邦性质的"女性文化"一说，同时不乏对现实中女性问题的分析和解答。

关键词：齐美尔　性别　形而上学

生活在19世纪末20世纪初的德国文化哲人齐美尔（Georg Simmel），也许是古典社会学思想家中最为敏感锐利的性别论者之一。在性别差异日益缩小、渐趋于无的现代社会中,齐美尔以他的精神敏感承担了一项"最精微的任务":探索男女灵魂的差异及其魅力。齐美尔不太像那些只思考严肃大问题的哲学家,也与韦伯、涂尔干、滕尼斯等社会学家的兴趣点不同,他关心女性、性别、性爱等"烫手"的问题,并及时研究跟进。而且,作为男性,齐美尔的思想背景中并无家长式父亲、权威式男人这类观念,他并不隐瞒自己的女性主义立场。

这其中不乏现实的原因。19世纪末,大工业生产领域产生了广泛的妇女劳工问题,家庭和职业领域中女性争取独立自由的妇女运动风起云涌。女人日益侵入了男人的活动范围。现代文化节奏的改变,也使围绕"女性"的生活框架(婚姻、职业等)发生了巨大变化,关于女人的种种问题日渐凸显,女性问题的现实意义非比以往。除此之外,女性问题还进入思想史中,不单单是家庭和社会的局部问题,而是被当作现代性的主要问题。齐美尔敏锐地察觉到了女性诉求和现代文化的这些新风向,他的一系列相关论文适时地登载在报纸杂志上,参与了当时公众对德国女性运动的讨论。

其他的原因就与齐美尔的个人世界有关了。在世纪末的大都市柏林,齐美尔和当时一批知识精英女性过往密切,其中不仅有后来成为齐美尔夫人的格特露德·基内尔(Gertrud Kinel),还有格特露德·康托洛维茨(Gertrud Kantorowicz)、玛格丽特·苏斯曼(Margarete Susmann)、玛丽安娜·韦伯(Marianne Weber)、海伦娜·施托克尔(Helene Stöcker)等人,她们差不多都是受过良好教育的知识女性,身份则有艺术家、诗人、哲学家、社会活动家等。齐美尔的私人生活和"精神生活"与这些知识女性交错编织,这个"神的宠儿"(苏斯曼语)一直被所爱的人的爱包围着,他的知性生活会否因此带有些许女性的气息呢?再加上齐美尔对诗人斯蒂芬·格奥尔格圈子周围的同性恋关系的研究兴趣,以及对希腊艺术、东方艺术品等异国文化的嗜好,他的世界看上去"是一个跟充满了出人头地的竞争与冲突的男性世界毫不相干的世界。借用齐美尔的话说,就是所谓的'女性文化'的世界"①。

齐美尔的现象并非特例。德国近现代思想界中的女性谱系有尼采和知音莎乐美、胡塞尔和学生艾迪特·斯坦、海德格尔和学生汉娜·阿伦特。女性在哲学世界里发生的故事颇值得玩味,当这些女性把自己的体验作为思想质料而讲述女性自己的哲学时,背后总是站着一位比她们强大的、作为精神导师的男性哲学家,女性思想就是"产生于被动力学关系中的思想"②。而德国社会学界的另外两位举足轻重的思想家,韦伯和滕尼斯,和当时妇女运动的领军人物都有私人交往。

从 1890 年到 1918 年去世,齐美尔论述女性、性别问题、女性教育、家庭婚姻、妇女运动和爱的哲学的文章约 15 篇③,时间跨度几近 30 年。按时间顺序,早期文章有《女性心理学》(Zur Psychologie der Frauen,1890 年)、《女性运动的百年纪念》(Ein Jubiläum der Frauenbewegung,1892 年)、《军国主义与女性的地位》(Der Militarismus und die Stellung der Frauen,1894 年)、《妇女代表大会与社会民主》(Der Frauenkongress und die Sozialdemokratie,1896 年)、《家庭社会学》(Zur Soziologie der Familie,1895 年)、《货币在性别关系中的作用》(Die Rolle des Geldes in den Beziehungen der Geschlechter,1898 年,后收于《货币哲学》一书)、《妇女进柏林大学学习》(Frauenstudium an der Berliner

---

① 北川东子:《齐美尔:生存形式》,赵玉婷译,河北教育出版社 2002 年版,第 65 页。
② 北川东子:《齐美尔:生存形式》,赵玉婷译,河北教育出版社 2002 年版,第 69—70 页。
③ 但达默认为,这些与性别相关的著述并未形成一个前后连贯的理论体系。Heinz-Jurgen Dahme, "On Georg Simmel's Sociology of the Sexes", in *Georg Simmel: Critical Assessment*, Vol. III, London: Routledge, 1994, p.3.

Universität，1899年）。从《货币哲学》(1900年)开始，齐美尔对这些问题的看法逐渐形成一个体系，《货币哲学》的"买卖婚姻与妇女价值""为钱结婚""卖淫"等节集中讨论金钱和性别关系、婚姻的联系。随后，在那本十分畅销的《哲学文化》一书中，齐美尔发表了集中阐述女性主义主要观点的重要论文《女性文化》(Weibliche Kultur，1902年)、《性别问题中的相对和绝对》(Das Relative und das Absolute im Geschlechter-Problem，1911年)。之后还出现了几篇论述歌德与女性、歌德爱情观的论文《歌德与女性》(Goethe und die Frauen，1912年)、《歌德的爱情》(Goethes Liebe，1912年)，这些论文后收于《歌德》一书。最后阶段是齐美尔论述纯粹的爱和爱欲的《论爱断片》(Fragmente über die Liebe)，以及以爱欲为重要论题之一的压卷之作《生命直观：形而上学四章》。如此长时间地思索性别关系问题，或许正如齐美尔所言，是因为"大量一般性的人类行动形式正是在两性关系的行为方式中找到了其规范性例证"[1]。齐美尔的性别研究以堪称"典范"的方式提供了哲学、心理学、社会学的深度和广度，与当前"时髦"的性别研究(gender studies)相比十分"古典"。从中我们可以观察到齐美尔从民俗心理学、社会学，经由文化哲学，朝生命形而上学发展的思想轨迹。

迟至20世纪70年代末至80年代，齐美尔论述女性的文章才开始受到关注。而之前，科塞(Lewis A. Coser)认为齐美尔对女性社会学的贡献被忽略掉了，不管是早期把他的社会学思想引进美国学术界的"芝加哥学派"中的斯莫尔(Albion Small)、帕克(Robert Park)，齐美尔的学生斯百克曼(Nicholas Spykman)，还是后期对"齐美尔复兴"功不可

---

[1] 齐美尔：《卖弄风情的心理学》，载《金钱、性别、现代生活风格》，刘小枫编，顾仁明译，学林出版社2000年版，第168页。

没的沃尔夫（Kurt Wolff）、雷文（Donald Levine）、默顿（Robert Merton），都没有注意齐美尔的女性主义思想，特别是他针对"男性文化"提出的"女性文化"思想。德国的主要研究者对齐美尔论述性别问题的文章也不感兴趣。[①] 科塞的文章《齐美尔对女性社会学被忽视的贡献》在1977年发表以后，西方学术界才逐渐开始关注齐美尔在性别和女性主义方面的学术论述，但这种关注显然仍不是齐美尔研究中的主流。[②]

进入齐美尔具体的性别言论之前，有必要询问：女性问题在齐美尔那个时代有什么社会文化-思想含义？对女性及其相关内容的思考在什么意义上成为真正的问题？

19世纪末到一战前，社会思想领域广泛讨论两个突出的问题，即劳工问题和女性问题。原因在于，工业革命对工人和妇女生存的巨大影响业已显示出结果，工人运动和女性运动就是解放自身的运动形式。对工人劳动阶级的关注引出社会主义对西方经济-政治制度的批判，直接导致意识形态的彻底革命；而女性问题则针对西方历史上的父权制和禁欲主义。女性运动中两个常讨论的性别问题是：其一，一切社会条件和一切"客观文化"具有明确的性别特征；其二，性本能说（eroticism）和性爱（sexual love）与婚姻形式和普遍文化的关系。[③] 所以，性别问题也被提升到了文化革命的层面，但女性的文化革命演绎

[①] Lewis A. Coser, "Georg Simmel's Neglected Contribution to the Sociology of Women", in *Georg Simmel: Critical Assessment*, Vol. II, London: Routledge, 1994, pp. 386-387.

[②] 以齐美尔为研究对象的学术杂志，持续十多年的《齐美尔通讯》〔*Simmel Newsletter*，1991年创刊，2000年后更名为《齐美尔研究》（*Simmel Studies*）〕少有刊登研究他的性别学说的论文。

[③] Klaus Lichtblau, "Eros and Culture: Gender Theory in Simmel, Tönnies and Weber", in *Georg Simmel: Critical Assessment*, Vol. III, London: Routledge, 1994, p. 32.

出两条道路:其一,女性的革命与社会主义倾向结合,对妇女的社会压迫和性道德压迫与批判私有制、批判资本主义生产方式相结合,如马克思、恩格斯、倍倍尔(August Bebel)的主张;其二,女性革命与非理性主义和个人主义结合,对男权秩序的敌意以深刻的反现代主义冲击摈弃了一切理性主义,尼采和弗洛伊德的学说加强了这一趋势,在许多学术和艺术先锋派圈子中,体现为一种伦理和审美上的个人主义,即培养个体的生活风格,以性爱为支配性的文化力量。①

在如此问题背景下审视齐美尔的女性主义,可以发现其突出的特点:齐美尔首先鲜明地亮出观点,对于文化的将来,女性问题比工人问题更重要,更值得关注;其次(也是更关键的特点),他对女性存在、女性文化和女性运动的阐释取向,似乎站在社会主义和个人主义两种倾向之外。可以说,齐美尔的女性主义在价值论上是精英女性主义的立场,其基础乃两性差异的形而上学,针对文化的现代性问题则提出了具有乌托邦性质的"女性文化"一说,同时不乏对现实中女性问题的分析和解答。

一、性别形而上学:相对和绝对

(一) 男性与女性的形而上学差异

性别形而上学是齐美尔性别研究的基石,正如哲学形而上学是他的种种文化社会学研究的基础一样。我们或许可以说,在他这里出现

---

① Klaus Lichtblau, "Eros and Culture: Gender Theory in Simmel, Tönnies and Weber", in *Georg Simmel: Critical Assessment*, Vol. III, London: Routledge, 1994, p. 33.

过性别社会学、性别政治学、性别文化理论,但无论哪种理论形态,明显地都是建立在其康德先验哲学式的性别形而上学基础之上的。这一点最清楚不过地呈现在他全面论述男女两性的生存本质和存在关系的文章《性别问题中的相对和绝对》中。①

对于性别,齐美尔基本持一种本质主义的观点。对此,当代的性别论者们肯定不以为然,他们把性别看成人为的建构,是流动的性别身份,而齐美尔所分析的性别特性(Geschlechtlichkeit),是把性别当作一种存在本身,不管是以"行为"为特征的男性特性,还是以"存在"为特征的女性特性,性别就是存在的一种样式:

> 就自己是女人这一点对女人来说,比起自己是男人这一点对男人来说,更具本质性。对男人而言,性别特性(Geschlechtlich-keit)是一种行为;但对女人而言,性别特性则是一种存在。……女人生活在存在与女人存在最深刻的同一性(Identität von Sein und Weibsein)中,生活在自在地规定的性别特性的绝对性中。这种性别特性,就其本质而言,不需要同异性的关系……对男人来说,这种性别特性就只存在于与女人的关系中。但对女人而言,性别特性乃是一种绝对、一种自为的存在(ein Für-sich-Seiendes),与她们最终的根来自她们的女人性(Frauentum)的事实这一点密切相关,或者说完全一致。②

---

① 此文先刊发在一份叫作《女性未来》(*Frauen-Zukunft*)的杂志上,这份杂志声称是为所有人(不分男女)讨论女性问题开辟的一个学术研究聚集地、一个战场,但很明显,它是为当时的女性运动呐喊助威的。Rüdiger Kramme, Angela Rammstedt, "Editorischer Bericht", in *Georg Simmel Gesamtausgabe 12*, Frankfurt: Suhrkamp, 2001, p.530.

② 齐美尔:《性别问题中的相对和绝对》,载《金钱、性别、现代生活风格》,刘小枫编,顾仁明译,学林出版社 2000 年版,第 176—177 页。

齐美尔以为,女性比男性更靠近存在本身,或者用他的哲学语言说,性别特性对女人是绝对,对男性却是相对。为什么?因为行动和生成(Werden)在男人那里显示出人超越自身的二元性,而在女人那里则显示出统一性(Einheit/ Einheitlichkeit)。[1] 男人是二元性的存在,比起自身完满统一的女人,是更相对的存在,而自具统一性的女人像艺术品一样完整和谐,充满女性魅力。齐美尔指出,男性的二元性存在是由劳动分工确定的,显现为一种分化的个体存在,并且逐渐消融于男性存在所建造的客观性中;女性则是具有统一性的一种自为的存在,"女性本质的全部深邃和美……就基于这种统一性"[2]。

从一开始,齐美尔的性别论就凸显出男性和女性的截然对立,并且强调此乃形而上的对立,而非当代的性别研究者所说的文化意义上的性别身份的不同。齐美尔的性别形而上学强调的是一种根深蒂固的差异意识,是"性别在质上的差别"(qualitativen Differenzen der Geschlechter)[3],这与同时代的女性主义者玛丽安娜·韦伯[4]以男女平等意识为主要诉求大异其趣。性别差异既是一种"自然的给定性",也是齐美尔对现代货币经济时代性别分化的认识。玛丽安娜·韦伯等自由派女性主义者也强调性别的差异,但这种强调更多是女性政治学的考量,旨在批判现实中男女地位不公。玛丽安娜·韦伯在《女性与客观

---

[1] 齐美尔:《性别问题中的相对和绝对》,载《金钱、性别、现代生活风格》,刘小枫编,顾仁明译,学林出版社 2000 年版,第 191 页。
[2] 齐美尔:《女性文化》,载《金钱、性别、现代生活风格》,刘小枫编,顾仁明译,学林出版社 2000 年版,第 143 页。
[3] 齐美尔:《女性文化》,载《金钱、性别、现代生活风格》,刘小枫编,顾仁明译,学林出版社 2000 年版,第 141 页。
[4] 玛丽安娜·韦伯的女性主义是当时德国自由派知识分子观点的主要表现,但他们的平等诉求又与无产阶级女性主义的主张多有不同。

文化》中承认男女间的差异,但她以不同的方式处理这些差异。她指出,男女之间有很多相像重叠的地方,而非彻底不同的存在。重要的是在多大程度上强调男女间的差异,在多大程度上强调男女共通的品质。在玛丽安娜·韦伯看来,齐美尔及他的前辈们强调的大多是两性差异,她则看重男女共同的东西,她称之为"人的普遍性"(das Allgemein menschlichen)。① 这个术语大概是从齐美尔那儿借来的,不过转换了含义。齐美尔使用时指的是男人把属于男性特质的东西上升为一般性、普遍性。"男性不单比女性占优势,而且成了人的一般性(Allgemein-Menschlichen),以同样的规范方式支配具体的男性和具体的女性。"②

齐美尔性别论的基础是纯粹的性别形而上学,其宗旨是对男女的灵魂差异追根究底。对于这项"最精微的精神任务",齐美尔不断重复,就是"必须对细微差别更加敏感"③。所以不难理解,对玛丽安娜·韦伯来说,性别问题主要是解决妇女教育、权利的政治问题,顺理成章地,男女平等诉求就是妇女运动的基础;齐美尔却把性别问题当成精神问题,他当然看到了女性在现实的困苦和不公,女人在男女关系中处于劣势,但他寻求的不是政治的解决,而是精神的探询(这也许是性别形而上学者和妇女活动家最大的分歧所在),所以他性别形而上学的着眼点,是这些现实背后隐藏的性别差异的思想意识。有些评论家

---

① Lieteke van Vucht Tijssen, "Women and Objecktive Culture: Georg Simmel and Marianne Weber", in *Georg Simmel: Critical Assessment*, Vol. III, London: Routledge, 1994, p.24.
② 齐美尔:《性别问题中的相对和绝对》,载《金钱、性别、现代生活风格》,刘小枫编,顾仁明译,学林出版社 2000 年版,第 172 页。
③ 齐美尔:《女性文化》,载《金钱、性别、现代生活风格》,刘小枫编,顾仁明译,学林出版社 2000 年版,第 153 页。

批评齐美尔的性别理论没有解决女性的实际问题,有点文不对题。

齐美尔是否对女人在性别关系中的身份、地位不关心呢?可以来看看他用主人和奴隶的关系类比男女的关系:

> 要是将两性的历史关系干脆看成主人与奴隶的关系,那么属于主人的特权是,他不必总想着自己是主人这一事实;但奴隶的地位却让人为此操心,奴隶绝对不能忘记自己的地位。同样确定无疑的事实是:男人很少意识到自己的男性存在,相比起来,女人很少会意识不到自己是女性的存在。在多数情况下,男人似乎思考的是纯粹客观的事情,而其男性特征并没有同时在他的感觉中占有一席之地。相反,看起来好像女人决不会失去自己的感觉:我是女人。①

类比是齐美尔惯用的说理手法,旨在一语道出某些现象的内在关联:男女关系就酷似主奴关系。这段话表明,齐美尔对性别关系中的权力机制心知肚明,但是在权力关系的论述中展开的是对男女不同地位的感觉和意识的描述。按当今性别研究的思维模式,可以说这段话一语点破了两性不平等的事实,因为齐美尔十分明确地指出了社会规范和文化形态都是受男性支配的现实。然而,他关注的重点显然不在(或者说不完全在)性别中的权力关系本身。《性别问题中的相对和绝对》一文中的"相对和绝对"已经暗示出,齐美尔所用的术语和推进的思路跟他同时代的女性主义者,以及跟我们当代的性别研究者均有相

---

① 齐美尔:《性别问题中的相对和绝对》,载《金钱、性别、现代生活风格》,刘小枫编,顾仁明译,学林出版社 2000 年版,第 172 页。

当大的品质差异。齐美尔建构的是性别形而上学，两性的存在本质是其核心问题；而玛丽安娜·韦伯这样的女性主义者和当代的性别研究看重的是性别政治学。前者追求男女的平等和妇女的权利，后者注重性别关系中的权力机制、男权社会及其形成的历史原因的分析论证。

当齐美尔仔细推敲玩味性别关系中的"相对和绝对"时，男性和女性存在、男性原则和女性原则的本质，就像浮雕一般清晰地从种种现象里凸显出来：

> 具有决定性意义的是，不宜仅仅从女人和男人的关系出发来理解女性特征，好像女人存在本身只是一种没有色彩的形而上学本质。恰恰相反，女性特征一开始就是女人的存在，是一种绝对，它没有像男性本质那样位于两性对立之上，而是在它之外。[①]
>
> 无论男性原则还是女性原则，都采取了一种超出相对性的立场（初看上去，是这种相对性赋予二者以意义）。女性原则具有这种立场，不仅因为像我们在前面勾画的那样：女人本身具有自足性（Selbstgenugsamkeit），在对男性的关系中抱无所谓（Gleichgültigkeit）的态度。同样重要的是，女人积极地超越了男人的涵盖男性和女性的分化情结（Differenziertheitkomplexes）。男人超出两性对立，是因为客观标准本身就是男性的……女性超出这一对立，乃因为就女人的存在而言，女人直接生活在源泉中，并以此源泉为生，而正是从这种源泉中流出了对立的双方。从这样的相互关系来看，男人就不仅仅是男性的，女人也不仅仅是女性的。

[①] 齐美尔：《性别问题中的相对和绝对》，载《金钱、性别、现代生活风格》，刘小枫编，顾仁明译，学林出版社2000年版，第181页。

女人是母亲,无论就实体而言,还是就生成而言,女性都是两性的一般基础。就男人而言,绝对的东西是作为超越性别的客观物出现的,这种东西就是男性的;对女人而言,绝对的东西是作为超越性别的基础出现的,这种东西就是女性的。[1]

男性尽管心灵内容都被绝对化了(男人的二元性也倾向于这种绝对化),和女人相比,其实更是相对性的存在。齐美尔的这一论断颠覆的是西方长期以来的传统习见,传统的看法无外乎女性比男性更低级,男人高于女人。齐美尔有意识地站在传统看法的对立面,他认为这是人们站在男性存在的立场上错误地提出的问题,必然也会错误地回答问题。女性比男性更是一种绝对的存在,从而,女人是比男人更真正的存在,女人比男人更是名副其实的人。[2] 在这里,传统对女人的贬低被齐美尔彻底推翻了,而且,这个结论是一个哲学意义上关于两性存在的价值判断,齐美尔丝毫没有隐瞒他的女性主义立场。

在"相对和绝对"的性别形而上学基础之上,齐美尔推导出认识论和伦理意义上女性的思想和情感能力的结论。[3] 在认识方式上,女性不追求观念的实现,也较少理性的思维,但齐美尔并不认为这是缺陷,相反,这是进入客观世界更高级的方式。因为生命和精神在女性存在中不是各自独立成长的,女性的生命扎根于最基础的东西,她可以到

---

[1] 齐美尔:《性别问题中的相对和绝对》,载《金钱、性别、现代生活风格》,刘小枫编,顾仁明译,学林出版社 2000 年版,第 190—191 页。

[2] 齐美尔:《性别问题中的相对和绝对》,载《金钱、性别、现代生活风格》,刘小枫编,顾仁明译,学林出版社 2000 年版,第 180 页。

[3] Lieteke van Vucht Tijssen, "Women and Objecktive Culture: Georg Simmel and Marianne Weber", in *Georg Simmel: Critical Assessment*, Vol. III, London: Routledge, 1994, p. 22.

达直接存在的统一和完整。所以，和男性不同，女性不必借助理性就可进入绝对领域。同样的情形也发生在道德领域，因女性的本质是没有分裂的统一性，"对于女人来说，道德好像是从自己天性最独特的本能中冒出来的……道德像一层皮紧贴在女人的本质上"[①]，女性因此比男性更容易成为一件艺术品，保持意志行为和观念之间的内在和谐，男人必须克服自己的二元性存在才能达到和谐，和谐也正是在现代性过程中以男性为主导的社会牺牲掉的东西。

齐美尔把男女两性理解为两种绝对无法融合的存在，两性的差异结构因而是悲剧性的结构，即便要求政治上的平等，男人和女人仍是根本不同的。所以齐美尔眼中的性别图景就呈现出这样一幅面貌：男性是分化的、个体的、行动着的，他较少有一种"性别"意识；女性是植根于大地的存在，她是统一的、自足的、包容着两性的存在，或者说"女人是自体自根的、没有分化的灵魂"[②]。

（二）男性文化的客观和绝对：女性作为本体论的"他者"

现代社会男女差异的根源，在齐美尔看来，是因为劳动分工后，分化所导致的性别分化。就生理机制而言，性别的差异自古已然，但现代社会中的性别意识、男女身份有别的观念都是现代意义上的劳动分工、性别分化所致。性别分化是一个现代性的问题，特别涉及齐美尔的文化理论。在他看来，当男性创造的历史文化样态面临危机的时候，正是两性的差异而非相似给文化的发展带来更多的活力和魅力，

---

① 齐美尔：《性别问题中的相对和绝对》，载《金钱、性别、现代生活风格》，刘小枫编，顾仁明译，学林出版社2000年版，第188页。
② 齐美尔：《性别问题中的相对和绝对》，载《金钱、性别、现代生活风格》，刘小枫编，顾仁明译，学林出版社2000年版，第189页。

当然,他以为这种魅力最终体现在女性或女性文化那边。因此,性别分化与齐美尔关于文化分化的理论纠结在一起。

齐美尔大多关于女性的著作都以性别分化的社会学分析为基础,性别分化也是他第一篇论女性的文章《女性心理学》的分析内核。[1] 齐美尔曾在其大作《货币哲学》里论述嫁妆原则时,具体讨论现代货币经济以来,男女劳动分工的形成以及由此产生的不平等地位。"货币使面向市场的生产和面向家庭经济的生产分开,各自独立,这种分裂在男女两性间引起了一种更为严峻的劳动分工。显而易见的是,妻子接管了家务劳动,而丈夫则承担家庭外的工作活动,家务劳动则越来越成了管理和使用丈夫拿回家的收入。这样一来,妻子似乎丧失了她理所当然拥有的经济价值的实质,如今她仿佛就是被丈夫工作养活着。不仅是为她索要和付出一笔钱丧失了其依据,而且她变成了——至少表面看来如此——丈夫接管下来不得不为之操心的累赘。这便为嫁妆埋下了基础,丈夫和妻子的劳动范围越是以男主外女主内的方式分裂,嫁妆原则的形成相应地就会愈加广泛。"[2] 嫁妆原则因而是男女的社会劳动关系在金钱上的反射。

齐美尔的性别理论可以归入其文化现代性理论中,因为男女两性关系这一"人类生活中的基本相对性"是现代社会的核心问题。"齐美尔的性别社会学与其关于现代化的理论有内在的关联。"[3]对此,齐美

---

[1] Ralph M. Leck, *Georg Simmel and Avant-Garde Sociology: The Birth of Modernity, 1880-1920*, New York: Humanity Books, 2000, p.134.

[2] 齐美尔:《货币哲学》,陈戎女、耿开君、文聘元译,华夏出版社 2002 年版,第 295 页。

[3] Lieteke van Vucht Tijssen, "Women and Objecktive Culture: Georg Simmel and Marianne Weber", in *Georg Simmel: Critical Assessment*, Vol. III, London: Routledge, 1994, p.25.

尔的基本观点是,现代性的产生根源和男性特质息息相关,现代性的悲剧就是男人的悲剧,而现代性的未来或解决却和女性特质密不可分。齐美尔对男性特质有这样一些说法:"男人的存在就外在意义和内在意义而言都是由劳动分工且为了劳动分工而获得规定的。""男人经常可能为了一种观念而生和死,他总是面对着观念,观念是男人无止境的使命,在观念的意义上,男人始终是一个孤独者。""男人一般比女人更加容易感到无聊。"[1]在这些精辟而精微的说法中,男人与观念、专业化和劳动分工的联系,都表明男性特质与文化现代性过程有扯不清的关系。

我们已经知道,齐美尔最根本的性别观,建立在一种男女根本对峙的悲剧性结构上。[2]而男性和女性的对峙,以及由此而来的男性文化与女性文化的对峙,实际上就是齐美尔所谓的客观文化和主观文化的对峙,因为客观文化就是男性一手创造的。像当代的性别主义者一样,齐美尔断言,没有什么中性的文化,一切文化都有性别倾向,当然主要是男性倾向。与现代性别主义者不同的是,齐美尔并不过分强调性别或性别意识的后天建构特征,文化的性别特性的确是后天的社会环境和习俗使然,但是,性别身份的本质差异,在齐美尔看来,是先在存在的。虽然性别的差异是先天形成的,但文化的男性倾向不仅是后天建构的,而且普遍存在于人类历史中。可以说人类文化的历史样态

---

[1] 齐美尔:《性别问题中的相对和绝对》,载《金钱、性别、现代生活风格》,刘小枫编,顾仁明译,学林出版社2000年版,第175、184页。
[2] 如果说在齐美尔那里存在一种"女性政治学"的话,这也是就文化层面上女性文化可以克服男性文化的缺陷而言,而非根本上有弥合性别分化和差异的可能。雷克提到齐美尔的"女性政治学"时强调和社会主义政治学的结合,似乎对于解决这个存在的根本问题,人们居然可以有所作为。Ralph M. Leck, *Georg Simmel and Avant-Garde Sociology: The Birth of Modernity, 1880-1920*, New York: Humanity Books, 2000, p.133.

就是男性文化：

> 人类文化可以说并不是没有性别的东西，绝对不存在超越男人和女人的纯粹客观性的文化。相反，除了极少数的领域，我们的文化完全是男性的。男人创造了工业和艺术、科学和贸易、国家管理和宗教，因此它们不只具有男人的特征，而且在不断重复的施行过程中特别需要男人的力量。历史上从未实现一种不问男女的人类文化的美妙想法。①
>
> 我们文化提供给心灵内在性的构成方式和表达方式（绝对不只是语言的），本质上是由男性创造的，因此，不可避免地首先为男人的存在方式及其需要服务。即使对于那些趋于分化的女性，也常常根本就找不到令人满意的和可以理解的表达方式。②

文化的男性特征如此明显，一目了然，不过齐美尔更推进一步，指出这种男性文化如何通过客观化的过程成为一种貌似"客观"的文化：

> 艺术要求、爱国主义、普遍美德和特定的社会理念、实践判断的公正性和理论认识的客观性、生活的力量和深化等等范畴，就其形式和要求而言，看起来都属于人的一般性范畴，但实际上其历史形态完全是男性的。要是我们干脆称这些以绝对面目出现的观念

---

① 齐美尔：《女性文化》，载《金钱、性别、现代生活风格》，刘小枫编，顾仁明译，学林出版社2000年版，第141页。
② 齐美尔：《卖弄风情的心理学》，载《金钱、性别、现代生活风格》，刘小枫编，顾仁明译，学林出版社2000年版，第166页。

为客观的,人类的历史生活中的如下公式就是有效的:客观＝男性。①

人类历史上的一般文化,其评判标准和适宜程度都是由男性设定的,本质上也具有男性特征,但文化的性别倾向却逐渐演变成了客观性,男性文化演变成了客观文化,成为男女都要适应的文化形式。由于男人对女人的权力地位(Machtstellung),"男人和女人之间的支配关系使男性的本质表现获得的心理优势发展成了一种所谓逻辑优势;这种本质表现要求具有规范的意义,因为男性的本质表现揭示了客观的、对所有不论男女的个体都同样有效的真实性和正确性"②。

男性的东西成为超性别的绝对和客观,这对评判女人产生了严重后果:女性在男性文化中成为本体论上的"他者"。迄今为止的文化中,女人地位低下,究其实质,"不是因为女人的力量太弱小,而是因为她们表现力量的方式不适合迄今的文化劳动范畴"③。所有既定的文化规范和标准也不是中性的,是由男性创造,并倾向于男性。所以传统意义上所谓的女性特征,并非自足的、以自我为中心的女性特征,而是以男人为取向,是令男人喜欢、为男人服务、补充男人。男人的特权强加给女人一种标准的双重性(Die Doppelheit der Massstabe)。当女性由男性创造的标准来衡量,就永远是男性客观文化中的不合格者,永远处于劣势。像齐美尔所说,当人们不知道如何更好地赞美一个女人

---

① 齐美尔:《性别问题中的相对和绝对》,载《金钱、性别、现代生活风格》,刘小枫编,顾仁明译,学林出版社 2000 年版,第 172 页。
② 齐美尔:《性别问题中的相对和绝对》,载《金钱、性别、现代生活风格》,刘小枫编,顾仁明译,学林出版社 2000 年版,第 173 页。
③ 齐美尔:《女性文化》,载《金钱、性别、现代生活风格》,刘小枫编,顾仁明译,学林出版社 2000 年版,第 143 页。

所做的文化成就时,就只能说她"简直像男的"①。换齐美尔常用的康德道德哲学术语来讲,人永远不是被作为达到目的的手段,而是被作为目的本身。②但,女性在客观文化中的悲剧命运就是被当作纯粹的手段,作为男人的手段、孩子的手段、家庭的手段。女性处于一个"他者"(anderem)的世界。

(三) 女性精神贵族和个体形而上学的孤独

如何评价齐美尔的性别形而上学,其中涉及什么样的批判策略?有的批评者尽管意识到齐美尔性别形而上学具有乌托邦性质,从而对现实构成批判,但又驳斥其性别形而上学过于将两性两极对立,二元的性别形而上学必然会出现一种自相矛盾。③而且,齐美尔将女性的特殊性看作静止的、永恒的,是一种典型的本质主义性别论。正是在这一点上,人们把齐美尔和文化女性主义相提并论,并加入当代性别理论的视野与之比较。

雷克把齐美尔《性别问题中的相对和绝对》中的批判策略(即他所谓的"哲学社会学")称作一种综合的判断,按他的说法,这种策略主要是文化女性主义和性别理论的综合,是本质主义的性别身份和对客观的男性体制的彻底批判的综合。在雷克的先锋阐释路线中,尽管齐美尔坚信性别特征的永恒是典型的保守立场,但从中得出的结论具有相

---

① 齐美尔:《女性文化》,载《金钱、性别、现代生活风格》,刘小枫编,顾仁明译,学林出版社 2000 年版,第 141 页。

② Lewis A. Coser, "Georg Simmel's Neglected Contribution to the Sociology of Women", in *Georg Simmel: Critical Assessment*, Vol. II, London: Routledge, 1994, p. 389.

③ Klaus Lichtblau, "Eros and Culture: Gender Theory in Simmel, Tönnies and Weber", in *Georg Simmel: Critical Assessment*, Vol. III, London: Routledge, 1994, p. 33.

当激进的批判性。齐美尔确实承认绝对的性别差异的存在,但这并不能证明男女地位和权力的不等是正当的。他以外科手术般的精确揭露了对女性的统治背后的传统逻辑不过就是任意妄为的权威主义。① 所以雷克的结论是,齐美尔的分析既有类似于文化女性主义的地方,又有类似于性别理论的部分。前一个类似点是他假设性别的本体论概念;后一个则是他试图找到对客观的社会规范和等级体制的一种综合理解。但齐美尔的女性原则哲学又预设,女性的根源在于自然的未分化基础上的女性原则,其身份与男性无关,他因此反对一般意义上的男女平等观。两相比较,雷克以为,齐美尔的女性论(和他的先锋社会学思想一样)也是对种种极端学说的综合,他的综合能力表现出的清晰和老练,是当代女性主义无法匹敌的。

北川东子认为,《性别问题中的相对和绝对》是将"女性的东西"当作最终的形式,与现代思考的两分法展开正面交锋。齐美尔是站在为欧洲现代思维所压抑,并被巧妙排除的人(即女人)的立场来讲述思想,这就是"男性—女性"的对立关系作为哲学主题的意义。欧洲启蒙主义把理性立场置换为"普遍性立场"时利用过"自我—世界""主观—客观"等对立关系,但所有这些话语都封闭在男性的、西方精神的特权性统治之下。齐美尔执着坚持"男—女"这一仅剩下的对立关系,使欧洲思想的男性化一目了然——这就是齐美尔性别形而上学的意义。②

对齐美尔性别形而上学,雷克从不同的女性主义策略的角度综合评述,北川东子则由西方思想史的历史角度出发加以评价,我们的评

---

① Ralph M. Leck, *Georg Simmel and Avant-Garde Sociology: The Birth of Modernity, 1880-1920*, New York: Humanity Books, 2000, p.139.
② 北川东子:《齐美尔:生存形式》,赵玉婷译,河北教育出版社2002年版,第82—83页。

价视角是和性别形而上学关联更密切的价值形而上学。如果说齐美尔的性别形而上学涉及什么批判策略的话,它构筑的是女性精神贵族对沿袭已久的男性统治的颠覆基础,"真正由最好的来统治"。齐美尔突出两种性别在形而上学意义上的差异,根本就是要强调,女性性在品质上优于男性性,女性的精神贵族统治的价值合法性就在于此。雷克(大多数论者也如此)意识到齐美尔对男性原则的批判切中肯綮,非常激进先锋,但这种先锋性批判的来源既不是对性别身份的构成考虑,也不是现实的女性政治学的考量,而是源于女性贵族形而上学。故此,雷克综合论的说法明显暴露出当代批评者理解齐美尔的困难,以文化女性主义和性别理论硬套齐美尔的理论视野和批判策略,在多大程度上切合,值得怀疑。

齐美尔的性别形而上学还隐隐透露出,男人和女人都无法逃离孤独的命运,这和他的思想中一贯的悲观形而上学暗自契合。男人和女人是被最深的形而上学鸿沟分隔的存在。柏拉图早就借阿里斯托芬之口说过,男人和女人的灵魂注定要相互寻找,但齐美尔看到的是,他们注定各自孤独。这就是埋藏在深处的个体形而上学的孤独命运。在齐美尔眼里,再没有比两性存在的事实本身更能说明人在这个世上的孤绝了——始终面对着他/她的对立面又始终无法靠得更近,"带着这种孤独,人最终不过是一个陌生人,不仅在世界万物的关系中如此,而且在与最亲密的人的关系中"[1]。男人和女人各自的类型悲剧(die typische Tragik)或许不同[2],但等候在命运终点的悲剧结局却无一例外

---

[1] 齐美尔:《卖弄风情的心理学》,载《金钱、性别、现代生活风格》,刘小枫编,顾仁明译,学林出版社 2000 年版,第 168 页。

[2] 齐美尔:《性别问题中的相对和绝对》,载《金钱、性别、现代生活风格》,刘小枫编,顾仁明译,学林出版社 2000 年版,第 182—183 页。

都是形而上学的孤独——这是一位哲学家悲观主义的断言。

齐美尔女性主义思想显得独特,其根本就在于他的性别形而上学中精神贵族价值论和悲观主义的结合,他的各种女性主义论题的细致展开,都是在此基础上完成的。

二、德国女性运动:齐美尔和玛丽安娜·韦伯之争

德国的女性运动始于19世纪中期,到90年代势头高涨,但内部分裂为两个阶级属性不同的阵营,即资产阶级和无产阶级(Die bürgerliche Frauenbewegung und die proletarische Frauenbewegung),两阵营于1894年公开分裂,资产阶级妇女活动者另创建了"德国妇女协联"(Der Bund deutscher Frauenvereine,简称BDF)。[①] 而由Clara Zetkin、Luise Zietz领导的无产阶级妇女运动,是社会民主党(SPD)最革命化的组成部分。齐美尔在《妇女代表大会和社会民主》[②]一文中所说的妇女代表大会(Frauenkongress),指的就是在柏林召开的资产阶级妇女代表大会,因此,社会主义倾向的女工组织领导人Clara Zetkin和Lily Braun受邀后拒绝参加,声称资产阶级运动根本忽视保护劳工妇女的权益,资产阶级运动所期望的社会秩序下,无产阶级女性的地位不会有提高。大体上,无产阶级妇女运动中的社会民主党人以不屑和敌

[①] Katja Eckhardt, *Die Auseinandersetzung zwischen Marianne Weber und Georg Simmel über die Frauenfrage*, p. 18.

[②] "Der Frauenkongress und die Sozialdemokratie"(1896年),该文的主要内容也出现在1902年《1870年以来德国生活与思想的趋向》一文中。

意的眼光看待资产阶级的"淑女运动"。① 当时德国无产阶级妇女运动受平等主义观念支配,致力于男女平权、同工同酬、普选权、经济平等,这些主张只有通过革命手段摧毁资本主义才有可能。所以无产阶级的妇女运动和工人运动殊途同归,指向的文化战争都是社会颠覆。反之,"德国妇女协联"的理论主张基础是性别差异,强调女性性别上的独特性,代表人物有 Helene Lange、Getrud Bäumer 以及玛丽安娜·韦伯。"德国妇女协联"的态度温和保守,活动形式不太激进,希望通过内部改革铲除社会疾病,提出的改革主张无外乎改革妇女的装束、确立妇女在财政法令中的地位、解决妓女的卖淫问题、妇女进大学学习等,没有触及实质性的革命,而革命则是社会主义女性主义者的平等主义文化政治学理所当然的结果。② 如此背景下,怎么统一德国的"女性运动"的问题,摆到了女性活动家和思考者面前。

对于德国现代女性运动的这两种发展倾向,齐美尔观察到,其根源在于劳动分工对无产阶级和资产阶级妇女意味着迥然不同的生活结果:劳动阶层的妇女由于工业生产的劳动分工得到了更多自由,但以付出她们的个性为代价,而且剥夺了她们家庭劳动的时间,结果她们被从家庭中赶出来,被迫进入毫无保障的工厂劳动,经济独立和社会自由给这些女性带来的是"悲惨的生活";富有阶层的女性因劳动分工脱离了繁重的家务劳动,变得无所事事,以前占据她们主要生活内容的家务活动,现在利用机器可以轻松完成。但公共空间里很少有可以

---

① 齐美尔:《妇女代表大会与社会民主》,载《时尚的哲学》,费勇等译,文化艺术出版社 2001 年版,第 121—122 页。

② Katja Eckhardt, *Die Auseinandersetzung zwischen Marianne Weber und Georg Simmel über die Frauenfrage*, p.19; Suzanne Vromen, "Georg Simmel and the Cultural Dilemma of Women", p.396; Ralph M. Leck, *Georg Simmel and Avant-Garde Sociology: The Birth of Modernity, 1880-1920*, New York: Humanity Books, 2000, p.160.

施展她们的个性和才华的舞台,她们的结局和无产者女性相反——要么勉强进入男性社会,同样牺牲了自己的个性,要么百无聊赖地圈在家中,酝酿着娜拉式的离家出走。所以现代女性世界越来越多这样类型的女人:愚蠢的老处女,行事张扬的男人婆,神经纤细过敏得反常的女子,她们要么是受到历史限制的牺牲品,要么是没有这些限制却也没有其他活动领域的现代文明的牺牲品:

> 无产阶级妇女从房子里粗暴地被驱逐出来,而中产阶级妇女却被这房子粗暴地牵绊住了;独立的经济活动对这一个来说是诅咒,而对另一个来说是祝福……当今的工业生产模式,一方面把无产阶级妇女从家务活动中强行撕裂出来,而另一方面把局限于该领域中的中产阶级妇女的活动范围变得贫瘠一片。①

齐美尔把两类女性的悲剧命运同等地归结为一个典型的齐美尔式的现代性问题:现代社会中客观文化和环境的发展已经远远超过了个人对此的适应程度。正是工业生产的过度发展分裂个人的倾向,造成了无产阶级女性的痛苦和中产阶级女性的枯萎,差异仅在于她们关注的是不同方面,所以两类女性解放自身的运动,不过是同一社会现象的两个侧面罢了。德国无产阶级和中产阶级女性对彼此的妇女运动互相敌视,打得不可开交,根本就不必要。

针对德国女性运动的利弊得失,齐美尔的观点是,女性问题实质上有关文化格局中独特的女性创造性。《女性文化》一开篇,他就针对德

---

① 齐美尔:《妇女代表大会与社会民主》,载《时尚的哲学》,费勇等译,文化艺术出版社 2001 年版,第 125 页。

国当时的女性运动发表了一番看法:"现代女性运动看来拒绝任何超出了个人及其幸福、教育和自由的意义。自然,女性运动并不打算只为确定的个别人,而是应该为所有女人开拓更高的生存阶段。……即使当这一运动强调社会整体的利益,声称一旦女人有完整的精神教育和经济独立,将深化和完美婚姻和孩子的教育,并通过增加竞争者的数量使各个领域能够更严格地挑选最有才能的人,但我仍然没有发现这类说法涉及这场运动具有哪些超个人的和超社会的文化价值,哪些是这个运动真正创造性的、使精神价值的库存得以增多的能量。"[1]对于现代女性运动提出的种种现实主张,不管是政治的还是经济的,齐美尔坚持应回到文化价值本身的思考上来。女性运动不该只狭隘地考虑为女人谋取现实的福利,以为这就是女性解放运动的宗旨。应该思索的倒是,女性可以为现代文化做出哪些独特的贡献。特别是面对主观文化和客观文化的对立,对女性运动提出的新问题就是:从中产生完全崭新的、在品质上与迄今为止的所有形象不同的文化。在齐美尔看来,这才是"女性运动对我们的将来或许比工人问题本身产生更深刻的影响"[2]的关键所在。正是出于对现代女性运动的反思,和对精英女性具备的独特文化创造力的推崇,齐美尔才有了"女性文化"一说:创造这个具有微妙分别的"文化新大陆",是"客观文化从现代女性运动中可以获得的真正收益"[3]。

研究者一般认为,齐美尔的女性主义立场站在资产阶级女性运动

---

[1] 齐美尔:《女性文化》,载《金钱、性别、现代生活风格》,刘小枫编,顾仁明译,学林出版社 2000 年版,第 139 页。

[2] 齐美尔:《女性文化》,载《金钱、性别、现代生活风格》,刘小枫编,顾仁明译,学林出版社 2000 年版,第 140—141 页。

[3] 齐美尔:《女性文化》,载《金钱、性别、现代生活风格》,刘小枫编,顾仁明译,学林出版社 2000 年版,第 152 页。

及其改良主义一边,反驳了社会主义女性主义者的论点以及进行社会革命的可能性:"人们不能再相信一个对整个社会境况进行革命性改变的激进手段,就像不能相信诸说从天而降的刹那奇迹一样。"①齐美尔看到,妇女解放运动在不同发展阶段有不同诉求:第一阶段争取女性的经济独立,第二阶段争取男女劳动者同工同酬。这两个阶段主要针对发生在下层劳动妇女身上的普遍社会不公,齐美尔承认,这是"当前德国妇女运动最伟大的价值之一"。但,他关心的毋宁说是第三阶段,一个"发现它自身的天然界线",关涉到女性运动的未来的阶段。②按他的设想,女性运动的未来应该就是创造和实现"女性文化"。

故此,"女性文化"的提法针对的是上层有教养的女性,而不是那些有衣食之忧的下层女工。结合上文所述,齐美尔在相关女性问题上的表述或可称之为精英女性主义的立场——不管是在男女性别,还是在文化价值层面上。他的精英女性主义属于资产阶级女性主义阵营,自然和该阵营的其他主张发生龃龉。这也许可以解释,为什么激烈反对齐美尔的女性文化观,后成为主要论争对手的,并非来自无产阶级阵营③,而是资产阶级妇女运动的代表——玛丽安娜·韦伯。

玛丽安娜·韦伯从1897年开始积极参与女性"权利问题"与"教育问题"的讨论,1901年正式成为"德国妇女协联"会员,1919—1921年(在她丈夫1920年过世前后)任协联主席,成为该组织的领军人物。

---

① 齐美尔:《妇女代表大会与社会民主》,载《时尚的哲学》,费勇等译,文化艺术出版社2001年版,第122页。
② 齐美尔,《1870年以来德国生活与思想的趋向》,载《宗教社会学》,李放春译,北京师范大学2017年版,第216页。
③ 左翼思想家当然不会同意齐美尔女性主义的基本立场,而且,他把女性运动这一具体运动和它的具体方针抽象化,这是卢卡奇、阿多诺等社会批判家嫌恶他的原因。参见北川东子:《齐美尔:生存形式》,赵玉婷译,河北教育出版社2002年版,第87页。

1911年齐美尔的《哲学文化》一书出版,影响颇广,1913年玛丽安娜·韦伯著文《女性和客观文化》(die Frau und die objektive Kultur)批驳之,由此爆发了二人关于女性问题的公开争论。

齐美尔和韦伯夫人一样,真正关心的是那些有才华的、智力超群的女性(虽说这并不阻碍他们一般性地关注劳工妇女的处境),这表明他们的阶级属性均是上层资产阶级。劳工妇女与资本主义激烈斗争的现实,大部分(但并非彻底)在二人的文化视野之外(譬如他们都论述到工业机器大生产对女性,特别是对母性的损害)。玛丽安娜·韦伯与齐美尔的争论,实质上就是带有不同倾向——精英主义和自由主义——的资产阶级女性主义观念之间的较量。玛丽安娜·韦伯也曾指出齐美尔的分析有精英性,但她指的是他的论述只针对资产阶级女性的运动,忽视了德国社会主义妇女运动在支持结构性的社会变革时激进的思想意识。但她并没有批评齐美尔在这方面的疏忽,她可能早已意识到,这是二人共有的视野性疏忽。

对研究者雷克的基础论点,齐美尔和玛丽安娜·韦伯分别代表的是先锋派和自由主义的女性主义主张,我不能苟同(尽管雷克的一些细致分析非常独到)。原因主要是雷克太急于塑造齐美尔的"先锋"形象,乃至把他的女性主义当作一种文化和政治革命的主张。在我看来,齐美尔的精英女性主义主要是一种价值论,即女性在形而上学价值、文化价值、伦理价值等方面优于男性,但雷克的先锋派女性主义的提法更多的是一种性别政治学,突出女性推翻男权统治的斗争。[①]

韦伯夫人的著作类似其丈夫马克斯·韦伯——系统的历史社会学

---

① Ralph M. Leck, *Georg Simmel and Avant-Garde Sociology: The Birth of Modernity, 1880-1920*, New York: Humanity Books, 2000, p.133.

的大师——的作品。她的女性主义著作处理的是直接的历史问题,诸如平衡婚姻和独立的职业需要之间的困难。在《女性与客观文化》中,她承认齐美尔打破了前辈们在男女问题看法上的怪圈,对女性品质给予颇高的评价,为女性追求不同于男性的命运创造了空间。尽管如此,她却坚决反对齐美尔的诸多基本观点:两性的两极对立、女性的特殊性,以及女性只有不同于男性才能保证其独立性。据此,她点明齐美尔的视野与早前歧视女性的思想家的态度没有本质区别。他把女人自己想要的东西和她们希望选择的生活形式和责任忽略不计。在韦伯夫人看来,齐美尔描绘的美丽图景是一个由男人设计的、女性追求完美和完成她们存在的理想。①

对齐美尔性别论的基础观点——男女之间具有形而上学的差异,玛丽安娜·韦伯更是激烈反对之。在她看来,从这一点推导下去的结果就是,女性性别是人性的一种错误。② 虽然和齐美尔一样,她是一个文化女性主义者,相信有"区别两个性别的特质",但她加入了平等主义原则。玛丽安娜·韦伯的 Geschlecht 有两层含义:性和属,以强调一种"普遍人性的"共通性("allgemein-menschlichen" Gemeinsamkeiten)。因而,男性和女性的性属不是两类人差异的标志,而是彼此享有人性的象征。齐美尔把两个性别尖锐对立,显然违反了她对两性的基本观点。③

---

① Suzanne Vromen, "Georg Simmel and the Cultural Dilemma of Women", p. 405.
② Lieteke van Vucht Tijssen, "Women and Objecktive Culture: Georg Simmel and Marianne Weber", in *Georg Simmel: Critical Assessment*, Vol. III, London: Routledge, 1994, p. 24.
③ Katja Eckhardt, *Die Auseinandersetzung zwischen Marianne Weber und Georg Simmel über die Frauenfrage*, p. 19; Ralph M. Leck, *Georg Simmel and Avant-Garde Sociology: The Birth of Modernity, 1880-1920*, New York: Humanity Books, 2000, p. 157.

人们少有在齐美尔著作中发现男女平等的阐述。① 不过,现实生活中他反对性别不平等之激烈,不弱于女性主义者。他是当时柏林大学思想最进步的教授之一,欢迎女生进入他的讨论课堂,捍卫女性的教育权。在思想上,齐美尔与男女平等的要求保持距离,实际上是拒绝无产阶级和资产阶级自由主义(玛丽安娜·韦伯当属此列)的理论诉求,其女性主义超越二者视野之外。首先而且也是最重要的,平等诉求是社会主义和无产阶级倾向的妇女运动的题中应有之义,齐美尔的女性主义立场,如前文所述,理论基础就是差异意识——从中推导而来的必然是精英性,"真正由最好的来支配"。或如雷克所说,他的女性主义要求一种精英主义的自我观。其次,齐美尔的女性主义也有意识地与资产阶级妇女运动保持距离。正如社会主义的平等诉求被指责为精神上的夷平化,自由主义者对扩大妇女权利的呼吁只不过是让妇女进入男权社会而已,他们的错误假设是,妇女只要进入现存的男权体制,就开创了一个更加充满热情的社群。②

玛丽安娜·韦伯主要激烈地批评齐美尔把女人的独特创造性限定在某些领域,从而把女性排除在公共领域之外。齐美尔说:"如果向女人开放所有的男性职业(它们具有客观专业化的特点),就给女人硬套上了分化的图式,在这个图式中,女人最深邃的本质力量根本无法表达,从而夺走了女人身上的文化劳动的创造性。……在历史确定的男

---

① 比如齐美尔的文章《女性运动的百年纪念》(Ein Jubiläum der Frauenbewegung, 1892年)实际上就是他对Hippel《论提高女性的地位》的书评,齐美尔赞同Hippel的大部分观点,如女性为自身的缘故值得拥有完全的民权。二者的差异在于:Hippel认为女性应该拥有基本人权,齐美尔却大谈性别基础上的文化差异。参见Suzanne Vromen, "Georg Simmel and the Cultural Dilemma of Women", p.402。

② Ralph M. Leck, *Georg Simmel and Avant-Garde Sociology: The Birth of Modernity, 1880-1920*, New York: Humanity Books, 2000, p.158.

性职业与完全具有自身节奏、工作方式、意志紧张和情感紧张方式的女性灵魂之间,有着何等巨大的鸿沟!"①玛丽安娜·韦伯认为,照齐美尔的说法,男性原则创造了那些非个人的客观世界,女人不必在艺术、科学、宗教、法律等方面积极参与,实际上她们最好不要去做,不仅因为她们缺乏完全参与进去的力量,而且还会危及她们完成女人的责任。女人是一个彻底的他者,不必受男性的规范评价,也就避免了被蔑视的风险。但是玛丽安娜·韦伯质问:不进入男性的客观世界对所有女性都意味着解放吗?所以,她考虑的就是女性进入客观文化的可能性。关于现代化对女性存在的影响,她远不如齐美尔那么悲观。相反,她欢迎现代家务劳动的缩小,这让女人有更多时间为客观文化,而不只是为家庭做贡献。对齐美尔无比推崇的"女性灵魂"扮演的角色,她措辞强烈、不遗余力地反对。家庭里女人表面的安宁掩藏着男人察觉不到的挫折与不满。另外,家务劳动不能给那些有思想和艺术天分的女人提供有意义的存在方式,她们希望以专业人士的身份进入客观文化领域,才能使女性存在与她们女人性的文"化"过程和谐。② 对于齐美尔提出的那些小范围的"女性文化"领域,玛丽安娜·韦伯的主张是,女性不是到"结束"时才参与文化建构,而是从一"开始"就选择了另一条道路,但并非齐美尔的"女性文化",而是为"普遍人性的文化"做出的"女性贡献"。作为一般意义的人,女人和男人一样有能力、有

---

① 齐美尔:《女性文化》,载《金钱、性别、现代生活风格》,刘小枫编,顾仁明译,学林出版社 2000 年版,第 143 页。

② Lieteke van Vucht Tijssen, "Women and Objecktive Culture: Georg Simmel and Marianne Weber", in *Georg Simmel: Critical Assessment*, Vol. III, London: Routledge, 1994, p.27.

资格参与客观文化。① 玛丽安娜·韦伯的观点代表的是德国资产阶级妇女运动中的温和派。她争论的并不是男女已经没有差异,而是女性应该完全参与到客观文化中,这么做有利于男女双方。齐美尔虽然清楚地论述了文化的男性偏见,但在她看来,他没有得出应有的结论,女性需要做她们自己的选择。②

对于个人生活和客观文化的分裂,玛丽安娜·韦伯和齐美尔最终表现出针锋相对的态度。玛丽安娜·韦伯以退为进,虽然她认为工业生产与母性不符,但这"对我们的文化发展是不可避免的必然性",虽然职业生活从个人的生活中撕裂出去,但对于日益增加的人性百分比来说,这为个人生活的实现提供了便利。但齐美尔把这种文化分裂看作现代性的悲剧,职业工作与精神的完善分道扬镳,这是历史的灾难,是齐美尔为之献身要全面修补的灾难,不仅有资产阶级的艺术—学术领域,而且有工业劳动领域。齐美尔的观点与玛丽安娜·韦伯辩证地把这种悲剧理解为进步截然不同。在此,资产阶级两种倾向的不同文化观清晰可见。③

评价齐美尔与韦伯夫人的这场论争时,可以看到,韦伯夫人虽然坚持女性的文化发展要求对"存在的自然统一"的超越,但她并非挑战本体论上属于女性的他者地位。她的目的更谦逊。她并不质疑女人的自然命运,而是质疑家庭范围里这种命运的必然界限。她在《女性与客观文化》中说:"对齐美尔,我们可以承认这点:显然女性的意义和命运

---

① Katja Eckhardt, *Die Auseinandersetzung zwischen Marianne Weber und Georg Simmel über die Frauenfrage*, pp. 20-21.
② Suzanne Vromen, "Georg Simmel and the Cultural Dilemma of Women", p. 406.
③ Ralph M. Leck, *Georg Simmel and Avant-Garde Sociology: The Birth of Modernity, 1880-1920*, New York: Humanity Books, 2000, p. 160.

是成其为女性,并且把她们的女人性发展臻于完美,但是当女人不得不在自身中完善成为女人唯一的价值时,那么毫无疑问,在无数女人所谓的自然组织中(按:此处当指家庭)就存在一种形而上学的无聊。"①当韦伯夫人指责齐美尔缩小女性进入客观文化的范围,另外寻找适合女人本性的表达方式时,她的总结是女性最适合慈善工作,工商业的领导地位与女性对社会的自然贡献和伦理贡献不符合。她甚至比齐美尔更缩小了女性的公共活动空间。

女性主义者批评齐美尔把女性排除在客观文化之外,有主观武断之嫌。齐美尔关心的主要问题是女性是否会创造全新的活动体制范围,他把女性参与到男性公共领域划到"附属独创性"(secondary originality)的文化范畴。齐美尔的现代性文化学说揭示出,现存的文化规范都不是中性的或客观的。照他的性别论,人类有两种选择:男性的或女性的先验性。前者是传统的、压制性的,后者是先锋的、解放的。没有性别上中性的选择可做。齐美尔对客观性的相对主义理解,与玛丽安娜·韦伯对"超越主观的、超越民族的、永恒的和集体的绝对性,即我们心照不宣认为不是其他,就是普遍人性的东西"的辩护相抵牾。对齐美尔来说,甚至平等和普遍人性的概念都不是中性性别的,男性文化和女性文化的选择是必做的选择。②

---

① Ralph M. Leck, *Georg Simmel and Avant-Garde Sociology: The Birth of Modernity, 1880-1920*, New York: Humanity Books, 2000, p.159.
② Ralph M. Leck, *Georg Simmel and Avant-Garde Sociology: The Birth of Modernity, 1880-1920*, New York: Humanity Books, 2000, p.159.

Trust According to Georg Simmel

Patrick Watier

(University of Strasbourg)

Georg Simmel in his self-presentation (1916, G. S. G. 24, S. 71) counts the concept of sociology as one of his main contributions. We also know that he maintained a complex relationship with this discipline, defending this approach with the ministry in the 1890s, then regretting being known only as a sociologist, before admitting to Robert Michels that he separated from it with a casualness that surprised him.

I propose to show how his conception of sociology makes it possible to assess the central role of an affective category (*Soziologie* "Gemütskategorie"; S. 429, G. S. G. 11) in the constitution of very close links within associations but also to grasp how trust is thematized in its relations with the possibility of society. I will then focus on the following question: how the forms of trust, their scale, their extent and their objects are changing according to him during an evolution characterized in very broad strokes through the modern/primitive opposition.

Trust is addressed in the chapter on the secret and secret society of *Soziology*, as well as in the philosophy of money, but I intend to show that this category must also be linked to the analysis of psycho-social feelings, which are one of the characteristics of the Simmelian conception of social relations and forms of association.

In my opinion, we must understand trust in relation to the assumptions that make society possible and on the basis of this determination of any relationship: the other as such is unknowable, we must forge an image and a typification of it. This typification is based on two main registers: one is psychological and the other is social. The characteristics associated with a type allow expectations of the activity. As each individual plays a role, it must be assumed that the indications they provide are reliable. Playing a role means that we are flowing into preexisting forms. Indeed the "cultural life everywhere takes the following form: the individual transforms, without falsity or hypocrisy, his personal existence into a pre-existing form, which certainly feeds on the forces of his own life, without being its phenomenon. Taking such a form—somewhat alien to oneself—may well be in our own nature, this paradox is simply part of our psychological system" (G. S. G. 20; hgg von T. Karlsruhen, O. Rammstedt, *Zur Philosophie der Schauspielr*, s. 203).

Erving Goffman later developed at length the moral implications of self-presentation. These developments would not have been possible without Simmel's first epistemological consideration.

Insofar as Simmel proposes the concept of reciprocal action, of influencing each other, it is necessary to highlight a common knowledge that individuals must possess in order to be able to interact (Garfinkel will emphasize this point). Knowing who you are dealing with is an a-priori of any social relationship, a condition of any interaction and any relationship. Any social relationship involves mutual observation and knowledge expectations of the usual ways of acting of individuals with certain social and psychological characteristics in the type of interaction taking place. But this is not yet enough, it is also necessary to take into account knowledge of experience concerning humans: if they can act according to what they show, they are also likely to modify their activity because they know that it can be observed, they can also try to hide their own motives, lie about their objectives or hide them (Goffman will excel in the analysis of duplicate manufacture and staging). In this sense, our general knowledge regarding the reasons for the actions of other individuals is in a particular position, it is never fully assured and it is this gap that trust can precisely fill or at least reduce. Trust makes up for this particular lack of knowledge specific to social relations, we can call it the double contingency (Parsons, Luhman).

Thus understood trust is like the three a-priori of digression how society is possible, trust is a condition of making society's possibility and at the same time as it constitutes a cohesive force of the very first order. Moreover this strength as an affective category is linked to other psycho-social feelings, benevolence, social dispositions, fidelity or recognition, piety to better understand the Simmelian perspective when it concerns reciprocal actions between individuals. Its sociology takes into account the so-called psychological links that ensure certain relationships between individuals. While trust plays a crucial role between strangers, loyalty favours the maintenance of existing relationships, recognition ensures the strength of cohesion.

The Simmelian model implies taking into account a whole set of dispositions whose presence we must assume in every individual.

I think what Simmel is trying to describe is a diffuse atmosphere that involves more than the guarantee of trust, backed by norms, regulations, sanctions it is a type of trust that allows a form of abandonment (an interruption of doubt or suspicions about the others) consisting of not being on guard, a diffuse faith in the non-aggressive behaviour of others, it is linked to the benevolent attitude.

Simmel pointed out that we say we believe in a person as we say we believe in God, that is, without specifying the content of what we believe in or in whom we believe. Such a socio-psychological "faith" is then similar to religious belief, i. e. it is not a demonstration; but if in religion the soul abandons itself totally, in social relations trust, (while borrowing from religious faith) will nevertheless be at the hinge of knowledge and non-knowledge. Trust, faith, fidelity, but also lies, concealment, secrecy, we have entered the realm of the dispositions that make social life possible. I am notably thinking of his analysis of feelings such as gratitude, fidelity, honour, recognition, attitudes such as tact and discretion. In other words, the study of the reciprocal orientations of individuals towards each other, the psychosocial categories on which they are based, the way in which the other is constructed on the crest that separates knowledge and non-knowledge, the typification specific to the activity in question and limited to it, lead to the conclusion that all these assumptions play a fundamental role in making society possible, as an objective form of subjective minds. Of course, the term society in the sense that Simmel gives to this concept

"Was an der Gesellschaft, wirklich 'Gesellschaft' ist", the social energy or drive that drives people to associate, and on which sociality is based.

In everyday thinking and language and in common knowledge, interpersonal trust is immediately associated with security, discretion, the absence of danger and risk whereas distrust evokes insecurity, indiscretion and suspicion. Such socially shared associations bear on attitudes, which individuals display toward one another without any need to refer to social rules or norms. Instead, trust and distrust emerge from immediate apprehension of each other's feelings and beliefs and from the atmosphere so created.

G. Simmel who is well known for his study of the emerging social conditions of sociality and its forms, developed the analysis of psychosocial feelings and emotional categories in order to grasp the phenomenology of socialisation. Amongst the various forms of socialisation, he was particularly concerned with cultural socialisation and with the analysis of psychosocial feelings that took place in the process of changes, that modernity has imposed on social and economic relations.

In this communication, I shall focus on social rather than economic relations, and among these, more specifically, on a-priori trust. According to Simmel's perspective, a-priori trust plays an essential role in the process of socialisation, and, in particular, in socialisation of thinking and communication as well as in the formation of social knowledge.

1. Trust and Socialisation

The question of the coordination of actions within a society, social worlds or forms of socialization was always adressed by sociology, and well before it by philosophy, The Scottish School of Moral Sentiments Ferguson, Hutchinson, Schaftebury, points out the place of generosity or benevolence. Adam Ferguson notes that all language is full of terms expressing attitudes different from success or failure in trade between men, not all actions are regulated on the strategic model and the search for one's own interest, The sympathy operator had also been taken into account by A. Smith in his theory of moral feelings. It is according to socializations that Simmel will propose the analysis of such psychosocial feelings with an emphasis on trust. The conceptual status of such a feeling, which is difficult to apprehend and measure, can be challenged in such a way that in recent times, theories have again developed that tend to reduce the problem of trust to a pure question of interest or interest calculation, rational choice and Williamson's theory is so far-reaching that he considers trust to be an unnecessary notion that simply signals a good appreciation of the situation and a calculation of appropriate risks. G. Simmel, on the other hand, had embarked on a completely different path, he tries to identify a-priori conditions of the existence of the society, below the question of a judgment on the suitability or inappropriateness of acts, on the one hand, and a reduction in interest and calculation on the other. Its perspective presupposes that we reach "the deep layer that makes it possible to find the conditions for concrete and living associations among men and that we reconstitute social life as experience gives it"[①]. The description of psychosocial feelings

---

　　① G. Simmel, "Mélanges de philosophie relativiste", in G. S. G. 19, hgg A. Rammstedt, C. Papilloud, P. Watier, p. 174; and the German version in G. S. G. 8 hgg von A. Cavalli. W. Krech, *Soziologie der Sinne*, S. 292.

meets the phenomenological requirement and corresponds to the sociological view he proposes, they are not only present in many socializations but they are also conceptual means within the framework of the theory of understanding that Simmel intends to implement.

If we take as a starting point a perspective focusing on multiple and incessant social relations among people, we find that these reciprocal constitutive orientations challenge the idea that "the man is only a wolf to other men". In Fragmante Simmel stated that social cohesion could not be sustained on its own for any length of time by utilitarian considerations, external constraints or imposed moral rules. Social cohesion could not function unless rational powers are interwoven with relational ties and combined with social feelings (Simmel, "Fragmente uber Liebe", G. S. G. 20, p. 146) and more specifically unless people enter into relationships voluntarily, motivated by the mutual desire for each other's well-being.

This model brings into focus emotionality as well as the conviction, which prevents us from concluding that "the man is only a wolf for other men". On the basis of Simmel's analysis, it appears that community life rests on mutual orientations, tendencies and feelings that are marked by concern for others. Simmel argues that should "homo homini lupus" were the law or the rule, nobody could psychologically withstand having close and durable contacts with others. Friendly and kind feelings among neighbours, notwithstanding how superficial they may be, constitute, nevertheless, indispensable bonds in human relations. The amiable dispositions developing in a relationship on a restricted space are not the cause of this relationship, it is from this relationship that the amiable dispositions arise

(Simmel, "Fragmente über Liebe", G. S. G. 20, s. 146).

Simmel expresses in a few words the conception of social existence, which sharply distinguishes itself from those theories that pursue solely either the idea of individual interests or societal constraints. Simmel cannot come down on the side of Hobbes or Durkheim, or on the side of methodological utilitarian individualism. It would certainly be absurd to deny the importance of restraint, the law and the rules, as well as the pursuit of personal interests. No society could exist if among its members or if in their relationships their behaviour was completely unpredictable. However, according to Simmel, the predictions we make depend not so much on elements related to rules but more on the conditions for and the presuppositions of reciprocal action. Nevertheless, regulations and rules are only the conditions for the sustainability of an existing group, but not the necessary condition for its existence. The law or the rule on its own, even if applied rigorously, can never maintain social cohesion unless it is accompanied by voluntary moral acts, the desire for well-being and the spirit of good-will.

If rules can play a role to ensure and maintain the established groups, Simmel argues, they are completely ineffective at the time when groups are formed. Rules are the results of socialisation, but not its formative factors. In child socialisation, in socialisation of groups, associations and various kinds of societies, obligatory and legal activities develop from reciprocal orientations. There are nevertheless variations between different kinds of socialisation with the respect due to the adoption of rules and norms. For example, the child is born into a culture in which rules and norms are already established. Child socialisation takes place largely spontaneously into daily life. In contrast, socialisation into specialist groups and associations means learning explicitly the existing structures and rules of the group in question. Despite that, the members of a religious group do not form their association according to norms and rules imposed from outside, but according to their shared belief. It is the psychological reciprocal action in the "Invisible Church" that constitutes socialisation, which presupposes awareness of being socialised and being tied to others. Individuals are led to respect rules in their relationships but such behaviour does not correspond to its vital principle, the Aristotelian "entelechy" of socialisation ("Zur Methodik der Sozialwissenschaft in Jahrbuch für Gesetzgebung", Verwaltung und Volkwissenschaft im Deutschen Reich/20/1896, S. 579-580; G. S. G. 1, S. 369). The religious community cannot deprive itself of solid rules tend to bind it together. Nevertheless, what mainly what ties the community together as a social unit, is the awareness that each member shares a particular belief with others. To take another example, "the members of a credit association are subject to the rules concerning the payment of contributions and withdrawal of money. But it is only a limiting condition, the positive socializing principle is based on the expected mutual help, not in the form of the technical regularity in which it is carried out" (G. S. G. 1, S. 369). As Simmel clarifies it, in *Philosophie des Geldes*, the technicality of exchange is only a limited condition of transactions. Rather, the socialising principle rests on "the confidence in the ability of an economic community to ensure that the value given in exchange will be received". Similarly, any social meeting and any association even in a limited sense, all presuppose a large number of external regulations for the behaviour of its participants. However, while different associations imply some established rules, nevertheless, all forms of socialisation are based on the variations of reciprocal orientations between group members.

Orientation towards others is based on a-priori trust and, therefore, Simmel views trust as "one of the most important synthetic forces within society" (Simmel, *Soziologie*, G. S. G. 11, s. 393). In his theory of socialisation, trust is central to psychosocial feelings and to the formation of social knowledge. Concerning the former, trust occupies the cardinal place as an emotional category. Trust is a feeling that is immediately apprehended and therefore, it is not always conscious. Regarding the latter, Simmel considers trust both as situated within, as well as beyond the boundaries of knowledge that individuals can form of one another. Without trust the society could hardly become established and instead, it would stand a considerable chance of falling into pieces.

"Simmel argues that in the living conditions of modern society, life is based on a thousand preconditions, that the individual cannot study or verify to the very core, but must accept with confidence. Our modern existence—from the economy, which increasingly tends to be a credit economy, to scientific activities, where most researchers have to apply a huge number of results obtained by others, without being able to verify them at all— is based, much more broadly than we usually realize, on faith in the honesty of others. We base our most important decisions on a complex system of representations, most of which assume the certainty of not being deceived." (*Soziologie*, G. S. G. 11, hgg von O. Rammstedt, S. 389)

2. Trust and Knowledge

Socialisation of knowledge, which in Simmel's approach is based on a-priori trust, can refer to any form of socialisation, whether child, cultural, political or socialisation in secret societies. Indeed, Simmel has shown a specific interest on the latter, as secret societies are explicitly built on trust, binding the members together, whether they are secret religious societies, illegal groups, the Mafia, and so on.

Socialisation of knowledge takes place in a great variety of forms and consequently, human relations are based on different kinds of social knowing. This served Simmel as a basis and cornerstone for distinguishing between the degrees of confidence that people a-priori accord with respect to one another. The differences in degrees and kinds of social knowledge differ according to social strata. For example, the merchant knows that the buyer wants to purchase at the lowest possible price; the teacher knows what he can expect from his pupil; and so on.

Simmel's social ontology starts from the presupposition that humans possesses the capacity to make distinctions. They can never perceive or understand events around them as single or separate events in their absolute values. Instead, they perceive and understand events always as related to, or distinct from other events and phenomena. For example, we can understand mental states only as distinct just as we can comprehend feelings only as distinct from other feelings. For Simmel, making distinctions and thinking in antinomies constitutes the basis of any mental activity and therefore, also of the emergence of social relations.

Following this perspective, Simmel argues that the history of mankind is based on social differentiation: a human being is basically a differentiating being and a precondition for social interaction is individual differentiation. The capacity to differentiate underlines the way in which Simmel conceptualises the relationship between the individual and society. The essence of this conception is that individuality can be conceived only in relation to otherness. This point of departure for social sciences is different from the perspective proposed by Durkheim, as the latter prioritises the social group and attributes a negligent role to the individual.

As Simmel's theory goes, throughout history, mankind has increasingly differentiated social relations which, as a result, have become more and more impersonal. The process of the growing objectification of relationship, as Simmel names it, has turned economic exchanges, written communication, the law and the multiplicity of roles and competencies into objectified "self-contained, movable things". In the world of "the growing objectification of culture", the pursuit of shared activities takes place in lack of knowledge of others, and often in a total ignorance of people about one another. As Simmel puts it: the modern merchant who enters into business with another; the scholar who embarks upon an investigation with another. The leader of a political party who makes an agreement with the leader of another party regarding the election campaign or the acquittance of pending bills; all these know (if we overlook exceptions and imperfections) only exactly that and no more about their partner which they have to know for the sake of the relationship they wish to enter (Simmel,

Soziologie, G. S. G. 11, s. 394, Simmel's italics). ①

3. Different Kinds of Trust

Historically, social institutions have by necessity formed themselves within the framework of social differentiation and through the growth of impersonal relations. With respect to trust, the process of social differentiation has established a double distinction. First, there is a distinction between trust as a generalised belief and trust as a contextual confidence. The second distinction is between trust of individuals on the one hand and confidence in abstract mechanisms and institutions, on the other.

Simmel (1992, Chapter 10) argued that the growing differentiation of social institutions also reflects in itself also the division of labour and the subsequent differentiation of individuals' competencies. This means that trust of the individual will not be bestowed on the totality of his or her personality or personal qualities but only on those competencies or characteristics that are relevant to the fulfilment of the institutional requirements and relationships (Simmel, *Soziologie*, G. S. G. 11, 1992, S. 849), in which any individual is involved. This analysis led Simmel to distinguish between the form of a contextually situated confidence, which rests on experience or on inductive knowledge of the other person and between a more global trust, that is closer to faith in a religious sense. The latter refers to a generalised tendency of the mind rather than to a limited and particular act. A-

---

① See also "postscript" by P. Watier in G. Simmel, *Secret et sociétés secrètes*, Strasbourg: Circé, 1991. On concepts of the construction of the other person and on indiscretion, see P. Watier, *Le savoir sociologique*, Desclée de Brouwe, 2000.

nalogies that Simmel made with respect to religious beliefs allow us to see that this form of faith is in a certain way an ideal type of trust. It is an accentuation of forms of trust that are inherent and that developed in socialisation.

Human languages are sensitive to these distinctions as well, and often employ different words to express variations in these meanings of trust. For example, the French language distinguishes between the verbs "to confide" and "to trust", the first referring to an act of confidence in a situation or in relation to certain characteristics of a person. In contrast, "to trust" refers to confidence regardless the situation, and beyond possible verification and available knowledge; it is an act of faith in its strongest sense. The English language uses "trust" with reference to persons while "confidence" refers more often to impersonal, professional and institutional relations of certainty with respect to expertness.

It should be understood from these comments that, in a complex and a differentiated society, the trust of a person rarely goes beyond the boundaries of knowledge specific to the required activity. I can trust a person in professional activities without trusting them in other areas of life. e. g. those, which are related to other social circles. The principles according to which we allocate trust are highly variable. Attribution of trust to a person depends on the kind of association or the type of social group to which he or she is attached, or on the specialisation and competence of a particular institution in treatment of a specific problem. All this means that we may be indifferent toward the individual as a person in his or her totality and that our confidence of that person may be based on no more than a minimum condition, which is necessary for the establishment of required social relations. In this regard trust is a requisite of carrying out specific social actions. It varies according to the context, but at the same time it can be realised in any context.

Another consequence of "the growing objectification of culture" can be seen in the emergence of special kinds of groups, known as associations, which are based on some specific interests like fishing, religion, keeping healthy and so on. Members of such associations can remain psychologically anonymous to one another and be bound together only by their membership, which relies only on impersonal characteristics. As Simmel puts it, "these groups are now based exclusively on this objective content, which is neatly factored out of the whole relation" (Simmel, 1950, p. 318). The knowledge of membership is sufficient for individuals to take part in specific common and co-operative actions.

Social institutions, social groups and associations are all formed within the framework of social differentiation and therefore, the relations among individuals and between individuals and society undergo a continuous modification. As a result, trust as a form within and beyond knowledge of others, also undergoes continuous transformation. The classic and traditional ways of meeting people in the past, which presupposed the knowledge of neighbourhood, are no longer functional in modern society. Indeed, the more the social differentiation and impersonal relations develop, the less knowledge about others is made available. For these modern strangers who do not know one another, it is only appearances and minimal information that serve as a guarantee in social relationships they will form. Yet, despite that Simmel writes: "Without the general trust that people have in each other, society itself would disintegrate, for very few relationships are based entirely upon what is known with certainty about another person, and very few relationships would endure if trust were not as strong as, or stronger than, rational proof or personal observation." (Simmel, *Philosophie des Geldes*, G. S. G. 6, hgg von D. P. Frisby, K. C. Köhnke, s. 215)

Simmel's analyses of trust and social knowledge are linked with all these various types of trust that we have outlined above but they often remain implicit in Simmel's writing as he rarely treats them analytically. This, however, is not essential for Simmel's readers because those, who are interested in the texture of socialisation and in the social links that bind individuals together, will arrive at these types through Simmel's modes of description.

It is an essential feature of Simmel's approach that he treats the concept of trust in its multiple facets and meanings. He shows that a differentiated society offers a multitude of reasons for attribution of trust, ranging from an intellectual honesty in the scientific domain, to trust as reliability in business and to trust that members attribute to one another in deviant groups. Complex societies like ours create multiple kinds of social associations. They often elaborate codes of honour, which advantageously replace the external restraints for the regulations determined by the association. It is well understood that when the individual is admitted to a circle, the only thing that matters is his capacity to respect such a code. For example, the code of honour in a secret society is respecting the secret.

In many of his work, Simmel had already anticipated the analyses of trust and the types of trust that came to the fore only recently in the work of Seligman (1997) and Luhmann (1979) among others. However, in contrast to the latter, for Simmel trust is an a-priori psychosocial feeling of the human nature. Simmel's approach to trust is based on the social ontology of self/other interdependence. This deeply grounded the fact that Simmel's approach to trust can be also seen in his concern with the possibility of society.

4. The Possibility of Society

Paraphrasing Kant's question "How is nature possible?", Simmel posed the question "How is society possible?". His response to this question dwells on a fundamental difference between the relation of the individual and object on the one hand and the individual and society, on the other. Kant responded to his question in terms of a mental representation: nature is a representation of the knowing subject. It is the quality of human cognition that determines the way in which the human mind constructs nature.

According to Kant, what we call nature is the special way in which the mind gathers, orders, and shapes sense perceptions like colour, temperature, taste and so on. However, these subjective experiences are not yet nature as such. They become nature only through the constructive activity of the mind, which combines them and causally connects them into objects, substances and attributes. Kant argued that the elements of the world do not possess any interdependent qualities that alone would make them intelligible and unified according to the nature's laws. However, the activity of the mind transforms fragments existing in the world and being incoherent and unstructured, into nature (Simmel, *Soziologie*, G. S. G. 11, S. 42). Simmel continues saying that it is very suggestive "to treat as an analogous matter the question of the aprioristic conditions under which society is possible" (*Soziologie*, G. S. G. 11, S. 43), because in society, too, we have individual elements which, in a certain sense, "like sense perceptions, stay forever isolated from one another". However, in contrast to the unity of nature, which emerges in and through the activity of the mind, the unity of society binges on binges on a totally different character than non-human nature. The unity of society is directly realised by its own elements, as these elements, i. e. individuals and society, are themselves conscious and synthesising units. Societal unification does not require any other factors outside its own component elements, e. g. individuals, groups and communities. Although individuals are not conscious of this abstract unity all the time and are involved in countless relations, society does not need any outside observer as it is an objective unity realised by its own activity (Simmel, 1965, p. 339).

5. Trust and Language

Simmel is sensitive to the ways social interactions and shared experience are expressed in language. Whatever Simmel says about concepts related to "trust", like "liaison" (let us not forget the multiple meanings of the word), "religiosity", "piety", "faithfulness" and "gratitude", he attemps in each case, using the phenomenological description, to capture the atmosphere in which social relations take place. For example, the musical vocabulary of tonality, the meteorological vocabulary of climate, the mood (Stimmung) of different types of socialisation, all these phenomena presuppose both the micro-psychology of social relations as well as language related to shared experiences in communities. In these analyses he elaborates an abstract scientific scheme to which, today, we would refer under the the term "model". This model is analytically based on shared common sense knowledge and language. For instance, when he analyses the concept of "prestige", Simmel insists that the question is not that of providing a precise definition of prestige. Instead, we must establish the existence of a particular interplay of reciprocal human interactions (einer gewissen Spielart der menschlischen Wechselbeziehungen). He views his task not as providing a definition of the content of a concept but as presenting a particular type of human relations within which the concept in question can be understood. He does not hesitate to play with multiple meanings of words. The same analysis could apply to other concepts like "faithfulness", "confidence", "gratitude", or "liaison". Among these concepts "liaison" according to Simmel is the most sociological term in everyday language. "Liaison", in everyday language signifies erotic relationships but these can have different meanings. Lovers "have" a "liaison"; they are like a sociological unit in a "liaison"; or he is "his liaison" and she is hers (Simmel, 1992, p.710).

The use of terms close to shared experience of humans has its risks. However, it is more important to take these risks rather than to be deprived of the possibilities to suggest the kinds of relations words may reveal, to show the pedagogical role they play, to reflect on their aesthetic use and, indeed, to enjoy puns that they express. The present interest in France in the modes of narration and description in social sciences, or, what we could call "sociological writing", seems to echo one of Simmel's preoccupations for the multiplicity of meanings.

6. Expectations in Daily Life[①]

We are socialised into a familiar world of daily activities and a multiple means of communication. For example, we naturally use the phone. We take a train or a plane knowing the time of its arrival, we post a letter expecting that it will be delivered and in good faith we open a bank account without fear of deception. The existence and functioning of these organisations and systems is taken for granted until they break down or run into problems. Simmel proposed to consider our taken-for-granted expectations as "a type of faith", which is a kind of inductive knowledge underlying daily reasoning, and which contrasts with hypothetical-deductive reasoning (Simmel, 1978, p.179).[②] In a similar way, the sociologist William Isaac Thomas noted that it is important to take into account the fact that we do

---

① This part is based on themes developed in P. Watier "La place des sentiments psycho-sociaux dans la sociologie de G. Simmel", in *La sociologie de G. Simmel* (1908) Paris, PUF, 2002, pp. 217-240. sld by L. Derocge-Gurcel and P. Watier and in Watier P. &. Markova I., Trust as a Psychological Feeling: Socialization and Totalitarianism, in Trust and Democratic Transition in Post-Communist Europe, 2004, p.25-36.

② Schutz (1967, p.20) based these everyday typical actions and the projected idealisations of Husserl, like "I-can-do-it-again", on "knowledge at hand" at the time of projecting. These typical actions and projections are based on the presupposition that I can, in similar circumstances and according to their typicality, act in a manner similar to that in which I acted before, in order to bring about a state of affairs similar in their typicality.

not as a matter of fact lead our lives, make our decisions, and reach our goals in everyday life either statistically or scientifically. We live by inference. Just let us imagine, I am your guest. You do not know, you cannot determine scientifically, that I will not steal your money or your spoons. But inferentially I will not, and inferentially you have me as guest (Quoted in Volkart, 1951, p.5).

Garfinkel used to think up experiments for rupturing trust and creating confusion by putting into question what is obvious or what seems evident. In this sense, the familiarity[1] with the social world that Schutz made a central theme of his sociology seems to be a necessary attribute of the feeling of trust. Familiarity with the social world, which authorises the use of inductive knowledge and allows the successful completion of numerous activities Simmel conceived as a type of faith concerning the reality and the usual progress of events. Familiarity, habit, routine and expectations based on past events or more exactly what is typical, are the elements which any analysis socialisation should take into account. We share the cultural schemata with others and we co-operate in joint actions with others. These cultural schemata and joint actions form the large panorama of our social reality and they become imprinted in our common sense knowledge. Common sense knowledge is a social knowledge and is largely inductively derived from self/other relationships.

Luhmann makes it clear that familiarity is conceived as a matter of existence, while trust or mistrust (which he will show is also mobilized to re-

---

[1] In contrast to Simmel, Luhmann makes a distinction between familiarity and trust.

duce complexity but has results that in functional terms are less than trust), are modes of action. The relationships that familiarity with the past characterizes it, whereas trust is more connected with the future, but this is the first step; the second is to say and if trust always implies familiarity, then trust and familiarity are necessarily linked, but it also depends on social contexts and that an increasing complexity probably requires another type of familiarity and trust.

7. Conclusion

Alongside this familiarity trust, we can distinguish between personal trust and impersonal trust, or psychological trust in the first case, which then refers to a particular individual and a particular quality of his or her character, and functional trust, which then concerns the fulfilment of a social role, the manifestation and the achievement of a competence in a function. Impersonal or functional trust can concern: a central bank that guarantees the value of a currency, a state that guarantees respect for the law, and science as an undertaking to seek the truth. Scientific fraud undermines trust within a community of peers, so does corruption in the political system, and if the social circle is affected first, the effects on society as a whole are far from negligible. In terms of moral philosophy, trust can be said to be an intrinsic good that is supported as noted by B. Williams[1] by the values of sincerity and truth. On the one hand, trust, sincerity,

---

[1] Bernard Williams, *Vérité et véracité*, ch. 5. Sincérité: le mensonge et autres formes de tromperie., Gallimard, Paris, 2006.

truth, and on the other hand mistrust, duplicity and lies, are typically opposed in an ideal way. Whoever abuses trust is therefore guilty of violating pillars of social existence, and deserves only stigma, for sociality presupposes that we can trust each other, that everyone expresses his true feelings and tells the truth about the world, or at least applies to it as much as possible.

货币之桥上的迷失者[*]

——齐美尔论货币与现代性体验

李凌静

（中国社会科学杂志社）

摘　要：对现代个体生存体验的关注是齐美尔现代性思考的重要特征。随着货币经济在现代社会的日益繁荣，货币逐渐将其自身的品格渗透到现代人的心理层面，影响现代个体行为，塑造独特的现代性体验。可以说，货币成为"货币"的过程，就是现代人获得其现代体验的过程。都市体验是最为典型的现代性体验，都市人是"忧郁的栖居者"，厌腻态度构成了现代人"忧郁"的内核。而在冒险体验与陌生体验中，蕴藏着现代个体保持独特个性、对抗货币逻辑的可能。通过"货币"，齐美尔试图揭示的不仅仅是现代人的生存问题，更是关乎人类终极价值的问题——在看似碎片化的现代性体验与人类的总体存在方式之间，齐美尔提供了一条经由"货币"的解释路径。

关键词：齐美尔　货币　现代性体验　厌腻　文化形式

---

[*] 本文系国家社科基金"现代性视阈中的马克思与齐美尔货币理论比较研究"（项目批准号：16CSH003）的阶段性研究成果，首发于《社会》2018年第5期，有改动。

一、引言

> 你最爱谁,谜一样的人,你说?父亲,母亲,还是兄弟?我没有父亲,没有母亲,没有姐妹,没有兄弟。朋友呢?您用了一个词,我至今还不知道它的含义。祖国呢?我不知道它在什么地方。美呢?我倒想真心地爱它,它是女神,是不凋之花。金子呢?我恨它,一如您恨上帝。唉!那你爱谁,不寻常的异乡人?我爱云……过往的云……那边……那边……奇妙的云!——波德莱尔①

在《1870年以来德国生活与思想的趋向》②中,齐美尔(Georg Simmel)第一次直面了所处的时代。普法战争无疑是德国历史的重要转折点,1871年1月德意志第二帝国的建立标志着普鲁士在战争中大获全胜。德意志终于结束四分五裂的局面,实现了以普鲁士为主体的统一。在政治统一的背景下,德国的经济面貌发生了巨大改观,由农业国向工业国转化的进程也在技术进步的推动下加速向前。在席卷全国的工业化浪潮的推动下,生产和消费成为人们日常的主要活动;与高生产率紧密相连的专业化和技术化要求,不仅主导着普通民众的评价机制,而且成为人文科学研究领域和艺术创作领域的公开诉求。

一方面,生产活动在"效用至上"法则的支配下进行。作为生产者,工人们在阴暗潮湿的车间里,弯腰曲背地在机器旁,从事长达十五六

---

① 波德莱尔:《巴黎的忧郁》,郭宏安译,上海译文出版社2009年版,第5页。
② 格奥尔格·西美尔:《1870年以来德国生活与思想的趋向》,载《宗教社会学》,曹卫东等译,上海人民出版社2003年版,第182—235页。

个小时的、重复单一的劳作；公职人员带着千篇一律的面具，献身于权力链条中固定环节的既定事务；研究者放弃对丰富的生活和鲜活的生命的关注，转而沉迷于对生活和生命的精密测量和定量分析；艺术家认为客观价值的传达比表现自身的艺术天分更有意义。尽管工作性质不同、付出辛劳的程度不同，但各种职业的人们都同样将各自独立的人格特色淹没于无个性的工作之中。

另一方面，尽管消费活动具有符号化倾向，并在一定程度上淡化了"有用"法则，但它依然无法给个性的解放留出足够的空间。作为消费者，面对琳琅满目的商品，个体原先在无个性的工作中被压抑的人格要求通过占有商品、装饰自身来获得展现。"有闲阶级"的消费比较明显地体现了现代消费的特点：原本对于商品的实用价值的消费转变成为对附着于商品之上的符号和意义的消费，人们购买的不仅是商品的"有用性"，更是商品被赋予的符号象征意义——比如某种身份和地位。消费成为一种满足自我"炫耀"需求的活动。然而，这种通过消费所展现的个性并不是真正意义上的有着内在同一性的个性，而是对他人审美品位的模仿、是对他人的评价甚至是对于符号价值本身的依赖，换言之，如同消费活动自身一样，这种由消费活动而展现的个性稍纵即逝，在其中所表现出的自我只是"虚幻的自我"。

与个体性的缺失相伴而生的是社会评价机制的混乱，人们不再拥有从稳定的内在要求去评价世界的能力。一方面，除了"有用"这一似是而非的标准之外，人们找不到用来评价自己、他人与社会的准绳。然而对"效用"的迷恋带来的是对工具理性、专业化分工和技术化生产的进一步强化。没有个性、工于计算、见风使舵的个体充斥着时代的各个角落。另一方面，在符号消费中，主体不是主动地占有和摄取"物"，而是被动地对既有的符号体系做出反应，个体依旧处于外部力量的强制作用之中。消费不但无助于个体"真正自我"的表达,反而将个体拖入"符号化"的深渊。结果,异化于现代社会之中的个体,只能无所适从地面对失序的社会,并对其推波助澜。

  面对时代问题,齐美尔指出:"我们的任务不是去抱怨或纵容,而只能是理解。"[①]而他的努力方向恰恰是借助"货币"去"理解"现代生活。事实上,在其时代思考中可以比较清楚地看到一条货币诊断→文化诊断→生命诊断的路径,其中,《货币哲学》这一齐美尔唯一的有内在体系的作品(其他多为文集),扮演了极为重要的角色,其在齐美尔思想体系中的地位堪比《资本论》之于马克思[②],该书蕴含了诸多理解其整体思想的线索。弗里斯比(David Frisby)对其的评价比较贴切:"它不仅从社会学角度关注货币经济对社会及文化生活产生的作用,而且显示出建立一套文化哲学,乃至生命形而上学的努力。《货币哲学》的立意并非那么单一,这也许是其同时代人难以全面理解这部书的原因。"[③]这种困难在当下学界依然存在,无论是其独特性的社会学立场、"心理显微镜式"的现代性解读、文化悲剧论的诊断、审美救赎还是对生命的形而上学思考,都交织在一起,需要在整体的关切和思考中极为细致地爬梳和整理,而货币之于齐美尔,就仿佛纺织了现代社会之网的蜘蛛,提供了理解其现代性诊断乃至生命诊断的重要线索,"离开

---

  ① Georg Simmel, *On Individuality and Social Forms: Selected Writings*, Donald N. Levine (ed.), Chicago: University of Chicago Press, 1971, p. 339.

  ② 1904年,《货币哲学》问世四年后,齐美尔在与友人的信中感慨:我对《货币哲学》之前写的那些东西完全没兴趣了。这本书才真正是我的书,其他那些索然无味得就像是别人写的一样。Georg Simmel, *The Philosophy of Money*, Tom Bottomore, David Frisby (trans.), London: Routledge & Kegan, 1990, p. xv.

  ③ Georg Simmel, *The Philosophy of Money*, Tom Bottomore, David Frisby (trans.), London: Routledge & Kegan, 1990, p. 3.

《货币哲学》不可能把握西美尔的哲学和社会学"[1]。

本文从齐美尔现代性思想最初起步的地方开始,立足于呈现其对现代个体体验的货币解读,所要关注的焦点是:齐美尔何以关注现代个体的生存体验?货币在何种意义上使"心理显微镜式"的现代性解读成为可能?透过货币的视角看到了现代人怎样的精神状况和困境?与既有的研究往往绕开"货币"的生成逻辑、直面现代性体验类型不同[2],本文认为,货币成其为货币的过程,就是现代人获得其现代体验的过程,离开了中间环节的讨论,很难看到货币在其中真正扮演的角色,进而无法将对齐美尔思想的整体把握推向纵深。

二、现代性的本质是心理主义

虽然"现代性的后果"一直以来被视为经典社会学家必然直面的时代问题[3],但对何为"现代性"却始终众说纷纭,"'现代、现代性、现代主义',这些词在法语、英语、德语中并不具有同一意义;它们并不指向清

---

[1] 弗雷司庇:《论西美尔的〈货币哲学〉》,阮殷之译,载齐美尔:《金钱、性别、现代生活风格》,刘小枫编,顾仁明译,学林出版社2000年版。

[2] Gianfranco Poggi, *Money and the Modern Mind: George Simmel's Philosophy of Money*, Berkeley: Berkeley University of California Press, 1993;成伯清:《格奥尔格·齐美尔:现代性的诊断》,杭州大学出版社1999年版;杨向荣:《现代性和距离》,社会科学文献出版社2009年版;杨向荣:《文化、现代性与审美救赎:齐美尔与法兰克福学派》,中国社会科学出版社2017年版;赵岚:《西美尔审美现代性思想研究》,社会科学文献出版社2015年版。

[3] 吉登斯认为,诞生于19世纪之西方社会的社会学,无论从其诞生的历史背景还是从其展示的研究实践来看,其主旨都离不开对现代性的研究,即要识别、描述、理解所谓的现代性及其后果。安东尼·吉登斯:《现代性的后果》,田禾译,译林出版社2011年版。

楚、明晰的观念,也不指向封闭性的概念"①。按照卡林内斯库的简单归纳,大致存在对 modernity 的两类解读,即历史的和美学的。历史范畴下的"现代性"(或译为"现代"以区别于"古代")被用来表述西方文明发展的一个阶段,作为这一阶段之主流的是商品经济、进步学说、科学技术、理性和高效、抽象人文主义框架中的自由理想以及对行动和成功的崇拜。"现代化"往往建立在对"现代性"的这一理解之上:"现代化就是跟上时代,就是给予某物一种新的或现代的外表,或是采纳一种更现代的观点。"②而美学范畴下的"现代性"强调的则是与"现代"这一历史阶段和时代精神相关的个体生活体验,往往以反思和批评"现代"的艺术流派的面貌出现,在卡林内斯库看来,这些艺术流派包括现代主义、先锋派、颓废、媚俗艺术和后现代主义——它们共同构成了"(美学)现代性的五副面孔"③。卡氏强调的重点在于这五副面孔遵循美学自身的演进逻辑而与"现代性"发生了不同层面的碰撞,或者说,"现代性"(无论是历史的还是美学的)自身的丰富性和创造性是他的着眼点:"真正的现代化在任何领域都是同创造性(解决现存问题的首创方式、想象、发明等)相联系的,它排除了模仿,或至多给予它一种外围角色……人们不应只谈论一种现代性,一种现代化方式或模式,一个统一的现代性概念——它内在地是普遍主义,并预设独立于时间

---

① 安托瓦纳·贡巴尼翁:《现代性的五个悖论》,许钧译,商务印书馆 2005 年版,第 7 页。
② 马泰·卡林内斯库:《现代性的五副面孔:现代主义、先锋派、颓废、媚俗艺术、后现代主义》,顾爱彬、李瑞华译,商务印书馆 2002 年版,第 351 页。
③ 马泰·卡林内斯库:《现代性的五副面孔:现代主义、先锋派、颓废、媚俗艺术、后现代主义》,顾爱彬、李瑞华译,商务印书馆 2002 年版,第 47—48 页。

与地理坐标的普遍一致标准。"①也就是说,对于"现代性"而言,"新"和"变"是它所具备的基本特征,不论是何种意义上的"现代性",都和僵化的模式无关。卡氏指出,第一个明确揭示出"现代性"这一特点的是波德莱尔。

在《现代生活的画家》中,波德莱尔阐明了对"现代性"的理解:"现代性是过渡、短暂易逝和偶然的,它是艺术的一半,艺术的另一半是永恒和不变。对历史长河中的每一位画家而言,都有一种现代性的形式;流传至今的大多数名画,它们的外衣都属于所处的时代。这些都是十分和谐的作品,因为那些服装、发型,甚至姿势、表情和微笑(每个时代都有它特有的仪态、表情、微笑)形成一个整体,充满生命力。你们没有权利蔑视这种转瞬即逝、变形频繁的元素,也不可把它弃诸一旁。"②在他看来,所谓"现代性"就是体现时代精神(spirit)的"瞬间",画家恰是要去寻找和记录这一转瞬即逝,"他的目的是从诗歌中抽离出蕴含于其所处历史背景的时尚,从短暂中提炼出永恒";并且,"为了使所有形式的现代性都成为古物,必须把人类生命无意中注入其中的神秘美提炼出来"。

波德莱尔的"现代性"蕴含着对新奇之物的不懈探寻,以求更准确地捕捉当下。而对求新之路的坚持必然意味着对既有模式的超越,这样一来,"现代性"还意味着永恒的变动,并因而是"过渡、短暂易逝和偶然的"。在波德莱尔看来,现代性是对现时的感觉,或者说,是一种感官现时(sensuous present),"这种感官现时是在其转瞬即逝中得到把

---

① 马泰·卡林内斯库:《现代性的五副面孔:现代主义、先锋派、颓废、媚俗艺术、后现代主义》,顾爱彬、李瑞华译,商务印书馆2002年版,第360—361页。
② 波德莱尔:《现代生活的画家》,胡晓凯译,中国对外翻译出版有限公司2014年版,第121—122页。

握的,由于其自发性,它同凝固于僵化传统中、意味着无生命静止的过去相反"①。在贡巴尼翁②看来,由波德莱尔所明确开启的这种美学的现代性从其确立之初就深陷于矛盾之中:"现代性"以否定性为自身定义——它站在大工业生产所带来的生活模式的对立面,以批判者的态度审视着前者对人类文明造成的危害,以反叛者的姿态呈现着前者在人类精神世界留下的创伤,以此方式,"现代性"表达了"新之美"。然而,一旦"现代性"被冠之以某种名号而成为当下的潮流,就成为自身的"敌人",就需要呼唤出更"新"的"现代性"类型——这种美学现代性因包含着自身的对立面而具有不断自我更新的动力。在此意义上,卡林内斯库所提及的现代性的五副面孔实则是美学现代性在不同历史阶段的变形,而作为转变之推动力的正是对"新"的要求。

弗里斯比作为在齐美尔研究方面最具开创性的学者之一,也认为可以在波德莱尔身上找到理解齐美尔的线索,更准确地说,他认为,齐美尔对"现代性"的理解延续了波德莱尔的传统,即上述美学现代性传统。③ 与画家用画笔记录并呈现当下时代精神一样,齐美尔也尝试捕捉现代社会的"新奇"瞬间,在他看来,"现代性"的落脚点(现实形态)是对当下("现时")的体验(experience),是一种心理主义:"现代性的本质是心理主义,是根据我们内在生活反应(甚至当作一个内心世界)来

---

① 马泰·卡林内斯库:《现代性的五副面孔:现代主义、先锋派、颓废、媚俗艺术、后现代主义》,顾爱彬、李瑞华译,商务印书馆 2002 年版,第 55 页。
② 安托瓦纳·贡巴尼翁:《现代性的五个悖论》,许钧译,商务印书馆 2005 年版。
③ 弗里斯比认为齐美尔比韦伯和滕尼斯更早地深入思考了现代性的问题,并认为他堪称社会学领域中的现代性问题研究第一人。David Frisby, *Fragments of Modernity: Theories of Modernity in the Work of Simmel, Kracauer and Benjamin*, Cambridge: Polity Press, 1985; David Frisby, *Simmel and Since: Essays on Georg Simmel's Social Theory*, London: Routledge, 1992.

体验和解释世界,是固定内容在易变的心灵成分中的消解,一切实质性的东西都被心灵过滤掉,而心灵形式只不过是变动的形式而已。"①正如波德莱尔笔下的画家通过"提炼"时尚而使其作为一种蕴含时代精神的艺术形式在历史上恒久留存("从短暂中提炼出永恒"),齐美尔尝试捕捉心灵的现代形式即现代性体验,并以此作为时代精神的表征,并且"这些偶然性的画面"是打开社会现实的总体性的钥匙②,也是在此意义上,齐美尔被赋予社会学的印象主义者的形象③。

对个体心理活动和个体体验的重视被认为是齐美尔现代性思考的重要特点之一。这一思考倾向除了延续上述美学现代性传统之外,也受"世纪末"(fin-de-siecle)情绪的影响。19世纪末的西方知识界涌动着一股思潮,作为对理性主义的反叛,其产生的现实契机在于知识分子经历政治活动的挫败后,转而"逃入"对内心世界的关注,其产生的思想契机在于知识分子发觉原先的理论范式无力解释现代个体的生存问题,因为在他们看来,现代"人"的"自然"不再是启蒙时期所宣扬的理性,而是有了更丰富的内容。思想家们开始认为,人不只是理性的动物,更是具有情感和本能的生命。在他们看来时代的担纲者不再是"理性的人"(rational man)而是"心理的人"(psychological man)。④ 这样一来,对时代问题的诊断就转向了对现代个体生存体验的心理分析和对现代个体生命意志的强调。

---

① 戴维·弗里斯比:《现代性的碎片:齐美尔、克拉考尔和本雅明作品中的现代性理论》,卢晖临等译,商务印书馆2016年版,第51页。

② 戴维·弗里斯比:《现代性的碎片:齐美尔、克拉考尔和本雅明作品中的现代性理论》,卢晖临等译,商务印书馆2016年版,第76页。

③ David Frisby, *Sociological Impressionism: A Reassessment of Georg Simmel's Social Theory*, London: Routledge, 1981.

④ 卡尔·休斯克:《世纪末的维也纳》,李锋译,江苏人民出版社2007年版,第2页。

勒庞对群体心理的精彩解读和弗洛伊德对个体心理的深入剖析为心理分析奠定了合法地位，叔本华和尼采的意志哲学则开辟了通过把握生命意志来探求人生终极目的的道路。艺术领域中"分离派"（secession）对传统艺术风格的反叛也象征着新的审美旨趣的出现，这一旨趣的典型特征是通过召唤被埋葬的古希腊本能力量——狄俄尼索斯、海吉亚、复仇三女神，来追求对抗古典资产阶级传统的现代性。在两股思潮的张力中，齐美尔的思考显然深受"世纪末"情绪的浸染。在他看来，理性认知不足以使人们把握自身及所处的时代，作为理性认知能力的激发者的情感、意志才是真正支配现代人生存的原初力量，也唯有通过对这两种力量的了解和调动，现代人才有可能对抗物化的侵蚀、保持自身人格的整全。

除去上述思想渊源[1]，齐美尔对人的心理过程的关注，也与其独特的社会学旨趣有关：在认知主体的心灵（mind）感受不到的地方，真正意义上的认知活动就不存在。"社会"（作为可以被经验到的对象）指涉的只能是人与人之间的精神互动关系，对"社会"的研究就是对人与人的互动形式（社会化，sociation）的研究。[2] 因此，他的研究常被划入心理学范畴，他进入社会问题的方式被视为"心理显微镜式"的方法，

---

[1] 就精神气质而言，无论是波德莱尔的作品还是世纪末的情绪都具有诺斯替主义（Gnosticisim，或译灵知主义）文本的文化风格，即"阴郁"。在诺斯替主义经典文本《珍珠之歌》中，传递出了"异乡人"最初的意象。齐美尔与诺斯替主义或许有某种潜在的关联，尤其在沃格林把诺斯替主义理解为"对这个世界感到陌生的一种体验……对于存在的恐惧感和从中逃脱的愿望"，并在将黑格尔、马克思、尼采、海德格尔都视为现代诺斯替主义者的意义上，齐美尔作为前承尼采、后启海德格尔的"过渡"思想家，很难从这一传统中被排除。参见汉斯·约纳斯：《诺斯替宗教：异乡神的信息与基督教的开端》，张新樟译，上海三联书店2006年版；张新樟：《"诺斯"与拯救：古代诺斯替主义的神话哲学与精神修炼》，生活·读书·新知三联书店2005年版。

[2] 李凌静：《从哲学到社会学——兼评魏因加特纳〈经验与文化：齐美尔的哲学〉》，载涂尔干：《社会与国家》，渠敬东主编，商务印书馆2014年版。

然而,"对某个心理过程感兴趣并非必然是一种心理学的兴趣"[①],齐美尔明确划分了社会学与传统心理学(着迷于集体心理规律探究的应用心理学)的界限:社会学关注的不是精神过程的规律(心理学的任务),而是其内容和形态,正如他所说的,"社会学的情况是一些精神的过程,它们的直接的现实首先表现在心理学的范畴里。然而,心理学的范畴虽然对描述事实是必不可少的,却仍然处于社会学的观察目的之外。毋宁说,社会学观察的目的仅仅存在于由有形的过程所支撑的而且往往只能通过它们来描述的社会化的客观性里——犹如一部戏剧从头到尾都只包含着心理学的过程,只能用心理学来理解,然而它的意图却不在心理学的认识里,而是在各种综合里,在悲剧、艺术形式、生命象征的观点下,综合构成精神过程的内容"[②]。可见,在齐美尔看来,心理分析的目的在于揭示产生特定关系形式的心理生成过程,即社会化进程,这就与传统心理学研究范式中以探寻心理规律为旨趣的分析路径相区别,在此意义上,社会学研究不同于心理学研究。这好比"我们演绎一幅画是从它的美学和艺术史的意义,而不是从物理学的振荡来演绎一样;物理学的振荡构成它的色彩,而且,当然也实现和支撑着这幅画的整个的、现实的存在"[③],在这个比喻中,社会学研究就如同要从美学和艺术史意义上呈现图画,而传统心理学就类似要从物理学的意义解读色彩的构成,前者是人文科学的研究方法,后者则落入了自然科学的范畴——同样面对人类的"心理事实",视角的不同构成了方法的不同。

---

① 西美尔:《历史哲学问题:认识论随笔》,陈志夏译,上海译文出版社2006年版,第47页。
② Georg Simmel, *Sociology: Inquiries into the Construction of Social Forms*, Anthony J. Blasi (trans. and ed.), Boston: Brill Press, 2009, p.36.
③ Georg Simmel, *Sociology: Inquiries into the Construction of Social Forms*, Anthony J. Blasi (trans. and ed.), Boston: Brill Press, 2009, p.35.

当思想家从不同的视角解读和处理"现代性"问题时,理论呈现出不同面向:马克思将眼光投向工人阶级的现实生活,怀着极大的同情抨击资本主义不公正的社会制度,要求为工人阶级的劳动异化提供合理的解释,主张通过阶级革命推动社会迈向"自由人的联合体";涂尔干关心的是如何通过连接个人与社会、理性能力与情感能力的"法团"这一道德有机体来实现对失序社会的整合;在韦伯那里,英雄般的个体在理智层面上抗争,他要构建一种蕴含意义的生活和人格,以对抗标志现代资本主义"铁笼"的理性化和世俗化。而齐美尔更关注的是:在政治统一的背景下,与经济发展、科技进步、工业化速度迅猛、物质文化极大繁荣紧密相伴的却是人内在世界的空虚和个体性的缺失,"物质价值的增进要比人的内在价值的发展迅速得多……生活已日趋外化(externalization),生活的技术方面压倒了其内在的方面,即生活中的个人价值"[①]。

齐美尔将诊断社会问题的重点置于关注个体对"世界"的"体验和解释"上,在他看来,"都市人"、"陌生人"(the stranger)和"忧郁的栖居者"(unhappy dwellers/infelices possidentes)等是典型的现代性体验类型,是波德莱尔意义上的体现时代精神的现代性形式,是现代社会所独有的"新奇"。社会学研究的任务即考察这些"形式"[②]的生成过

[①] 格奥尔格·西美尔:《1870年以来德国生活与思想的趋向》,载《宗教社会学》,曹卫东等译,上海人民出版社2003年版,第182—183页。

[②] "形式"是齐美尔理论最为核心和关键的概念。对不同层面的"形式"的不加区别地使用,造成了理解齐美尔思想的极大困难。在本体论意义上,"形式"既成又压抑着精神性生命的自我呈现,是对生命的特定瞬间的记载,也是相对于生命整体而言的特定片断,但是,这些片断是承载着生命的过去、现在和将来的点,是生命得以被"观看"(认识)的唯一对象。在认识论意义上,"形式"是一种语言和概念框架,有内在的结构、法则和标准。认识就意味着通过"形式"给予精神对象(生命内容)以结构,并且在认知方式决定认知对象的意义上,形式具有了本体的地位:"世界""宗教""历史""社会"不仅是形式表达,也指涉了具体的现象。Rudolph H. Weingartner, *Experience and Culture: The Philosophy of Georg Simmel*, Connecticut: Wesleyan University Press, 1962; (转下页)

程①。而恰是成熟的(实际上是资本主义的)货币经济的发展构成了现代性体验的历史根源。②

三、货币成为"货币":货币的品格及其生成

齐美尔从一般价值论出发,强调货币虽然在不同地域、不同历史阶段有其特定的物质形态,但货币只有作为经济价值的抽象代表时,才有意义,换言之,货币的价值体现于其功能性——它作为经济价值的表达而成为"可交换的",代表了"经济对象中共通的东西"③。齐美尔也意识到,货币作为经济价值的纯粹的符号表达,只是出现在货币经济发展的最高阶段,即他是在"理想型"的层面上把握"货币"——货币是"可交换性的纯粹的形式"④。然而,对货币现象的充分把握离不开回到货币的最初形态中去,需要在与货币的历史形态演变同步的货币

(接上页)李凌静:《从哲学到社会学——兼评魏因加特纳〈经验与文化:齐美尔的哲学〉》,载涂尔干:《社会与国家》,渠敬东主编,商务印书馆 2014 年版。

① 无论是"都市人""陌生人""忧郁的栖居者",还是犬儒主义者、厌腻者、冒险者等都是理想型意义上的,即齐美尔所说的"形式",弗里斯比认为,韦伯的"理想型"正是来自齐美尔"形式"的启发。Georg Simmel, *The Philosophy of Money*, Tom Bottomore, David Frisby (trans.), London: Routledge & Kegan, 1990, p.3. 在每一位现代个体身上都可以或多或少地看到这些"类型"的影子,因为它们作为"现代性形式"分别呈现着现代个体体验的诸多面向。

② 戴维·弗里斯比:《现代性的碎片:齐美尔、克拉考尔和本雅明作品中的现代性理论》,卢晖临等译,商务印书馆 2016 年版,第 103 页。

③ Natàli Cantó Milà, *A Sociological Theory of Value: Georg Simmel's Sociological Relationism*, Bielefeld: Transcript Verlag, 2005;李凌静:《齐美尔〈货币哲学〉的价值论基础》,《学术交流》2016 年第 12 期。

④ Georg Simmel, *The Philosophy of Money*, Tom Bottomore, David Frisby (trans.), London: Routledge & Kegan, 1990, pp.129-130.

自身的逻辑演进中指明货币的品格及其符号意义,即货币何以成其为"货币"。

马克思在《资本论》中围绕商品、货币、价值的讨论无疑为齐美尔提供了丰富的理论资源。在马克思看来,商品的价值被用货币表达是价值形式发展的最后结果,凝结在货币中的是无差别的人类一般劳动。由供需关系决定的价格围绕价值上下波动。

齐美尔对马克思的劳动价值论并不排斥,其笔下的"客体(对象)价值"类似于马克思所说的使用价值,"经济价值"近似于马克思的"(交换)价值"。尽管如此,理论的差异也是明显的。在齐美尔看来,价值是独立于主体与客体的第三方,在价值表象背后的是主体的需要,价值要在交换活动中才能被实现,经济价值只是价值的表现形式之一[①];与此相对,在马克思看来,价值即意味着经济价值,它是商品(客体)的属性,是劳动的产物,在其中体现了一定的社会生产关系,并且,使用价值与交换价值互为前提,(交换)价值中凝结着(客观的)无差别的人类劳动。[②] 形成这些差异的原因一方面来自认识方式的不同,另一方面来自理论的核心关注点不同。马克思在唯物主义的立场上,要通过分析货币(实体货币)由商品向资本的转化过程来揭示经济活动中所隐藏的剥削陷阱,进而为无产阶级运动提供理论支持;齐美尔则从新康德主义的价值论入手,试图通过分析货币现象与人的心理现象的同构性,揭示现代人在货币经济影响下日益迷失个性色彩的生存处境。恰在关于货币问题的讨论中,二人的分歧得到了充分展现,齐美尔的货币的"符号"意义逐渐凸显。

---

① 李凌静:《齐美尔〈货币哲学〉的价值论基础》,《学术交流》2016年第12期。
② 马克思:《资本论》,郭大力、王亚南译,上海三联书店2009年版。

(一) 从物质性到功能性货币

齐美尔一再强调他对货币的兴趣是非历史的，正如他以为认识"货币"的最好方式不是从货币现象的起源处把握它的实质，而是从货币发展的最成熟形态中"提取"[①]关于货币特性的信息。但回到货币现象的起源处依然有意义，因为，可以在货币形态的转变过程中知晓"货币何以成为货币"。相对于历史，齐美尔更关心的是货币观念内在的逻辑演绎，尽管这种逻辑与历史并行不悖。

虽然货币在行使交换功能的过程中表现着经济价值，但交换的前提是知晓交换比例，因此，成为货币首先意味着有度量功能。而一物能够度量另一物往往意味着二者间有质的同一性，比如尺子之所以可以用来度量线段长度，是因为尺子自身也是长度的体现。同理，如果作为货币的黄金能够用来度量小麦的价值，是不是意味着黄金与小麦间有共同的质的属性？如果承认了这一点，就等于认可以金的形态出现的货币有内在价值（intrinsic nature）（客观的属性）。齐美尔否定这一说法，在他看来，1 克金＝10 斤小麦，意味着 1 克金占金的总量 A 的比例等同于 10 斤小麦占麦子总量 B 的比例，此时，10 斤小麦的经济价值就是 1 克金/A。也就是说金之所以能够度量小麦的价值不是因为金和小麦有直接的关联，而是因为它们占各自总量的比例相同，即"在两种实质不同的因素之间是可以发现同质性的，条件是这两种因素与第三种因素或第四种因素具有同等的相关关系。这样，一种因素对于另一种因素就是可计算的了。更进一步，不管两个人在外表特征上表

[①] 在齐美尔看来，社会学的任务就在于探索"社会"的"萌芽形式"，在于揭示社会形式的生成逻辑、内在机理，这类似于几何学对物理现象的抽象、提纯。

现得怎样不可比较,他们之间的相互关系可以建立起一种对等性;只要其中一个对于某一第三者与另一个人对于某一第四者表现出同样的恨或爱、宰制或服从,在他们的关系中就已建立起了某种对人格特性的可分析性"①。齐美尔试图以此方式来证明,货币之能够成为度量他者的工具并非由于自身有某种质的规定性(有内在价值)。这与齐美尔把价值视为独立于主体与其对象的第三方、而非对象的性质有关,由此,也与马克思的客观价值论产生分歧。

在马克思那里,黄金能够承担货币的度量功能,首先意味着金已成为一般等价物,作为"货币商品"而出现。马克思认为,货币商品有使用价值,并且,使用价值具有二重性:"当作商品,它有特殊的使用价值(比方说,金可以镶牙,可以作奢侈品的材料等等),但它又由这种特殊的社会机能,取得了一种形式上的使用价值。"②也就是说,金能够成为度量其他商品的手段,是以金有自身的(特殊使用)价值为前提的,这一价值由黄金本质上是贵金属这一事实决定。基于金的这一本质属性,它才能够通过"交换"这一社会行为而最终成为一般等价物,这也就是马克思说"金与银非天然为货币,但货币天然为金与银"的含义所在。如此,1克金=10斤小麦,按马克思的理解就是:生产1克金的社会必要劳动时间=生产10斤小麦所需要的社会必要劳动时间。相比齐美尔预设出黄金总量(第三项)和小麦总量(第四项)的做法,社会必要劳动时间的出现的确可以方便理解度量的可能性,然而,马克思也的确在此论述过程中强调了金的自然属性的一面,即齐美尔所说的"货币的物质性"的一面。

---

① Georg Simmel, *The Philosophy of Money*, Tom Bottomore, David Frisby (trans.), London: Routledge & Kegan, 1990, p.146.
② 马克思:《资本论》,郭大力、王亚南译,上海三联书店2009年版,第43页。

显然，齐美尔会认为将货币的度量、交换功能的实现与货币的物质性挂钩将很难解释为什么会出现纸币、信用货币等符号货币。实际上，马克思在《资本论》中已经给出过解释：有自身价值的金之所以会为无自身价值的符号货币（如纸币）所取代，是只因为"金充当铸币或流通手段的机能独立化了。这种机能的独立化，可由金片磨损之后仍能继续流通的情形而知"①，也就是说，符号货币的出现意味着货币自身形态的进一步发展——由用作价值尺度到用作独立的流通手段。马克思也指出，符号货币的出现是（社会）政治力量作用的结果，必然有一定的流通范围的界限："货币的记号，必须有客观的社会的妥当性。纸造的象征，是由强制通用力，取得这种妥当性的。但国家的限制行动，只能在本国的界限内或流通领域内，发生效力。货币充作流通手段或铸币的机能，也就是在这个领域内充分发挥的。所以，它也就在这个领域以内，能使用纸币形式，取得纯粹的机能的存在，并完全和它的金属实体分开。"②齐美尔对此不可能忽视，但他更强调的是货币作为（观念）货币本身就意味着与其"物质性"分离，他不反对在货币经济的早期，货币功能往往是附着在"物"的形态上实现，然而，在齐美尔看来，金的贵金属属性与金作为货币而具有功能毫无关系，并且，直到符号货币的阶段，货币的功能才得到最纯粹的实现，同时，他也承认，社会制度是符号货币流通的保证，"不断扩展的诸社会群体的联系和整合——由法律、风俗和利益所支撑——是货币内在价值日渐萎缩及其被功能性价值取而代之的基础"③。

---

① 马克思：《资本论》，郭大力、王亚南译，上海三联书店 2009 年版，第 71 页。
② 马克思：《资本论》，郭大力、王亚南译，上海三联书店 2009 年版。
③ Georg Simmel, *The Philosophy of Money*, Tom Bottomore, David Frisby (trans.), London: Routledge & Kegan, 1990, p.182.

齐美尔与马克思关于货币问题的分歧主要源于分析视角的不同。齐美尔认为,对象即观念,货币即货币观念,对"货币"的把握来自从货币(当下的)最成熟的形态(信用货币)中提取货币的特性,这一特性体现为稳定、客观(中性、无个性),因为这一形态的货币价值体现于它是经济活动中,用来交换和度量的相对持久的工具,即货币的特性与它作为"经济价值最纯粹的表达"的身份相一致。分析的路径应该是首先从当下的货币"现象"("纯粹现象")入手呈现货币的"本质"[①],而后考察货币如何在历史的过程中成为"货币"。在历史过程中,货币的功能最初与"物"捆绑在一起,而后,承载货币功能之物的物质性意义下降、功能性意义上升,货币不断迈向最纯粹意义的"货币"——纯粹的符号,"尽管没有内在价值的货币会是理想的社会秩序中最理想的交换工具,但在这一点实现之前,货币最完美的形式总是与某种物质质料联结在一起。这一条件并非意味着货币偏离了那种一直持续发展的方向,即货币转向其本质功能的一种纯粹符号的载体","只有在质料要素后退的意义上,货币才真正成其为货币,那是价值互动着的要素的一种真正的结合和统一,这只有靠心灵(mind)才能成就"。[②] 齐美尔要在历史材料中寻找解释"货币成其为货币"的逻辑线索(更准确地说是精神线索)。与齐美尔的现象学方法不同,在马克思看来,货币理所当然是一个在历史中逐渐形成的客观实体,研究货币就意味着考察货币在经济活动中的出现过程及其意义。研究的路径自然是回到经济发展的"历史"中,通过揭示价值发展的不同形态而给予货币"一般等价物"

[①] 胡塞尔所提出的"现象即本质"无疑对齐美尔有重要的影响。作为现象学还原重要法则的"面向实事自身"也在齐美尔的研究中被广泛运用。

[②] Georg Simmel, *The Philosophy of Money*, Tom Bottomore, David Frisby (trans.), London: Routledge & Kegan, 1990, pp.192, 198.

的本质定位，试图在历史过程中看清楚货币的"物"性背后隐藏的社会生产关系。马克思指出，看不到货币之中所含有的社会生产关系是货币拜物教的根源所在。[①] 齐美尔同样看到了货币的关系内涵——货币不过是社会交换关系的外在表现，只是在齐美尔看来，这一"关系"不见得就是马克思所说的源于劳动的生产关系，而就是交换关系本身，如果进一步追问交换的根源，则只能在先验主体的意志活动中找到回答的线索。齐美尔声称自己要为历史唯物主义建造底楼[②]，而这正是在将马克思的劳动价值论还原到一般价值论本身，将社会生产关系进一步还原到先验主体的意志活动这一心理、形而上学的过程中实现的。如此，就可以理解，同样是面对货币符号化的倾向，马克思看到的是社会主义生产方式取代资本主义生产方式的可能性，看到了实现"自由人的联合体"的希望；而齐美尔看到的则是根源于人类存在本身的欲望与其对象的分离，看到人类无法弥合的内在分裂及其外在的文化（悲剧）表现。

（二）符号货币

从历史形态上来看，货币经历了三个阶段的变化：第一阶段，货币是足值的货币商品，包括实物货币（粮食、贝壳）和金属货币（金、银），此时货币的特征是作为商品的价值与作为货币的价值相等；第二阶段，货币是不足值但可以兑换的代用货币，包括可兑换的铸币、纸币和银行券等，此时货币的特征是可以和金属货币自由兑换；第三阶段，货币是信用货币，如政府发行的不可兑换的纸币、银行发行的不可兑换

---

① 马克思：《资本论》，郭大力、王亚南译，上海三联书店2009年版，第45页。
② Georg Simmel, *The Philosophy of Money*, Tom Bottomore, David Frisby (trans.), London: Routledge & Kegan, 1990, p.56.

的银行券、不足值且不可兑换的铸币等。此时,货币的特征是因货币本身(作为物)的内在价值低于货币价值(交换价值)而不能兑换。用齐美尔的话说就是,货币经历了物质意义下降、价值意义上升的过程,这一过程也是货币日益符号化的过程①,齐美尔认为,成为"符号"正是货币的内在要求,尽管这一目标不可能在现实中最终实现,"货币的发展就是努力完成一个它永远也达不到的理想,即成为经济价值的一个纯粹的符号"②。

理想状态的符号货币(money as a symbol)出现在货币的功能和符号意义完全取代其自身的物质性的时候,但这种情况不可能出现,因为在任何时候,现实货币的物质性都是货币成其为货币而具有的功能的前提,"货币纯粹的功能和符号特性不断地取代货币的内在价值,但内在价值必须获得一定程度的保留,否则,货币的功能和符号特性就会失去其基础和意义"③。但如前所述,这并不意味着货币的"内在价值"④是其价值的来源,就如同实在并不是价值的来源、二者各有其序

---

① 在齐美尔看来,与其说经济历史的发展是社会生产力发展的结果,不如说它是由人类无意识推动的:"实际上,我们对不依赖于有意识的先兆而产生了灵力的过程一无所知,而无意识表征、经验和推理的说法只能说明一个事实:实际效果的发生,只是显得仿佛它们是有意识动机和观念的结果一样。……在我们目前的知识状态中,不可避免地因此也就合理地把价值的形成(它的稳固和波动)看作按规范和有意识推理形式而进行的无意识过程。"Georg Simmel, *The Philosophy of Money*, Tom Bottomore, David Frisby (trans.), London: Routledge & Kegan, 1990, p.159. 可见,齐美尔极为坦然地面对"世界"从根本上的不可知性,这与他一再勾勒的关系主义图景是一致的,在他看来,如果实在要为诸事的根源讨个说法,只能去考察"无意识"的秘密。

② Georg Simmel, *The Philosophy of Money*, Tom Bottomore, David Frisby (trans.), London: Routledge & Kegan, 1990, p.158.

③ Georg Simmel, *The Philosophy of Money*, Tom Bottomore, David Frisby (trans.), London: Routledge & Kegan, 1990, p.167.

④ "货币的内在价值"只是齐美尔用来表达货币以物为载体的一面的用语,货币的功能与此没有逻辑关系。

列一样,对货币的物质性和功能性的解读路径也完全不同。需要指出,对齐美尔而言,一切的讨论都服务于理解纯粹的"货币"这一目标,具体货币的物质性的面向恰是齐美尔为了抽取货币纯粹性而需要在货币的逻辑中去除掉的,"作为事物之间进行相互价值度量的纯粹表达形式,货币的纯粹概念,也即自身没有内在价值的货币概念,保留着其存在的完全正当的理由,尽管在历史现实中,此货币概念一直遭受着作为拥有内在价值的、对立的货币概念的贬抑和限制。我们的理智只有通过对纯粹概念的修正才能把握现实,不管纯粹概念怎样地偏离现实,都因其在对现实的诠释中所行使的职责而具有了合法性"[1]。

一旦把讨论聚焦于符号货币这一真正意义上的"货币"时,货币的特性及其社会关联就可以被深入挖掘。如齐美尔反复强调的那样,货币成其为货币乃是意味着货币内在价值的退离和货币价值的彰显。但他同时指出,这一过程要伴随着经济领域的连续性才可以实现的,而经济的连续性实则就是社会互动的稳定和可靠,由此,齐美尔明确指出货币是一种社会学现象:"货币要想发挥效用必须要求社会关系有一定的综合性和强度——否则它就与其他的交换物没什么区别了——而为了使这种效用进一步理智化,还要求对社会关系的进一步强化。这种显著的现象清楚地说明了货币的内在性质只是松散地与其质料基础联系在一起;因为货币完全是一种社会学现象(sociological phenomenon),是人类互动的一种形式(a form of human interaction),其特性(character)愈是脱颖而出,社会关系也就愈是集中、可靠和和谐。"[2]在

---

[1] Georg Simmel, *The Philosophy of Money*, Tom Bottomore, David Frisby (trans.), London: Routledge & Kegan, 1990, p.168.

[2] Georg Simmel, *The Philosophy of Money*, Tom Bottomore, David Frisby (trans.), London: Routledge & Kegan, 1990, p.172.

齐美尔看来,社会不是实证主义者的实体,而是人与人之间互动关系的总和,如同生命是有机体各部分之间互动作用力的总和一样——"社会并不是那么一种绝对的存在物,非得它先存在,以便让其成员的个体关系能够在其框架中发展或者由它来表征:社会只是对所有这些明确的活动关系总体的综合或一个总的名称而已。当然,这些互动关系中的任何一个都可以被剔除出去而'社会'依然存在,但是只有当具有足够数量的互动关系还在那里时,'社会'的这种存在才能保证。"[①] 既然"社会"是用来指称人与人之间的互动关系的概念,而货币又是人与人之间交换关系的形式表达,理所当然,货币是一种社会形式。货币形式化(符号化)的过程就是人与人之间交换关系日趋稳定的过程,只有如此,货币才能通过体现稳定的比例关系而脱离自身原有的物质特性,逐渐成为纯粹客观的交易符号。货币的符号意义就在于它是用来衡量量的比例关系的纯粹的手段,这也就构成了货币的形式逻辑。

把对"符号"的讨论延伸到卡西尔(齐美尔的学生)那里,有助于理解"符号"在人类认识世界过程中扮演的角色。卡西尔区分了信号和符号:"符号,就这个词的本来意义而言,是不可能还原为单纯的信号的。信号和符号属于两个不同的论域:信号是物理的存在世界之一部分;符号则是人类的意义世界之一部分。信号是'操作者'(operators);而符号是'指称者'(designators)。信号即使在被这样理解和运用时,也仍然有着某种物理的或实体性的存在;而符号则仅有功能性的价值"[②],动物只会对信号做出条件反射,而人则可以创造符号,而且,"我们应当把人定义为符号的动物来取代把人定义为理性的动物",因为

[①] Georg Simmel, *The Philosophy of Money*, Tom Bottomore, David Frisby (trans.), London: Routledge & Kegan, 1990, p.175.

[②] 卡西尔:《人论》,甘阳译,上海译文出版社2005年版,第37、45页。

"对于理解人类文化生活形式的丰富性和多样性来说,理性是个很不充分的名称"①。在卡西尔看来,人的本质特征就在于能够创造符号并凭借从事符号活动而进入精神文化新天地,这些符号不是对外在世界的单纯摹写,而是具有某种型构力量,包含着独立精神,符号所指向的表象因此而获得观念化内容。从卡西尔的表述中,可以看到,符号具有指称意义的功能,有其内在的结构及独立于创造者的精神,并且,一方面,符号是人类认识世界的重要手段,或者说,人离开了"符号"就不可能"看见或认识任何事物"②;另一方面,人类活动本身就是一种不断创造符号的过程,即创造文化的过程——文化即符号活动的现实具体化。

齐美尔不会反对卡西尔以"符号形式哲学"来指称人文科学的研究方向,甚至一定程度上,齐美尔概念体系中的"形式"恰是卡西尔"符号"的思想源泉之一。在货币问题上,相比"符号货币",齐美尔更多的视货币为"形式",本文在论述中对"符号货币"的使用一是为了方便指称齐美尔眼中的理想"货币",二是为了澄清"货币"所能指的意义③(货币符号功能的体现)及与此相关的货币特性。

符号货币是经济价值的最纯粹的形式,体现着交换双方的比例关系并承担着度量功能,即"作为一种纯粹的符号,货币完全为其交换和度量功能所同化"④,货币的意义就在于它是交换、度量的工具和手段,同时,在经济活动中,符号货币自身的物质形态被忽略,人们关心的只是其中的量化关系——"它能买多少东西、这个东西值多少钱",因为符

---

① 卡西尔:《人论》,甘阳译,上海译文出版社 2005 年版,第 37 页。
② 卡西尔:《人论》,甘阳译,上海译文出版社 2005 年版,第 39 页。
③ 这种意义一旦形成就具有了自身的恒定性,或者说就具有了作为一种文化独立于特殊主体的倾向。
④ Georg Simmel, *The Philosophy of Money*, Tom Bottomore, David Frisby (trans.), London: Routledge & Kegan, 1990, p.202.

号货币是一切价值的公分母（common denominator）。例如，人们会认为标价100元的笔比标价10元的笔值钱（尽管两支笔的外形和材质一样）。当一切商品都可以用货币的面额来衡量时，商品的价值就在观念上取决于面额的大小。也就是说，在符号货币阶段，经济活动中量的规定性取代了质的规定性，这与货币自身无特性、只有作为手段的功能性价值密切相关。在人类生活中，货币符号功能的实现也就意味着它向人类文明传达着自身的意义，而在货币经济繁荣的现代社会，人们的生活无处不受货币交易的影响，这也就注定了现代生活会具备货币品格。①

（三）货币在目的序列中的位置：由纯粹的手段成为目的本身

在齐美尔看来，人类的行动有两种类型，即本能性行动和目的性行动，二者的区分在于行动是出于纯粹无意识的本能渴望，还是有意识的面向目标的努力。例如，为填饱肚子而进食属于本能性行动，美食家为评点而进食属于目的性行动。在这一区分背景下，两种行动的另一个需要被强调的差异是：本能性行动并不涉及"他者"，在活动之中没有主体与客体的分离，即"整个过程都限定在个体自身之内"②；在

---

① 对于货币在社会中的符号功能的实现，齐美尔认为可以在"时尚"现象中看到相似的过程：时尚原本只是特定阶层品位的表达，当其他阶层的人们开始对其模仿时，它就成为一种流行的时尚，有了自成一体的特有模式和独特意义，而追随时尚的风格仿佛就意味着占有了时尚所表征的意义，如农妇模仿贵妇的穿衣风格，就好像可以以此提升自己的身价。同样的逻辑：货币可以普遍地用于交换，就好像一切都可以用量化的货币来购买一样。

② Georg Simmel, *The Philosophy of Money*, Tom Bottomore, David Frisby (trans.), London: Routledge & Kegan, 1990, p. 206.

目的性行动中，主体首先为自己设立了一个目标（客体），而后向此目标努力，即"目的性行动的基本意义上主客之间的互动……是处于自觉自愿的自我与外在的自然之间的一种互动"①。既然目的性行动是心理目的现实化的过程，就离不开手段的帮忙，并且，目标的最终实现往往要经过诸多中间环节，这些中间环节和最终目标一起构成了目的链条（teleological chain），如要实现 D，就需要建立 A→B→C→D 的关联，并且，链条中的内在因果关系要被熟知。因此，在齐美尔看来，要想实现最终目的，首先要知道如何可以通过一个又一个环节而不断接近最终目标，知道诸环节的因果关系，其次才是把这个过程变成现实。而能够在意识中建立目的链条，恰是人类智识进步的体现，这也体现在原始人与文明人在目标建立与实现方面的不同上：原始人即使采取目的性行动，对目的的设想也是距离其实现比较切近的，比如以狩猎为目的的话，只需要以石子、木棍等为武器即可；而智识发达的文明人会为自己筹划长期目标与短期目标，会通过实现一个又一个短期目标进而最终达成长期目标，如此一来，这些短期目标连同它们的实现手段在指向长期目标的目的链条上都充当了手段的作用。并且，智识的进步还意味着可以将过长的目的链条尽可能缩短以用更便捷的方式加速最终目的的实现，比如，现代人会使用机器代替工人劳作以提高生产效率，原先耗损在雇佣、管理工人上的精力就可以被节省，当然，缩短目的链条同样是建立在对各环节间的因果关系的熟知基础上。目的

---

① 不难发现，齐美尔的目的性行动即价值实现的活动。"我大致在同一的意义上使用价值与目的这两个概念……它们实际上是同一现象的不同方面而已：从理论—情感上来看是一种价值，从实践—意志的角度来看则是一种目的。"Georg Simmel, *The Philosophy of Money*, Tom Bottomore, David Frisby (trans.), London: Routledge & Kegan, 1990, pp.206-207, 230.

链条的延伸与缩短是与人类的文明进程一致的,正如齐美尔所总结的那样:"文化的发展倾向就是使那些指向较近目标的目的论序列延伸,而同时使那些指向较远目标的目的论序列缩短。"[1]此外,由于目的链的产生根源于主体的对象化,主体对目的链的建立和操作能力就意味着主体的对象化能力,如此一来,人的对象化能力与智识能力就成为一体,智识的进步与主体客观化的过程同步,并共同构成文化发展的应有之义。

在齐美尔的思想体系中,给先验、本能留下了很大空间,这使得他视经验的"绝对性"为虚构,并坚持认识论上的关系主义,这在具体认识过程中体现为作为认识根源之物的"不可追问",在康德那里,不可知的是"物自体",在齐美尔这里,不可知的是"生命"。以目的性行动为例,在以 D 为最终目的的"……→A→B→C→D"目的序列中,虽然 D 是主体所设定的最终目标,设定目标的过程即意味着主体与其目标(欲望)客体的分离,正如客体价值来自两方面的条件[2]一样,成为目标就意味着满足两方向的要求:首先,主体对此目标有所需求;其次,主体对目标的实现过程有所计划,对实现目标的手段有所意识。在齐美尔那里,从主体有无意识来区分本能性行动与目的性行动,是针对行动过程而言,实际上,任何行动的原初出发点都是主体的意志(欲望),即任何行动首先都来自主体无意识的"本能"冲动,在此意义上,非理性情绪是理智行为的推手。也就是说,D 之所以被设为目标是主体"生理—心理能量"释放的结果,或者说是主体生命力的自我表达的结果,"对最终目的的创造只有通过一种意志的自发行为才是可能的……目

---

[1] Georg Simmel, *The Philosophy of Money*, Tom Bottomore, David Frisby (trans.), London: Routledge & Kegan, 1990, p.209.
[2] 第一,客体是主体的欲望对象;第二,主体自觉有可能满足这一需求。

标的设定源于个性、情绪和旨趣,但是通向目标的道路却是由事物的本性决定的……我们意志的最终权威独立于所有理性和逻辑"[1]。齐美尔又认为,意志(或生命力)的每一次表达都是对生命能量的消耗,在面对"……→A→B→C→D"时,生命出于自我保存的需要,不可能时刻表达对D的始终如一的热忱,而是将能量分散到了对A(或B,或C)的实现上去,更准确地说,生命只应该将能量集中于下一步就可实现的目标。这么做既是生命自我保存的需要,也是促成D的实现的"权宜之计",即"我们促进最终目的实现的最好办法就是把手段看作是目的自身",因为如此才可以保证"注意力集中"这一实现目标的重要前提在目的链的每一个环节都有效,"在所有的可能性中,如果我们的意识已经预先为原初目的的设定所占据,我们就永远不可能有余力去发展更多样化的手段;或者说,如果我们在处理每一个次一级的手段的时候又总是不断意识到为最终目的服务的整个手段序列,那我们将会体验到一种不能忍受的支离破碎和残缺不全的感觉。最终,如果我们意识到了与最终目的相关的诸多手段的逻辑意义,如果没有把意识的全部力量都倾注到每一特定时刻所必需的事情上去的话,那我们就会既没有力量也没有兴趣去完成手边的任务了"[2]。其实,齐美尔所说的人从心理上有将手段看作最终目的的倾向并非指人们真的就以手段完全取代目的(亦即并非指事实上的目的就由此消失),而只是指出了重视手段的重要和合理性——实现长远目标唯一可行的方式是脚踏实地

---

[1] Georg Simmel, *The Philosophy of Money*, Tom Bottomore, David Frisby (trans.), London: Routledge & Kegan, 1990, p.230. "意志是意识的根源"是齐美尔认识论上的基本判断,也是他深受叔本华、尼采意志哲学影响的明证。

[2] Georg Simmel, *The Philosophy of Money*, Tom Bottomore, David Frisby (trans.), London: Routledge & Kegan, 1990, p.231.

地集中力量处理每一个眼下的问题,在心理上把每一个环节都当作最终目的那样尽全力去实现,也就是"不积跬步无以至千里"。然而,在货币经济的环境中,"手段成为目的本身"的倾向有了极端体现。

如上所讨论过的,货币在经济活动中是作为纯粹的手段而出现的,货币的价值就体现在它作为手段而具有的度量、交换功能上,"手段"是货币的"绝对"价值。而当货币介入目的链条时,"……→A→B→C→……→D"就简化为"……→货币→……→D",或者说,链条中的"→"被货币填满了。如此一来,若如上所说,在目的实现过程中存在着"强化手段地位"的倾向的话,那么,货币的作用会在心理上被极大地放大,"作为手段在心理上提升为目的的最杰出和最完美的例子,货币的重要性就变得最明显不过了"[1]。尤其当D不再是一个具体的、可明确规定的目的(在齐美尔看来,终极目的往往"只是一种功能或要求",如"幸福")时,人们在对货币威力的强化之下,极有可能认为货币可以像购买其他东西一样"购买"幸福,换言之,拥有货币就意味着拥有幸福本身,这也就是齐美尔所说的,货币从纯粹手段成为目的本身,"货币是一种绝对的手段;对大多数人来说,货币因此在心理上成为一种绝对目的"[2]。在此意义上,在货币交换无处不在的环境中,金钱成为人们心目中的上帝,"上帝观念的本质在于,世界一切的多样性和对立都在他那里达到统一……货币事实上提供了一种凌驾于特殊性的高

---

[1] Georg Simmel, *The Philosophy of Money*, Tom Bottomore, David Frisby (trans.), London: Routledge & Kegan, 1990, p.235.

[2] 另"有这么一些东西,其自身价值完全来自其作为手段的特质,来自其能够转化为更具体价值的能力,但从来还没有一个这样的东西能够像货币一样如此畅通无阻地、毫无保留地发展成为一种绝对的心理性价值,一种控制我们实践意识、牵动我们全部注意力的终极目的"。Georg Simmel, *The Philosophy of Money*, Tom Bottomore, David Frisby (trans.), London: Routledge & Kegan, 1990, pp.232-233.

高在上的地位,以及对其无所不能的信心,这就好比我们对某种最高原理的全能性所持的信心一样,我们相信这个最高原理在任何时刻都赋予我们以独特性和存在的基础,也相信它能够把自身转化为这些独特性和基础"①。这样一来,齐美尔通过在心理目的序列中给予货币以位置(从绝对的手段转变为绝对的目的)而呈现了与马克思的货币拜物教一致的社会后果——奉金钱为万能的上帝。

齐美尔指出,货币的唯一特性就在于它的无特性,这与货币只能以其功能体现自身的价值有关——由于货币的使用要建立在一定交换比例被普遍认可的基础上,因而,货币只有量的规定性而没有质的规定性,即货币在表征数量关系(比例)的意义上只具有中性的品格。货币的符号意义体现在,尽管货币只是用来度量和交换的纯粹的手段,但由于人们心理上有"强化手段"的倾向,故而货币有从"绝对的手段"变成"绝对的目的"的可能,也就是说,在货币经济中,"货币"倾向于被视为具有"绝对价值"。

四、现代性体验的货币化表现

基于货币的上述特性,齐美尔指出在广泛使用货币的过程中容易形成两大趋势:一方面,货币从指向一定目标的纯粹的手段变成目的本身,被放在"至高无上"的位置上;另一方面,凡货币可以购买之物都只有量的分别而没有质的差异。随着货币经济在现代社会的日益繁

---

① Georg Simmel, *The Philosophy of Money*, Tom Bottomore, David Frisby (trans.), London: Routledge & Kegan, 1990, p. 237.

荣,货币逐渐将它自身的品格和逻辑渗透到现代人的心理层面,影响现代个体行为,塑造独特的现代性体验。

(一) 现代个体行为的货币品格

在由货币参与的目的序列中,货币倾向于从"绝对的手段"变成"绝对的目的"(更准确地说是"终极目的"),并因此具有"绝对价值"。对现代人而言,金钱仿佛具有无穷的魅力,在上帝被"宣告死亡"之后,金钱仿佛取代了上帝的空缺而在人们心中具有了至高无上的地位,生活的意义与占有货币紧密联系在一起,然而,这终究不能令人获得真正的满足感,因为绝对的有价值也就意味着绝对的无价值。正如齐美尔所说的,"大多数现代人在他们生命的大部分时间里都必须把赚钱当作首要的追求目标,由此他们产生了这样的想法,认为生活中的所有幸福与所有最终满足,都与拥有一定数量的货币紧密地联系在一起。在内心中,货币从一种纯粹的手段和前提条件成长为最终的目的。而只要达到了这个目的,就会无数次出现那种致命的无聊和失望,这在那些攒下一笔金钱后退休食利的商人身上体现得最为明显。在促使价值意识集中到货币身上的那些环境不再产生之后,货币自身就暴露出作为纯粹手段的特征,即一旦生活只关注货币,这种手段就变得没有用处和不能令人满意——货币只是通向最终价值的桥梁,而人是无法栖居在桥上的"[1]。在齐美尔看来,对于深陷"货币拜物教"泥淖之中的现代人来说,在贪财(greed)、吝啬(avarice)、奢侈(extravagance)与苦行(禁欲式贫困,ascetic poverty)这四种形态的货币行为和与之相关的货

---

[1] Georg Simmel, "Money in Modern Culture", in *Simmel on Culture: Selected Writings*, David Frisby, Mike Featherstone (eds.), California: Sage Publications, 1997, p.250.

币态度中,现代人充分表现出自身被货币扭曲的价值观。贪财者、吝啬者、挥霍者和苦行(贫穷)者是与上述四种货币行为相关的理想人物类型。

在经济活动中,正常的经济行为起源于对客体的欲望,而后通过一定的手段拉近与客体的距离,最终以占有客体、获得满足为终点。在货币参与的经济活动中,经济行为应完成如下步骤:第一步,产生占有客体的欲望;第二步,认识到要想占有客体就要拥有足够的货币;第三步,努力挣钱;第四步,购买欲望客体;第五步,通过享用欲望客体而获得满足感。以买房为例:第一步,希望有自己的房子;第二步,估计出能拥有理想中的住房所需要的花费,意识到金钱的重要性;第三步,以各种方式挣钱;第四步,花钱购买房子;第五步,心满意足地住进所买的房子里。其中,2、3、4步属于经济交换领域,它们可以独立于第一步和第五步而构成一个自成一体的目的链条,也就是说,离开了个体的欲望及其满足,经济交换行为在哪都一样(不论是买房还是买车都遵循三步走),而只有在第一步和第五步加入的时候,整个目的链条才具有了个性色彩(买房与买车对个体的意义不同)。正常的经济行为应该依次完成上述五个步骤,以实现第五步为最后目标,而由于货币的加入,目的序列往往会被在某一阶段叫停,当下阶段的目标的地位从目的链条中的手段上升为最后目的本身。

贪财者(守财奴)停留在了第二阶段。守财奴由于深刻意识到了货币的巨大能量,故而把保持现有的货币量为最大的目标,"守财奴对金钱的爱就像一个人对某位德高望重者的爱,这个人只需存在那儿,以及只需要爱他的人知道这一点并与他同在,就会使他感到极大的幸福。就此而言,从一开始,守财奴就有意识地放弃了把货币作为指向任何确定的快乐的手段,他把货币置于一个与其主体性之间有着不可接近的距离的位置上,但他又通过意识到他拥有货币而不断尝试克服这个距离"①。巴尔扎克笔下的葛朗台是个彻头彻尾的守财奴,他以夜深人静时偷偷在密室中"爱抚、欣赏"金币为乐,金钱对他而言不但具有无穷的魅力而且拥有神奇的魔力,仿佛每花一笔钱都意味着对金钱魔力的侵蚀。

吝啬者停留在了第三阶段。在给予金钱以至高无上的地位方面,贪财与吝啬并无区别。只是守财奴的快感来自对货币的消极占有,而吝啬者则是在积极争取货币的过程中满足于占有越来越多的货币,即吝啬者独独满足于货币的增加而不愿将其用于消费。"吝啬最纯粹的方式是:在吝啬中,意志并未真正地超越于货币本身;货币也没有被视为获得另外某物的手段……相反,贮藏在货币中的力量被视为最终的、绝对的令人满足的价值。对他们来说,所有其他的商品都位于存在的边缘上,而从任何一个商品那里都有一条笔直的路通向一个中心——金钱。"②需要指出的是,对贪财者和吝啬者的区分只是理想类型意义上的,经验生活中的人们往往是诸多特性的结合,贪财与吝啬是他们的面向,正如奢侈和禁欲也是他们的面向一样,明显集中在葛朗台身上的是前两种特质。

挥霍者停留在了第四阶段。与贪财者和吝啬者视占有货币为最后目的不同,挥霍者在消费货币的过程中获得满足感,他们迷恋花钱行为本身,对钱的去向则没有任何兴趣,"与挥霍行为相伴随的快感依赖于花钱买东西的那一时刻,买的是什么无所谓;这种快感必须与享有

---

① Georg Simmel, *The Philosophy of Money*, Tom Bottomore, David Frisby (trans.), London: Routledge & Kegan, 1990, p.242.

② Georg Simmel, *The Philosophy of Money*, Tom Bottomore, David Frisby (trans.), London: Routledge & Kegan, 1990, p.246.

物品所带来的短暂快乐相区分,也要与这种行为相关节的充大款的势利行为区分开,还要与对物品的获取与使用之间激励性转换区分开;实际上,它是与挥霍行为的纯粹功能相关的,而与其实质内容及相伴的环境没有什么关系"①。表面上看,挥霍者以其对金钱的"漠视"而区别于贪财者与吝啬者对金钱的"珍视",然而,齐美尔指出,处于这两类情形下的个体行为基于同样的逻辑,即视货币为目的本身而非手段。不同的只是,在同样的价值观面前,贪财与吝啬者表现出了对货币的积极渴望,而挥霍者则表现出了对货币的消极排斥。贪财、吝啬与奢侈也会在一个人身上都有所体现,因为这些都是真正目的(第五步)缺失的后果,"我们会经常在同一个人身上发现吝啬与挥霍这两种现象,它可能会表现于他们在不同利益领域中的分配上,也可能会表现在与变化着的生活情绪之间的联系上。这种情绪的减弱和扩展都表达在吝啬与挥霍行为中,就仿佛每一次的冲动都是相同的,而仅仅是冲动的符号会有所不同而已"②,因而,平时省吃俭用的姑娘会在失恋后性情大变,以疯狂购物来排解心中的压抑——如果不是给予了金钱很高的地位,通过挥霍就不可能得到自虐意义上的快感。

贪财者、吝啬者与挥霍者停留在了经济行为的中途,都迷失在"货币之桥"上,因而都没有获得真正意义上的满足(占有欲望对象)。贫穷的苦行者则以远离经济行为为宗旨,他们视货币为"魔鬼",认为接受、使用货币即意味着对自身修行的损害,"如果一个托钵僧接受了黄金或白银,那么他就必须在大家面前赎罪,那些金钱会交给某位关系

---

① Georg Simmel, *The Philosophy of Money*, Tom Bottomore, David Frisby (trans.), London: Routledge & Kegan, 1990, p.248.

② Georg Simmel, *The Philosophy of Money*, Tom Bottomore, David Frisby (trans.), London: Routledge & Kegan, 1990, p.250.

较近的俗人去买生活必需品,因为僧人自己是不允许提供这些东西的。如果在邻近找不到这样的俗人,就只好把钱交给一位僧人去扔掉,而且这位去扔钱的僧人必须已经达到了'无贪''无嗔''无痴'才可被信赖去做这件事"[1]。齐美尔指出,苦行者对货币的弃绝态度恰恰也建立在对货币功能的歪曲理解之上,他们同样没有看到货币只是用来度量和交换的纯粹手段这一事实。苦行者的逻辑是:世人将货币奉若神灵的行为是有罪的,我应当以完全弃绝货币的方式确保修行的纯洁;与世人追求财富不同,我应当追求贫穷。事实上,与将货币视为目的本身的人相比,苦行者实则是将贫穷视为目的本身,贫穷在极端的苦行者那里的位置与货币在世人心中的位置并无二致,"贫穷因此成为一种积极的拥有,它一方面成为获得至高无上的商品的中介,一方面行使着与货币在世俗世界中对可鄙的商品所行使的同样的功能……灵魂的价值本以贫困为消极条件,现在却直接扑向了它;手段通常是其终极目的的最全权的代表,而现在对手段的摒弃已经差不多是被提升到了终极价值的地位"[2],在此意义上,方济各会修士被描绘成"一无所有,而又无所不有"。

因此,贪财、吝啬、奢侈和禁欲苦行从根本上都是货币逻辑支配日常生活的后果,即是把作为手段的货币误认为目的本身的结果,不同的只是对此目的所持的态度是接受还是排斥。无疑,前两类行为表现出了对货币的"绝对价值"的积极认同,后两类行为则表现出对此价值的消极排斥,尤其在苦行者那里,货币被绝对地排斥着。然而,在苦行

---

[1] Georg Simmel, *The Philosophy of Money*, Tom Bottomore, David Frisby (trans.), London: Routledge & Kegan, 1990, p.253.

[2] Georg Simmel, *The Philosophy of Money*, Tom Bottomore, David Frisby (trans.), London: Routledge & Kegan, 1990, p.254.

者对作为拥有货币之对立状态——贫穷——的热望中,看到的正是货币逻辑的支配。

(二)犬儒主义与厌腻

在齐美尔看来,在被货币逻辑全面支配、货币品格渗入生活多个层面的现代社会中,人们极其容易表现出与上述行为相关的两种体验,即犬儒主义(Cynicism)和厌腻(The blasé attitude)[①],如果说在贪财、吝啬、奢侈和禁欲苦行中表现出的是对货币从手段上升到"目的本身"地位的认可、认为货币具有至高无上的价值的话(如前所述,不论这种认可是积极还是消极),犬儒主义者和厌腻者则表现出对所有价值的贬低,这种贬低得益于货币的夷平(leveling)化功能——因货币充当一切价值的公分母,物与物之间就只有量的区分而没有质的差别。在现代犬儒主义者看来,既然所有的物品的价值都可以用"市场价格"来体现,既然没有什么是用钱买不到的,那么一物与他物之间就没有什么本质上的区分,也就是说,物的特性消失了,于是犬儒主义者倾向于表现出对万物"无动于衷"、玩世不恭的态度;对厌腻者来说,既然钱可以买来想要的一切,那么由于"克服的困难越大,得到的满足越强",轻松地花钱就不可能带来自我的满足,生活的一切不但不值得为之激动,反而令人厌倦。

[①] 对于 blasé,学界通常有"厌世""腻烦"两种译法,本文认为在齐美尔的特定语境中,译作"厌腻"更为合适。齐美尔在与逆来顺受的犬儒主义和纵欲无度的享乐主义的对比中提出此概念:同样表现为"无动于衷"(indifference),犬儒主义虽消解了"崇高",却并不排斥"低廉",而 the blasé attitude 则意味着对价值本身的消解,表现出对价值世界的疏离甚至"敌意",此为"厌";从起因上看,此"厌"是放纵沉溺后的麻木不仁,即"乐极生厌",因而是"腻"。"厌腻"既表达了这一态度的起因也呈现了其特质,相比之下,"厌世"缺少"腻"的维度,而"烦"更多是一种精神焦灼,并不直接传达疏离和敌意的意向。

现代犬儒主义不同于古代,以狄欧根尼为代表的古代犬儒主义者"无动于衷"(indifference)表象的背后是对道德原则的坚守,也正是因为这一坚守,使得其他东西对于他们来说失去了价值。当狄欧根尼要求国王不要妨碍他晒太阳时,表现出了对代表世俗世界最高权力象征的国王的无动于衷甚至蔑视;而他在光天化日下提着灯笼寻找"真正诚实的人"时,则表现出了对德行的热情。现代犬儒主义者虽然也同样表现出了"无动于衷"的一面,却已经不再有对于"美"和"善"的坚持,在齐美尔看来,对他们来说,事物之间不存在高低、好坏之分,"在这里不存在价值上更高的差别,并且,一般来说,那些在价值上被高度评价的东西唯一的意义在于其被降低为最低水平的价值"①,他们视价值差异(质的差异)为幻觉,对质的差异漠不关心,并有贬低最高价值(比如人格、美德、信仰等)的倾向。

现代犬儒主义的出现离不开货币的夷平化功能,货币作为一切价值的公分母,可以被用来度量一切事物的价值,价值通过"市场价格"(market price)体现出来,而与自身特质无关。"货币具有一种特别的能力,它能把最高的和最低的价值都同等地化约为一种价值形式并因此而把它们都置于同一水平之上,而不管它们的种类和数量,货币的这种能力为犬儒主义情绪提供了最有效的支持。"②在犬儒主义者看来,凡可购买的商品只有量的区别而没有质的差异,而且,仿佛没有金钱买不到的东西,"荣誉与信用、才智与价值、美与灵魂拯救都可以交

---

① Georg Simmel, *The Philosophy of Money*, Tom Bottomore, David Frisby (trans.), London: Routledge & Kegan, 1990, p. 255.

② Georg Simmel, *The Philosophy of Money*, Tom Bottomore, David Frisby (trans.), London: Routledge & Kegan, 1990, p. 255.

换成金钱"①。既然一切都可以像待售商品一样明码标价、自由买卖，就不存在价值的高低之分，而只有价格"多少"之别，"市场价格"成为唯一的焦点。齐美尔敏锐地指出，资金迅速周转的地方（比如金融领域）恰是滋生犬儒主义的温床，人们越是习惯于金钱的来去匆匆，越倾向于将所遭遇的一切明码标价、商品化，而对其差异"无动于衷"——无论是身体、情感、人格尊严还是名誉地位。夷平的后果必然是贬低了物自身的品质，"把各种物体的差异统统夷平为货币，首先降低了主体兴趣之特殊的高度和性质，进而造成的后果是降低物体本身的品质……即便是最佳的精美绝伦之物，可以用钱买到的特性仍属于一种'难以拒绝的低级东西'"②，在卖淫、金钱婚姻和贿赂这三种与人格（personality）参与货币交易有关的社会现象中，货币量化品格的夷平作用对以"差别"（distinction）③为特质的人格的贬低清楚可见。

齐美尔指出，犬儒主义与享乐主义在价值倾向上持相反的立场：前者以把高级之物贬为低级之物为乐；后者则试图提升一切低级之物的价值，也就是"当享乐主义者的价值衡量曲线向上走，以及较低

---

① Georg Simmel, *The Philosophy of Money*, Tom Bottomore, David Frisby (trans.), London: Routledge & Kegan, 1990, p.256.

② Georg Simmel, *The Philosophy of Money*, Tom Bottomore, David Frisby (trans.), London: Routledge & Kegan, 1990, pp.394-395.

③ 当"货币"以量化、夷平为内核时，"差别"就是与之相对立的概念。齐美尔指出："差别的社会意义是在大多数人当中鹤立鸡群从而分离出来……一方面，差异强调的是积极的排斥，即把互相可以换来换去，把简化成公分母和'行为一致'的做法排除在外。另一方面，差别的本质是一种与他者的关系，它表现出一种相当独特的融会贯通：差异建立在比较之上，却又在根本上拒斥任何的比较。杰出人物正是在此意义上完完全全保留其个性的个体……一方面货币使事物彼此之间丧失了差异与距离，另一方面剥夺了它们拒绝与他者做比对而形成任何关系或任何限定的权利——这两方面恰是决定'差别'独有理念的两个相合的要素"。Georg Simmel, *The Philosophy of Money*, Tom Bottomore, David Frisby (trans.), London: Routledge & Kegan, 1990, pp.391, 395.

水平的价值在努力争取被提升为较高水平的时候,犬儒主义者的价值衡量曲线在向着完全相反的方向移动。唯有当他在理论和实践上都做到了贬低最高价值和视种种价值之差异为幻觉时,他的生活意识才恰如其分地表现出来"①。既然价值取决于主体对客观的需求程度,犬儒主义与享乐主义的不同价值立场也就反映在其行为方式上:对享乐主义者来说,在吃饭喝酒和性爱这些低端的满足中也可以体会到某种更高的价值;在犬儒主义者看来,所谓"高贵"不过是虚假的光环,在一切都可以用金钱来交易的社会,根本没有值得孜孜以求去追求的"高贵"。

如果说在价值问题面前,犬儒主义者和享乐主义者尚还愿意做出高低之判断的话,厌腻者(the blasé)则是对价值差异完全失去兴趣的人,"在他们眼中,生活中的一切都是一样的枯燥无味,都涂着一层灰色,都不值得为之激动不已"②,作为价值虚无主义者,厌腻者感受不到事物的价值,也就没有什么可以打动他们,甚至金钱也激不起他们的欲望。事物的价值取决于主体对它的需求程度,在此意义上,越难获得之物就越有价值,而货币的存在使得获得所欲之物的难度大大降低,尤其当没有什么是用钱买不到的时候,物的价值就都被货币作为一价值的公分母而普遍降低了。面对货币经济的这一影响,犬儒主义者可以坦然接受"金钱可以购买一切""量的区分掩盖了质的差异"的现实,能体验获得金钱所购之物的快感;而厌腻者却对此深表厌恶,因为厌腻者的心里依然存有对"另一种生活"的向往,尽管他不知道这种

---

① Georg Simmel, *The Philosophy of Money*, Tom Bottomore, David Frisby (trans.), London: Routledge & Kegan, 1990, p.255.
② Georg Simmel, *The Philosophy of Money*, Tom Bottomore, David Frisby (trans.), London: Routledge & Kegan, 1990, p.256.

生活究竟意味着什么。

厌腻者做不到如犬儒主义者一般对生活报之以"无动于衷"、随遇而安的态度，而是试图寻找可以弥补自己（抛弃一切价值可能后）的心灵空缺的东西，要获得自己在世间的存在感。对厌腻者来说，唯一可行的方法就是寻求当下的"刺激"。在价值活动中，主体出于自身意志而设定了欲望的对象，对象的价值一定持续到主体通过种种方式占有对象、获得满足感之时；在寻求"刺激"的活动中，主体的意志并不指向某一对象，而只是被动接受外界的影响，即"刺激"。厌腻者放弃对价值的感受，不但意味着放弃评价事物之间价值的差异，而且他也不会为自己设定一个要去追逐的目标，然而，厌腻者又不能满足于因价值感的缺失而带来的空乏感，所以要以特定的方式弥补空缺。不追逐目标的厌腻者摆脱了目的链条的束缚，不以他物为目的，而只满足于对刺激做出反应。如上文所述，齐美尔区分了人的两种行为，即目的性行为和本能性行为，显然，厌腻者对"刺激"的热爱属于后者。厌腻作为一种体验的确将个体从理智、规范主导的秩序中释放出来，使个体与生活的货币风格保持一定的距离，在此意义上，冒险家和赌徒都是一定程度的厌腻者，"忧郁的栖居者"对感官刺激的沉迷亦是其厌腻情绪的表达。然而，由于对"刺激"的感受转瞬即逝，伴随着厌腻者的将是永恒的变动，他只能不断追逐难以名状的"新奇"，正如齐美尔所描述的："由于灵魂的中心缺乏确定的东西，所以驱使我们在一种短暂的满足中追寻常新的刺激、感动和外在的主动性；因此，就这方面而言，我们首先卷入了那种混乱的摇摆不定、不知所措中，这时而表现为大都市中的喧哗嘈杂，时而是酷爱旅行的癖好，时而是对竞争的狂热追逐，时而是不忠实于品格、风格、思想、关系的要求。"①

可以说,同样作为现代生活的重要体验,犬儒主义者身上体现出的是对现代生活风格的默许和"顺应",而厌腻者身上则体现着"逃逸",蕴含着对抗此风格的力量。② 并且,伴随着对货币之夷平功能的觉知及通过金钱购买所欲之物而得到持续满足后的厌倦,犬儒主义者和享乐主义者也会转变为厌腻者。

可见,货币在现代社会扮演着宛若上帝的角色,成为人们争相获取的目标,人们沉醉于货币的神奇魔力,早已忘记了生活的真正目的所在。在货币逻辑主导下,人们或者或少地被贴上贪财、吝啬、奢侈或禁欲苦行的标签,陷入犬儒主义或厌腻的状态,习惯于以经济思维评价人和物,即以市场价格来衡量事物的高贵与低贱,"将整个世界变成一个算术问题"③。货币夷平了物与物、人与人、人与物之间的质的差异;理智和算计品格成全了现代人的精神气质,技术和速度成为现代人的整体诉求;现代个体不但无法在资本时代充分自我表达、自我丰富,而且随时面临着因难敌诱惑、参与货币交易而造成自我贬低的风险。

五、都市体验与"忧郁的栖居者"

齐美尔一生的大部分时间都在繁华的柏林度过,直到56岁才前往

---

① Georg Simmel, *The Philosophy of Money*, Tom Bottomore, David Frisby (trans.), London: Routledge & Kegan, 1990, p.484.
② 王小章曾指出,齐美尔在"顺应"和"反弹逃逸"两个层面上揭示了个体的现代性体验和人格特征。王小章:《齐美尔论现代性体验》,《社会》2003年第4期。
③ 齐奥尔格·西美尔:《时尚的哲学》,费勇等译,花城出版社2017年版,第249页。

德法交界的斯特拉斯堡大学任教。在科塞看来,独特的生活环境为解释齐美尔身上的"大都市味道"提供了线索。① 长期居住在大都市的齐美尔,对都市人的生存处境有着感同身受的理解,在他看来,都市体验是最为典型的现代性生存体验。

在围绕都市体验的讨论中,齐美尔呈现了现代人独特的精神气质,如理智至上、算计、准时、傲慢、矜持、爱自我表现等②,而其中尤需引起注意的是都市人的厌腻态度,"厌世态度首先产生于迅速变化以及反差强烈的神经刺激。大都会中理性的增加起初似乎也是源自于此。对新的地方缺乏理性判断的愚笨的人通常完全不会厌世。无限地追求快乐使人变得腻烦,因为它激起神经长时间地处于最强烈的反应中,以至于到最后对什么都没有了反应。同样,凭借变化万端与错综复杂,各种感觉推动如此暴烈的反应,到处野蛮地撕裂神经,以至于他们最后积蓄的力量都耗费殆尽,而如果继续停留在同样的环境里,他们就没有时间积聚新的力量。这样一来,面对带着合适能量的新事件,就会出现不适应。这构成了厌世的态度,事实上,与在平稳(peaceful and stable)环境里的孩子相比,每个大都会的孩子都会显现出这种厌世态度"③。

齐美尔指出,"城市是厌世态度的真正场所"④。在其中,厌腻态度被视为面对持续的强烈刺激的麻木反应,即上文所述,一方面,厌腻的

---

① 滕尼斯在读齐美尔第一部作品时,给友人写信说:"这本书的观点是敏锐的,但是带有大都市的味道。"参见科塞:《社会学思想名家》,石人译,上海人民出版社2007年版。
② 成伯清:《格奥尔格·西美尔:现代性的诊断》,杭州大学出版社1999年版,第81—90页。
③ 齐奥尔格·西美尔:《时尚的哲学》,费勇等译,花城出版社2017年版,第251—252页。
④ 齐奥尔格·西美尔:《时尚的哲学》,费勇等译,花城出版社2017年版,第253页。

态度来自对货币逻辑主导下无个性的交易（或交往）的厌倦；另一方面，厌腻者习惯并企图在本能的、感官的刺激中获得短暂的愉悦以对抗生活的不确定性，却注定失败。也正是在此意义上，现代都市人成为"忧郁的栖居者"，换言之，厌腻态度构成了现代人"忧郁"的内核。

现代人白天忙于在激烈的竞争中求生存，疲于高强度的精神运作，患得患失的现代人纷纷成为"神经衰弱"者，承受着来自各方面的精神压力，深陷于对未来的焦虑和恐惧中而难以自拔。在夜晚和休息日，从高度紧张的状态中抽身的现代人除了直接的生物刺激之外，无力对其他做出反应，于是，对感官娱乐的沉迷取代了对莎士比亚作品的欣赏。"被日间的繁忙与焦虑折磨得筋疲力尽的神经已不再能对任何刺激物产生反应，除了那些直接的生物性的刺激以外，也即那些当所有较精细的感官都变得迟钝了之后，仍能令器官有所反应的刺激：诸如光亮与闪耀的色彩、轻音乐，最后——也是主要的——是性的感觉。"瓦格纳所坚持的"生活应当是愉悦的而艺术应当是严肃的"的理想早已成为历史，现代人只能够"根据保存能量的原则来自娱"[1]。正如齐美尔所指出的，"一个快乐的人不会去寻求这种欢娱，就像他不会去一瓶酒精或一支注射吗啡的针筒那里寻找慰藉一样"[2]。现代生活在物质极为丰富的表象之下，掩藏着人的精神世界的前所未有的困顿与空乏。

无论是货币经济还是与之相伴的劳动分工的细化，都加剧了都市人的这一精神倾向。

一方面，货币可以被个体在任何时候、以任何方式去追求，它"给现代人的生活提供了持续不断的刺激……给现代生活装上了一个无法停

---

[1] 齐奥尔格·西美尔：《时尚的哲学》，费勇等译，花城出版社2017年版，第157—158页。

[2] 齐奥尔格·西美尔：《时尚的哲学》，费勇等译，花城出版社2017年版，第159页。

转的轮子,使生活这架机器成为一部'永动机',由此就产生了现代生活中常见的骚动不安与狂热不休"[1],无聊、虚无、厌腻感随之产生。齐美尔指出,当货币以中性、冷漠(无差别)的性格剥夺了所有事物的独特价值、个性与品格后,在永不停息的货币之流中,个体就再也感觉不到对象的意义和价值的差别,一切都变得陈旧、平庸、千篇一律,而"腻烦态度的本质在于分辨力的钝化。这倒并非意味着知觉不到对象,而是指知觉不到对象的意义与不同价值,对象本身被毫无实质性地经验,这与白痴与事物之间的关系一样"[2]。

另一方面,货币经济发展伴随着高度的劳动分工,人们被安排在极为专业化的岗位上,对专业之外的事物所知甚少,因此,都市人比自给自足的城镇人更需要彼此的帮助才能满足对生活的需求。这种彼此的需要使都市人不得不与他人频繁地打交道,然而,交往过程完全无须涉及彼此的性情、喜好,而只需"算计"好对方所能提供的商品价值。生活在瞬息万变的环境之中,"提高效率"是每一个都市人对自己的时刻提醒,他们习惯了"随时准备战斗"的紧张状态。如果他们以积极的心态去应对,就势必会因向其面对的每一个人投入真实的情绪而把自己折腾得疲惫不堪,都市人往往为求"自我保全"而不得不以消极的心态去面对需要与之发生关系的人(不论这种需要是经济的、政治的还是其他的),齐美尔称此为"矜持"(reserve),以这种自我克制面对生活的结果,就是都市人甚至不认识已隔邻而居多年的人。与这种表面矜持相对应的往往是内在轻微的憎恨、相互的陌生和厌恶。[3]

---

[1] 齐美尔:《金钱、性别、现代生活风格》,刘小枫编,顾仁明译,学林出版社2000年版,第12页。
[2] 齐奥尔格·西美尔:《时尚的哲学》,费勇等译,花城出版社2017年版,第252页。
[3] 齐奥尔格·西美尔:《时尚的哲学》,费勇等译,花城出版社2017年版,第254页。

可见，当日常交往中离不开持续的数学运算，疲于算计、心生厌倦的都市人为了缓解由频繁商品交易和人际交往带来的紧张，一方面，以追求感官刺激的方式沉沦于世，成为齐美尔笔下的"忧郁的栖居者"；另一方面，出于自我保全的考虑而在冷漠中与世界保持一定距离[1]，即"神经在拒绝对刺激物做出反应中发现了适应都市生活的最后可能性"[2]，在此意义上，都市人又是潜在的"陌生人"。无论是在乐极生厌的态度还是自我克制的矜持中，都隐含着都市人的生存策略：一方面识破经由货币交易而搭建的手段—目的链条在达到"真正"满足上的"无能"进而试图摆脱目的链的束缚；另一方面在一切质性都被货币通过量的功能逻辑夷平后，在交往世界的自我退隐是个性自我保全的必要选择，尽管其中或多或少含有恨意（敌意）。也正是通过这两种策略，齐美尔看到了现代人身上所蕴藏的对抗货币逻辑的可能——分别呈现于冒险体验与陌生体验中。

在齐美尔看来，冒险的最一般形式是从生活的连续性中突然消失或离去，在其中，个体脱离了日常生活主导的链条和逻辑。[3] 冒险者在冒险活动中只欲展现自身的生命力而不将活动指向任何外在的目的，并以此获得内在的解放和自由。在此意义上，齐美尔认为，赌博、旅行和恋爱都是冒险体验：赌徒看重的是赌博本身的魅力，是在欢乐与绝

---

[1] 保持距离虽然是现代人保护心灵不受频繁情绪刺激损伤的必要策略，却也将现代人抛入"漂泊"的感受之中。一方面，由于金钱、技术仅仅是指向目标的手段，对它们的追逐不可能满足现代人对"确定性"的要求，人们必会在停止追逐的每个瞬间感受到无尽的空虚；另一方面，在与人的交往中由理智上设置的主观距离的存在，现代人也无法获得心灵的满足感，无处安放的情怀转变为对精神家园的"乡愁"。

[2] 齐奥尔格·西美尔：《时尚的哲学》，费勇等译，花城出版社2017年版，第253页。

[3] Georg Simmel, "The Adventurer", in *On Individuality and Social Forms: Selected Writings*, Donald N. Levine (ed.), Chicago: University of Chicago Press, 1971.

望之间摇摆的狂野感觉,而非赢钱;旅行者看重的是单纯的旅途愉悦和自我陌生化后的快感,而非究竟途经了多少城市,领略了多少风景;爱人者往往更看重的是电石火光般的激情的迸发,而非相许终身的情感依恋。即冒险者通过冒险的形式来体味个性的完整,在偶然事件中获得自我的满足感与存在感。

齐美尔如此描述陌生人:"陌生人不是今天来明天去的流浪者(wanderer),而是今天到来并且明天留下来的人,或者可以称为潜在的流浪者,即尽管没有再走,但尚未完全忘却来去的自由。"①首先,群体与陌生人之间的关系并不是具体的,而是抽象的、一般意义上的,即陌生人对于既定群体来说既是近的(陌生人与群体发生互动)又是远的(陌生人与群体的互动纯属偶然)。其次,陌生人具有独特的客观性,因为陌生人的流动性使其不受群体特定渊源和偏袒倾向的束缚,而陌生人也因此更容易得到特殊的信任,但这种信任与情感无关。

可见,"陌生人"的特质就在于既近又远以及理智的发达,陌生感也就意味着距离感。当波德莱尔指出,"浪荡子"(游手好闲者)是现代人的形象时,可以在他所推崇的"浪荡子"画家居伊的身上看到典型的陌生体验:一方面,他在人群之中,"他投入人群,去寻找一个陌生人,那陌生人的模样一瞥之下便迷住了他。好奇心变成了一种命中注定的、不可抗拒的激情……如同天空之于鸟,水之于鱼,人群是他的领域,他的激情和他的事业,就是和群众结为一体"②;另一方面,他又在人群之外,"他离家外出,却总感到是在自己家里;看看世界,身居世界的中心,

---

① Georg Simmel, "The Stranger," in *On Individuality and Social Forms: Selected Writings*, Donald N. Levine (ed.), Chicago: University of Chicago Press, 1971, p.143.
② 波德莱尔:《1846年的沙龙:波德莱尔美学论文选》,郭宏安译,广西师范大学出版社2002年版,第420—421页。

却又为世界所不知,这是这些独立、热情、不偏不倚的人的几桩小小的快乐,语言只能笨拙地确定其特点"①。正如本雅明所指出的,"浪荡子"对人群保存着矛盾的心理,他不能跟他们融为一体,却又必须跟他们保持必要的共谋,"他如此之深地卷入他们中间,却只为了在轻蔑一瞥里把他们湮没在忘却中"②。居伊与人群保持距离是为了更好地观察和对抗日益片面化的现代生活,在此意义上,波德莱尔视他为现代主义的英雄,即在陌生体验中,现代个体通过与日常生活保持距离而摆脱货币逻辑的浸染,得以冷静地旁观和反思,从而走上保全个性的救赎之路。

在对世界具有或多或少的敌意的意义上,厌腻者身上蕴含着反抗的力量,他们在精神困顿中识破了由货币逻辑所主导的价值世界的虚假,进而在追求刺激的冒险体验和自我疏离的陌生体验中尝试找回迷失的自我。③

六、进一步的讨论:货币的角色

透过货币的视角,我们看到了齐美尔力图呈现的现代生活图景,以

---

① 波德莱尔:《1846年的沙龙:波德莱尔美学论文选》,郭宏安译,广西师范大学出版社2002年版,第422页。
② 本雅明:《发达资本主义时代的抒情诗人》,张旭东等译,生活·读书·新知三联书店1989年版,第143页。
③ 在保持距离是为了更好地"观看"的意义上,"距离"有其审美意涵。如诸多研究者所述,通过"距离",齐美尔阐释了现代个体审美救赎的可能。David Frisby, *Fragments of Modernity: Theories of Modernity in the Work of Simmel, Kracauer and Benjamin*, Cambridge: Polity Press, 1985;杨向荣:《现代性和距离》,社会科学文献出版社2009年版;杨向荣:《文化、现代性与审美救赎:齐美尔与法兰克福学派》,中国社会科学出版社2017年版;赵岚:《西美尔审美现代性思想研究》,社会科学文献出版社2015年版。

及他捕捉到的现代性体验的诸多鲜活片断。但正如《货币哲学》开篇所言明的,他想"从经济性事件的表层衍生出有关所有人类终极价值和意义的一条方针……从生活的任何细节之中寻求生活意义的整体的可能性"①。换言之,通过"货币"齐美尔试图揭示的不仅仅是现代人的生存问题,更是关乎人类终极价值的问题。如何将看似碎片化的现代性体验与人类的总体存在方式产生关联?齐美尔提供了一条经由"货币"的解释路径,这一路径实则是一种文化解读,其背后是齐美尔关于生命的形而上学思考。

(一) 货币:一种文化形式

在前文的讨论中,可以看到货币经济塑造现代性体验的过程,但依然有未被澄清的关键问题:如何理解上文中一再出现的"货币品格""货币风格""货币逻辑"? 正是在对此问题的回应中,暗含着货币作为一种文化形式的理解线索,这也是齐美尔为何将"考察货币的本质"作为《货币哲学》分析卷的主要目的。

齐美尔指出:"风格是一种艺术安排类型,在一定程度上,风格传播了或有助于传播艺术品的印象,同时,风格否定了艺术品的个体本质、个体价值及其意义的独特性。由于风格,个体作品的特性屈从于适用其他作品的形式的一般法则,可以说,个体作品被剥夺了绝对的自主权。"品格(character)与风格(style)最大的区分在于前者强调的是物的特殊性,后者则要传达物的具有内在统一性的一般性。以货币为例,货币品格强调的是符号货币的独特个性(既可以指它的量化特征,也

---

① Georg Simmel, *The Philosophy of Money*, Tom Bottomore, David Frisby (trans.), London: Routledge & Kegan, 1990, pp.55-56.

可以指它的手段特征),货币风格强调的则是表达"货币印象"(是对货币所有特征的抽象提纯);货币品格是货币风格的内容,而货币风格是货币品格的形式,或者说,货币风格来自对货币品格的超越和升华。

在货币经济背景下,货币品格与货币风格的关系表现为:现代人的生活因与货币存在着紧密关联而具有了一种货币风格,这种风格具体表现为个体的行为和体验无处不表现着货币的品格。如此一来,呈现现代生活(风格)的最好方式就是从生活百态中发现无处不在的货币(品格)的影响,因为,"货币属于这样一些力量,其特性在于压根没有特性,但仍旧给生活染上了五颜六色的色泽,因为这些力量纯粹形式上的、功能上的、量上的规定性对抗的是由质规定的生活内容和方向,并诱使它们产生质的意义上的新的构成形态"①。

在齐美尔看来,风格作为客观化的文化形式,有其内在的统一体和自成一体的逻辑。就货币风格而言,其内在逻辑即货币逻辑。货币逻辑一旦生成,就要对主体的生活产生影响,这表现在两个方面:一方面,人们在频繁使用货币购买东西的过程中,由于自身所具有"强化手段"的倾向,渐渐放大了货币的作用,仿佛货币不再是用来交易的工具,而成为交易目的本身,即货币从纯粹的手段变成目的本身;另一方面,货币作为一般等价物被用来交换时,由于自身的量化特征,使得人们产生两种错觉,一来,仿佛凡可购买的商品只具有量的差别而没有质的差异,二来,仿佛没有货币买不到的东西。如此一来,在货币交易中,不但商品的质的差别为货币所夷平,而且,原本极具个性色彩的东西会在与货币交易扯上关系后而贬低自身的特质,如人格在卖淫和贿

---

① Georg Simmel, *The Philosophy of Money*, Tom Bottomore, David Frisby (trans.), London: Routledge & Kegan, 1990, p.470.

赂活动中被贬低。这两方面的影响都是由于货币逻辑主导日常生活而产生,并都构成了对原本丰富自足的个体性的挑战,当货币在此意义上对生活的影响越来越大时,生活就具有一种特定的风格——货币风格。

齐美尔赋予风格以精神内涵,作为一种客观化的结果,风格是主观精神(mind)与客观精神互动的体现,"如果风格的意义就在于它能够以同样的形式表达内容出现的任何方式的多样性,客观的精神和主观的精神之间的关系,就其数量、高度和发展步调而言哪怕是用来表达文化精神中非常不同的内容,也仍然可能是一样的……一般的生活方式受到下述这样一些问题的限制:个体是否知道,他的内心究竟贴近他所处时代的客观文化运动,还是疏离了这一运动？个体觉得这种运动凌驾于他,还是他觉得自己的个人价值超过了所有的物化精神？……这些抽象的表达,仍然描绘出每天每夜和一生的无数个具体兴趣和情绪的图像,因此也描绘出客观的和主观的文化之间的关系,在多大程度上决定了存在的风格"[1]。

在对三者关系的澄清中,可以看到,在货币何以能够塑造现代性体验、影响现代生活的问题上,齐美尔所提供的是一种文化解读,他所关心的"货币"是有其精神特质的形式货币,即一种货币文化。这一文化一经形成,就以其自成一类的逻辑影响着人们的生活。

(二) 占有与"迷失"

由前所述,在货币经济的浸染之下,现代人逐渐迷失个性并处于

---

[1] Georg Simmel, *The Philosophy of Money*, Tom Bottomore, David Frisby (trans.), London: Routledge & Kegan, 1990, p.467.

"厌腻"的精神困顿之中。然而,货币对现代生活的影响并非如此单一,事实上,货币在解放与限制现代个体方面同时起着必不可少的作用,这就是货币的两面性。在齐美尔看来,货币对现代生活的影响从两个方向展开,而这两个方向同时也是文化发展的方向:"现代文化之流向两个截然相反的方向奔涌:一方面,通过在同样条件下将最遥不可及的事物联系在一起,趋向于夷平、平均化,产生包容性越来越广泛的社会阶层;另一方面,却趋向于强调最具个体性的东西,趋向于人的独立性和他们发展的自主性。货币经济同时支撑两个不同的方向,它一方面使一种非常一般性的、到处都同等有效的利益媒介、联系媒介和理解手段成为可能,另一方面又能够为个性留有最大限度的余地,使个体化和自由成为可能。"①货币经济一方面推动了个体的平等与自由,另一方面又将个体性淹没于夷平化趋向及空洞的自由之中。关于货币对于个体性的夷平化功能,上文已详尽讨论,但货币在何种意义上成就和限制了现代个体的自由?

在齐美尔看来,在占有活动(占有并非静态而是一个过程)中才能看清由货币所构建的现代"自由"之逻辑,"自由就是在对事物的占有中清楚地形成自我"②。主体通过对物的占有使自己的生活因分享了物的特性而具有了独特"风格",例如,占有土地的封建领主的生活与土地资源的开发息息相关,他住在自己的城堡里,吃着领地生产的食物,管理着雇农并对他们的生活提供安全保证。由事物的自然属性为主体的自由划定的界限具有积极的意义,在与占有物的互动中,主体

---

① Georg Simmel, "Money in Modern Culture", in *Simmel on Culture: Selected Writings*, David Frisby, Mike Featherstone (eds.), California: Sage Publications, 1997, p.247.
② Georg Simmel, *The Philosophy of Money*, Tom Bottomore, David Frisby (trans.), London: Routledge & Kegan, 1990, p.321.

找到了生活的内容和意义。然而,当货币出现并取代"物"的位置而成为人们占有的对象时,情况就发生了很大的变化。一方面,占有货币似乎比占有实物更能够体现个体自由:货币由于自身的无特性而无法给予主体的占有活动一定的限制,它无条件地"归顺"主体的要求,"货币对我们意味着比其他随便哪种财产更多的东西,因为它毫无保留地遵从我们……我们有钱就比占有其他任何财物都拥有更多"①,而主体的欲望也在占有货币的过程中不断地扩张和获得满足——这明显地体现在贪财和吝啬者身上。另一方面,对主体而言,占有货币也似乎比占有实物更缺少自由:货币无条件的"归顺"使主体无法再从它身上"榨取"更多的东西,在"只有当一个客体给我们的自由设立了一个界线,它才能给自由留有空间"②的意义上,货币在设立界线上的"无能"使其无法给予主体获得自由的感受,因此齐美尔指出,"货币对我们也意味着比其他财产更少的东西,因为它匮乏任何超过财产的纯粹形式的、可以被占为己的内容……我们有钱就比占有其他任何财物拥有得更少"③,在占有货币的过程中,主体无法像占有实物那样获得踏实的满足感。简言之,由于无法在占有货币的过程中"形成自我",在这一占有活动中所释放出的自由是空洞的,因为缺少其对立面(束缚)的自由不是真正的自由。

现代社会的人与人之间的关系以货币为纽带,货币成为个体在社会关系网络中的润滑剂,为个体扩展交往和生存空间创造了便利,虽

---

① Georg Simmel, *The Philosophy of Money*, Tom Bottomore, David Frisby (trans.), London: Routledge & Kegan, 1990, p.325.
② Georg Simmel, *The Philosophy of Money*, Tom Bottomore, David Frisby (trans.), London: Routledge & Kegan, 1990, p.325.
③ Georg Simmel, *The Philosophy of Money*, Tom Bottomore, David Frisby (trans.), London: Routledge & Kegan, 1990, p.325.

然现代人"比原始人——他们可以在非常狭小孤立的人群中过生活——更多地倚赖社会的整体,但我们却特别地不依靠社会的任何一个确定的成员,因为他对于我们的意义已经被转化成其劳动成就的单方面的客观性,这一成就可以轻而易举地由个性截然不同的其他任何一个人完成,我们与他们的联系不过就是完全以金钱表现的兴趣"①。然而,虽然货币把个体从各种各样主观、确定的关系中解脱出来,却也同时取缔了原先由特定的人和特定的物通过"占有"关系而提供给个体的内容,又由于个体无法从占有无特性、形式化的货币中获取丰富自身个性的内容,就使得表面上获得了自由的个体实际上比以往任何时候都感到"空虚"——这一空虚也离不开货币对个体欲望的千依百顺,即如上文所述,通过占有货币所获得的"自由"只有空洞的形式,缺少可以丰富个体的内容。

占有活动以主体与其欲望对象的分离为起点,并以主体对欲望对象的享用为终点,因此,占有活动必然是一种目的性活动。我们在上文的分析中已经指出,在货币介入目的链条时,"……→A→B→C→……→D"就简化为"……→货币→……→D",如果认可这一目的性活动,个体出于为实现最终目标而"集中注意力"的考虑,会将货币这一纯粹的手段当作目的,纯粹的占有和消费货币成为第一位诉求,在此过程中,主体在并不能占有 D 的意义上无法获得满足,仿佛是由于货币的介入而使得目的很难达成。但事实上,在对目的链的反思中,柏拉图早已指出,作为终极目的的 D("第一朋友")可能并不是完满之好,而是"中性"的,即这一链条本身有可能导向价值的消减。在(A)至

---

① Georg Simmel, *The Philosophy of Money*, Tom Bottomore, David Frisby (trans.), London: Routledge & Kegan, 1990, p.298.

善之准备性追求→(B)热切追求至善→(C)追到至善→(D)生活在至善中,日常对幸福的追寻往往停留在 A 阶段,比如追求物质丰裕、健康长寿、"猎艳"成功等,但只是为了克服"危机"(匮乏)而把中性的手段当目的,把对追求幸福的准备当作幸福,在这一阶段的停留即是表现为异化;哲人所选择的至善会在 B 或 C 阶段,但由于达至 C 往往意味着不苦不乐的平静,所以对哲人来说,B 才是能感知的幸福,在此意义上,这个世界上通常被认为是终极之好的最高价值其实没什么价值,可以说大多是价值中性的。[①] 正如齐美尔所认为的那样,终极目的(如"幸福")往往"只是一种功能或要求",人们所期望的占有 D 的意义上的快乐实则是难以企及的匮乏之痛消失后的平静。在柏拉图的论述中,可以看到,人在占有逻辑主导的目的链上的"迷失"(异化)是由目的链固有矛盾所致,货币、权力、美色等手段的介入都会使这一"迷失"显现,却并非其源头,齐美尔选取的货币视角只是诸多解释"迷失"路径的一条,并不意味着货币为其"原罪"。弗洛姆[②]敏锐地指出上述重"占有"的生存方式是现代危机之源,唯有走向重"存在"的生存方式才能达至"真实"的生活。齐美尔笔下的冒险家恰在是厌弃占有逻辑的意义上得以展示真实的自我。

(三) 货币、现代生活与生命

回到最初的问题,经由碎片性体验来把握人类总体生存方式之所以成为可能有其认识论基础。和叔本华的看法相似,齐美尔也认为人的经验和认识所及的整个世界都是相对于主体而存在的现象世界,并

---

① 包利民、张波波:《柏拉图的"第一朋友"——试析古典目的论的自我质疑》,《哲学研究》2013 年第 10 期。
② 埃里希·弗洛姆:《占有还是存在》,李穆等译,世界图书出版公司 2015 年版。

且,在对生命与形式之关系的讨论中,齐美尔指出,对世界的每一次认知都只是截取生命表象的一个片断:"世界"在被"观看"的过程中呈现自身,而"观看就意味着删除",看到的是世界的特定面向而不是世界内容(生命内容)的全部,即"我们直观世界的材料并非那种真正存在的材料,而是在去除无数可能的成分之后剩下的残余——但该残余却以非常积极的方式决定着整体的结构、联系和统一体的形成"[1],也就是说,通过被"观看",生命转向了有自身法则的自成一体的"理念"成为认知的对象,这一对象被我们笼统地称为"世界",而通过"世界"所呈现出的只是符合特定法则的生命内容的一部分而绝非生命的全部。这就像艺术家在画布上所呈现的图画是经过艺术家特定视角"删除"后而得到的印象,远不包含对象的所有要素。在此意义上,在齐美尔那里,认知所体现的就是认知主体的视角印象,印象表现的是生命内容的片断,却承担着生命主体赋予客体世界的完整意义,这就如同画家可以通过图画来传达他的整体生命感受一样。换言之,当我们通过不同的视角"看"作为生命整体之表象的"生活世界"时,虽然看到的只是也只能是生活世界的不同面向,即生命的片断,然而,在每一个片断中都蕴含着洞悉生命整体与生活世界之关联的奥秘,即关乎人类生存整体问题的奥秘。这一"奥秘"恰可以通过货币的出场而呈现。

基于上述认识论的前提,齐美尔对"透过货币的视角可以解析关乎人类生存终极意义的问题"有充足的自信。由货币视角所提供的是一条文化解释路径,这一路径也必然与其生命哲学汇合。货币对于现代生活的影响从根本上是以货币的特性符合现代文化趋势为背景,货币

---

[1] Georg Simmel, *The View of Life: Four Metaphysical Essays with Journal Aphorisms*, John. A. Y. Andrews, Donald N. Levine (trans.), Chicago: University of Chicago Press, 2010, p.42.

现象在一定程度上是现代文化的表征。现代文化危机重重,体现为主观文化(subjective culture)与客观文化(objective culture)没有协调发展①,二者的关系表现出冲突形态,尤其表现为相比于主观文化,客观文化具有压倒性优势。在货币文化是文化客观化的表征的意义上,货币经济加重了现代文化危机:"物质文化之所以成为一种凌驾于个体文化之上的优势力量,是因为物质文化在现代成长为一种统一体,获得了一种自足性。现代生产,连同其技术和成果,似乎是一个确定的、按其自身逻辑决定和发展的宇宙,它与个体照面的方式就如同命运和我们那不安分、不规则的意志相对。这种形式上的自主性,这种将文化内容统一成对自然关系镜子般的强制性,只有通过货币才能实现。"②进一步追问可以看到,以文化冲突为表象的现代文化危机根源于文化自身的生成机制,并且,推动文化生成的正是生命的内在紧张:一方面,生命需要借助具有自身法则的形式以表达自身;另一方面,生命力的表达又意味着生命要不断地超越既定形式。换言之,文化冲突的根源在于生命与形式之间的永恒对抗。在此意义上,主观文化与客观文化之间的对张永远不可能被消解,这就是文化的"悲剧性"命运所在,这也意味着"永恒的紧张"是人类的终极生存处境。③ 经由货币视角所显现出的以现代性体验为表征的现代生存困境,即人类"永恒的紧张"命运的现代形态。

---

① 在齐美尔那里,客观文化与主观文化的区分还可以表达为物质文化(material culture)与个体文化(individual culture)的区别。Georg Simmel, *The Philosophy of Money*, Tom Bottomore, David Frisby (trans.), London: Routledge & Kegan, 1990, p.448.
② Georg Simmel, *The Philosophy of Money*, Tom Bottomore, David Frisby (trans.), London: Routledge & Kegan, 1990, p.469.
③ 对于货币→现代生活→生命思想的演变,限于主题及篇幅,本文只提供解释线索,不做具体展开。

正是在上述背景中,才能看到齐美尔从对时代问题之货币诊断出发的真实意图,并由此反对将其思想撕裂为不同的片断的学界惯常做法。① 事实上,与同时代的其他思想家一样,齐美尔的思想有其内在的整体性和清晰的演进路径,把握这一整体性及其演进路径最好的方式是进入他思想的内核,"货币"正是可以贯穿始终的线索之一。

---

① 齐美尔最为人所诟病的是其"碎片化"的思考,其小品文式的写作风格使其思考往往如散落在各处的珠子一般需要被收集和整理。而又因为他兴趣极为广泛,在诸多领域都有涉猎,这对习惯了单一学科视角的专业人士从整体上把握其思想构成了障碍,齐美尔也由此被贴上诸多标签,其中以"社会学家""美学家""文化哲学家""生命哲学家"为代表。

分 异

Mauss vs. Durkheim vs. Simmel:
A Controversy Revisited

Erwan Dianteill
(University of Paris)

1. Introduction

Contrary to Max Weber, Georg Simmel was translated and commented on early in France. He first published in French a programmatic text entitled "The problem of sociology" in the famous *Revue de métaphysique et de morale* in 1894. [1] His prestige is such in the late nineteenth century that Durkheim published Simmel's article "How social forms are maintained?" in the first volume of *L'Année sociologique* in 1897. [2] This text, which develops a point of view already stated in 1894, illustrates the method of formal sociology, opposed to the idea that this new science must deal with "everything that happens in society" or with anything " which is not physical". On the contrary, Simmel asserts that the field of sociology does not reside in the *matter* of collective life, but in its *forms*. These forms are not

---

[1] Georg Simmel, *Sociologie et épistémologie*, Paris: PUF, 1981, pp. 163-170.
[2] Georg Simmel, *Sociologie et épistémologie*, Paris: PUF, 1981, pp. 171-206.

the goals which preside over the association of men, and which may be religious, economic, political, for example. It is necessary to disregard the interests and the objects which preside over the existence of such or such association, the sociologist must focus only in "figures" or "structures", regardless of content. The same social form can be found in different activities (eg "domination and subordination", "the formation of hierarchies", "the division of labor", "competition"), independently of the aims pursued by humans, and it is precisely by comparing very distinct social activities that the sociologist will make appear a common form of association (for example "the party" can be a political, a religious or an artistic association). It is easy to understand what brought Durkheim and Simmel closer together. Both strive to root out sociology from the influence of other constituted sciences (like political economy or philosophy, for example) but also from ordinary discourse on all social problems.

In addition, the text of Simmel published in *L'Année Sociologique* touched on a question that Durkheim had already addressed, namely the reproduction of society in time. This is the central theme of Durkheim's first book, *The Division of Social Work*, published in 1893: it is through the division of social work that organic solidarity develops, that a set of individuals can durably live together, and maintain their relationship from generation to generation. Indeed, Simmel specifically mentions the division of labor as one of the forms that sociology must study. In addition, Simmel considers that society is a "sui generis unit", a Durkheimian expression derived from his book the *Rules of the sociological method*, distinct from its individual elements; society is an "autonomous reality", an "impersonal being" : all of this is expressed in a very Durkheimian way. Simmel is in no way in contradiction with the French sociologist in this article, in which he shows how social continuity is constructed by coexistence of humans on the same territory, by the transmission of customs by filiation, by the neutralization of the peculiarities of the individuals who must be interchangeable. Thus, writes Simmel, the king is not king as an individual, but as a bearer of an impersonal principle of government. In other words, the monarchy does not die with the king, because another individual takes over the responsibility to be king. The prince becomes a king. In a similar way, the assets of an association are passed on to new members. Part of the association can be specialized and better contribute to its goals : those people are the "association professionals". This is the case of professional politicians in a party, or clerics in a church. All societies combine rigidity and plasticity to survive external and internal constrains: Simmel gives many examples of this combination. In this respect, Simmel's ideas are very compatible, and even convergent, with the nascent French sociology. Nevertheless, a break up between Simmel and Durkheim occurred. For what reasons?

These reasons have been very well elucidated by Christian Papilloud. [1]If Durkheim, at the time of the foundation of his journal, needed international support, the success of his journal led him to tighten the *internal* links of his team to define more rigorously his conception of sociology. This also

---

[1] Christian Papilloud, "Simmel, Durkheim et Mauss", *Revue du MAUSS*, Vol. 20, No. 2 (2002), pp. 300-327.

results in a form of exclusion of other ways of doing sociology, even if they were basically close to his: Simmel is a victim of this dogmatism. The break is irretrievable in 1900, when Durkheim publishes in Italy an article against formal sociology ("Sociology and its scientific field"). The French sociologist criticizes Simmel not for his abstraction, Durkheim considers it always necessary in science, but for the metaphysical tendency that penetrates Simmel's writings. According to Durkheim, by studying only forms, Simmel compares facts arbitrarily, and worse, he knows them only vaguely and imprecisely. For Durkheim, abstraction should not lead to the neglect of empirical data, because of a lack of knowledge of the particular sciences. Unfortunately, this is the main flaw of the German sociologist. Finally, the results of Simmel's formal sociology are nothing more than "simple philosophical variations on certain aspects of social life, chosen more or less randomly, according to individual tendencies."[①] It is true that Simmel does not apply strictly academic norms: he does not mention his sources, whether historical or ethnological. This result gives an impression of "essayism", that is to say of a lack of rigor in empirical evidence. Indeed, it is hard to see how formal sociology could do without empirical anchoring: if the factual material is not controlled, how will the sociologist proceed to the abstraction from content and make appear the form? Indeed, it often seems, when one is reading Simmel, that ideas take precedence over facts, the latter being appropriately chosen for the purpose of

---

[①] Christian Papilloud, "Simmel, Durkheim et Mauss", *Revue du MAUSS*, Vol. 20, No. 2 (2002), pp. 300-327.

demonstration, and interpreted as mere illustrations. We must acknowledge that the Durkheimian critique of Simmel is methodologically accurate; the sociology of forms is too easily freed from concrete contents and unfortunately gives vent to speculation. Yet, this criticism does not undermine the validity of Simmel's entire sociology, even if one can criticize his method. Although perhaps less scientific than Durkheim's, Simmel's sociology formulates intuitions that may be more accurate and more current than those of Durkheim. Their conception of solidarity and conflict is a good illustration: this will be my first point. In a second time, I will try to bring closer Simmel to Mauss; the latter, while being a prominent Durkheimian, explores themes which are in affinity with the sociology of the German sociologist. The divergence between Simmel and Durkheim paradoxically led to a certain convergence between Mauss and Simmel in a second time.

2. Simmel and Durkheim: Solidarity or Conflict?

There is a fundamental difference, as we have seen above, between Durkheim and Simmel from the point of view of the relation to facts and sources. Durkheim requires an anchorage of sociology in the observable reality that Simmel disregards often, in favor of an analysis of forms only. If Durkheim is right in this respect, it remains that the propositions of the two sociologists can be discussed on another level, more clearly theoretical. It may well be argued that even if Simmel does not engage in the empirical verification procedure of his speech, what he writes about social reality is sometimes more accurate than the Durkheimian approach.

Thus, the concept of solidarity is at the heart of Durkheim's theoretical construction. Its source lies in the work cited above, and continues in different forms throughout his work. Durkheim is above all the theorist of the integration of the social body; he systematically tries to study the factors that ensure social unity and those that are the causes of its disintegration. This idea is developed in his classic book *Suicide*. [1]The expansion of the individual freedom, typical of modernity, that is to say the weakening of the rules that bind the individual to society, far from being a good thing, leads to the disruption of individual desires, which are no longer defined or limited: it is this *anomie* which causes a rise of suicide. Similarly, industrialization and urban life lead to a reduction of family and religious ties between individuals, which are strong links in pre-industrial agrarian societies. This isolation also leads to a rise of voluntary deaths, but this time by lack of socialization. This is the *egoist* suicide (and not anomic) in the Durkheimian vocabulary. The deregulation of norms and the lack of socialization are therefore the main factors of a lack of social integration, that is, of solidarity. All factors that contribute to the disintegration of the collective totality are noxious to society *and* to the individuals; the prevalence of the parts in relation to the whole is a pathology that must be fought. The individual must in no way break social ties or free himself from the rules of social life. This weakens not only society, but leads the individual to his/her doom, because the nature of man is to live in society and to see his animal impulses regulated by the community. If this is not the case, the individual goes out of his way and isolates himself, and ends up suppressing

---

[1] Émile Durkheim, *Le suicide: étude de sociologie*, Paris: PUF, 2013.

himself, because he went against his own nature. The class struggle between the bourgeoisie and the proletariat also illustrates these disturbances at a higher collective level. In capitalist societies, instead of being harmonious, the division of labor is forced, the workers do not accept their fate, there is no consensus because the product of the work is unjustly distributed. Those are the "internal wars", typical of the industrial production mode. What counts for Durkheim is to guarantee cooperation between institutions and between the individual and society. Whatever the level, the *conflict* between individuals or between social classes is a danger for the maintenance of society over time.

Let's take a significant example, as it is addressed by Durkheim and Simmel, and reveals their deep sociological orientation. It's about relationships between men and women. Durkheim approaches them studying what he calls "conjugal society". "It is because the man and the woman are different from each other that they seek each other passionately", he writes. ①The division of sexual work, which may be limited to sexuality, or may include broader areas of social life, makes men and women *solidary*. In this perspective, man and woman are only "different parts of the same concrete being that they rebuild by being united". ② It is therefore understandable why divorce by mutual consent is socially bad, it disconnects the couple, so it undermines one of the foundations of social unity that rests on the family. Durkheim's point of view is systematic. All that

---

① Émile Durkheim, *De la division du travail social*, Paris: PUF, 1986, p. 19.
② Émile Durkheim, *De la division du travail social*, Paris: PUF, 1986, p. 19.

separates is dangerous, all that unites is socially beneficial.

Simmel, as we have seen above, is just as preoccupied as Durkheim by the maintenance of society over time: some forms allow collectivity to go on. But Simmel does not conceive conflict as an obstacle to this perseverance of the social being. Conflict is a reciprocal action, and therefore, it is a kind of socialization. Society cannot be animated only by convergent movements, it also knows divergent movements. Hence, social life is not governed only by harmony, and cannot be, it necessarily knows dissension. We can even say that conflict is a creator of unity. This is particularly true in the metropolis, where interindividual relations are not placed under the sign of sympathy, but rather of a slight hostility, of distance, a sort of antipathy. [1]

What does Simmel say about marriage? There are many marriages that are inherently conflictual. They would not exist *without* argument. Simmel writes that in some cases, "a certain measure of disagreement, inner distance and external disputes is organically linked to all that ultimately allows the connection to subsist, and that one can absolutely not dissociate them from the unity of the sociological entity"[2]. The form that this type of marriage takes is intrinsically antagonistic. It is not necessary to lament, but to admit that there are marital unions that *rest* on conflict. Even in less extreme cases, dispute and reconciliation in the household consti-

---

[1] Georg Simmel, *Sociologie: étude sur les formes de la socialisation*, Paris: PUF, 1999, p. 270.

[2] Georg Simmel, *Sociologie: étude sur les formes de la socialisation*, Paris: PUF, 1999, p. 268.

tutes a virtuous and not noxious cycle. The quarrel finally gives the couple a stronger sense of unity and solidarity, if only because it suggests the complete breakdown and misfortune that can befall the couple if the conflict finally produces a final breakdown. So, "it has often been said that friendship and love sometimes need differences, because reconciliation gives them all their meaning and all their strength", writes Simmel. [1]The return to conjugal peace, product of reconciliation, seems to be a kind of model for Simmel for the understanding of more general forms of conflict. Compromise-based, reconciliation does not mean the end of conflict, the opposition is still present in the totality, it can resurface, with new discussions, new struggles and new compromises. This is how society avoids becoming sclerotic, how it remains dynamic and faces its own contradictions.

What distinguishes Durkheim from Simmel is therefore not simply a question of method or even of style: the German thinker is infinitely more sensitive to the complexity of art and affective life than the French. Even if Simmel is not an empiricist, his fundamental conception of society is more accurate than that of Durkheim. The latter is a distant heir of Parmenides, it is the social *being* who is all his object of study. Simmel, on the contrary, is a continuator of Empedocles, whom he implicitly quotes: "In order to have a form, the cosmos needs 'love and hate', attractive forces and repulsive forces, so does society which needs a certain quantitative relationship of harmony and dissonance, of association and of competition, sympa-

---

[1] Georg Simmel, *Sociologie et épistémologie*, Paris: PUF, 1981, p. 204.

thy and antipathy to access a defined figure."[1] Indeed, everything proves that social life is made of conflicts, including in the requirements of its historical continuity.

The school of French sociology is not limited, however, to its founder. Marcel Mauss, his most brilliant student (and nephew), has deeply renewed Durkheim's thought. Is he closer to Simmel than to Durkheim, his uncle and intellectual master?

3. Simmel and Mauss: Epistemic and Thematic Convergences

Christian Papilloud was the first scholar to notice the theoretical proximity between Mauss and Simmel. [2] There is indeed something troubling in the way Simmel defines sociology, and the way Fauconnet and Mauss do it: the resemblance between them is striking.

When writing the article "Sociology" in the French *Grande encyclopédie* in 1900, Fauconnet et Mauss consider that what is social, that is to say what defines societies, groups of humans, appears in "these actions and reactions, in these interactions" between human beings. Indeed, notes Papilloud, this definition is very close to the one given by Simmel in 1894: in his text "Das Problem der sociologie" Simmel writes that Society in its

---

[1] Georg Simmel, *Sociologie: étude sur les formes de la socialisation*, Paris: PUF, 1999, pp. 266-267.

[2] Christian Papilloud, "Simmel, Durkheim et Mauss", *Revue du MAUSS*, Vol. 20, No. 2 (2002), pp. 300-327; Christian Papilloud, *Le don de relation: Georg Simmel, Marcel Mauss*, Paris: Harmattan, 2002; Christian Papilloud, "Trois épreuves de la relation humaine: Georg Simmel et Marcel Mauss, précurseurs de l'interactionnisme critique", *Sociologie et sociétés*, Vol. 36, No. 2 (2004), pp. 55-72.

widest sense is present where many individuals enter into "reciprocal effect". From there, there is only one step to consider that society is composed of individuals who interact, which is not at all the position of Durkheim. For the latter, the individual is an historical and social product, mainly that of the division of social work. There are obviously human beings in the archaic society, but they are not, or little differentiated. For Durkheim, all perform the same tasks, and all think more or less in the same way: collective consciousness dominates particular consciousnesses. In other words, Durkheim's thought is holistic, he is not an interactionist like Simmel.

Mauss, on the other hand, starting from a position strongly influenced by Durkheim at the end of the 19th century, escapes from a reifying conception of society (for Durkheim, society is a suigeneris being, endowed with a specific consciousness, irreducible to individual ideas), and develops a relational theory of society in the 1920'. The *Essay on the Gift* of 1924 explores all the facets of a set of *binding* relations (in this, Mauss is always Durkheimian), which make up a system of obligations: the obligation to give, the obligation to receive, the obligation to give back. Simmel also addressed the issue of exchange in 1907, focusing more than Mauss on the subjective aspects of "obligation". Simmel published indeed that year a "sociological essay" (Soziologischer Versuch) on the notion of "Dankbarkeit" which can be translated as "gratitude".

Papilloud sees a global similarity between Simmel's and Mauss's sociologies, based on three common concepts, namely sacrifice, reciprocity and the duration of social relations. ①Papilloud puts the comparison at a high level of abstraction, which has the effect of making it on the one hand insufficiently specific (all sociologists are concerned about social time, not only Mauss and Simmel) and paradoxically it is also too narrow, because neither the work of Mauss, nor that of Simmel are based exclusively on the concept of sacrifice. On the other hand, some texts—and not their entire work—actually present surprising methodological and thematic convergences. This is the case of the Mauss' *Essay on Gift* and Simmel's *Essay on Gratitude*. In this last text, Simmel analyzes an affect considered as the "subjective residue of the act of giving and receiving". Gratitude is a complement to the reciprocal action of contributions and rewards, guaranteed by law. It is not gratitude that guarantees exchange, but it ties this bond at the subjective level. Exchange in the contemporary economy is "reified": "the relationship between humans has become relationship between objects", he writes. ②Gratitude does not disappear with the fulfillment of the exchange, it is like the "moral memory of humanity". It opens the possibility of new acts of exchange, it allows to prolong the social relation. Gratitude is an "ideal prolongation of a relation even long after its interruption and the completion of the act of giving and receiving". ③It's a purely

---

① Christian Papilloud, "Trois épreuves de la relation humaine: Georg Simmel et Marcel Mauss, précurseurs de l'interactionnisme critique", *Sociologie et sociétés*, Vol. 36, No. 2 (2004), pp. 55-72.

② Georg Simmel, *Sociologie: étude sur les formes de la socialisation*, Paris: PUF, 1999, p. 578.

③ Georg Simmel, *Sociologie: étude sur les formes de la socialisation*, Paris: PUF, 1999, p. 578.

personal affect, it is "lyrical", he writes, but gratitude is also a strong cement of the society because it creates incessant links by its movement of "shuttle" in the exchange. Without gratitude, society would collapse. We need to quote here at length a footnote from Simmel[1], to understand the thematic similarity with Mauss:

"Giving is in itself one of the strongest sociological functions. If society did not give and take permanently—even outside the exchange—there could be no society. Because the gift is not a simple action of one on the other, but precisely what one expects of a sociological function: a reciprocal action. By accepting or refusing the gift, the other has a definite feedback effect on the first actor. The way he accepts, with or without gratitude, whether he has waited for the gift or he is surprised, whether he remains satisfied or not with the gift, whether he feels morally elevated or humiliated by this gift, all this has a very clear effect on the donor, although obviously it cannot be expressed by specific concepts and degrees, and any gift is therefore a reciprocal action between the donor and the recipient."

All of the above, word for word, could have been written by Mauss. But the originality of Simmel lies nevertheless in the fact, according to him, that gratitude survives the counter-gift. For Mauss, the three bonds form a self-sustaining system. The obligation to give back creates an obligation to receive, then to give again, which renews the cycle; affects have little place in this circulation, it is a social constraint suffered and not cho-

---

[1] Georg Simmel, *Sociologie: étude sur les formes de la socialisation*, Paris: PUF, 1999, p. 579.

sen by individuals. For Simmel, gratitude allows a debit to persist even when one has paid off one's debt. This gratitude is a subtle and solid link. In the set of inter-personal relationships, a multitude of opportunities of gratitude are created, which contributes to the creation and maintenance of a "spirit of obligation quite general": "it is a part, writes Simmel[①], of these microscopic, but very solid threads, which bind one element of society to another, and thus, in the end, all the elements to a global life in a stable form."

Is there anything in common between Simmel's "spirit of obligation" and Mauss' "spirit of the given thing"? The spirit of the given thing, that is the "Hau", is a concept that Mauss borrows from the Maori (Translation Ian Cunninson 1966).

"(...) it is clear that in Maori custom this bond created by things is in fact a bond between persons, since the thing itself is a person or pertains to a person. Hence it follows that to give something is to give a part of oneself Secondly, we are led to a better understanding of gift exchange and total prestation, including the potlatch. It follows clearly from what we have seen that in this system of ideas one gives away what is in reality a part of one's nature and substance, while to receive something is to receive a part of someone's spiritual essence. To keep this thing is dangerous, not only because it is illicit to do so, but also because it comes morally, physically and spiritually from a person. Whatever it is, food, possessions, women,

---

[①] Georg Simmel, *Sociologie: étude sur les formes de la socialisation*, Paris: PUF, 1999, p.584.

children or ritual, it retains a magical and religious hold over the recipient. The thing given is not inert. It is alive and often personified, and strives to bring to its original clan and homeland some equivalent to take its place. "

The spirit of the given thing is finally what animates the circuit of exchange in Mauss. Without the belief that things have a soul, there is no return of things (or of an equivalent of the given things) to their point of origin. The circuit does not "work" alone; as with Simmel, the exchange is impregnated in Mauss with a form of spirituality, in the sense that there is a component of belief and affect in exchange. Without this supplement of soul, the exchange can not take place, it is not a mechanical or structural phenomenon or even a strictly economic phenomenon in the sense of the satisfaction of needs. There is no exchange without a spiritual regulation.

4. Conclusion

The sociology of Simmel remains, a century after his death, extremely original and stimulating insofar as it lies between a study of forms *and* a study of social interactions. As a study of forms, it seemed at one time compatible with the principles that Durkheim wanted to give to the new social science. The idea that society transcends and survives individuals is common to both thinkers, leading Durkheim to translate and publish Simmel in France very early. As Durkheim, Simmel considers that sociology studies something else than the other human sciences (political economy, history, philosophy, politics, statistics or demography). And Simmel asserts, like Durkheim, that it is right to describe society as a *sui generis* unity, distinct from its individual elements. [1] On the other hand, Durkheim could not accept the absence of empirical anchoring in the Simmelian method, and we must recognize that Durkheim is right on this point. Simmel hardly respects the fundamental principle of scientific work, namely the grounding of its propositions in verified facts. In addition to this first desagreement, the Simmelian conception of sociology as a study of reciprocal action is not substantivist, a stance that Durkheim could not agree with. The latter considers society as a being in its own right, a being aware of itself; religion is precisely the way of thinking of this collective being. On this issue, Simmel is right, and Durkheim is not. Durkheim considers society as an animated *substance*, whereas it is in fact a set of contradictory relations. Simmel thus recognizes the existence of conflict in collective life, whereas Durkheim considers it as a dangerous pathology for the social "organism". Social life is witout any doubt made of interactions, including conflicts, nothing will ever prevent it. Simmel's sociology nevertheless resonates with that of Mauss, even though the latter is Durkheim's main intellectual heir. Mauss, a great reader of the ethnology of his time, is certainly much more sensitive to cultural diversity and dissensus than Durkheim, leading Mauss to avoid the essentialization of society, to be interested in the exchanges that animates a society, including its agonistic aspects such as the potlatch. He then joins Simmel in the study of social interactions; Mauss' try to the elucidate the three bonds that structure the exchange illustrates perfectly this epistemic displacement compared with

---

[1] Georg Simmel, *Sociologie et épistémologie*, Paris: PUF, 1981, p.173.

Durkheim. Finally, let us add that Mauss and Simmel are not content with studying the economic aspects of exchange: both of them also are interested in its spiritual aspect, since they consider that no exchange is possible if it is not animated by a "state of mind of obligation" (Simmel) or a "spirit of the given thing" (Mauss). Sociology and cultural anthropology must learn the lesson of these early controversies: we should always be attentive to social interactions, particularly to their subjective and immaterial dimensions.

滕尼斯与齐美尔[*]
——社会伦理同文化伦理的分流

张巍卓

（中国人民大学社会与人口学院）

摘　要：作为德国社会学的两位奠基人，滕尼斯和齐美尔奠定了截然相反的两种现代伦理生活格局。伦理世界观的分流源于他们各自对时代处境的体验以及对思想史的独特解释。从近代自然法的角度出发，滕尼斯的社会伦理的核心是重建政治社会的秩序与风尚，一切价值最终都要融入社会；与此相反，齐美尔的社会学思考从一开始就以对社会伦理的批评作为前提，他将超越社会的个体生命视作伦理的目的，对他来说，生命不仅意味着身处社会之中的个体具有饱满个性，而且从自身孕育出客观的、适用于他自己的伦理责任。从帝制时期到魏玛时期，德国社会伦理同文化伦理的分流、交织与合流为我们提供了一条理解德国社会学史的清晰主线。

关键词：滕尼斯　齐美尔　社会伦理　文化伦理　共同体　生命

---

[*] 本文首发于《社会》2019 年第 2 期，有改动。

一、引言

在《从黑格尔到尼采》一书里,卡尔·洛维特用"分裂"一词深刻概括了19世纪德国思想运动的特征。[①] 仔细分析,我们可以从中发现三波渐进的浪潮。第一波浪潮以1830年"七月革命"为标志,它促成老德意志传统、法国大革命以来的德意志"理想主义"(Idealismus)的双重破灭。在工业、资本、民主口号、群众运动这些现实力量面前,德意志各邦的神圣王权和等级制光辉逐渐暗淡,黑格尔和歌德为19世纪初的理想"新市民"打造的整全理念王国与自然王国也迅速坍塌,他们的信徒不堪一击,要么退化成只相信外部物质利益的物质主义者,要么沦落为贩卖个人内在体验的存在主义者,皆同"全人"的理想告别。

就在短短的十余年间,分裂感迅速席卷德意志大地的每个角落。1848年革命刮起了第二波分裂浪潮,这次是民族国家同作为它的"黑暗质料"的社会分离。[②] 德意志民族统一的热情越空前高涨,普鲁士的权势和武功越震撼着整个欧洲大陆,家庭与市民社会就越破败,病态如影子一般与辉煌相随,社会在撕裂,庄园与城市在割离,狭隘的容克地主和大资产者为了眼前利益置民族长远利益于不顾。作为来自底层的回应,无产者的意志也在觉醒和集结,从此走上漫漫的抗争之路。

社会的分裂推动了第三波分裂浪潮——文化或伦理的分裂。19

[①] 卡尔·洛维特:《从黑格尔到尼采》,李秋零译,生活·读书·新知三联书店2006年版,第37—38页。

[②] 马克思:《黑格尔法哲学批判》,中共中央编译局译,人民出版社1963年版,第19页。

世纪初的德意志学人在文化民族同政治民族、普遍主义同民族主义之间艰难统一的努力[1]如今归于瓦解,小到学院派的自然科学与人文科学之争,大到关乎帝国法权秩序的罗马道路与日耳曼道路的对立,直至世界历史图景里的现代进步主义观念与古老神秘主义信仰的冲突、澄明天空和混沌大地的对峙,无一不是分裂的真实表现。

当尼采在炮火隆隆的普法战场看到德国人高歌猛进,内心升腾起的却是对"德意志性"的厌恶感,他已经如先知一样预见到:看似伟大时代的帷幕背后,人不得不去面对生活的整体意义越来越稀薄的命运,不得不站立在虚无的颓废者的深渊当中。暂且不论尼采重返古希腊悲剧精神之道,他在此提出了真正切中时代命脉的问题:在当下的处境中,什么才是具有生命的整体意义的生活?我们又如何去过这样的生活?

正在诞生的德国社会学家群体既深切地体验到了时代的痛点,又志在担当重塑整全人性和伦理的使命。米兹曼[2]紧紧抓住"疏离"(estrangement)这一尼采式的处境,指出社会学家们有意识地游离于帝制德国的正统意识形态和学术体制之外;林格尔[3]进一步从建设性的视角出发,指出德国社会学家形成了一个超乎保守和激进态度的"士大夫"团体,他们以科学的眼光正视且应对现代社会条件。无论后来的

---

[1] 沃尔夫·勒佩尼斯:《德国历史中的文化诱惑》,刘春芳、高新华译,译林出版社2010年版,第4—11页;弗里德里希·梅内克:《世界主义与民族国家》,孟钟捷译,上海三联书店2007年版。

[2] Arthur Mitzman, *Sociology and Estrangement: Three Sociologists of Imperial Germany*, New Brunswick and Oxford: Transaction Books, 1973.

[3] Fritz K. Ringer, *The Decline of the German Mandarins: The German Academic Community, 1890-1933*, Cambridge: Harvard University Press, 1969, pp.162-163.

研究如何推进了对这一新科学范式[1]的理解,问题的核心仍然是知识的价值指向或其中的伦理图景。雅斯贝尔斯借着对韦伯思想的解读敏锐地看到,韦伯所代表的德国社会学就其本质而言乃生存哲学,它从认识自我的意义出发,直到用世界文明的视野和容纳百川的胸怀"照亮"整个时代[2],实现自我人格的整全。

要真正理解德国社会学的伦理使命,我们就需要返回奠定其原初格局的两位创始者——滕尼斯和齐美尔的思想世界。有生之年,尽管两人惺惺相惜,共同担负起社会学学科建设的责任,但彼此又不乏火药味十足的批评,从一开始就分道而行。在滕尼斯看来,齐美尔"太都市化"、太分析化而缺少综合的精神[3];在齐美尔的眼中,滕尼斯受社会主义民主信念影响太深,错失了对个体人格的独立的深刻洞见[4]。他们的差异既体现在思想风格(综合/分析;内容/形式)方面,也体现在人格气质(友爱/超逸)方面,不过,最根本的差异莫过于他们以截然相对的方式开辟了两条通向人格整全的道路:滕尼斯认为整全的最终承载者是共同体生活,而齐美尔则要在社会或共同体之上,寻找超越性的文化和生命的价值,认为只有个体才是这一价值的真正担当者。可以

---

[1] 凯斯勒的经典研究曾总结了德国社会学史叙事的几种范式,包括"经典家的历史""学派的历史""观念的历史""科学的历史""氛围的历史"等,聚焦的无非是知识和知识人的活动及其氛围。Dirk Käsler, *Die frühe deutsche Soziologie 1909 bis 1934 und ihre Entstehungsmilieus*, Opladen: Westdeutscher Verlag, 1984, pp.9-31, 120-197.

[2] 卡尔·雅思培:《论韦伯》,鲁燕萍译,桂冠出版社1992年版,第3—6页。

[3] Ferdinand Tönnies, *Briefwechsel 1876-1908*, Herausgegeben von Olaf Klose, E. G. Jacoby, Irma Fischer (eds.), Kiel: Ferdinand Hirt, 1961, p.290; Ferdinand Tönnies, "Simmel as Sociologist", in *Georg Simmel*, Lewis A. Coser (ed.), New Jersey: Prentice-Hall, 1965, pp.50-52.

[4] Georg Simmel, "Der Rezension zu Ferdinand Tönnies, Der Nietzsche-Kultus", in *Der Nietzsche-Kultus: Eine Kritik*, Arno Bammé (hrg.), Wien: Profil Verlag, 2012, p.151.

说，两人的社会学展开了两种相对的伦理方案——社会伦理（soziale Ethik）[①]与文化伦理（kulturelle Ethik）[②]。

社会学并非同传统断裂，而是继承。滕尼斯和齐美尔的对立，首先意味着返回德国理想主义视野的两条脉络：滕尼斯是黑格尔式的，齐美尔是歌德式的；前者追求个体通过教化融入整体，后者则从个性的丰富与提升中抓紧自身的命运之弦。他们将德国文化的命脉传递给社会学这门学科，深刻影响了同时代以及后世的社会学家。在韦伯、特洛尔奇、桑巴特等人那里，我们可以看到社会伦理同文化伦理、整体价值同个体价值的并行与冲突，也能看到他们以各自的方式化解矛盾，扩展人格的理论力量。从帝制时期到魏玛时期，社会伦理同文化伦理的分流、交织与合流构成了德国社会学史的一条清晰主线，由滕尼斯和齐美尔的伦理世界观的比较出发，我们可以把握通达德国社会学的探照灯。

有鉴于此，本文试图将滕尼斯和齐美尔置于彼此对话的背景之中，从明确的文本线索详细展开两人之间的交锋。这场持续彼此终生的交锋经历了三个阶段：在第一个阶段，滕尼斯的《共同体与社会》首先系统地勾勒了他的社会伦理观，而齐美尔随后在《论社会分化》中针锋相对地提出基于个体视角的社会学方法论；在第二个阶段，齐

[①] 我们在这里使用的"社会伦理"中的社会（sozial）一词，有别于专指与共同体相对的"社会"（Gesellschaft）。滕尼斯区别了 sozial 和 Gesellschaft 的用法，前者包含的范围更广泛，指人和人之间一切肯定性的相互联系，囊括了共同体和社会，而后者限定在现代自由个体的理性结合。"社会伦理"即在社会之上的共同体的伦理秩序。

[②] 多少能够证实这一差异的是，尽管滕尼斯在1892年加入了"德国文化伦理学会"，但是他坚持想将学会名称改为"德国社会伦理学会"，而齐美尔则在其文本里多次流露对"社会伦理"的反感，早年的《道德科学导论》攻击的靶子就是康德的伦理学及其必然导致的"社会伦理"的后果。参见乌韦·卡斯滕斯：《滕尼斯传：佛里斯兰人与世界公民》，林荣远译，北京大学出版社2010年版，第139页。

美尔借批评滕尼斯的《尼采崇拜》,明确地指明他同滕尼斯的伦理观的差异;到第三阶段,通过《道德科学导论》一书对社会伦理之形而上学基础的反思,齐美尔逐渐形成了他未来集大成的个体法则和文化伦理的思想。

二、滕尼斯:共同体与"社会伦理"

正像邦德[①]注意到的,滕尼斯和齐美尔奠定社会学基础的过程皆根植于他们的思想史研究,其中不乏相交的知识脉络,包括康德、叔本华、马克思、斯宾塞和尼采等名家的学术遗产,但他们对思想史的解读方向不仅背道而驰,而且最终开辟了各自独特的思想道路。

19 世纪 70 年代末,滕尼斯的学术生涯从霍布斯研究开始,尤其致力于循着自然法学说的脉络,探讨社会规范的基础。这一选择同他对现实政治社会的关注息息相关。经 50 年代到 70 年代初的繁荣过后,经济泡沫和"文化斗争"的失败将新生的帝国暴露在危机面前,面对国内容克地主和垄断资本家的干预以及来自外部经济、宗教和外交等多方面的压力,帝国明确向保守派和封建势力倾斜,从帝国议会到各邦议会掀起了清除自由主义和社会主义政党的运动,其集中表现就是俾斯麦政府在 1878 年颁布的《反社会党人法》,由此导致社会的严重撕裂和阶级间的紧张冲突,客观上宣告"讲坛社会主义"通过帝国调控封

---

① Niall Bond, "Noten zu Tönnies und Simmel", in *Hundert Jahre "Gemeinschaft und Gesellschaft"*, Lars Clausen, Carsten Schlüter (hrg.), Opladen: Leske und Budrich, 1991, p. 338.

建庄园制和城市工厂制政策的失败。①

危若累卵的局势需要新的社会学说来应对。滕尼斯的霍布斯研究根本上源于对帝国政治社会危机的反思。首先,这样一个由君主或政治家个人意志(Willkür)专断的国家是否具备现代政治的合法性? 在他看来,这就需要回溯霍布斯以来的近代自然法学说传统,以此作为判断标准,因为自然法所宣扬的个体天赋自然权利以及政治体源于集体理性创制的原则乃是近代欧洲政治的根本趋势。德国不应当也不能够在政治体制上故步自封,将自己弃绝于欧洲之外。

当然,滕尼斯并非仅着眼于对德国政体做一个粗率的判断,而是充分尊重近百年来国族历史进程中的精神特征。如果诉诸1848年以来的历史,我们看到,这个国家并不缺少公民自由甚至激进革命的一面,它同保守专制的一面共存②,尤其在帝国建立与宪政的制定过程中,自由主义政党扮演着极其重要的角色,市民社会也在公民普选制和日渐完善的福利制度环境里逐渐发育成熟。如果未来要使政治社会不受某个政治家主观任意的操纵,不因一时一势的改变而动摇根基,那么培育坚实的社会团体和作为其政治意志体现的政党就必不可少。

从这一点来说,滕尼斯的眼光又不局限于霍布斯的学说本身,而是充分观照它同欧洲思想史和现实历史共同演进的步伐。一方面,霍布斯自然法的政治服从国家、资产者和社会团体自由经营的思想打开了现代自由主义的大门,此后,这条主线一直贯穿了18世纪的政治经济

---

① 张巍卓:《滕尼斯的"新科学"——1880/1881年手稿及其基本问题》,《社会》2016年第2期。

② Ferdinand Tönnies, *Gemeinschaft und Gesellschaft: Grundbegriffe der reinen Soziologie*, Darmstadt: Wissenschaftliche Buchgesellschaft, 1979, p. XXVI.

学,直至19世纪的功利主义和社会学①;另一方面,思想史的演变同现代政治治理的社会转向交相辉映,18世纪以来,随着经济发展和社会分工的精细化,政治的日常运作愈来愈以国家机体的需要和诸阶级利益的平衡为前提,政党和社会团体立足的民情基础变为政治社会的核心问题,国家财富的合理分配、资产者的道德教养、劳动者生存的物质保障及其劳动教育、公共舆论的调控等,都构成了现代伦理生活的实质内容。因此,滕尼斯②肯定了从霍布斯到孔德、斯宾塞的政治社会的思想脉络,社会理论的要旨在于把握社会的必然历史法则,呈现"好"的伦理图景。

滕尼斯在德国语境里对霍布斯的发现具有非常明确的现实指向。在他的笔下,霍布斯的自然哲学和意志论心理学彰显了现代个体的激情及其战争状态的后果,政治哲学则提供了个体以理性克服激情、制定并遵循国家法律的规范标准。从战争状态到政治状态、从乱到治的转变过程中,滕尼斯并不满足于霍布斯诉诸个体消极的畏死激情以及形式化的自然法规则,受基尔克等日耳曼法学家的启发,他试图将民族的历史传统融入其中,从积极性的一面探索自然法的质料意涵,由此提出的"原始集会"(Ursversammlung)一词被当作德意志版本的社会原型和有待赋予特定内容的伦理空间。③ 自此,"原始集会"成为滕尼

---

① Ferdinand Tönnies, *Thomas Hobbes: Leben und Lehre*, Stuttgart: Friedrich Frommann Verlag, 1975, pp. 267-270; Ferdinand Tönnies, *Gemeinschaft und Gesellschaft: Grundbegriffe der reinen Soziologie*, Darmstadt: Wissenschaftliche Buchgesellschaft, 1979, p.XXVIII.

② Ferdinand Tönnies, *Gemeinschaft und Gesellschaft: Grundbegriffe der reinen Soziologie*, Darmstadt: Wissenschaftliche Buchgesellschaft, 1979, p.XXIX.

③ 张巍卓:《人造社会与伦理社会——滕尼斯对近代自然法学说的解读及其社会理论的奠基》,《社会学研究》2017年第4期。

斯的理论聚焦点。1887年,《共同体与社会》出版。在书里,他一方面通过反思和批判保守主义关于日耳曼民族历史的叙事,重构民族社会史,提出了共同体(Gemeinschaft)的学说;另一方面,他由历史对照当今,用共同体的精神启迪现代"社会伦理",教化塑造新的社会民情。

在滕尼斯的时代,基尔克的"合作社"(Genossenschaft)理论代表了保守主义对德意志历史及其精神的总体呈现。它的实质包含两个方面:第一,从原始的氏族时代以来,日耳曼民族的社会基础始终是家庭,而家庭的基础是父权。随着历史的发展,从氏族之家逐步衍生出的乡村公社、领主庄园、市镇、国家都是父权制组织,日耳曼人之所以是自由的,是因为他们首先在父的支配关系里明白自己是一个天然的连带关系中的一员,他们的自由从来就不是个体的,而是处于连带关系之中的。第二,在日耳曼人的自然性之上,基督教赋予了精神意义,基尔克突出由耶稣的身体象征的"共体"(Universitas)为教会继承,各级教会就像精神的黏合剂,将村庄、城市、政区、民族直到帝国统一起来,同时,每一个环节都像"共体"本身一样是有机体,民族统一体如同穹顶的构造,层层包容着社会诸等级。

1878年帝国转向保守以后,基尔克等日耳曼法学者致力于以合作社纲领修改德国民法典,产生了极其重要的实践效果。滕尼斯十分警惕这一趋势,尽管他赞成保守主义用连带的社会关系批评孤立的个体主义,然而在抽空了虔敬(Pietät)品格的资本世界,无论诉诸父权制还是基督教会都容易蜕化成专制。他非常明确,保守主义的起点是对的,人从其降生的那一刻起就处在家庭之中,然而家庭的开端不应当直接就是父对子的支配,因为支配带着很强的个体间强力关系的色彩,更不应当通过引入基督教的信仰使之神圣化。家庭应当首先回到它的自然发育本身,应当进一步追溯到人在母体之中作为胚胎的关联,在"你我不分"的依恋关系里体会被给予的爱(Gefallen)。

滕尼斯的这个判断并非来自抽象的推理,而是同对民族历史起点的判断一脉相承。他深受当时巴霍芬的母权论影响。在塔西佗描述的罗马时代的原始日耳曼氏族里,母系原则存在并教导着普遍的爱的情感①,此后经民族大迁徙到中世纪封建制度的建立,父权制度才最终确立下来,形成了合作社理论刻画的"父权家庭—封建领主—王权"社会结构,其成型的过程既漫长亦经历着不同伦理因素的交织作用。

和历史的变迁对应,滕尼斯认为父权制并非民族精神的起点,也非终点,他用"本质意志"(Wesenwille)的展开来刻画一个人身心成长、同周遭事物关联的过程。从母子关系开始,一个人的精神要通过见证父对母的纯粹权威关系以及自身同兄弟姐妹间的友爱,才能同父产生真正的联系,这种联系既是父对子的支配,也是超越纯粹权力意涵的敬爱和秩序感,父子关系的实质是教化。② 不仅如此,随着年龄的增长,当他的精神发育成熟,终归要从家走出来,进入自由人组成的社会,但是这种走出不是赤条条地出来,而是带着从家养成的全部伦理的情感——自然的爱、友谊、敬畏,他将走入学校或职业团体,同师傅、伙伴如再造家庭一般,建立精神的共同体。滕尼斯③毫不讳言,他的共同体学说的落脚点即一种"社会主义"的类型,以家庭情感为伦理基础,以劳动合作社为纽带组织社会,所有的个体最终都要收束到集体生活当

---

① 巴霍芬:《母权论:对古代世界母权制宗教性和法权性的探究》,孜子译,生活·读书·新知三联书店2018年版,第17页。

② Ferdinand Tönnies, *Gemeinschaft und Gesellschaft: Grundbegriffe der reinen Soziologie*, Darmstadt: Wissenschaftliche Buchgesellschaft, 1979, p.9.

③ Ferdinand Tönnies, "Eutin", in Herausgegeben von Dr. Raymund Schmidt, *Die Philosophie der gegenwart in Selbstdarstellungen Band III*, Leipzig: Verlag von Felix Meiner, 1922, pp.33-34.

中来。

三、齐美尔 vs. 滕尼斯:精神科学的裂变?

紧随滕尼斯的《共同体与社会》,齐美尔在 1890 年出版的《论社会分化:社会学与心理学的研究》,标志着他以研究个体互动、团体分化的范式登上社会学的舞台。在此之前,他已凭康德研究而扬名学界。《论社会分化》被公认为继《共同体与社会》之后的第二本德国社会学著作。

从表面上看,齐美尔有意同滕尼斯的著作形成截然相反的风格。源于自然法传统,《共同体与社会》的核心关注是"共同生活",社会(Gesellschaft)就是一种类型的共同生活,即使身处社会内的原子化个体也能依靠交换、契约、制度等社会机制,依靠科学教育、公共舆论等心灵机制形成人造社会。不止于此,人还能从政治社会的改革、日常生活的教化着手,将社会提升到共同体的高度。《论社会分化》则把社会完全视作所有个体的相互关系的总量,换言之,它只是对各种微观人际交往中的心态和行为的总体的、抽象的表达。[①]

从一开始,滕尼斯和齐美尔都有意识地担当起确立社会学这门新生科学的任务。《论社会分化》甫一出版,旋即招来滕尼斯的回应。在他看来,这本书带着浓厚的大都市的气息,正像标题展示的那样,齐美尔的思想风格即分化,他的思考完全建立在分析的前提下,社会里的

[①] Georg Simmel, *über Sociale Differenzierung: Sociologische und Psychologische Untersuchungen*, Leipzig: Verlag von Duncker & Humblot, 1890, p. 9.

各种各样的现象于他而言都是"给定的东西"(Gegebenheiten),因而,他就像拿起一把心理学的解剖刀,将对象切分干净,从割裂的要素中获得启迪。这样一来,齐美尔就犯了两个错误:第一,他的思考是"非历史的",在他的笔下,所有的东西都成了无时间的、一般性的东西;第二,正因为他关注个人和小团体,因而错失了真正的社会学研究对象——社会结构,也不可能从整体的眼光把握各个特殊团体的独特性。因而,与其说齐美尔的真正贡献是社会学,不如说是社会心理学。[1]

很多学者尝试诉诸精神科学(Geisteswissenschaften)内部的裂解来解释社会学的分流[2],毕竟,社会学的世界观定位和概念源流同19世纪末的认识论、心理学以及历史哲学的转向息息相关,这已是不争的事实。滕尼斯和齐美尔都接受了狄尔泰的理论起点,即身心合一的"生命统一体"(Lebenseinheiten),以此克服唯理论和经验论各自的片面性,将身心互动的结构与动态的"体验"过程展现得淋漓尽致。[3] 不过,一旦涉及心理学同外部世界的关系,他们就产生了重大分歧。对滕尼斯而言,从心理学向社会学的过渡只在乎回答一个问题:共同生活何以可能?从价值或目的论的意义上讲,他的意志理论以社会性为标

---

[1] Ferdinand Tönnies, "Simmel as Sociologist", in *Georg Simmel*, Lewis A. Coser (ed.), New Jersey: Prentice-Hall, 1965, pp.50-52.

[2] Cornelius Bickel, *Ferdinand Tönnies: Soziologie als skeptische Aufklärung zwischen Historismus und Rationalismus*, Opladen: Westdeutscher Verlag, 1991; Klaus Christian Köhnke, *Der junge Simmel: in Theoriebeziehungen und sozialen Bewegungen*, Frankfurt am Main: Suhrkamp, 1996; Niall Bond, "Ferdinand Tönnies and Georg Simmel", in *The Anthem Companion to Ferdinand Tönnies*, Christopher Adair-Toteff (ed.), New York: Anthem Press, 2016.

[3] 和直接受教于狄尔泰的齐美尔不一样,滕尼斯更多从新康德主义者泡尔生那里获得了人性论启示。不过两人的心理学判断根本上是一致的,即以身心合一的方式,从个体的情感、意志与理智的心理关联及其体验的过程去理解人。

的,与之亲和的社会结构囊括了一切文化系统[1],因此,滕尼斯总体上仍然遵循孔德—斯宾塞奠定的社会学的学科格局[2]。对待社会性,齐美尔的态度则更为复杂。

首先,齐美尔秉持狄尔泰所说的人的多面性和诸文化系统的超社会性,因而除了社会功能,人同文化系统存在着更多元的关系。我们看到,他在多个文本里都强调人的社会性和社会性之外的领域并存。[3]

其次,齐美尔和狄尔泰一样突出个体的独特性。个体是各个彼此作用的文化系统的交界点(Kreuzungspunkt),因此,个体保留了不融于集体意识的个性[4],他对个体相互关系、团体之规模的量以及由差异产生的社会效果的把握,极其敏感与细腻。换言之,从齐美尔的视角来看,滕尼斯呈现的社会有机体各器官及其同整体的关联,不过是一种同质的幻象。

最后,对应个体心理学和关系学说的建构,齐美尔将个体原则推及历史认识的领域。类似于狄尔泰,齐美尔认为历史认识具有先天的基础,不经个体的体验或"在自身心灵演历历史生成的河流"[5],历史是无法被真正认识的,历史事件亦只具有相对于个体生命的独特意

---

[1] Ferdinand Tönnies, *Gemeinschaft und Gesellschaft: Grundbegriffe der reinen Soziologie*, Darmstadt: Wissenschaftliche Buchgesellschaft, 1979, p. 105.

[2] Ferdinand Tönnies, "The Present Problems of Social Structure", *American Journal of Sociology*, Vol. 10, No. 5 (1905).

[3] Georg Simmel, *Soziologie*, Leipzig: Verlag von Duncker & Humblot, 1908, p. 24;狄尔泰:《精神科学中历史世界的建构》,安延明译,中国人民大学出版社2010年版,第164页。

[4] Wilhelm Dilthey, *Einleitung in die Geisteswissenschaften*, Leipzig und Berlin: Verlag von B. G. Teubner, 1922, p. 37.

[5] Georg Simmel, *Die Problem der Geschichtsphilosophie: Eine Erkenntnistheoretische Studie*, Leipzig: Verlag von Duncker & Humblot, 1905, pp. VI-VII.

义。① 与此相反,滕尼斯归纳的"从共同体到社会"的历史规律,不过是历史实在论妄图复制历史的冲动。

不可否认,从新康德主义或精神科学的知识脉络看待滕尼斯与齐美尔的分流有非常大的启发性,这使我们得以从表面上的学科视角、方法论问题探入精神和世界观领域。然而,我们与其将这一启发理解成对两人之差异的实质解释,不如将其视作对两人思想差异的呈现,因为诉诸精神科学的做法,要么将他们设定成同时代思潮的亦步亦趋者,要么以一种纯粹事后描述的方式比较他们的分歧,都会错失理论分流的真正生命。滕尼斯与齐美尔从早年起便殚精竭虑思索的问题,包括我们已经提到的前者的自然法阐释和共同体学说,后者的康德研究与对民族伦理学的批判,都同他们对时代精神的切身感受息息相关。

滕尼斯的家族是 16 世纪的荷兰移民,在同西班牙的独立战争中逃难到当时还属丹麦的石勒苏益格公爵领地。② 他的家族血管里流淌着热爱自由的血液。滕尼斯一生都置身于此,童年时代爆发的丹普战争(1864 年)让他的故乡从丹麦国王的自由区沦为普鲁士的北部边陲,自此,他的生活与思考从来都离不开"中心—边缘"的政治社会视角。德意志的主权归属同北欧的自由信念、柏林的权力专制同故乡的地区自

---

① 事实上,无论是社会学还是历史认识,齐美尔往"个体"方向的思想历险,相比狄尔泰更彻底、更深邃,我们可以将狄尔泰自己的方案看作滕尼斯与齐美尔的"之间者"。在 1904—1906 年完成的《精神科学导论附录手稿》里,狄尔泰有意在滕尼斯式的"社会共同生活"的社会学和齐美尔的"形式社会学"之间达成平衡,在他看来,齐美尔过度将社会结合的力量追溯到个体的心理要素,而没有看到诸社会单元(尤其自然共同体)的自在特征。参见 Wilhelm Dilthey, *Einleitung in die Geisteswissenschaften*, Leipzig und Berlin: Verlag von B. G. Teubner, 1922, pp.420-421. 此外,在《历史理性批判草稿》里,狄尔泰批评齐美尔以个体形式把握历史的褊狭做法。参见狄尔泰:《精神科学中历史世界的建构》,安延明译,中国人民大学出版社 2010 年版,第 227、234 页。

② 乌韦·卡斯滕斯:《滕尼斯传:佛里斯兰人与世界公民》,林荣远译,北京大学出版社 2010 年版,第 3 页。

治间的张力始终是他关心的焦点。

相较于滕尼斯对主权归属、政治事件、议会斗争、阶级地位的信念，身处柏林这一漩涡中心的齐美尔则从文明的进程来拆解政治。对他而言，政治只不过是现代文明"外在化"趋势的一个表现而已。"外在化"指的是物质的欲望和技术压倒了生活的价值。① 在柏林，政客们或者出于自身欲望和幻觉，或者只是以游戏的心态玩弄政治、鼓动舆论的例子比比皆是。上到议会内的政党关系，下到大学学院内的势力斗争，齐美尔对政治精微之处和变异过程极其敏感。

从他的眼光来看，1870年后，随着德国从农业国到工业国的转变，"社会主义"成了最大的伦理运动浪潮，所有社会改革的要求几乎都会诉诸这一口号。滕尼斯的"社会主义"或"社会伦理"即这一浪潮的组成部分。它也许是比"讲坛社会主义"及"马克思主义"更高级的版本，因为它既尊重了人的自然和民族的历史，又面向现代社会的前提来改造社会，但是它根本就没有再往内探查教养内在的模糊和歧义，把人想象得太过简单，"除了正义与同情这类伦理性冲动之外，许多人受到对体验新感受这种病态渴望的驱使，他们感受到任何悖论的、革命的事物都具有吸引力，这些事物总是能够鼓动一个神经过敏的、退化的社会的大量成员，这常常与某种荒谬而懦弱的精神状态、某种对统一性和博爱的朦胧欲求联系在一起"②。说白了，滕尼斯的"社会伦理"和其他社会主义潮流的本质没什么两样。

齐美尔对社会主义或政治的批评，意不在批评政治本身或政治本

---

① 格奥尔格·齐美尔：《1870年以来德国生活与思想的趋向》，载《宗教社会学》，李放春译，北京师范大学出版社2017年版，第133页。
② 格奥尔格·齐美尔：《1870年以来德国生活与思想的趋向》，载《宗教社会学》，李放春译，北京师范大学出版社2017年版，第138—139页。

身没有意义,相反,政治只是文明"外在化"的表象,真正对现实起作用的往往不是那些制度或教条本身,而是已经蔓延变异了的运作路线,枝蔓取代了根部①;不仅如此,政治的运作效果又常常系于微观的、不起眼的表征,一个眼神、一个表情和动作,都可能牵动内核。齐美尔举了一个很典型的例子:很多社会主义者会毫不犹豫地放弃体制要求的奢侈和便利,但是要他顺从那些在审美意味上令人厌烦的事就要难得多,那些有教养的人士总是避免与劳工发生身体接触,他们对沾到后者身上"劳工光荣的汗水"感到作呕,避之唯恐不及。② 不但社会主义如此,妇女运动、政教问题等现代政治最核心的内容都让位给外部的因素,政治跟人的现实安顿更不用说灵魂的救赎不再有任何关系;政治的风格本该小心翼翼地展示,现在却无处不显得激进而突兀,更恰当地说,政治已经同"人的境况"漠不相关了。

"社会分化"作为齐美尔理论母题的核心意涵,不光是我们习以为常理解的那样,即伴随着技术发展和社会分工而来的群体分化,个人陷入更加片面、更加琐碎的地步,而且是社会总体的现代命运,无穷无尽的文明外在化、歧义化的过程,上层和下层的斗争及其价值不断转化,社会等级的衡量尺度不断改变,价值始终在颠覆且有待重估。

滕尼斯和齐美尔的抉择更像他们各自笔下的席勒和歌德,对前者而言,政治既是思考的出发点,也是诉诸文化和审美教育回归的终

---

① Georg Simmel, *Einleitung in die Moralwissenschaft, Erster Band*, Stuttgart und Berlin: J. G. Cotta'sche Buchhandlung Nachfolger, 1904, pp.25-26.
② 格奥尔格·齐美尔:《1870年以来德国生活与思想的趋向》,载《宗教社会学》,李放春译,北京师范大学出版社2017年版,第139页。

点[1];对后者而言,个体自我的主观法则同事物的客观法则之间的融合才是教养的首要事业[2]。

如果我们不从空间环境的差异,而从德国社会学整体发展的时间脉络来看两人的差异,那么这一差异无法分离于时代氛围的变化。1890年可以被视作一个分界点。滕尼斯的"社会伦理"多少可以看作俾斯麦时代的产儿,在强大的政治压力和剧烈的阶级斗争面前,无论民主主义和社会主义运动内部有多少差异,它们仍然存在着寻找现世救赎的真诚努力。正像齐美尔敏锐看到的那样,俾斯麦时代是叔本华的意志学说俘获人心的时代,之所以叔本华能大行其道,就是因为他从基督教那里继承了寻找生活和行动最终目标的渴望,即使这一追求实质上徒劳无功。[3] 然而1890年之后,俾斯麦被威廉二世驱赶下台,紧张的社会氛围陡然松懈下来,政治斗争被交付给了市场,追求整体救赎的欲望平息了,尤其上层和中层阶级丧失了这样的兴趣,取代它的是赤裸裸的个人主义,鼓吹超人哲学的尼采接替叔本华,成为这个时代舆论的宠儿,以标新立异为目的的分离派(secession)运动彰显了社会风格。[4] 滕尼斯和齐美尔的写作语境,多少体现了19世纪90年代前后的差异。

---

[1] Ferdinand Tönnies, "Schiller als Zeitbürger und Politiker", in *Ferdinand Tönnies Gesamtausgabe Band 7*, Berlin: Walter de Gruyter, 2009.

[2] Georg Simmel, *Goethe*, Leipzig: Verlag von Klinkhard & Biermann, 1918, p. V.

[3] 格奥尔格·齐美尔:《1870年以来德国生活与思想的趋向》,载《宗教社会学》,李放春译,北京师范大学出版社2017年版,第140—141页。

[4] 格奥尔格·齐美尔:《1870年以来德国生活与思想的趋向》,载《宗教社会学》,李放春译,北京师范大学出版社2017年版,第147页。

四、滕尼斯 vs. 齐美尔：尼采批判作为分歧的聚焦点

尽管尼采本人并不认为自己的作品可以直接为社会-政治所用[1]，但是1890年以来愈演愈烈的"尼采崇拜"逼迫着滕尼斯和齐美尔做出回应。1897年，滕尼斯出版《尼采崇拜》一书，借尼采批判将矛头指向弥漫于时代的非理性狂热。同年，齐美尔迅速撰写了书评，对滕尼斯有意误解尼采思想及其现实教诲的态度做出了言辞尖锐的批评。这不仅源于他对尼采著作的兴趣，更是对时代伦理的焦虑使然。两人关于尼采思想的阐释及其社会舆论效果的激烈交锋，道出了彼此伦理世界观的差异。

在《尼采崇拜》里，滕尼斯一方面赞美尼采面对败坏的资本和技术时代的战士品格，赞美他寻求健康本能的努力[2]；另一方面拒斥尼采对"同情"的批评，指出当尼采将同情的道德起源追溯到犹太人因怨恨产生的奴隶情感，进而推崇自然的贵族等级制时，现代社会伦理便会丧失掉一切合法性。对尼采来说，社会的本质无非是个体作为牺牲（Opfer）将自己交托到集体的手里，要求自己否定自己，直到适应整体的需要，故而社会拉平化造就出廉价的、苟且生活着的个体。[3]

---

[1] 尼采：《瞧，这个人：人如何成其所是》，孙周兴译，商务印书馆2016年版，第57—59页。

[2] Georg Simmel, "Der Rezension zu Ferdinand Tönnies, Der Nietzsche-Kultus", in *Der Nietzsche-Kultus: Eine Kritik*, Arno Bammé (hrg.), Wien: Profil Verlag, 2012, pp. 19-26.

[3] Ferdinand Tönnies, *Der Nietzsche-Kultus: Eine Kritik*, Arno Bammé (hrg.), Wien: Profil Verlag, 2012, pp. 42-48.

在实质的关节点上,齐美尔认为滕尼斯误解了尼采:受制于社会主义的意识形态,滕尼斯无法真正把握尼采的时代意义,或者说,滕尼斯自己没有先考虑社会主义或民主主义价值标准的问题,而是使用流俗的唯我主义/唯他主义的范畴衡量尼采。换言之,齐美尔无法容忍滕尼斯用自己的价值套在尼采本人都不承认的价值上,这样很容易就把尼采误解成一个无所不用其极的"唯我主义者""享乐主义者",滕尼斯没有认识到,尼采鼓吹的力量、高贵、美、思考、慷慨这些品质的客观价值。事实上,尼采本人根本不在乎多少人能够分享这些品质,多少人为此而牺牲,更不在乎谁以此获得个人现世的成功,相反,这些品质存在于他自身里,不为取悦他人。换言之,对尼采来说,同他批判的"唯他主义"相对的不是"唯己主义",而是人类品质的客观的理想主义。[1]

进一步,针对尼采本人的道德哲学和伦理学的内容,齐美尔认为滕尼斯忽视了其最本源的伦理品质——高贵(Vornehmheit),它并非用作形容词,而是自成一体(sui generis)的东西。[2] 过去由柏拉图主义支配的道德哲学有两个根本预设:第一,德性是在形而上学的体系之中,越是异己的神圣者,越被看作更高的德性;第二,只有合乎德性的,才是美的东西。而尼采根本上将柏拉图的价值颠倒过来,即只有对自己而言美的东西才是好的。在此之前,所有社会的伦理都是柏拉图主义的结果,德性指向客体,指向他人的幸福和事业,而尼采颠倒的意义在于点出:这些都是人内在的品质,人不需要迈出自身寻找更高的价值,相

---

[1] Georg Simmel, "Der Rezension zu Ferdinand Tönnies, Der Nietzsche-Kultus", in *Der Nietzsche-Kultus: Eine Kritik*, Arno Bammé (hrg.), Wien: Profil Verlag, 2012, p. 153.

[2] Georg Simmel, "Der Rezension zu Ferdinand Tönnies, Der Nietzsche-Kultus", in *Der Nietzsche-Kultus: Eine Kritik*, Arno Bammé (hrg.), Wien: Profil Verlag, 2012, p. 154.

反,人自身就是自身的目的,这并不是主观任性(Willkür),因为它是指向自身的客观要求;这也不是康德所说的"自律",因为它不是服务他者的手段,而是以自身为目的。

从齐美尔的角度来看,滕尼斯的共同体理论达到了泯灭高贵的顶峰,即使它试图调动人的全部情感,然而它要构建的伦理关系其内核仍然是自然法的假设,即诉诸外在于人自身之权威的政治社会。与其说滕尼斯从尼采所谓的强者的角度讲话,不如说他是从弱者的角度发声,推崇的是尼采否定了的奴隶道德。

齐美尔和滕尼斯一样,都认为现代人错误地理解了尼采,滕尼斯更多认为这是尼采学说自身的缺陷所致,齐美尔则要区分尼采的真正教诲和后人的误读:尼采号召人们寻求的不是主观的快乐,恰恰相反,是存在于力量、高贵、礼貌、美丽及智力方面的客观完善,人的存在意义在这些品质本身之中,在人类朝向拥有它们的进程之中,而不是在结果之中;这些品质不是依靠灵感,而要通过严格的内在纪律、最苛刻的自我实践、完全弃绝各种只为享受的享受。[①]

那么社会学如何把握尼采的伦理遗产?如何将"高贵"的品质用社会学的意义讲出来?齐美尔后来在《叔本华与尼采》一书里做了详细的讨论,可以视作对滕尼斯更决绝、更具体的回应。齐美尔提出了两个阐释的方向,我们可以分别借用海德格尔的"去蔽"和"敞开"的说法。

第一是关乎自我与他者关系的"人格主义"(Personalismus)。齐美尔当然赞成滕尼斯确立的社会起点,但是滕尼斯错误地用"天然相同

[①] 格奥尔格·齐美尔:《1870 年以来德国生活与思想的趋向》,载《宗教社会学》,李放春译,北京师范大学出版社 2017 年版,第 148 页。

的社会人"的标准去评价尼采笔下的人。尼采所说的人是"特定的人"、在自我与他人之间保持距离(Distanz)的人,在社会里的存在状态就是隔绝感(Isoliertheit),他有十足的能力去接受刺激,而不是把自己投放到定型化的生活里。齐美尔追随尼采的眼光,认识到民主或社会主义并不完全是某种政治体制,而是特定的生活方式,一种共同的心理学特征,或主动地逃避刺激,或被动地丧失了感受刺激的能力,躲避到躯壳里。尼采启迪的人的时间状态是一种直线型的进化状态,每一刻都是进化的绝对环节,这种人格不光是一种在时代的浪潮面前挺住的勇士形象,而且是能由各种突变事件激发独特的感知、能随遇而安的陌生人形象。

第二是关乎自我之内容的高贵道德。有意思的是,在谈到个人的时候,齐美尔首先强调的是个人在自身之中发现了人类,人的客观价值在此被感知到。"社会伦理"的逻辑是从人做了什么去判断这个人,人总想向社会索取什么,或者提供给社会什么,"社会伦理"的幸福和痛苦系于占有和失去。相反,尼采讲求人从他所是(sein)去行动,只按事情本身行动,不在乎得与失:

> 他跟暴发户和纯粹自私自利的享乐者的区别在于,他完全是由衷地,而不是仅仅在膨胀的幻象中——那毕竟总含有一种隐秘的不确定性——相信,那一切都是他的人格所具有的质量按照客观正义性理应获得的,并且他会做出与之相称的行为。[1]

---

[1] 格奥尔格·齐美尔:《叔本华与尼采:一组演讲》,莫光华译,上海译文出版社2006年版,第209页。

当齐美尔这样讲到尼采式的"高贵"时,我们不免感到惊讶,因为"高贵的"(vor-nehm)的含义是"把什么置于之前",也就是一种相对价值,然而,齐美尔敏锐地看到,个人自己与自己的关系根本上也囊括了自己与人类的关系,不过它既不是拉平化了的社会,也并非拔高了"同一性"的共同体,相反,齐美尔笔下的人,正如尼采借查拉图斯特拉之口所说的那样:相较于享受,苦难反倒是真理,个体不断地承受苦难,磨炼个性,而他的个性的高度正象征着全人类的道德高度。

五、齐美尔对"社会伦理"的形而上学基础的批评

从阅读尼采或因尼采产生的分歧背后,齐美尔关切的是社会伦理的内在困境,或者说探讨社会之先验基础的疑难(Problematik),这也是他同滕尼斯分歧的实质。就此而言,他的早期巨著《道德科学导论》(1893年)占据着十分重要的地位,可以说是他未来"个体法则"的理论之源。和齐美尔的其他原创性著作一样,本书无甚引用和注释,也不明确说明其发生的思想史源流,然而我们不难看到尼采的超善恶与视角主义对本书的决定性影响。从否定过去的伦理概念来说,超善恶意味着伦理同经验的张力,视角主义意味着价值的歧义、冲突和流变;从构建未来的伦理概念来说,尼采的"发展观"特别重要,伦理基于生命自身的发展。可以说,齐美尔的伦理学是尼采的实证主义从哲学过渡到社会学的"价值自由"的中介。[①]

[①] Niall Bond, "Ferdinand Tönnies and Georg Simmel", in *The Anthem Companion to Ferdinand Tönnies*, Christopher Adair-Toteff (ed.), New York: Anthem Press, 2016, p.53.

在还原齐美尔这本伦理学著作的构思背景的意义上，康克[1]为我们提供了有价值的材料。他指出，该书一方面源于齐美尔从早年的康德形而上学研究出发，对康德伦理学的系统注释和批判，另一方面则是针对历史主义尤其是民族心理学的批评。齐美尔指向的对手是自己在柏林大学的老师黑曼·施坦塔尔(Heymann Steinthal)[2]，在为后者《普通伦理学》(1885年)一书撰写的书评里，他声称要在"更广阔的关联当中"展现自己同历史主义伦理思想的对立，该书即这一宣言的落实。

在这里，我们并非要细致探讨齐美尔对康德伦理学、对德国历史主义民族伦理的批评。提及这一点，只是为了确定齐美尔相对于滕尼斯所站的伦理学位置。滕尼斯秉持的"社会主义"伦理，既脱胎于康德的理性主义与德国历史主义这两个思想脉络，又是这两者在现代社会条件基础上的综合。[3] 对滕尼斯来说，一方面，康德的纯粹理性批判与道德理性批判分别奠定了现代个体的思想和行动的自由，从而树立起契约社会的规范；另一方面，康德判断力批判蕴含的审美与教养议题、人类学的广义人性和世界的格局，为德国浪漫主义和历史主义运动打开了窗口，从前者可以看到人的复杂情感面向，从后者则可以发现集体意识、民族独特的历史与发展道路。我们知道，共同体学说的核心就是在契约社会的基础上，通过主体教化，形成给予和信任的新精神权

---

[1] Klaus Christian Köhnke, "Editorischer Bericht", in *Einleitung in die Moralwissenschaft. Zweiter Band*, Klaus Christian Köhnke (hrg.), Frankfurt am Main: Suhrkamp, 1991, p. 403.

[2] 施坦塔尔是威廉·洪堡的追随者，除了编撰洪堡的民族学和比较语言学的集子，他本人的作品也受到洪堡非常大的影响。

[3] Ferdinand Tönnies, *Gemeinschaft und Gesellschaft: Grundbegriffe der reinen Soziologie*, Darmstadt: Wissenschaftliche Buchgesellschaft, 1979, P. XV.

威关系,重建伦理关系,因而它是历史主义的母体孕育出的高级产儿。

尽管没有直接提滕尼斯的名字,但齐美尔并不讳言他对综合理性主义和历史主义得出"社会伦理"之做法的反感。在《道德科学导论》的前言里,齐美尔写道:"伦理学至今仍处在不确定的状况里,人们在抽象的普遍概念同每一个单独的经验之间无法建立真正的认识论关系,进而选择将这些概念同智者的道德戒律联系起来,并且通达历史的-心理学之路,因此伦理学首先成了心理学的分支,用来分析个体意志行动、情感与判断,其次成了社会科学的分支,用来衡量共同体生活(Gemeinschaftsleben)的形式和内容,最后成了历史学的分支,用来追溯其原始形式的道德表象及其发展的历史影响。"[1]然而一旦将伦理置于历史学——就当时德国的学科分类而言,历史学处在"国民经济学"的学科范畴里——之下,便错失掉"从完成了的、复杂的现象中提取概念"的伦理学任务。[2]

在此,我们关心的是齐美尔伦理学的形而上学基础。如果以滕尼斯作为批判的靶子,我们就会看得特别清楚。齐美尔依次从两个方面刨去了"社会伦理"的根子。

首先是个体与共同体间的先验的心理学关联,这一点又同滕尼斯与齐美尔对康德伦理学的认识差异息息相关。无可否认,受同时代新康德主义的影响,滕尼斯和齐美尔都从心理学着手建构个体同社会的关系,滕尼斯旨在从康德的先验范畴论证人性朝向共同体生活的先验意志基础,与之对应,日耳曼民族的历史处所、情境与制度都是促成这

---

[1] Georg Simmel, *Einleitung in die Moralwissenschaft, Erster Band*, Stuttgart und Berlin: J. G. Cotta'sche Buchhandlung Nachfolger, 1904, p.III.

[2] Georg Simmel, *Einleitung in die Moralwissenschaft, Zweiter Band*, Klaus Christian Köhnke (hrg.), Frankfurt am Main: Suhrkamp, 1991, p.391.

种先验状态的视野(Horizon);齐美尔则要斩断滕尼斯所谓的先天基础,由康德的伦理学批判指明伦理的"个体法则",伦理不是一套适用于所有人的抽象范畴,而是源于每个个体生命自身的法则。

其次是个体与社会的历史关联。对滕尼斯而言,根据心理学的先验关联,个体的历史与社会,更准确地说是与民族历史紧紧扣在一起的,这样个体才有了教养的可能与必要性;齐美尔则认为它们之间存在张力,先验的心理学关联既然是目的论的幻象,看看诸民族伦理的历史便能识见它们无处不在的偶然性甚至悖谬性。不仅如此,我们不要忘记齐美尔接受尼采的教诲,高贵者的发展不是把自己拉平到社会或民族的水准,同它紧紧依傍在一起的恰恰是人类的发展,而非特定的社会或民族。

让我们先来讲述第一个方面。毋庸置疑,齐美尔终其一生都在研究反思康德的哲学体系,然而在伦理学领域,尤其考虑到康德对社会伦理潮流的影响,齐美尔在尊重其探索人的先天认识方面的全部努力的基础上,指出了其机械论和目的论的错误,而他的思考聚焦之所在即"定言命令"(der kategorische Imperativ)①,或者说"应然"(Sollen)。

众所周知,康德伦理学的核心观点是:由摒弃了一切感性因素的纯粹理性奠立的道德法则即人必然要遵循的行动规范,或者说,道德法则规定的行动就是人应当去做的行动。齐美尔批评康德伦理学存在机械论错误。② 从表面上看,这一点并不难理解。康德用逻辑的方法抽

---

① Klaus Christian Köhnke, "Editorischer Bericht", in *Einleitung in die Moralwissenschaft. Zweiter Band*, Klaus Christian Köhnke (hrg.), Frankfurt am Main: Suhrkamp, 1991, p. 403.

② Georg Simmel, *Lebensanschauung*, Müchen und Leipzig: Verlag von Duncker & Humblot, 1922, pp. 155-156.

取出不含任何感性杂质的范畴或理念,将它们结合到一起,建构出一条条抽象的道德法则,逼迫我们照此生活,这就像枯燥的物理学作用力,而人的丰富的生活变成了一架无生命的机器。这种批评并非齐美尔的原创,在唯心主义的发展中,谢林与黑格尔都对康德的抽象道德做了反思和超越,浪漫主义与历史主义更是要从人的主观任意、偶然、信仰、命运甚至历史等诸多具体内容去克服道德的抽象性。然而,不容易看出来的是机械论本身的"占有"(Besitz)逻辑,从外部世界获得的表象意味着占有,由主体制造出的范畴的表象亦是占有。[1]

从占有的逻辑往下推理,齐美尔进一步揭示了康德伦理学的目的论预设及其内在悖谬。康德想要论证人的"自治"的必然性,他的办法便是撕裂人性,把人性劈成感性和理性的部分,因为感性的部分除了自我的先天能力,便是不经批判获得的外来东西,因而它被视作恶的东西,我们可以把它规定成魔鬼,放到我们自己之外,而我们则把自己规定成纯洁善良者,恰恰正因为我们知道自己生活在世界之中,就必然无法避免感性的表象与意见,因而将绝对的善良者悬置给一个完美的他者——上帝。由此一来,康德根本无法克服"他治",要么那个完美的理念成了永远吊在我面前的他者,为我展开无穷无尽的教养之路,要么我就干脆服从一个外部的权威。

在齐美尔的眼中,当下的"社会伦理"本质上就是以占有为前提,无论资本主义还是社会主义,指向的核心都是物的安排。[2] 即使滕尼斯也非常看重经济生活的事实,因而经济合理化的目的论取向在"共同

---

[1] Georg Simmel, *Einleitung in die Moralwissenschaft, Zweiter Band*, Klaus Christian Köhnke (hrg.), Frankfurt am Main: Suhrkamp, 1991, p.392.

[2] 格奥尔格·齐美尔:《1870年以来德国生活与思想的趋向》,载《宗教社会学》,李放春译,北京师范大学出版社2017年版,第137—138页。

体"的秩序中占据着基础地位,给予和回报既是共同体关系的日常纽带,它本身亦包含着法权意味,进而上升到慈爱与敬畏的精神,并通过外部财产反过来持久地安顿人心。一言以蔽之,人的自由从来不在自己这里,而在他交托出去的既定的共同体"关系"或"权威"那里。

要理解齐美尔与"社会伦理"的形而上学差异,我们不能撇开他对19世纪思想史转向的自觉意识。这次转向源于叔本华和尼采,尤其叔本华率先从根子上探入了哲学的深渊。[1] 尽管滕尼斯也认识到了这一点,但是他与齐美尔的见解存在着天壤之别。自康德以降,叔本华要找寻通往自在之物的道路,这条路通到了永无满足的意志(Wille),如果说滕尼斯从中看到的是超理性的、无所不包的集体心理状态,那么叔本华把握到的则是存在本身(sein),或者说,滕尼斯本质上是黑格尔主义者,即使他表面上借叔本华的意志心理学打击黑格尔由概念推演的教养历史,但他讲的仍然是人的存在的表象或内容,这一内容由"共同体"的目的指引,为满足"共同体"的功能而存在。齐美尔却充分独立地对待了叔本华的启示:叔本华的意志根本不是在人的存在前提下架设的一种心理的表象、心理的状态,而是人的存在本身,它既是理性不可阐明和接近的人的本原,又是人时刻体验到的、像钟摆日夜不息摇摆的生命。[2] 当然,这里的关键并不在于叔本华对生命的否定,而在于他提供的作为绝对基础的"存在"本身。

康德伦理学的目的论预设一直贯彻到了历史主义的脉络当中,以历史学为基底的诸文化科学从康德的先验图式扩展为集体意识及其历

---

[1] 格奥尔格·齐美尔:《叔本华与尼采:一组演讲》,莫光华译,上海译文出版社2006年版,第3页。
[2] 格奥尔格·齐美尔:《叔本华与尼采:一组演讲》,莫光华译,上海译文出版社2006年版,第57—60页。

史过程,自然,它们带着目的论本身的形而上学谬误。当滕尼斯站在历史主义的立场批评齐美尔的非历史性的时候,他指的是后者没有从一个特定的民族或国家的历史事实中归纳其特殊的精神,换言之,滕尼斯即使致力于刨去谢林一脉影响下的救赎历史观或启示历史观,但是作为对唯物史观的回应,它朝向世俗性的民族精神/共同体精神的追求却保留了下来。[1] 为此,齐美尔要追问的是:这种目的论表象何尝不会蒙蔽我们的双眼,在我们不断强化民族特殊道路或者现代国家认同的时候,看不到它可通约到历史本身的悖谬之处?

齐美尔在《道德科学导论》里提出的一个很重要的概念就是"伦理的漠不相关性"(sittliche Gleichgültigen)。[2] 伦理领域总存在着很多无法由主动设定的规则划定的模糊地带,这个说法首先针对康德追求行动紧贴定言命令,没有为不行动留出伦理空间的缺陷,也就是说,康德忽视讨论不行动的道德性质,无法遍及应然的全部区域(Bezirk des Gesollten);从定言命令扩展到共同体的伦理生活,因观念遭遇经验,这种模糊性就呈几何倍数蔓延了,所有原本在观念里遵循必然性的道德规则分解为诸多的可能性,齐美尔说,我们在这里就不能再遵循事前确定的绝对原则,而只能从事后来权衡伦理的规则。[3]

如此一来,我们便会遭遇很多变动不居甚至愈发陷入悖谬状况的事实,历史上的那些道德怀疑主义者的疑问并非没有根据。尤其随着现代生活的目的—手段的链条越拉越长,直至消解了目的本身,"房屋

---

   [1] Ferdinand Tönnies, *Gemeinschaft und Gesellschaft: Grundbegriffe der reinen Soziologie*, Darmstadt: Wissenschaftliche Buchgesellschaft, 1979, pp. XXVII, XXXIV.
   [2] Georg Simmel, *Einleitung in die Moralwissenschaft, Erster Band*, Stuttgart und Berlin: J. G. Cotta'sche Buchhandlung Nachfolger, 1904, p. 36.
   [3] Georg Simmel, *Einleitung in die Moralwissenschaft, Erster Band*, Stuttgart und Berlin: J. G. Cotta'sche Buchhandlung Nachfolger, 1904, p. 44.

常常比地基更坚固"的现象更是成为家常便饭。我们常常看到,一场追求个体自由或某种合法性的政治行动一开始可能非常重要,然而随着斗争的展开且获得胜利,最初的斗争内容就从人的意识里淡化了。文明越发达,伦理的实际效力一般会逐渐置换到那些衍生品或作为中介的环节里①,外部特征(如群体规模的量)反倒具有非常重要的作用。

更有甚者,个体的命运同共同体的命运是不对等的。文明在进步,民族或国家共同体获得更多的资源和财富,人可以靠着更多的手段获得肉体的满足,但是回到每一个个体,他可能反倒觉得苦难在加重。就像齐美尔讲的,谁了解道德统计学,谁就更容易成为伦理的悲观主义者,因为相较那些被视作好的均值,他对那些被定义成坏的极值更敏感。②

六、齐美尔的文化伦理建构
——以"应然"概念的重构为例

正如邦德③指出的,滕尼斯和齐美尔对社会学的规划都离不开对道德统计学或对量的认识基础。"量"的问题不仅意味着想象社会的宏观视野,更牵扯着伦理关系的总体状态。出于对政治社会秩序的首

---

① Georg Simmel, *Einleitung in die Moralwissenschaft, Erster Band*, Stuttgart und Berlin: J. G. Cotta'sche Buchhandlung Nachfolger, 1904, pp. 25-26.
② Georg Simmel, *Einleitung in die Moralwissenschaft, Erster Band*, Stuttgart und Berlin: J. G. Cotta'sche Buchhandlung Nachfolger, 1904, pp. 74-75.
③ Niall Bond, "Ferdinand Tönnies and Georg Simmel", in *The Anthem Companion to Ferdinand Tönnies*, Christopher Adair-Toteff (ed.), New York: Anthem Press, 2016, pp. 39-41.

要关切,以及同时从自然法和英法社会学汲取的知识给养,滕尼斯所说的量多少仍以几何学的模型为原型,重在从历史事实提取社会秩序和社会演变内在的集体心理、经济生活和法权的法则,这样一来,由权威、资源等确立起了"中心—边缘"同心圆的社会模式。①

与滕尼斯相对,齐美尔之所以对极端值敏感,是因为他对量的感知原型并非几何学的法则,而是个体的命运或变数,进而由此改变的社会境况。如果说滕尼斯的社会学阐释的是存在者的活动领域,那么齐美尔则要探入存在者的存在本身,故而后者的"量"的意涵类似于后来海德格尔所说的 Ereignis,是一场偶然的、突发的事件,亦是一种绝对的而又不可重复的个人体验。作为其世界观的充分证明,尽管同样是大学体系里的边缘人,但齐美尔并不像滕尼斯那样汲汲于寻找学院外的自由知识分子的结社生活,而是享受边缘人和孤独者的体验,深度探索陌生人的心灵。

但是这并不意味着齐美尔消解了道德或伦理。在《道德科学导论》里,他明确地批评了歌德视伦理与艺术、审美等生活类型同等地位的做法,而将伦理定义为超乎这些类型之上的绝对者。② 然而不能像机械论那样,从外在于人的强迫角度理解伦理,也不能像唯心主义那样,将伦理把握为一种处在人的意识之中的概念,而是要从个体的生命,也即他的存在本身得出来。在齐美尔看来,生命作为超越者/超验者(Transzendenz),揭示了伦理诞生的秘密。

---

① Ferdinand Tönnies, "Gemeinschaft und Gesellschaft: (Theorem der Kultur-Philosophie) Entwurf von 1880/1881", in *Ferdinand Tönnies Gesammtausgabe Band 15*, Berlin: Walter de Gruyter, 2000, pp. 53-55.

② Georg Simmel, *Einleitung in die Moralwissenschaft, Erster Band*, Stuttgart und Berlin: J. G. Cotta'sche Buchhandlung Nachfolger, 1904, p. 44.

类似于后来的海德格尔,齐美尔将时间视作彰显生命的视域,这都根源于他们对康德的时间作为人自我直观的洞见。当然,齐美尔并没有像海德格尔走那么远,没有从"绽出"的时间性,从存在者在世存在的方式、本真与非本真的差异来把握存在,而是多少遵循流俗的时间观,从"过去—现在—未来"的序列(Jetztsfolge)理解时间。但是他已经有意识地展示作为存在本身的生命:生命是奔涌不息的河流,每一个个体都是它的担当者,他们以自己为中心构成了封闭的形式,每一个个体同每一个个体相互对立,亦同外部世界对立。① 在此之前,黑格尔将生命状态视作自我意识阶段的开端,生命是自我反思自我的最初对象,这是一种绝对不安息的欲望状态,从中我产生了和我一样但要去否定的他者。②

　　但是齐美尔绝非在否定的意义上谈生命,而是要肯定生命。生命不断在超越主体与对象、一个形式与另一个形式之间的界分,它同时是"更多的生命"(Mehr-Leben)和"多于生命"(Mehr-als-Leben)。前者意味着生命作为运动,每一个都在吸收着内容,转化到自己的生命里,它对应叔本华的生命意志,永远在吞噬稍纵即逝的表象;后者意味着生命超越各种给定的形式,创造出新的内容,它对应尼采的权力意志,要诉诸个体化的独一无二和向上发展。③

　　这样一来,齐美尔的意志就有了完全不同于滕尼斯的意志的含义。对他们而言,意志都是心理事实总体的表述,也是生理-心理状态过渡

---

①　Georg Simmel, *Lebensanschauung*, Müchen und Leipzig: Verlag von Duncker & Humblot, 1922, p.12.
②　黑格尔:《精神现象学》,邓晓芒译,人民出版社2017年版,第111—115页。
③　Georg Simmel, *Lebensanschauung*, Müchen und Leipzig: Verlag von Duncker & Humblot, 1922, pp.22-27.

到道德状态的中介,但在滕尼斯这里,无论源自过去的本质意志还是朝向未来的抉择意志,最终皆会聚到当下的社会理想状态。也就是说,面对抽象的道德与现实的各种需要之间的张力,滕尼斯的解决办法是在它们之外引入一个具体的、理想的伦理生活。

齐美尔讲的意志却是生命的一种存在方式,它绝不固着于一瞬间或一处,不纠结在某种特定的形式当中,而是在时间中变化,自我超越。① 换言之,如果要理解什么是道德或伦理,就必然要从永恒波动的生命浪潮本身寻找答案。齐美尔对伦理的思考已经探入康德的二律背反的逻辑内核,去化解形式的"应然"与流动的"生命"之间的冲突。齐美尔想必很清楚,他和滕尼斯的形而上学分歧可以追溯到叔本华同黑格尔对二律背反问题的相对立的解决方式。②

在早年的《道德科学导论》里,齐美尔③是如此定义"应然"的:"应然的概念没有任何内容的痕迹……它只是被感受到的、各个表象内容之间的紧张状态。"到了晚年的《生命观》里,"应然"概念的含义变得更加丰富:"应然是和生命并行的形式,它们彼此之间不可化约,'应然'从一开始并不仅仅被看作伦理学的范畴,而应被视作生命意识的普遍聚合体,希望、冲动、享乐和审美的需要、宗教理想,甚至任性和反伦理的欲望都聚合于其中,它们往往伴随着伦理的状态。"④

---

① Georg Simmel, *Lebensanschauung*, Müchen und Leipzig: Verlag von Duncker & Humblot, 1922, p.15.

② 格奥尔格·齐美尔:《叔本华与尼采:一组演讲》,莫光华译,上海译文出版社 2006年版,第21页。

③ Georg Simmel, *Einleitung in die Moralwissenschaft, Erster Band*, Stuttgart und Berlin: J. G. Cotta'sche Buchhandlung Nachfolger, 1904, p.11.

④ Georg Simmel, *Lebensanschauung*, Müchen und Leipzig: Verlag von Duncker & Humblot, 1922, p.155.

不难看到,从早年到晚年,齐美尔对"应然"的理解存在着内容上的差异。在《道德科学导论》里,应然的生命感还没有充分地体现出来,它更多处在批判传统道德哲学的位置上。过去的道德哲学总是设定好了一个"好"的表象作为标准,迫使行动者遵从,无论其方式表现为知性规定的道德律令,还是表现为渗透进个体道德演进的辩证运动。齐美尔抱持着尼采超善恶的态度,将"应然"同表象的内容及其善恶价值切割开来,从经验的演变来审视伦理;在《生命观》里,应然的生命感展露无遗,它既要去包容一切情感,本身又紧紧依傍于生命,借用斯宾诺莎的术语,它是生命的一种样式,因而不能依靠理智或良知(Gewissen)来昭示,而要诉诸体验(Erlebnis)。[1]

一旦从生命体验来把握应然,那么,我们看到的就是道德的全新定位:首先,道德的立足点彻彻底底地回到个体身上,追溯道德哲学的全部历史,从柏拉图的理念学说到康德的定言命令,道德是始终被置于个体之外的、假设的普遍者的立场。滕尼斯接受这一点,认为不存在个体层面的道德,这在齐美尔看来完全是误解。从经验的历史来看,个体之间存在着千差万别的质的差异,坠落到相同历史条件下的一批人当中,恰恰是那些最有个性的人赋予历史独特的亮色[2],就像尼采的道德谱系学揭示的,道德价值的原始赋予起源于社会等级的差异。不止如此,从形而上学自身的逻辑出发,正像此前已经提到的,尼采之前的道德哲学都是从人自身之外追查道德感的原因,无论经验主义、唯

---

[1] Georg Simmel, *Einleitung in die Moralwissenschaft, Erster Band*, Stuttgart und Berlin: J. G. Cotta'sche Buchhandlung Nachfolger, 1904, p. 9; Georg Simmel, *Lebensanschauung*, Müchen und Leipzig: Verlag von Duncker & Humblot, 1922, p. 192.

[2] Georg Simmel, *Lebensanschauung*, Müchen und Leipzig: Verlag von Duncker & Humblot, 1922, p. 174.

心主义还是功利主义,本质上都一样,都植根于"占有"的逻辑,相反,一旦去问每个人自己,我们就会看到,道德感根本就不是一个均一的状态,而是每个人要去体验的最特殊、最无微不至的幸福,却又难以用言辞解释的东西。

除此之外,伦理不再是一个孤立的言辞和称谓,也不再是服务于特殊目的的手段(比如滕尼斯的社会-伦理),而是人的文化全体。和追求个体之外的普遍者对应,以往的道德哲学在伦理如何作用于人的问题上也陷入"外在化"的困境,道德理念、道德范畴、伦理标准在先,人就逐渐习惯于用片面的言辞和单一的标准去评价另一个人,最极端的表现就是人们只看得到行为看不到人,到最后就是抽象的道德辩论。资产阶级的法庭很明显地反映了这一事实,比如我们说,一个人是吝啬的,即使他同时勇敢、聪明、忧郁,我们仍然会将吝啬的品质均匀地撒到他生命的每一刻,因而人性的画面失真了,人的行为同这个人本身存在着张力。齐美尔[1]说,如果要转换视角,从人的生命进程的内部领会他的道德感,那我们应当学学艺术家创作油画作品时的"网状结构"(Netzwerk),各个色斑就像生命的各个瞬间,相互依存,又显现出整体。作为生命的方式,"应然"亦像这些色斑一样,伴随着生命的河流波动和漂浮。

这是否意味着齐美尔是道德相对主义者呢?我们已经指出,齐美尔反对像歌德那样,将道德或伦理看成一个特殊的领域,实际上,"道德相对主义"这个提法无法在齐美尔这里成立,因为它预设了同伦理相反的非伦理的领域,或者说,它将应然同实然、道德同生命对立起

---

[1] Georg Simmel, *Lebensanschauung*, Müchen und Leipzig: Verlag von Duncker & Humblot, 1922, p. 211.

来。相反,一旦我们明了生命在齐美尔学说里的首要位置,我们就会看到,齐美尔转换了传统道德哲学的矛盾,将矛盾置于生命的内部,即生命的现实性同生命的应然的二元存在。① 在二重性的每一个环节里又存在着二重属性:现实性既意味着主体的"我",也意味着他正在了解、分析、揣测、赞成或反对的"你";与此相应,应然既意味着主观心理过程,也意味着一个客观的命令。这一洞见多少为后来的马丁·布伯所继承:"我"的生命栖身于"我与你"的相遇里,囊括了我与你、现实与应然之对立的生命关系,已经超越了单纯社会关系的意涵。

那么,如何去理解看似张力重重的二重性套二重性的状态呢? 如果生命的现实,即我的自我意识同我对你的一切意向都是体验的对象,那么,生命作为道德首先应当是一个主观的过程,一切外在于生命的道德法则都是无意义的。我们需要注意到,相较康德使用的 Sollen 概念,齐美尔更偏爱"应然生成"(Gesolltwerden)的动态讲法。② 应然是生命连续的过程,由生命涌流发出的声音(Ton),从过去到现在,从现在到未来,每一刻的行动抉择都并非意味着将前一刻作为对象,对它做纯粹的理性反思,相反,应然是自我意识的复合体,每一刻的情感状态都延续到下一刻,都是生命的绝对反映。

仅仅说应然是生命的主观状态是不够的,最难理解的莫过于它作为客观的命令。生命是自由流淌着的,但是生命当中的每一个片段又都是对生命的全体负客观责任的。有别于康德的义务(Pflicht)伦理学,齐

---

① Georg Simmel, *Lebensanschauung*, Müchen und Leipzig: Verlag von Duncker & Humblot, 1922, p.153.

② Georg Simmel, *Einleitung in die Moralwissenschaft, Erster Band*, Stuttgart und Berlin: J. G. Cotta'sche Buchhandlung Nachfolger, 1904, p.52; Georg Simmel, *Lebensanschauung*, Müchen und Leipzig: Verlag von Duncker & Humblot, 1922, p.237.

美尔赞成的是面向每个人独特生命经历与体验、面向客观处境的责任，在他看来，我们正是从每一刻作为生命的绝对"责任点"（Verantwortungspunkt）来重新把握道德。① 那么，如何理解这种责任关联呢？

首先，道德遵循的是个体法则（Das individuelle Gesetz）。个体行动的规范并非源自外在的强制和内化的良知，而是从他的生命中来，对他的生命提出要求，换言之，真理的标准不再是主客观相符，而是韦伯所说的"真理即真实"（Das Wahre ist die Wahrheit）。切中每个人自身命运和最无微不至的感受的行动，同它们息息相关的行动，才是道德的坚实基础。这样一来，道德就不再局限于先验道德或社会伦理，而是扩展为最广泛意义的文化伦理。

除此之外，道德的客观性关乎人的境况（human condition）。此前，马克思提出社会决定论，滕尼斯在此基础上构建了文化价值同社会性的平衡，齐美尔基于生命，更是提供了一种超越社会的文化价值和人的自由。他举的服兵役的例子就很恰当地说明了这一点。那些以反军国主义为口号的人拒绝服兵役并不具有必然性，因为他的"应然"不是非历史的、无质料的个性，而是同他的公民身份结合在一起的，对此，齐美尔并非诉诸权利哲学的视角，而是认为，他的生命是在这个条件下成长起来的，不去面对它，就没有遵循生命的客观性。②

最后，同生命的现实性对应，道德指向生命自身的发展。如此一来，齐美尔理解的德语语境的发展或"教养"（Entwicklung/Bildung）就有了全新的面貌。从前，我们习惯于从黑格尔的角度，将发展视作一

---

① Georg Simmel, *Lebensanschauung*, Müchen und Leipzig: Verlag von Duncker & Humblot, 1922, pp. 225-226.
② Georg Simmel, *Lebensanschauung*, Müchen und Leipzig: Verlag von Duncker & Humblot, 1922, p. 221.

个形而上学的生命不断自我否定的过程,而从齐美尔的角度讲,歌德笔下的浮士德或威廉·迈斯特的成长变成了其生命的体现。迈斯特从失恋的煎熬中找回生命之源,从日常的游历中培育道德感,从阅读莎士比亚的作品中通观人的命运。这是不间断的生命之流,冲破固结的市民社会生活的形式束缚,生命于他而言意味着怀着饱满的热情积极向上地生活,更意味着沉着稳健地听从处境的召唤(Ruf),履行每天的责任,同时超越当前的条件,向内探索更完整的、艺术的天地。

七、余论:两种伦理世界观的分流

作为德国社会学的两位奠基者,滕尼斯与齐美尔都一致认同社会学这门学科首先要作为现代伦理的反思者出现。滕尼斯自不必说,齐美尔早年沉思的"道德科学"和"历史认识"这两大主题,都致力于此。然而两人走出了截然不同的道路,这既体现了德意志近代文明发育的两种思想史路线,也同他们体验德国世纪末大众的时代处境、思考国族未来命运的视角息息相关。

对滕尼斯而言,政治社会自始至终都是最核心的问题。现代政治不单单维系于主权和体制,更是民情和制度运作的整体表现,因而有别于此前唯心主义和历史主义传统的俯视视角[1],滕尼斯选择了仰视社会的角度,从大众的集体情感出发,一步步地安顿共同体的秩序。本质意志所刻画的伦理关系的意象,既是凭借自然之爱、习惯和良知

---

[1] 正像韦伯在《罗雪尔与克尼斯》一书里批评的那样,历史主义国民经济学背后存在着一个目的论或神义论的预设,日耳曼民族的历史无非是向这个目的的不断接近的历史。

教化而来的"我与你"的谐和,又是基于敬与爱的伦的关系的展开。滕尼斯①相信,大众心理和社会现实之间存在着亲和性,我们完全可以通过重建家庭中的母子慈爱、兄弟姐妹的精神亲近和父子的权威,培养遵从秩序、精神自由的公民,让他们进入劳动的合作社,彼此友爱,巩固民主制度的共同体基础。

齐美尔从来就不相信共同体在当时会成为可能,柏林的大城市体验向他呈现出来的是纷繁复杂的陌生人境遇,每个人同每个人的触碰不可避免,但都只能向彼此展现片面的人格,当一个人全面投入一场共同体事业时,他产生的不过是错觉,只是他无力独自面对社会命运的逃避之举。对齐美尔而言,没有人可以像造物主一样外在于社会,给社会一个理想,滕尼斯按规范心理学的方式推理社会行动和社会制度的做法犯的就是这样的错误。我们当然能够想象一个先于各式各样具体的人际交往的社会,然而当我们剥除了一切人际交往,也即齐美尔所谓的"社会化"(Vergesellschaftung)形式之后,便剩不下什么社会了。②

如此一来,齐美尔同滕尼斯想象社会的先天状态就截然不同。齐美尔不是要把社会视为一个本质或实体(Wesen/Substanz),而是意图打造一个棱镜,交给在社会之中的观察者,让他直观社会之中存在的一切现象,包括人和人的关系性质,一个人对他人的作用,从他人那里获得的影响。齐美尔关心的是每个特定的人与人之间的学问(Dazwischen),正如哲学思考的首要问题为存在本身,而非由此衍生出来的存

---

① Ferdinand Tönnies, *Gemeinschaft und Gesellschaft: Grundbegriffe der reinen Soziologie*, Darmstadt: Wissenschaftliche Buchgesellschaft, 1979, p.105.

② Georg Simmel, *Soziologie*, Leipzig: Verlag von Duncker & Humblot, 1908, pp.10-11.

在的内容。生命意味着人的存在本身,"社会化"对于社会而言既不是社会的原因,也不是社会的结果,而是社会的存在本身。换言之,社会学是研究人的社会存在(Gesellschaft-sein)的学问。[1]

齐美尔的社会观实质上是他的伦理观的反映。人就处在社会之中,但这个事实意味着,人的社会存在的各种表现只是由他的生命创造出的形式,他的一切行动都从这个既定的形式前提出发,因为每个人活在同他人的关系里,受制于他人给自己的刺激,故而每一个社会人都是残缺碎块,不仅彼此之间如此,沉沦于其中的人感觉自己对自己而言亦是残缺碎块,他们要依靠直觉拼凑这些碎块,赋予自己和别人一个确定的社会角色[2],但是在社会化的形式之外,仍然存在着永远涌动的生命或饱满的个性,个体保留了为自己打开"超社会"的艺术文化之门的可能性。从表面上看,齐美尔的"社会化"表现了同滕尼斯的"社会"(Gesellschaft)同样复杂的表现形式和心理活动[3],但是这背后对人的自由和生活理想的想象图景截然不同。

20世纪的头十年,经滕尼斯、齐美尔、韦伯等学者的努力,初生的德国社会学经历了从社会哲学到社会科学,从政治社会到社会诸领域,从宏观视界到微观视角的过渡,在德国的学术体系里逐渐赢得了合法性。

对我们而言,以滕尼斯与齐美尔的伦理观分流确定德国社会学的

---

[1] Georg Simmel, *Soziologie*, Leipzig: Verlag von Duncker & Humblot, 1908, p. 12.

[2] Georg Simmel, *Soziologie*, Leipzig: Verlag von Duncker & Humblot, 1908, pp. 32-35.

[3] Klaus Lichtblau, "Vergemeinschaftung und Vergesellschaftung in Max Weber: A Reconstruction of His Linguistic Usage", *History of European Ideas*, Vol. 37, No. 4 (2012).

精神起点只是一个开始,问题的核心并非要去做一番思想史的因果解释,追查政治生态和诸思想脉络的变化如何客观地影响了它们的分流,也不在于诉诸某种特定价值做出判断,而在于我们要回到德国社会学诞生的时刻,充分彰显价值的多元性和复杂性,体会每一位经典作家探索现代伦理生活道路时如何安顿这些价值,从中寻找同我们的传统和处境具有共鸣的启示。从这个意义上讲,滕尼斯和齐美尔的社会科学就不再是一段思想史的掌故,而触及了现代学术的内核。

| 现　实 |

From Simmel's Stranger to Today's Refugees

Horst J. Helle

(University of Munich)

1. Conflict Resolution and the Quest for Truth

In the following talk I hope to transfer my enthusiasm for the sociology of Georg Simmel to my listeners. My hope is powered by something of a calling to pass on the message so central to his writing and thinking that it can be condensed into one simple statement: Using his approach to culture, politics, and society translates the statement "you are wrong!" into "I see, that is how you look at it!" Thus, the blunt definition of the other person as being in error becomes an acknowledgment of a new insight. This is so to Simmel, because he interprets the process of making something meaningful as *assigning a specific form* to a given content, or, as Erving Goffman will write much later, as *framing* it in a special way. [1]

Sociology cannot be a natural science but is possible only as a humanity.

---

[1] E. Goffman, *Frame Analysis: An Essay on the Organization of Experience*, Cambridge, Mass. : Harvard University Press, 1974.

This is so, because the human person has the liberty to create social reality together with other humans. During that process of reality construction humans give forms to contents that are by themselves meaningless. The content of observation may be a beautiful flower. The form may be *a gift from a friend* for my birthday, or another form may be *a part of God's creation*, or indeed a third form may be a combination of the two already mentioned.

To Simmel culture provides us with a wide variety of forms, and we are free, in interaction with and in consensus with each other, to apply forms to the content around us. As one can easily see, there is an abundance of forms of various types, but Simmel acknowledges three forms as the most general and most important ones: They are *art, religion,* and *scholarship*. He writes that each of those three forms enables us to capture and re-create *the entire universe* in the context of one of them. An artist can represent the whole world in his or her art, a scholar can do research and publish results on everything there is to know, and a religious person can look at everything from the perspective of his or her faith.

Simmel believes there can be no conflict between art, religion, and scholarship, because each of them has the potential of re-recreating everything in their own way. Thus, the miraculous story of the creation of life and the world can be told as art, as science, and as religion. None of the three can contradict any of the other two. Using his approach to culture, politics, and society can have the effect of making human interaction more tolerant and peaceful. However, Simmel does not share the vision of an eternal peace in the sense of the absence of any type of controversy.

Sociology has from its start contributed to emphasizing as well as criticizing conflict. But Simmel himself clarifies in his lecture on competition[1] that social change relies on conflict, and that accordingly the alternative cannot be complete absence of conflict in some state of eternal peace versus fierce fighting among antagonistic groups of humans. Instead the alternative we must work with as sociologists is the choice between different types of conflict. Since the human condition appears to confront us with the presence of controversy in one form or another, we must search for the most humane and most advanced type of conflict. Simmel's work is about this search, and it can be summarized—see above—as the transition from the statement "you are wrong!" to peaceful competition based on the insight "I see, that is how you look at it!"

As we have shown, the significance of that can only be clarified by means of illustrations: For instance, the world-wide refugee crisis has brought populations together who used to live inside one common terrain, and who for centuries were inhabitants each of their own geographical area: There were in the past the Christian nations in Europe and America, versus the Muslim populations in Northern Africa, the Near East, Pakistan and other countries. The executive order of the President of the United States to bar Muslims from entering America was an attempt to restore that past.

2. Migration and Religion

Leaving the issue of religious diversity out of consideration for a while, we

---

[1] Georg Simmel, "Soziologie der Konkurrenz", in *Neue Deutsche Rundschau*, 14, 1903, pp. 1009-1023.

must acknowledge that waves of migration are nothing new to the West. The *Chicago School of Sociology* decidedly influenced by Simmel's thinking—Robert E. Park had been Simmel's student in Berlin—has performed high quality research and championed numerous publications on problems of migration between 1900 and 1930. The text by Simmel most significant for that phase of academic activities about conflicting cultures was his *Excursus on the Stranger*. That text presupposes that reality is constructed in the process of interaction and thus is created, modified and restored in conjunction of what goes on between persons.

As humans meet, they commonly experience a combination of closeness and distance. It is to Simmel a specific combination of those two components of experience which leads to the socially constructed reality of strangeness: The stranger is not a stranger because of qualities that may be inherent in him or her, but because of being socially defined as foreign, alien, or strange. The result of attaching that label to the newcomer is to Simmel a new and specific form of interaction: Being in contact with a stranger. In two places of that famous piece Simmel mentions the Jew as the Stranger, but his theoretical analysis is quite general and in no way intended to deal with any specific religious background, but instead with the confrontation of cultures provoking the issue of "what is the truth."

As we here at this conference as well as other sociologists in France, Italy, and Germany prepare to commemorate the 100th anniversary of Simmel's death, the European continent looks back at nearly two millennia of Christian culture. In everyday life as well as in scholarship for centuries Islam has not been a central topic of interest. Apart from a few insignificant passages in the work of Max Weber, traditional sociology of religion remained quiet-and ignorant-about Muslim religion. As a member of that trade and as a teacher of *sociology of religion* the writer of these lines must confess that until a few decades ago he never saw any problem in that, nor—as far as I can remember—did anybody else among my colleagues.

Narrowed in scope to the context of Christianity I used to teach my students in the pre-mass-migration past that the question *if Jesus has risen from the dead* cannot be debated in sociology because it is a *matter of faith*, and sociology—or for that matter, any other branch of scholarship—has no business commenting, let alone passing judgment on matters of faith. The crucifixion and death on the cross, however, I taught to be a *historical fact* not needing any confirmation by any religious body. I now know that, in teaching that, I was in error.

I know today, that to the believing Muslim, Jesus was one of Allah's prophets, and God would under no condition permit his prophet to be tortured and killed. Accordingly, from a Muslim perspective Jesus was saved in a miraculous way, and another person who looked like him was put in his place and executed by crucifixion. Jesus, however, was elevated to heaven unharmed.

All sociology aside, for the average Christian this is an incredible story. That is so despite the fact, that the result according to which Christ is believed to be in heaven is a view shared by Muslims and Christians alike. Yet the difference in faith on how he got there is so enormous, that any attempt at finding common ground will merely lead to the scandalous suggestion that it does not really matter, but that is inacceptable to the faithful.

Are we then faced here with a situation in which our transition from the statement "you are wrong!" to the insight "I see, that is how you look at it!" does not work, not even for the sociologist? Faced with the two versions of the crucifixion, the missionary, no matter which side he or she is on, cannot avoid having to say to the dissenting believer, "you are wrong!"

Indeed, Christians and Muslims sharing their views on the last day of Jesus on this earth cannot come up with anything other than the conviction "you are wrong!" They can say that to each other, or worse, act it out aggressively. Faced with this grim interim result, can we hope for any help from Simmel? The sociologist of religion inspired by the work of Simmel has the option of concluding: "That is how you must look at it, because your religion teaches you to do so!"

In addition, it follows: If you *do not* believe that Jesus died on the cross, you cannot be a Christian, if, on the other hand, you *do* believe that Jesus died on the cross, you cannot be a Muslim! Thus, content of faith serves as a *badge of membership* in a religious collective. The authority of that consensus hinges on the fact that the content *is the truth* to its members because they agree on that. Following Simmel's method one might say: The respective content is given the form of truth.

In recent remarks about the so-called "base" of President Trump it has been surmised that those followers, will remain "faithful" to him, no matter what he does, because believing in Trump is so to speak the badge of membership in the political and quasi religious consensus group in question. This is indeed the area where, at least to the intellectual, politics border on tragedy.

3. Rules for Conducting Scholarship

Be that as it may, the rules of conducting scholarship require for the sociologist who deals with contents of faith, world view, or similar non-empirical ideas to forego any attempt at proving or disproving the veracity of those contents. The scholar can, and should, of course test the inner consistency of components of a system of beliefs to detect any contradiction that may exist between them. But beyond such an *immanent critique* based merely on inner criteria extracted from the collectivity under study itself, he or she as sociologist has no business evaluating the faith of other people. This simply is what is meant by value-free scholarship. Yet, how can sociology, following Simmel, answer the question of "what is the truth"? How can we avoid becoming cynical, and concluding in the tradition of relativism that "it does not really matter"?

As interactionist sociologists we can only *try to connect* what we find in the heads of persons with the memberships they have acquired in the present or the past. We must also distinguish between different types of content. In the case of that type of knowledge usually identified with the natural sciences, *isolated individuals* can prove or disprove the veracity of what is offered as truth on their own in a laboratory or by similar experimentation entirely by themselves. However, any truth that has religious or similar non-empirical character can only be "proven" to be real, reliable, and often also unchangeable, by being confirmed in the consensus among the membership of a church, a party, a nation, or—in the past—the working class. As a basis for such consensus frequently a shared narrative is needed. Therefore, in order to believe that Jesus is in heaven, the congregation sharing that faith needs to know how he got there.

While the sociologist is not allowed to ask, which if those contents of "knowledge" are true, he or she is not only permitted but *even under obligation*, to study and evaluate the behavior that finds its legitimating motive in those "convictions". If I wear the hat of the academic doing his or her research, I cannot try to argue if their religious convictions as Christians or Muslims are right or wrong, just as the physician working in a hospital is not allowed to ask if the patient under treatment deserves being healed. But the medical doctor is evaluated by how effective he or she is in helping patients of recover from whatever ailment besets them. And Simmel deserves to be judged by what his sociology contributed to anticipating, ameliorating, and advancing cultures and society on their way toward a *peaceful modernity* based on competition rather than primitive forms of fighting.

4. The Stranger: Invader or Innovator?

If indeed issues concerning the religion of Islam are much more present in academic discourse today than they were three or four decades ago, it is of course the result of the world-wide migration of refugees confessing that faith. In his text *The Stranger* Simmel does not begin his analysis with the refugee but instead with the idea of wandering, pointing out how the freedom to change location creates an advantage over being fixed to a given geographical local, and how *The Stranger* combines both, being free to wander with being fixed in one place. Simmel is also aware that in many ancient cultures the foreign visitor was protected by a law securing certain rights for visitors as guests, and how hospitality toward them could be rewarded by learning new techniques and ways of life previously unfamiliar to the hosts.

Simmel writes about *The Stranger*: "The combination of closeness and distance present in every relationship between humans has reached here (in the case of *The Stranger*) a special constellation which can be summarized as follows: The distance as part of the relationship means that the close person is far away and being strange means that he who was distant is now close by."① *The Stranger* is the person from a foreign area who has become close because he arrived and stays, even though he or she could just as well leave again.

We refer here to the famous *Excursus on the Stranger* from Simmel's voluminous book Soziologie. ②The piece he inserted there as excursus has likely become his most frequently quoted text. In recent years *The Stranger* has become unexpectedly topical due to its relevance for studying and interpreting the refugee crisis. It is worth noting that there is an important qualitative aspect of migration: If foreigners arrive in small numbers, they

---

① Georg Simmel, "Exkurs über den Fremden", in *Soziologie: Untersuchungen über die Formen der Vergesellschaftung*, Leipzig: Verlag von Duncker & Humblot, 2018, S. 685.

② Georg Simmel, "Exkurs über den Fremden", in *Soziologie: Untersuchungen über die Formen der Vergesellschaftung*, Leipzig: Verlag von Duncker & Humblot, 2018.

may be welcome; but if more and more of them come, sooner or later they will be perceived as a threatening group, the more so the higher their quota in percentage of the local population.

The host population, due to little or no familiarity with the newly arriving aliens, tends to expect something of them that is not normal from a local perspective. The Strangers are frequently prejudged as being different. Consequently, seeing them from that perspective tends to become a self-fulfilling prophecy. Experiences are extracted from any encounter with them that seem to serve as proof of their being strange by and of themselves. Simmel, however, does not merely look at what may be typical of this or that individual, but rather at specific qualities of the relationships they enter. Accordingly, to him social reality is not inherent in the person, and what goes on between persons cannot simply be deduced from who they are individually.

Instead to Simmel social relationships have a primary reality of their own not to be derived from anything outside of them. That is also in the background of the observation so familiar to any student of juvenile delinquency, that group qualities cannot reliably be explained by pointing to characteristic of individual members. It is against this background that Simmel describes *The Stranger*, not as a person representing strangeness, but instead as a participant of a strange relationship; or similarly, he sees the poor person not as someone with a certain below-level income, but someone who is dealt with by others as being poor. In addition, we can easily see that qualities are typically attributed to a relationship according to the needs of the attributor. Defining the new arrivals as outsiders tends to make the insiders feel good and strengthens their perception of being firmly imbedded in a collective of members who conjointly guarantee certain ideas as reliable and true by their consensus.

Unfortunately, there is reason to assume that the experienced threat toward familiar definitions of reality has the potential of causing the most emotional and fierce forms of conflict between a sedentary majority and a migrant minority culture. Strangers are perceived as taking away jobs or government funding but what really happens is that their presence becomes threatening to our world view and to what we view as our reality. That threat includes the danger that we no longer know who we are. Above here we used the description of the death of Jesus as an illustration. In that context certain events are defined as real and true that form the very foundation of an entire culture and of the personal identity of many.

But, should the leading elite of Christianity become convinced that we cannot be sure whether Jesus died on the cross, and besides, it does not really matter if he did, then clearly that would be the end of Christian culture as a lived reality. Thus "falling from the faith" is not only an event crucial in the life of the individual, but rather if it happens on a large scale, it threatens the continued existence of the collective, religious or otherwise, and that explains the enormous potential for conflict.

Against this background the dynamic of refugees arriving in increasing numbers appears in a more dynamic light if seen from Simmel's point of view. Non-empirical truths, as we find them in religious faith, in political conviction, in world views, in visions of a future of mankind etc. cannot be endowed with the weight of being real and true in any other way than by having the consensus of a large collective guarantee them. Only a church, or a nation, or a traditional region as part of a nation, or a people with a transcendental history, or similar collectives can do that.

Those large groups include the dead who have gone before the generation of the living and who frequently gave their lives in defending as true the very content under question. An isolated visitor entering the community of the bearers of the consensus cannot and will not change that. The same is true if a small number of aliens should arrive. But if their number starts to exceed a critical threshold, they will no longer be tolerated: Either the sedentary group will force them to convert to their faith, or they will be expelled, or worse. This makes good sense sociologically, because *The Stranger* as a mass movement would question and eventually destroy the consensus and thereby the reality guarantee on which the shared "faith" depends.

That of course cannot be tolerated—from the point of view of the traditional culture, not by the writer of these lines—because the resulting conditions would be bearable only to the intellectual elite, which in its global orientation is correctly seen as the ally of invading Strangers. What tends to aggravate matters is the fact that too few people have command of the sociological knowledge that would enable them to see through all this. Consequently, more superficial and banal topics will be proposed as reasons for political action: Securing jobs, rebuffing a threat to national security, defending ethical standards etc. Centering the attention to topics like these can perhaps generated votes in an election, but it does not contribute toward understanding the situation.

At this point of the discussion it seems as if Simmel leaves us with no hope. But that is not the case. To find a theoretical way out the impasse we must follow Simmel further, and replace the model confronting a majority population with a minority of strangers with a different model, in which two populations *of equal size and power* get into contact with each other. As a result, one of them can no longer experience the other as The Stranger, but now *they are Strangers to each other,* their relationship as it were has become reciprocal. This new approach works only, provided we follow Simmel's premise that there is an *ongoing evolution* of cultures and societies. It works also, provided we look at stages following each other in social change as Simmel does.

5. A Novel Approach to Social Change?

In the original stage, i. e. before modernization becomes a variable in Simmel's theoretical model, each population is in control of *its own territory*. It awards its members *identity in return for conformity*. This is obviously a give and take: The individual receives the identity (passport etc.) from the collective, and in return the unified membership can expect and enforce conformity. The visitor from outside, apart from bearing a different passport, does not belong here, can stay only under certain conditions and for a limited time, and is not expected to conform to what is imposed on the natives. The reliability and stability of this phase depends on the premise that there is no, or merely limited, contact between the two different populations. But next a dynamic component is entered into this static model.

As contact and exchange between individuals from the two groups increases, Simmel sees a process getting started which initiates social change in both. William I. Thomas and other theorist in American sociology have elaborated on this idea. The formerly foreign groups start sending individual members into each other's territory, who at first will follow what Simmel has already described as the effects resulting from the presence of a Stranger. But *competition* forces both sides to emphasize *unique specialties* to become interesting and attractive to customers and thus, being pressured by modernization necessitates relaxing the *insistence on conformity*.

It turns out, moreover, that the number of workable alternatives in human behavior is limited, and the more individuals in both group search for novelty and uniqueness the more they give up what has been peculiar to their group of origin. Members of both groups individualize in similar or identical fashion, and as a result the traditional differences between Group A and Group B disappear. According to Simmel's theory of evolution and social change, this is indeed what happens, whether the people involved like it or not. It is, in Simmel's words, the rapprochement of formerly separate social circles. Rather than migrants from one group entering the ranks of the other group as Strangers, individualization, occurring in both groups, makes Strangers of us all. Thus, the traditional solidarity based on subjecting to the demands for conformity, is replaced by a modern-type solidarity based on the individual uniqueness shared by all. The importance of this segment in Simmel's theory-building justifies going back and repeating briefly a description of the stages of social evolution.

1) First stage: Two populations or large groups of people differ from

each other in significant characteristics: All members of Group A are like each other in certain respects, but if compared with Group B they turn out to be clearly different from those. There is a generally accepted duty in each group, to cultivate a sense of solidarity within it. Also, there is consensus to minimize personal idiosyncrasies and instead to emphasize whatever is agreed upon to represent one's own group as typical. This general tendency includes, among others, language use, life style, and a positive attitude toward uniformity in getting dressed.

2) Second stage: An increase in the number of group members and in the density of the population of a given territory results in more competition. To gain advantages over other competitors in his or her own group, each member finds that there is a prize to be earned for cultivating individual traits. Since people not only compete within their respective groups, but the two groups compete with each other as well, similar pressure towards individualization arises in Group A as it does in Group B. This compels both groups to sacrifice more and more their traditional *emphasis on solidarity based on being alike* and on joining force among its members. In its place they gradually move toward an alternative type of *solidarity based on being different* (Durkheim) and on seeing in that an added chance to cooperate.

3) Third stage: What one may want to call a trans-group-solidarity makes more and more people realize that—no matter from which group they originated—they share what is fundamentally human. As a result, more and more individuals recognize a) that there exists only a limited number of options available to them as humans, options how to behave

ethically and successfully, and b) that in the other individual, even though he or she may have individualized following a distinctly different path in family and school, still ends up following an option that the observer can visualize him-or herself also having followed. As a result, as was stated above, in this third stage the traditional difference between Group A and Group B collapses and a new basis for consensus and solidarity emerges: What they all share is being unique individuals.

It is remarkable to note how crucial aspects of theory building are condensed in Simmel's three works on a) *The Stranger*, on b) *Individualization*, and on c) *Competition*, and how they merge in this approach toward change and modernization. The arriving Stranger encountering what is described here as the first stage is, so to speak, the precursor of individualization. He is the proto-type of the non-conformist, and at the same time the propagandist for shared characteristics of all human kind. In a religious context he can be compared to the proverbial prophet, who is experienced as anything but popular, and certainly not welcome. Typically, no one listens to him in his own country. What do prophet and Stranger have to offer that triggers such ambivalent reactions?

The Stranger's presence alone ushers in new and unheard-of ways of life. The persons welcoming his or her arrival with reservations may not have a clear view of what to expect in the medium and in the long run. The newcomer brings new options, but at the expense of a loss of uniformity, of consensus, and of solidarity in the domain of the existing traditional in-group. What used to be peculiar to it, what used to be the basis there for pride and cultural continuity is put into question and is eventually lost or relegated to archives and to a museum. Competition enforces individualization, makes self-cultivation the condition for upward mobility, and puts a heavy burden on those, who simply wanted to live like their forebears enjoy a life in peace and quiet.

The very group for which ancestors gave their lives, the group that awarded identity to friends and family becomes irrelevant. Finally, globalization compels everyone to become a Stranger, and be willing to migrate, and live and succeed anywhere on this globe. And many a contemporary, who has never heard about Simmel, and who has no notion, that these things may be going on now or soon, may nevertheless have a pretty good sense, that it is *The Stranger* who ushers in all this and more. How then, can we in good faith expect all our contemporaries to happily and spontaneously welcome a Stranger? The widening of the range of opportunities for the native initiated by the mere presence of the Stranger is realized only at the expense of consensus, solidarity, and inner unity of the respective group. The effects of that ominous alternative are to be felt in both groups: Their membership becomes more and more individualized, and the condition of being *The Stranger* applies to everyone. As a result, the two groups become more and more similar, and because of that it does not make any difference any more, which group the individual belongs to.

That is, however, experienced in various ways: While some see that trend as liberating them, others feel threatened by it. The former group will see in *The Stranger* the person with whom they can identify, because he or she too has emancipated from the guardianship of traditional superiors, as the migrant was compelled to do. The latter group will serve as a recruiting base for persons with anti-migration sentiments. Men and women who do not want to move in the direction of modernization by individualization seek for closeness with like-minded persons who conjointly pull back into the seemingly more secure membership in conventional groups with familiar religious or political ideas defining them.

6. What Does This Have to Do with Today's Refugees?

This trend can be extrapolated in the direction of two antagonistic social "classes": One of them has become globalized and enjoys the potential of finding like-minded individualized persons anywhere in this world who share the impetus of cultivating their personal uniqueness. The other "class" feels attacked by the specter of a globalized humanity and fears the implied threat levelled by more and more Strangers against the reliability and trustworthiness of familiar religious and political ideas.

Simmel's Excursus on the Stranger has inspired many sociologists to follow his approach to social change. The most recent example known to me is an article, developed out of what originally had been a lecture, by Stephan Lessenich. As outgoing president of the German Sociological Society, Lessenich gave this talk to the attendees of the 38th Convention of that association in Bamberg, Germany on September 26, 2016. He starts by asking what it is that makes the foreigner appear strange to us. According to Lessenich it is not the way he or she looks, eats and drinks, not even what Strangers think or believe, but the sheer fact that they suddenly *come to stay*.

Accordingly, what is strange about them is not that they come and go soon after, but, as Simmel also wrote, that they come and stay. We like to live with those who have always been there, who were there even before we arrived on the scene. For somebody to suddenly show up, after we had already been there for quite some time, is a novel experience to us; it is moreover not fitting, and it is rather annoying. Well, what does not fit will be made to fit. The newcomer must adjust to the natives. But if that happens rather quickly, then even that causes opposition: This stranger simply *pretends to be one of us*, he or she fakes the native ways, and that is not acceptable. In any case, the arrival of the outsider signals change, and nobody has really asked us, if we want change.

Regardless of whether he or she wanted that or not, by leaving the familiar former native environment that was their home prior to migration, the Stranger *changed him—or herself*. And at this point Lessenich points out, that being able to change, being flexible and willing to adjust to novel challenges, *is precisely what is expected* and required by the labor markets and other contexts in our late phase of modernization. In a dialogue between natives, one of them trying to explain to the other why a new job and a new apartment, possibly even a new intimate relationship was on the agenda, the words may be used: *I wanted some change*. Here we can find a point of entry for diagnosing inner conflict: We would deep inside much prefer to remain who we are, or—as Lessenich puts it—who we think we are.

These deliberations bring us to the fate of the refugee in late modern active society. The conditions of "late modernity" require precisely the characteristics so typical of *The Stranger*: Initiative and innovation, mobility and willingness to change, activity and flexibility designate what is much in demand in the placement ads, and it is what drives the postmodern labor market. The moving individual is much in demand. The person willing to try something new, the entrepreneur, big or small, shapes the role model of our time: To embrace what is novel, to invest in the future, to face risks, those are the qualities which the locals as well as the natives know to be in demand today.

Against this background, so convincingly sketched by Lessenich, recent political debates about migration and refugees must cause raised eyebrows: In principle the refugees who courageously leave behind all they had and are willing—and usually also compelled—to start a new life, match the locally desired requirements of mobility and flexibility quite closely. Then, *why cannot the natives welcome the Strangers* as the embodiments of what is expected of everyone, native or newcomer?

Is it because the refugee represents those principles like seeking change and taking risks in a *more convincing way* than the native, that makes the latter fear for him or her to be the more credible innovator? Is that the real reason why the foreigners are accused of taking away job opportunities?

从陌生人的社会到陌生人的教会[*]

汲 喆

（法国国立东方语言与文明学院）

摘 要：现代社会是"陌生人的社会"的观点源自齐美尔对"陌生人"的形象刻画，这一论述凸显了流动性对现代人的生存处境和交往体验所造成的后果。从宗教社会学的角度而言，流动性也为当代宗教集体实践的组织带来了挑战，因为传统上这类实践往往要求时空上持续地共同在场。本文从涂尔干的"个人宗教"问题及卢克曼的"宗教私人化"问题出发，结合田野调查实例，探讨一种基于流动性的"陌生人的教会"是否可能。此一问题的意义并不限于宗教变迁研究，而更关涉到如何理解现代人自我认同之社会维度的建构方式。

关键词：陌生人 流动性 现代性 教会 梅村

一、个人宗教与教会宗教

一个多世纪以前，涂尔干（Emile Durkheim）在《宗教生活的基本形

---

[*] 本文依据拙著 *Religion, modernité et temporalité: une sociologie du bouddhisme chan contemporain*(Paris: CNRS Editions, 2016)第八章的部分内容改写。

式》的第一章中就预想到,他的宗教定义面临的最大挑战可能就是现代社会不断增强的个体主义。因此,涂尔干在给出宗教的确切定义之前就表明:未来也许会出现一种"完全由内在的、主观的状态构成的,可以由我们每个人随意建构"①的宗教。不过,他指出,只有在研究过宗教的性质、要素、根源和功能以后,才有可能讨论这个有关未来的问题。果然,在全书的结论中,涂尔干再次回到了这个问题上,这时他的回答是斩钉截铁的:纯粹个人的宗教是无法实现的。涂尔干强调,信仰意味着对个体的超越,而个体靠自己的力量无法实现这种超越,只有社会,也就是集体生活才是这种超越的力量源泉。

　　个人宗教的不可能性提醒我们,在涂尔干宗教定义的四要素中,"教会"这一要素在"信仰""仪轨"与"圣俗之分"等三要素之外,具有相当特殊的意义。②"教会"不仅使宗教与巫术区别开来,而且构成了其他三要素的社会基础,并鲜明地标示了宗教的非个人特征:宗教的学说、活动和戒条只有在凝聚共同集体生活的"教会"之中才是有效的。需要强调的是,这一点对于闪米特一神教系统之外的"无教会"宗教同样有效。这是因为,涂尔干在宗教定义中对"教会"是从客位观点(etic)加以使用的(就如同"图腾""塔布"一样),即借助作者所熟悉的基督教用语来概括一般意义上的宗教—道德共同体。因此,对于非西方宗教而言,只要遵循涂尔干的理论框架,就应当将"教会"视为一个普遍可用的分析性概念。同样,"教会"一词也有助于我们理解基于非宗教的

---

　　① 涂尔干:《宗教生活的基本形式》,渠敬东、汲喆译,上海人民出版社1999年版,第53—54页。
　　② 涂尔干有关宗教的确切定义是:"宗教是一种与既与众不同、又不可冒犯的神圣事物有关的信仰与仪轨所组成的统一体系,这些信仰与仪轨将所有信奉它们的人结合在一个被称之为'教会'的道德共同体之内。"涂尔干:《宗教生活的基本形式》,渠敬东、汲喆译,上海人民出版社1999年版,第54页。

神圣性的道德共同体。例如，涂尔干曾提出，尊重个体主义的"人性宗教"是今日人类的普遍道德。① 这种人性宗教绝非个人的宗教，而是指在现代社会中，个体的"人格"是在最广泛的"人类"共同体中能够唤起普遍情感的唯一因素。我们可以说，对于这种道德而言，人类就是最大规模的"教会"。

涂尔干认定，无论何种条件下，宗教作为集体表象的一种社会表达，唯有在形成了持久的道德纽带的"教会"中才能维持自身。不过，现代社会中个人与宗教的关系问题并没有就此了结。在涂尔干去世半个世纪以后，卢克曼（Thomas Luckmann）根据他对二战之后高度现代化的西方社会的观察，于1967年出版了《无形的宗教》②一书，推进了对个体主义与宗教问题的研究。他认为，教会取向的宗教的边缘化和宗教的私人化是现代（西方）社会中宗教变迁的核心内容。在他看来，现代社会中的基本公共制度已经世俗化，而且也不再深入地影响个人意识与个性的形成，个体认同基本上成为一种私人现象。在这一背景下，宗教的主要功能一如既往，是将人从自然族类的成员转化为一个具有历史性的社会秩序之内的行动者。但是，在现代社会中，专门化的宗教制度（教会）以及其他基本的公共制度不再能将这种转化强加给个人，个体得以在私人领域、在形形色色的"终极"意义主题中（例如大众传媒、家庭、友谊和心理治疗等所提供的意义中）进行选择，"自主地"构建社会和历史的超验现实。这时，出自传统的"神圣宇宙"并基于"宏大"超验的种种典型的、制度化的宗教（institutionalized religion，

---

① 涂尔干：《个体主义与知识分子》，载《乱伦禁忌及其起源》，汲喆、付德根、渠东译，上海人民出版社2003年版，第152—163页。

② 卢克曼：《无形的宗教：现代社会中的宗教问题》，覃方明译，中国人民大学出版社2003年版。

或称"建制宗教")无法继续占据支配地位。在私人领域中的、以主体间的方式重建的中等的超验经验和日常生活中的微小超验经验,已经在很大程度上成为现代人自我满足的基础。于是,宗教的社会形式不再以容易观察到的制度行为为基础,变得"无形"或"不可见"了。

卢克曼的理论将现象学社会学与功能主义、社会分化理论结合起来,推进了社会学对于宗教变迁的理解。尽管人们并不总是同意他对宗教的广义定义,但是,他有关不能将宗教与其流行的、充分制度化的形式(特别是基督教式的教会)等同起来的观点,为后来多维度的、去制度化的世俗化理论埋下了伏笔。[①] 依据这些理论,世俗化主要是指宗教的建制机构,也就是教会的衰落,而不是宗教本身的衰落;教会的边缘化和个体虔信的加强可以同时存在。的确,依据卢克曼的定义,如果把宗教看作将个人纳入社会秩序的一种装置的话,那么宗教衰落的问题是不存在的,因为人总是要社会化的。随着个体与社会秩序的关系的改变,发生变化的只是"宗教"的社会形式。这就是卢克曼以"私人化"来概括当代宗教变迁的原因,因为在现代社会,个体越来越依赖于可选择的、在教会之外但本质上也有宗教特征的意义生产机制来整合日常生活,建立日常生活中的秩序感。

卢克曼对宗教变迁的深刻剖析得到了广泛认可。几十年来,它一直是对当代宗教现象,特别是高度现代性(high modernity)条件下的宗教现象进行研究时所依据的一个基本假设。但是,有关"私人化"的表述也蕴含了一个有待于深入探讨的问题:教会取向的宗教和私人化的宗教这两者之间是什么关系?它们是相互对立的两种宗教形式吗?后

[①] 参见汲喆:《如何超越经典世俗化理论?——评宗教社会学的三种后世俗化论述》,《社会学研究》2008年第4期,第55—75页。

者的兴起是否一定意味着前者的衰落？

在卢克曼那里，这个问题也许并不成为问题。在基督教垄断下的西方的千年历史中，教会曾经是整个社会进行整合的共同基础，而它在现代社会的衰落和宗教的私人化是同一社会变迁的后果。换言之，制度分化和自主主体的出现是现代性兴起的同一过程的两个方面。这时，宗教的私人化就意味着宗教的去制度化。尽管在现代社会，教会作为种种次级制度之一，也会继续参与建构超验的过程，但是根据卢克曼的观点，教会只能在与过去的社会价值秩序有关的社会群体中保留下来，同时还面临着改变其原有意义体系的压力。

上述分析可能十分适合现代西方。但是，宗教制度的衰落和宗教的私人化之间的这种完美的正相关关系，既不是普遍的，也不是必然的。必须考虑到宗教的多元化不是现代社会所独有的。事实上，在全球范围内，像基督教欧洲那样由一个强势教会长期垄断意义生产的情况应该是特例，而宗教多元性在其他地方，尤其是亚洲历史悠久。在多宗教并存的条件下，造成宗教私人化的现代变迁——包括基本制度的世俗化、价值的多元化、社会生活的私人化——对不同宗教的影响差异甚大。尤其是，一种宗教衰退与否总是相对于其自身先前的社会影响而言的，而这种影响的变化又取决于它在特定宗教场域中的历史地位。显然，那些历史上具有支配性的、具有官方色彩的制度化宗教在现代社会必然会面临失去其特权地位的危机。欧洲的天主教、中国的儒教正是如此。但是，那些曾经处在边缘地位的宗教不一定衰退。事实上，由于先前支配性宗教的弱化，它们在开放了的宗教场域中可能获得更多的发展契机。对一种非支配性宗教而言，如果这一积极因素的作用超出了同时出现的其他消极因素的影响，它在现代化的过程中反而可能会相对地出现兴盛的局面。正因如此，在法国1905年前后建立政教分离制度的过程中,处于宗教场域中强势地位的天主教教会势力受到了重创,但是处于弱势地位的基督新教和犹太教对这种世俗化政策却都是非常欢迎的。同样,20世纪初的中国佛教在儒教解体后就曾一度出现了兴旺的局面,尽管原因是多方面的,但也不能忽视儒家的人才和象征性资源向佛教转移带来的后果。[1] 另外,某一宗教的影响还取决于其神义论与社会要求相协调的能力,包括与现代个体的私人生活的超验经验的建构方式相适应的能力。建制宗教尽管不可避免地具有抽象化、非人格化的趋势,也常常面临与个体的日常生活相疏远的困难,但是这一困难并非总是不可克服的。在一定意义上,新教改革就可以被看作这一方向上的努力。在加尔文宗那里,于世俗日常生活中寻求自我证明的上帝的选民所组成的恰恰是"无形的教会"——这正是韦伯(Max Weber)在其著名的《新教伦理与资本主义精神》[2]中所要论证的一点。建制宗教与个体的宗教性之间,也就是有形的宗教与无形的宗教之间并没有一条不可逾越的鸿沟。至少,没有理由把以教会为基础的信仰与日常生活中的中、小超验经验一劳永逸地分离开来,而将教会的取向限定于宏大超验。也许,在一个更为宽泛的脉络中,对于卢克曼的发现应该这样表述才更为确切:一个由先定的、强制的单一价值和共同行动规则所整合的"教会社会"不存在了,但某一具体建制宗教的兴衰则取决于它的历史条件和现实行动策略。就行动策略而言,要化解教会与个体主义之间的张力,传统建制宗教首先要回答的问题就是:如何回应流动性的挑战?

---

[1] 参见汲喆:《居士佛教与现代教育》,《北京大学教育评论》2009年第3期,第39—62页,尤其第51—52页的简短讨论。
[2] 马克斯·韦伯:《新教伦理与资本主义精神》,于晓、陈维纲译,生活·读书·新知三联书店1987年版。

二、流动性的挑战

　　一个名副其实的教会的首要工作是形成持续有效的动员能力，以便组织集体宗教实践，在教内促进整合，与教外完成交换。然而，在现代社会中，恰恰是集体宗教实践的组织越来越成为问题，因为集体实践通常要求时空上的共同在场，而可预期的共同在场则变得越来越不容易。这其中值得分析的因素不一而足，但毫无疑问的是，流动性的增强是应当优先考虑的问题。流动性不仅是个体自主性的体现与要求，同时也是对个体自主性的肯定与强化。必要的流动性是实现集体实践的条件，但是高度的流动性却会增加协调集体实践的难度，因为流动就意味着集体的共同在场的弱化，意味着对于一元的社会角色的脱离。那么，教会——不是作为专业化的管理救赎资财的教士群体，而是作为涂尔干意义上的由这一职业群体和平信徒联系在一起的道德共同体——对于集体实践的组织如何能够恰当地适应流动性？在进入具体实例之前，我们先扼要地阐述一下流动性带来的挑战。

　　作为时间对空间的穿透和克服，流动性的核心是速度，即时间与空间的可变关系。速度的增加意味着空间的贬值和时间重要性的强化。从宗教实践的角度来说，现代社会流动性的剧增产生了两个重要后果：一是时空的重组，二是个体角色的分化。首先，随着社会生活的加速变迁，空间对人的制约越来越少。由于运输方式和沟通媒介的发展，不仅人在地理空间中的运动能力大大增强，物质、信息的流动也都在不断加快。这种现象已被众多社会学家揭示和分析，并在不同的论述中被称为"时空压缩"(compression of time-space)或"时空聚合"(time-space convergence)。① 新的时空经验深刻地改变了人与人之间的互动方式:一方面,空间上的共同在场以及与之相关的社会行为变得越来越不稳定;但另一方面,距离的"缩小"也更方便人们以偶聚的方式相遇。所以,有关信任、忠诚、认同等社会整合的机制必须在更大的时空跨度上加以重组,并使制度规则能与处在偶变中的社会行动相适应。其次,在制度高度分化的背景下,不同社会空间之间的流动性也在不断增加。除了纵向的阶层流动之外,个体的社会存在还意味着依据不同的规则扮演各种专门化的社会角色,并根据情境在这些角色之间迅速转换。这种在社会空间和社会角色之间的流动,正是现代个体缺乏能够整合其经验的坚实统一的自我认同的一个基本原因。换言之,由于制度分化和"生活节奏"的加快而造成的"自我"的流动,使得系统整合和社会整合既相互交错,又存在着某种不协调,这种不协调体现为自我认同的表面化与碎片化。

在这种条件下,集体宗教活动如果不是仅限于仍能以传统方式参与的部分成员的话,其时空组织的机制必须能够适应或克服流动性。具体言之,教会必须能够调整活动的节奏,提供随时可用的入口和出口,使活动能够容纳那些非核心成员的非长期参与。教会还要学会协调宗教实践与其他以不同的结构原则组织起来的制度实践(包括经济、家庭等等)之间的关系,在必须兼顾不同角色的社会成员之间形成

---

① Anthony Giddens, *Central Problems in Social Theory*, London: Macmillan, 1979; Anthony Giddens, *The Constitution of Society: Outline of the Theory of Structuration*, Cambridge: Polity Press, 1995; David Harvey, *The Condition of Postmodernity: An Enquiry into the Origins of Cultural Change*, Oxford: Blackwell, 1989; Zygmunt Bauman, *Liquid Modernity*, Cambridge: Polity Press, 2000.

团结，为他们提供重建社会整合的可能性。

下面我们将主要通过法国的佛教组织"梅村"(Village des pruniers)的经验，来考察宗教团体对流动性的策略性回应。梅村位于法国西南部，由来自越南的释一行(Thich Nhát Hanh,1926年生)禅师于20世纪80年代初创立，不久便成为在欧美影响最大的佛教团体之一。一行禅师在法脉上属于禅宗的临济宗，他很早就投身于越南的和平与救济运动，并受到过太虚(1890—1947)大师"人间佛教"的影响。作为"入世佛教"(Engaged Buddhism)的提倡者，在他指导下的梅村以"正念"禅著称，强调佛教对当下的关注、对社会的参与。在法国建立梅村以后，为了接待欧洲及世界各地的修行人和访问者，一行禅师在宗教实践的组织上做出了许多探索性的改革。根据我在2001—2007年之间的田野观察，这个宗教团体重新设计了仪式的时间框架，更多地考虑了个体的自主性和多重身份，创造了许多集体活动的新形式。在此，集体性的宗教活动不再是寺庙或地方共同体的内向结构化手段，而成为不同类型和层次的社会关系之间的沟通机制；参与者可以根据自己的时空条件，在多个社会空间中自由流动。

三、梅村：营造陌生人的亲密关系

从社会学的角度分析，梅村的组织策略主要包括三项内容：(一)调整活动的时间安排；(二)弱化仪式的制度要求；(三)激发临时的道德和情感联系。这三项策略使梅村在异文化的情境中能够营造出一种陌生人之间的亲密关系。

和绝大多数宗教一样，佛教的集体实践是通过仪式展开的。根据举行仪式的动机和参与者的资格，我们不妨将汉语系佛教仪式大体分为三类。首先，有些仪式是组织寺院生活的基本形式，例如日常的念诵、供奉，每月两次的诵戒、一年一度的冬参夏学。这些仪式都有特定的宗教修道目标，是在严格规定的时间框架内进行的。一般说来，它们仅涉及僧团，很多活动在家佛教徒没有义务甚至也没有权利参与。其次，应在家佛教徒的要求提供的仪式服务，例如为亡者超度、为生者消灾延寿而组织的仪式，其规则涉及僧团和在家众进行交换的程序技术。有时，这类仪式是私人或家庭专享的，但有时也开放给所有人参与。举行这类仪式的时间要考虑到施主的要求，但往往也要选择一个宗教上的"恰当"日期，例如农历每月初一和十五。又如每年七月十五日的盂兰盆节，则是举行救渡祖先，并由信众为僧团提供经济支持的专门节日。最后，还有一类仪式是纪念性的，例如汉传佛教体系内的佛诞日（农历四月初八）、佛成道日（农历十二月初八）、观音诞辰（农历二月十九）、观音成道日（农历六月十九）等等。这类仪式象征着佛教的连续性。它们为僧团和在家佛教徒确认归属与团结提供了契机，但也是普遍开放的，任何人都可以参与。

总体而言，传统的集体宗教仪式都受制于循环的时间节律，以便佛教"教会"作为一种僧团和在家信众的共同组织反复地再生产出社会凝聚力。但是，循环节期的社会基础是遵守共同时间基准的、相对稳定的共同体。在前现代社会，佛教的这些节庆是由支配整个东亚文明的循环式历法来标定的，既与农业生产的自然需要相协调，也与地方社群的公共生活节奏相一致。但是，在现代社会，源自基督教和牛顿物理学的线性时间框架构成了支配性的时间基线；在家佛教徒特别是城市居民的生活则受制于现代生产与消费的节奏；原来稳定的地方社区关系，也逐步因为流动性的增加而大幅削弱。在这种情况下，佛教的节庆仅能在不太受制于现代生活节奏的群体中继续开展,而无法承担起普遍有效地巩固和扩大以寺院为中心的"教会"建设的重任。

这一挑战对于像梅村这种跨文化的宗教团体来说尤为严峻:一方面,传统上所遵循的东亚时间框架在欧洲几乎完全失效;另一方面,梅村与其所在的地方社区没有任何宗教意义上的传统纽带。梅村力图建设一个国际性的佛教中心而非东亚移民的寺院,就必须开展出能够在异己的时空秩序中达成的集体实践。换言之,这种集体实践,必须能使诸多流动的个体穿越各自生活的时间与空间,重新汇集在一起。在梅村,实现这一目标的主要方法是组织阶段性的隐修。

所谓隐修(retraite),就是信众或对佛教感兴趣的人自发到梅村和僧团一起生活一段时间。和经常至少部分地处在封闭状态中的传统寺院不同,梅村几乎全年都对外开放。一般而言,任何人在任何日期都可以去梅村小住。为了配合法国家庭度假的时间,在7、8月份和年底圣诞假期时,隐修活动会更丰富一些,并会开设专门为儿童设计的活动。与世俗社会以星期为单位的工作时间安排相一致,梅村的隐修也是以星期为单位的。通常来访者在周五到达或离开。在这一天,梅村会安排到附近火车站的接送车辆。当然,来访者在任何一天到达和离开都是完全自由的,只不过在其他日子里需要自己准备交通工具。在隐修的每一天,原则上人们需要按照寺院的模式安排起居,包括每天早上5点起床、晚上9点半就寝,早晚坐禅、上午听讲、下午分组活动等等,一日三餐也皆有定时。但需要指出的是,对于普通在家人来讲,这一安排绝非强制性的。只要人们愿意,每天都可自由安排起居,自行决定是否参加梅村组织的活动。

原则上每七天构成一次隐修的完整周期。对于那些无法在梅村停留一周的人,梅村鼓励他们来住上一个周末。无论哪一个星期或哪一个周末到访，本质上都没有什么区别。这样，佛教的集体实践就不再受制于一种预先选定的特定节期了。相反，它们能够在日常的时间节律中重演。人人都可以根据个别的要求随时选择加入或退出的时机。这使得僧团与大众的交流不仅和支配现代世俗社会的劳动时间相协调，而且也最大限度地容纳了个人的生活史和日程表。

在梅村，依据农历的传统节期几乎完全消失了。至少，它不再作为组织普遍的集体实践的前提。但是，节日作为一种激发共同体意识的时间技术，仍然为梅村所采用。在梅村长达数月的夏季隐修中，每个星期天都是一个节日。当然，这些节日不再是宗教传统节日，而是运用宗教和世俗的双重语法编定的新节日。例如，在"和平节"上，大家在佛前唱歌跳舞、表演小品，并邀请青少年表达对战争与和平的理解，最后则要奉烛献至佛前。"玫瑰节"是纪念母亲的节日。孩子们以歌舞表达对母亲的爱，并诵读一行禅师的诗文章节。然后，僧人和身着越南传统盛装的少女互致玫瑰。每次致、受玫瑰的过程中，都必须恭敬地礼佛三拜。在这种节日中，和宗教仪式操演相结合的与其说是宗教的宇宙论，毋宁说是人文主义的世界观。

由于梅村的隐修并不围绕特定的传统节期展开，那么在某一时刻，究竟是哪些人聚集在梅村，则主要取决于这些人各自的日程安排的重合度。因此，在梅村参加隐修的群体实际上是一个"偶聚群体"。当然，参与者一般对佛教都有些兴趣，但他们并非严格意义上的佛教徒，甚至对佛教毫无了解的来访者也不少见。我在梅村的时候，看到参加活动的西方人往往喜欢把与亚洲或佛教有关的符号展示出来。例如，很多人都穿着丝麻质料的服装，中式对襟衫尤为多见。有些人身着短袖衫，上面印着"太极拳""阴阳""道""老子""道德经""功夫"等汉字。然而，这些刻意的展示，恰恰表明他们和佛教的关系并没有那么密切，因为越是深度参与的信徒越倾向于严格地将佛教与其他精神体系区别开来。另外，据我的观察，来访者中只有少数人会参加梅村组织的皈依佛教仪式。而那些已皈依者在我问及他们是否佛教徒时，回答也往往是含混的。例如"算是吧，我是精神上的佛教徒"，或者"不知道，在文化的意义上算是吧"。那么，如何能在这些既缺乏对佛教了解，又缺乏制度性身份认同的隐修者之间组织有意义的宗教集体实践呢？为了回应这个问题，梅村对佛教仪式的规则和内容做了诸多修订。

寺院中的仪式通常是高度结构性的，僧、俗的角色以及各自的行动须遵循预先制定的规则，对这些规则的破坏意味着对整个信众群体的不尊重，会受到及时的纠正。在梅村，外来隐修者也被要求遵守一些基本的日常规范，例如禁止烟酒、禁止性行为、保持素食。但是，对集体活动的制度性要求却大大软化了。

每周五梅村的工作人员在接待新到访者时，都要说明一些注意事项。然而，和传统寺院形成鲜明对照的是，梅村强调的是"放松"而不是"规矩"。来访者被告知要学会"自然""调柔"，不要强迫自己；如果有事就可以先去做自己的事，日程表只是一个指南，是否参与活动可以自选。例如，早上如果不愿意起床，不去参加早课或禅修也是可以的。事实上，集体坐禅应该是传统禅宗寺院最庄严的活动之一，可谓规矩森严，整个过程均须听从指挥。如果姿势不正确，或者有昏沉之象，在一旁监督的禅师甚至可以用一支木剑击打坐禅者的肩背部加以警策。但是在梅村，来访者只需对坐禅有简略的了解，各自按照舒服的方法行事即可。禅堂中还准备了椅子，供那些无法盘坐的人使用。有的人坐累了甚至就在禅堂伏身小睡，也无人打扰。

在佛像、菩萨像前的顶礼膜拜是佛教中最基本的、每天重复最多的仪式，传统寺院对此有极为详细的规定，包括身体各部分运动的先后次序、手与脚的恰当位置都应做到准确得体。对于这类仪式细节的把握程度，会被看作一个人在多大程度融入佛教团体的表征，也是区分佛教徒和非佛教徒的一个标志。记得在20世纪90年代，我刚刚开始在中国的寺院中进行田野工作时，一位僧人就曾经告诉我和其他一些来访者，"只要看看你怎么迈门槛儿，就知道你懂不懂（规矩）"。在梅村，虽然有关顶礼的细节也有详尽的文字说明，但是，对于那些只是来参加一周隐修的来访者来说是极为宽容的，而梅村也并不追求仪式形态上的整齐划一。不仅如此，为了让所有人都能轻松地接受东方特有的跪拜，一行禅师为这种标示敬畏、明确尊卑的仪轨赋予了新的意义，将其说成用整个身心触摸和感受大地，大大消解了原本那种屈己尊人的意涵。同样，皈依仪式在梅村也得到了重新解释。传统皈依仪式中"三皈五戒"①的基本内容得到了保留，但是，五戒被翻译为"五项训练"，并增加了许多和现代人的生活相关的议题，如不接触毒品以及不看电影、电视或书刊中的不良内容，等等。相较而言，五戒不再是严厉的禁令，而是一种劝戒，是个体基于"正念"而做出的主动承诺。

仪式规则的软化、强制性的减弱使人出入佛教集体活动所要付出的成本大大减少。对宗教集体实践的参与不再是断裂式的"跃迁"，而只需"滑动"。换言之，个人在世俗生活和集体宗教实践之间的流动性增加了。这时，个体获得了更多的"自由"，仪式也不再只是强化团体内部纽带的手段，而成为宗教与世俗之间灵活互动的界面。这种灵活性呼应了来访者的复杂构成。在夏季隐修中，尽管不断有人进出，但不算僧团，来访者的规模一般保持在200—800人之间。他们年龄各异

---

① "三皈"即皈依佛、皈依法、皈依僧，五戒即不杀生、不偷盗、不邪淫、不妄语、不饮酒。

(从幼童到退休者)、来自不同国家(通常涉及20—50个国家和地区)、从事不同职业,多数人此前互不相识。那么,在缺乏形式化的群体身份、没有强制性纪律约束的情况下,梅村是能否在这些临时相遇的陌生人之间生产出一种有意义的社会纽带呢?像所有宗教团体一样,梅村也会诉诸一些集体行动来塑造一种"我们"的意识,例如共同"行禅"(即一种集体散步),或者齐唱一些简单易记的由一行禅师作词的禅歌。但是,相对于传统寺院,梅村更注意在隐修者之间促成一种直接的、亲密的互动。

一般而言,隐修者会被按照他们所能掌握的语言分成小组,称为"家庭"。每个"家庭"最多不超过20人,有各自固定的活动场所,如在某一棵大树下或在竹林中。每个"家庭"由两三个僧人或梅村的积极分子负责管理。同组成员除了共同承担某一项劳动(如在厨房帮工)以外,每天要聚在一起做"分享",或称为"法谈",即根据当天一行禅师或其他法师的讲座,结合自己的个人经历谈些体会。但实际上,分享的内容绝不限于对佛教的理解或者对一行禅师的崇拜。人们可以提出各种生活中的问题,并相互给出建议。这是一项讲述与倾听的练习。在很多情况下,参与者会讲到一些个人生活中的特殊经历,涉及私人的不幸,包括死亡、疾病和暴力。根据"分享"的规则,除非讲述者自己中止,任何人不得打断他人的讲话,必须要认真地倾听。而一旦"分享"结束,任何人都不能再提起这一话题。

这种"分享"在传统汉传佛教中是极罕见的,很可能是对基督教的借鉴。不过,基督教团契活动的见证在很多时候是一种颇为正式的宣示,而梅村的分享交流更像是一种不求反馈的倾诉,当事人也没有借个人经验荣耀信仰的宗教义务。做分享时甚至完全不必提到佛教。事实上,佛教在此只是一种象征着慈悲与宽容的背景,它的主要功能是促成陌生人之间形成基本的信任。这种信任还会因倾述行为本身而得到强化,因为倾述向大家呈现了隐私,也就是呈付了个人对于集体的信赖,倾听行为则表达了对他人生命史的理解和对他人需要的承认。在"分享"中,每个人都是讲述者和倾听者。这样,分享就造成了一种强烈的相互依赖性、一种独特的亲密关系。毫无疑问,这种亲密关系是短暂的,人们不久就会分别,或许他们当中有少数人会保持联系,但大多数人一生只有这么一次交集。不过,正是由于这种亲密关系是转瞬即逝的,它也较少有被背叛的风险。

此外,每周三还要进行一次名为"重新开始"的话语实践。它仿佛一次告别聚会,因为从周四开始,就有不少人要离开了。每个"家庭"的成员坐在一起,讲一讲几天来对某人的感谢或赞赏,也可以表达一些遗憾之处。这是对共同体情感的集体表述和再次确认。与此同时,它也暗示了临时性的共同体关系的终结。

除了分组活动中的话语实践以外,梅村还有一些仪式性活动,有助于在来访者之间形成一些更直接但也更短暂的联系。这其中,最令人惊讶的应该算一行禅师发明的"拥禅"了。和一般的拥抱相比,有禅意的拥抱是"必须真的去拥抱你正在拥抱的那个人"。要以全身心把他或她纳入你的怀中,不能只是走走过场。拥抱时,要认真地呼吸三次,然后再微笑着分开。呼吸时可以默诵各种"爱语"。例如:第一次呼吸时默念"此时此地我为你而在";第二次呼吸时默念"这可能是我们唯一一次相会";第三次呼吸时默念"我祝你幸福"。这种拥禅可以在熟悉的人之间进行,但同样可以在陌生人之间进行。和陌生人——即使是异性——拥抱的时候同样要"用心"。不难想象,和陌生人拥抱会产生一种强烈的情感,特别是在拥抱那些我们平常认为不太可能建立亲密关系的人的时候——如不熟悉的异性、和自己年龄差距较大的人。

拥禅常常被用作节日庆典的结束仪式。有时，它也被一行禅师专门用来促成具有特殊关系的团体之间的沟通，例如让越南人和参加过越战的美国退伍军人拥抱。在东亚，传统上人们一般不用拥抱来表达感情。在佛教中，身体的接触甚至是一种禁忌。但是，一行禅师却出人意料地把拥抱和禅修结合起来，使之作为一种沟通陌生人情感的身体技术。拥禅克服了人们通常的社会距离，让人体会到相互的理解和需要；它体现的是一种超越了社会差别的普遍化的爱，既表达了对他人的情感，同时也在这种表达中使自我得到了道德满足。用一行禅师的话讲："这样，拥抱着他，呼吸三次之后，你怀中的人和自己就都变得非常真切起来。"[①]

四、齐美尔的陌生人作为现代人的原型

在梅村的活动中，向陌生人讲述自己的隐私，认真地拥抱陌生人，这在距离中创造了切近。距离与切近，或者说远与近，正是齐美尔（Georg Simmel）笔下陌生人兼有的特征。[②] 齐美尔认为，与陌生人的关系之所以具有形式社会学的重要意义，就在于这种关系的悖论性质。因此，齐美尔要勾画的陌生人不是"今天来明天就走的人"，而是今天来明天不走的潜在的流浪者，是本地人必须与之发生关系的人。陌生人是既有群体的一部分，但他不是"土地的拥有者"。他因为没有恰当

[①] Thich Nhất Hanh, *Touching Peace: Practicing the Art of Mindful Living*, Berkeley: Parallax Press, 1992, p.57.

[②] Georg Simmel, *Sociologie: Etudes sur les formes de la socialization*, Paris: PUF, 1999, pp.663-668.

的身份而面临着被排斥的风险,同时又因为较少依附任何当地的习俗和传统而具有更大的自由。在短短的几页作为"题外话"的描述中,齐美尔为我们留下了一个充满张力的陌生人形象,留下了对本地人与陌生人的关系的深刻分析。从此以后,陌生人就成为社会学视野中挥之不去的身影。在多数情况下,陌生人的概念(以及与之相关的"边缘人""贱民"等等)被用来讨论社会关系中的排斥与冲突。此外,陌生人有时也被看作那些因为没有定居地而更自由、更接近普遍价值、更接近真理的人。① 最后,陌生人还成为现代人的另一个称谓。从功能分化的角度来看,现代人几乎任何一刻都要同时生活在不同的社会子系统中。结果是,每个人在每一个子系统中都没有在家的感受,因而个体至少永远部分地是陌生人。② 吉登斯(Anthony Giddens)则从全球化及其造成的时空关系的改变来理解本地人与陌生人的关系的普遍化。③ 在现代社会,基于不在场的社会联系越来越重要。于是,每个现代人的生活都愈发依赖那些素不相识但却利害攸关的陌生人。

有关现代社会是陌生人的社会的说法,形象地反映了现代社会的流动性不断增强的特征。我们已经指出,流动就是以时间克服空间,而空间像时间一样都是社会事实。系统分化意味着人们必须在歧异的社会空间中生活并学会改换角色,而社会关系的非地域化则意味着人们在不断地与远距离的人与事物发生联系,尽管这种联系可能是间接和短暂的。齐美尔早已指出,(潜在的)流动性正是陌生人的特质。在

---

① Zygmunt Bauman, *Modernity and Ambivalence*, Cambridge: Polity Press, 1991, pp. 81-85.

② Niklas Luhmann, *Amour comme passion: de la codification de l'intimité*, Paris: Aubier, 1990.

③ Anthony Giddens, *The Consequences of Modernity*, Stanford: Stanford University Press, 1990, p. 70.

齐美尔那里，商人作为我们必须接触的流动者曾是陌生人的原型。现代人当然并不都是商人，但是现代人不仅都拥有了商人般的流动能力，同时也受到流动的压力。在流动性相对较低的前现代社会，陌生人只是一个特殊的类别，但是在今天，任何人都不得不是，或者至少部分地是流动中的陌生人。鲍曼（Zygmunt Bauman）在他的一系列著作中[1]，曾分析了陌生人的现代演变。他指出，（晚期）现代性的基本特征是偶然性、短暂性和不完整性。在这种"液态的现代性"中，生活的加速及其不圆满使人们陶醉于行动和改变的能力；改变现实的要求甚至超出了自我持存的需要；生活的核心问题从如何保持身份变成如何保持选择的开放性。于是，漫步者、流浪者、游客、玩家就成为后现代人的基本形象。陌生人不再仅仅是那些少数让人疑虑的外来者，而是"我们中每一个外出的人"。而"外出"，即超越当下既有的现实，则是所有现代人的本体论要求。

五、从陌生人的社会到陌生人的教会

陌生人的社会这一主题暗示现代人的自我认同与社会整合面临着某种危机或机遇，在这方面的全面讨论显然超出了本项研究的主题。在此，我们更感兴趣的是在陌生人的社会中传统宗教的制度性机构是如何自处的。宗教社会学对这个问题有颇多争议。除了本文开篇提到的卢克曼的"宗教私人化"观点以外，吉登斯也认为传统的宗教制度必

---

[1] Zygmunt Bauman, *Modernity and Ambivalence*, Cambridge: Polity Press, 1991; Zygmunt Bauman, *Postmodernity and Its Discontents*, Cambridge: Polity Press, 1997; Zygmunt Bauman, *Liquid Modernity*, Cambridge: Polity Press, 2000.

然衰退。尽管他始终没有忘记在"高度现代性"的社会中给宗教留下一席之地(不是作为遗迹,而是作为与本体论安全和焦虑问题所必然涉及的一部分),但是他所指的主要是那些新兴的宗教运动。当然,也有一些学者坚持教会的地位。例如卡萨诺瓦(Jose Casanova)[1]指出,在很多国家,基督教会对于抵御国家和市场所强加的秩序都起着关键作用。此外,我们汉语学界近年已经比较熟悉的持"宗教市场理论"的学者则认为宗教团体的兴衰主要取决于市场竞争。

这些观点无疑都各有其根据和道理。但是,鉴于我们对宗教研究所抱有的一般社会学的期待,有关教会的现代命运的讨论,首先有必要将教会本身与传统的教会式的整合方式区别开来。从基督教所支配的西方的经验出发,教会式的整合是建立在规范秩序基础上的压制性整合(cohesion)。随着现代性的莅临,这种教会式的整合已经不再具有压倒性的效力。[2] 但是,这不是说现代社会已经是一个完全失范的社会,而只是说,现代社会的整合不再只有单一的焦点、技术或模式,而是通过分工、市场、伦理实践以及认知意义上的常人方法等多种相互制约又互为条件的机制形成的。[3] 就此而言,传统教会那种规范性的一元整合只能在少数群体中保存,以这种方式组织起来的教会确实边缘化了。但是,通过一些创造性的改革,传统宗教的教会完全可以以新的方式,甚至就是根据个体主义和私人化的逻辑组织起来,从而在现代社会中保持重要地位。对西方宗教的一些研究已经表明,传统的

---

[1] José Casanova, *Public Religions in the Modern World*, Chicago: University of Chicago Press, 1994.

[2] Anthony Giddens, *The Constitution of Society: Outline of the Theory of Structuration*, Cambridge: Polity press, 1995.

[3] 李猛,《论抽象社会》,《社会学研究》1999 第 1 期,第 1—27 页。

建制宗教和新兴宗教运动一样,也可以利用具有现代特征的组织手段和组织模式。正因如此,爱尔维优-蕾杰(Danièle Hervieu-Léger)[1]才指出,旧有的对宗教的社会形式的分类,特别是韦伯—特洛尔奇式的"教会"与"(新兴)教派"的二分法,对于分析宗教现代性的作用已经相当有限了。在她看来,新的类型学有必要关注的是形成共同体的方式和使信仰得以确立的社会化形态。其实,在教会中,各种不同形式的组织逻辑是可以并存的,同时也是可以不断演变的。

现在让我们做一小结。梅村的个案表明,通过对集体实践的组织方式的改革,传统的宗教组织可以变得十分开放。当然,梅村僧团内部仍然保持着强制性的规范,这形成了佛教寺院某种稳定的内核,但同时,对于平信徒和一般大众而言,该团体的组织策略极为灵活,富有韧性。如前所述,梅村活动的自由参与者们并不具有明确的身份认同,所要遵守的规则的强制性也较低。可以说,梅村并不特别着意在这些参与者之间建立一种稳定的规范性关系,将所有在场者都纳入一种强调分层性权力关系的封闭的共同体。事实上,在梅村隐修的大多是根据自己的时间安排偶然相遇的陌生人。当然,梅村会提供伦理资源和身体技术(例如拥禅),以便在来访者之间形成某种社会连带。不过,梅村并不打算,或者说并不要求把陌生人都变成熟人。在梅村中形成的亲密关系是临时性的,它是一种主要取决于当事人自主选择参与的、随时可以中断的、并不期待长久的关系。

既然这种亲密关系是十分短暂的,既然人们在数日的隐修之后就必须重新返回世俗世界,那么,像梅村这样的宗教团体对于当代社会

---

[1] Danièle Hervieu-Léger, *Le pèlerin et le converti: La religion en mouvement*, Paris: Flammarion, 1999; Danièle Hervieu-Léger, *La religion en miettes ou la question des sectes*. Paris: Calmann-Lévy, 2001.

的整合究竟有什么意义呢？对这个问题的态度取决于我们对宗教的期待。在我看来，我们不能期望任何宗教都能够对于人类摆脱科层制的铁笼和失范的命运产生决定性的作用。此外，在现代性莅临以后，"教会社会"既是不可能的，也不是可欲的。任何单一的教会都只能作为多样化的、日趋复杂的社会整合机制的一部分发挥功能。这时，一个教会在一个非教会社会中的定位，取决于它和分化社会中的其他子系统之间的关系，取决于它如何把宗教实践的程序技术和现代人的主体化过程结合起来，取决于它在重组的时空中沟通在场因素与不在场因素的能力，简言之，取决于它与其他整合方式发生关联的方式。像梅村这样强调以改革适应现代性的教会，便不是以克服或削弱流动性为目标的，而是通过参与和肯定这种流动性来建构自身的。它所构造的社会性的确短暂，但是，短暂性恰恰是以近克服远、在陌生人中产生亲密关系的条件。

在一定程度上，学会了利用和管理短暂性的教会，就是一个能够建立临时道德共同体的平台，从而能够容纳流动的陌生人。任何个体可以随时进入这个平台，可以随时从这个平台抽身回到世俗社会中去，也可以进一步加入到宗教制度之中（就像梅村的1000多位正式成员那样）。在这种情况下，教会本身就是一个通道、一种媒介，使个体可以根据自己的需要，在（依据一般抽象原则建立的）社会关系、（以共同在场为基础形成的较亲密的）共同体关系以及（依据理性化规范建立的）制度化关系中自由进出。这样的教会可以说是流动的、陌生人的教会，它是"有形的"但却是柔韧的，是在社会整合与系统整合之间以及在不同层次的社会整合（主体间的、共同体的、制度性的）之间的沟通机制。